普通高等教育“十一五”国家级规划教材

北京高等教育精品教材

BEIJING GAODENG JIAOYU JINGPIN JIAOCAI

新编21世纪政治学系列教材

• 国际政治系列 •

外交学

第三版

Diplomacy

金正昆 著

中国人民大学出版社

· 北京 ·

作 者 简 介

金正昆 1959 年出生，浙江东阳人，中国人民大学教授，外交学博士生导师。国家检察官学院、中国人民公安大学、中国民航大学、中国石油大学、中国青年政治学院、西北大学等多所院校兼职教授。目前主要从事外交学、传播学、礼仪学公共关系学的研究。

内 容 简 介

本书为外交学专业教材，中国人民大学出版社所出版的“新编 21 世纪政治学系列教材·国际政治系列”之一。其重点所讲授的内容有：外交制度、外交战略、外交策略、外交政策、外交决策、外交途径、外交礼仪与各国的主流外交理论等。它既注重外交学理、外交机制、外交规范、外交文化、外交理念的系统阐述，又始终坚持中国立场、中国视野、中国传统、中国价值、中国声音。在国内已出版的同类教材中，规范性、系统性、时效性、可操作性兼具，国际视野与鲜明的中国特色并重，乃是本书所独具的一大特色。它可供国际关系类各专业的学生作为专业教材使用，也可作为各类外交、外事、外贸人员的自修或培训教材。

目录

第一章

外交学概述

重点问题

- 关于外交的界定
- 外交的基本要素
- 外交的发展历程
- 外交学研究对象
- 外交学研究范围
- 外交学研究方法

外交学，是一门以外交行为及其一般规律为研究对象的专门学科。在当代社会，它备受青睐。在外交实践中，它得到了广泛的运用。

外交学作为一门学科出现，自然是外交实践发展到一定阶段之后的产物。严格地讲，真正科学意义上的外交学直到现代才基本形成。当前，外交学仍然处于不断的发展完善之中。

学习和研究外交学，首先有必要对外交的界定、外交的发展以及外交学的研究对象等基本问题有所了解，并且尽可能地明确自己的态度。倘若对这些关键之点避而不谈或含糊不清，在理论上、实践上都将有害而无益。在系统而深入地学习和研究上述基本问题时，科学的态度应当是坚持理论联系实际，坚持与时俱进，既要善于对具体问题进行具体分析，又要善于积极地进行独立思考与宏观上的把握。

第一节　外交的界定

业已明确，外交学必须以外交行为及其一般规律作为自己的研究对象。因此，在学习和研究外交学时，一定要首先明确何谓外交。假如对外交这一外交学最基础的概念缺乏正确的理解，则必将使外交学的学习与研究出现方向性的偏差。

无论学习、研究外交学，还是具体地参与外交实践活动，实际上都有必要首先对外交作出明确的界定。也就是说，一定要科学、准确地为外交这一外交学的基本概念划定清晰的界域，并且严谨、具体地确定外交的内涵与外延。

一、外交的本质

外交的本质，在外交学研究中一向属于敏感之点。国内外许多从事外交学研究的专家学者大都给出过自己有关外交的具体定义。对前人在此方面的研究成果进行一番认真回顾，并且加以比较研究，将有助于深化对外交本质的认识。从理论上进行概括，前人所使用过的有关外交的概念，大致上可以被归纳为两大基本类型：一是广义的外交；二是狭义的外交。

正是由于学术界对于外交在概念上众说纷纭，存在着大相径庭的看法，才致使有关外交学的许多具体问题的研究总是易于引起争论。有学者曾为此而大发感慨："什么是外交？这是一个既简明又难于回答的问题。"①

1. 广义的外交

现代意义上的"外交"概念，最早是从古希腊语"外交官"一词转化而来的。使用罗马字母所拼写的这一古希腊语的单词应为"diploma"，它的本义为"证书"，指的是发给驻外使臣的经过折叠的一种专门证明其身份的文书。到了1796年，英国学者埃德蒙·伯克正式采用"diplomacy"来表示"外交"，"外交"一词方才正式出现。

自此之后，不断有人试图解释外交的具体含义。在具体阐明外交的确切含义时，相当数量的专家学者都倾向于将其界定为一种国家之间的官方交往。在迄今所见的诸多有关外交的具体定义之中，此种类型可以被称为广义的外交，或曰"大外交"。不少广义的外交定义，都有着非常权威的出处。

知名学者欧内斯特·萨道义指出："外交是运用智力和机智处理各独立国家的政府之间的官方关系，有时也推广到独立国家和附庸国家之间的关系。"②

英国人费尔萨姆认为："外交的基础是国家之间（目前日益扩展到国际组织之间）交换彼此的思想和观点。"③

澳大利亚的格里菲斯等人所编写的《国际关系关键概念（第二版）》则认为："从广义上讲，外交是一个国家处理对外关系的整个过程。"④

周恩来曾明确表示："外交是国家和国家间的关系，还是人民和人民间的关系？外交工作是以国家为对象，还是以人民为对象？……但就外交工作来说，则是以国家和国家的关系为对象的。外交是通过国家和国家的关系这个形式来进行的。"⑤

在国内所出版的《现代汉语词典（第6版）》中，外交被解释为："一个国家在国际关系方面的活动，如参加国际组织和会议，跟别的国家互派使节、进行谈判、签订条约和协定等。"⑥

在《中国大百科全书》里，外交的释义是："国家以和平手段对外行使主权的活动。通常指国家元首、政府首脑、外交部长和外交机关代表国家进行的对外交往活动。"⑦

在《世界外交知识词典》里，外交"就是国与国之间的交往、交涉。它是国家实现其对外政策的重要手段"⑧。

---

① 周启朋等编译：《国外外交学》，1页，北京，中国人民公安大学出版社，1990。
② 转引自［英］戈尔-布思主编：《萨道义外交实践指南》，3页，上海，上海译文出版社，1984。
③ ［英］费尔萨姆：《外交手册》，1页，北京，中国对外翻译出版公司，1984。
④ ［澳］马丁·格里菲斯等：《国际关系关键概念（第二版）》，77页，北京，北京大学出版社，2015。
⑤ 《周恩来外交文选》，52页，北京，中央文献出版社，1990。
⑥ 《现代汉语词典（第6版）》，1335页，北京，商务印书馆，2012。
⑦ 《中国大百科全书》，政治卷，366页，北京，中国大百科全书出版社，1992。
⑧ 计翔翔等主编：《世界外交知识词典》，1页，杭州，杭州出版社，2001。

在钱其琛所主编的《世界外交大辞典》里，外交的定义则是："国家以和平方式通过正式代表国家的行为在对外事务中行使主权，以处理与他国的关系，参与国际事务，是一国维护本国利益及实现对外政策的重要手段。"①

中国还有一些学者则认定："外交，就是对外交往，就是一个国家与外国的交往。"②

综观以上定义，可见其有以下四点共同之处：

其一，外交是一种以国家为主体的活动。也就是说，其他非国家的个人、团体、组织等等，都不能被视为外交主体。所以有人明言："外交工作是国家活动的一种形式。"③

其二，外交是一个国家所进行的对外活动。"外交实质上反映了这个国家对外部环境的要求和为实现这些要求所做的努力。"④ 人所共知，外交活动显然并非进行于国内舞台之上。实际上，它从来都是一个国家置身于国际关系舞台之上的一种外向性活动。因此，一国的外交与内政往往都是相对而言的。二者之间，通常泾渭分明。

其三，外交是国家与国家之间所进行的一种交往活动。必须明确，一国外交的对象通常只能是其他国家。因此，应当将外交视为"国家之间的外交行为及其过程"⑤。"外交的价值在于它有沟通和协商的功能。"⑥ 换言之，外交主要是国家与国家之间的往来、沟通与互动。在正式的外交场合，唯有国家与国家之间打交道，方可称之为外交。其他类型的对外交往，诸如某个个人、基层单位、群众团体、社会组织等等以其自身身份所进行的一切对外交往，一般都不能被列入外交的范畴之内。

其四，外交是国家对外行使主权的一种官方活动。就本质而言，外交是国家对外行使主权的一种活动。就形式而论，外交则通常表现为国家与国家之间的官方交往。前者，可以称之为外交的主权性特征；后者，则可以称之为外交的官方性特征。正是由于具备这两个十分明显的特征，才使得外交有别于其他一般性的对外交往。

以上四点，即外交是一种以国家为主体的活动，外交是一个国家所进行的对外活动，外交是国家与国家之间所进行的一种交往活动，外交是国家对外行使主权的一种官方活动，共同构成了广义的外交概念。目前，在世界各国，尤其是在学术界，人们在具体涉及外交时，大都运用的是广义的外交概念。

在讨论广义的外交概念时，有必要说明的是，不论学术界还是外交界，都极少有人将外交简单地等同于对外交往。所谓对外交往，通常泛指与国外各种角色所进行的一切形式的相互往来。它可以由国家、政府出面运作，也可以由个人、部门、单位、团体或组织进行。其具体的交往对象，既可以是国家、政府，也可以是个人、部门、单位、团体或组织。显而易见，在内涵与外延上，对外交往都要比外交大得多。尽管也有人在概念的使用上将外交与对外交往完全地等同起来，然而在学术研究与外交实践中，此种做法则完全得不到认可。

2. 狭义的外交

在外交学发展的具体过程中，有一些人所使用的外交概念，在具体的内涵与外延上通

---

① 钱其琛主编：《世界外交大辞典》，2045 页，北京，世界知识出版社，2005。

② 科兰：《大使馆和外交官》，17 页，北京，世界知识出版社，1998。

③ 周启朋等编译：《国外外交学》，10 页。

④ 陈乐民等：《战后英国外交史》，1 页，北京，世界知识出版社，1994。

⑤ 俞正梁：《当代国际关系学导论》，86 页，上海，复旦大学出版社，1996。

⑥ ［美］康威·汉得森：《国际关系》，187 页，海口，海南出版社、三环出版社，2004。

常要比广义的外交概念狭小得多。他们的基本见解是：外交乃是一门有关国家之间谈判的科学或艺术。外交的实质，就是通过谈判来处理国际关系。这种对外交的理解，一般被称为狭义的外交，或者叫做“小外交”。

狭义的外交概念，实际上是从经验与实证的角度对近代外交所进行的一种客观的概括与总结。有研究者指出：“现代外交作为一种有专职人员、有常设机构的有组织的职业起源于 13 世纪至 14 世纪的意大利。当时各城邦国家为争夺权利而不断改变着结盟关系，因而各国的政治家、外交家之间必须经常进行谈判。”① 在那些年代里，外交的主要侧重点，就是外交家们在国际舞台上合纵连横、游说君王，以避免滥用武力，努力维护本国的国家利益。在当时的具体形势下，各国之间所进行的主要外交活动就是谈判，一位外交家自身能力的大小往往也要以其谈判水准的高低而论。

狭义的外交概念，在不少权威性的专著或词典中也曾得到广泛的运用。有一些专著或词典，还曾专门给出过它的具体定义。

法国学者加登在 19 世纪初期所出版的《外交详解教程》中指出：“在更为确切的意义上，外交是谈判科学或艺术。”②

德国学者马尔滕斯也曾明确表示：外交“在狭义上，是谈判的科学或艺术”③。

苏联学者特曼雅诺夫斯基则认为：“外交活动就是进行国际谈判，缔结国际条约和研究国际关系。”④

一些国外的著名词典或百科全书，也给出过与此相类似的有关外交的定义。

在美国的《韦伯斯特词典》里，外交被定义为：驾驭国际谈判的艺术。

在英国的《牛津英语词典》里，有关外交的具体释义是：用谈判的方式来处理国际关系。

在苏联出版的《苏联大百科全书》里，外交则被解释为：在狭义上，外交是国家之间进行谈判或签订条约的艺术。

以上有关狭义的外交的种种定义，大致上具有如下四个共同之处：

其一，外交既是一门科学，也是一门艺术。此点共识强调：外交必须建立在科学理论的基础之上，而不能仅仅讲究其具体的操作方式。但若只是空谈外交学理，不讲究具体的操作方式，外交亦将一事无成。所以有人认为：学理与技术，为外交前进之双轮。

其二，外交的基本手段是谈判。在广义的外交概念里，国家与国家之间的一切官方交往都被包括在内。有人认为此种界定未免失之于宽泛。而在狭义的外交概念里，外交则仅仅被限定为谈判，或者被直接地等同于谈判。这样一来，外交不但变得更加具体，而且也显出了其着重之点。任何具有外交实践经验的人恐怕都难以否认这一事实：谈判的的确确是外交的基本手段。有了这一定义，外交便变得更加直观，人们对外交通常会更容易理解。

其三，作为外交基本手段的谈判是在国家与国家之间进行的。仅就谈判而言，不仅可

---

① ［英］埃里克·克拉克：《外交官生涯》，6 页，北京，世界知识出版社，1985。

② 转引自周启朋等编译：《国外外交学》，11 页。

③ 转引自上书，12 页。

④ 转引自［英］哈罗德·尼科松：《外交学》，3 页，北京，世界知识出版社，1957。

以在国与国之间展开，而且也可以在国内交往中的各种层次上进行。在谈判之中，谈判的主角可以是国家，也可以是个人、单位、团体或组织。而在狭义的外交概念里，所谓谈判，则仅指国家与国家之间所进行的谈判。除去国际谈判，其他各种类型的谈判均与外交无关。换言之，并非任何谈判均可称之为外交。

其四，外交应当以和平的方式进行。在狭义的外交定义里，外交被界定为一门有关国家之间谈判的科学或艺术。既然谈判被视为外交的基本手段，那么从另外一种意义上讲，也就表明外交必须以和平的方式进行。因为以谈判处理国际事务这种做法本身，就以排斥暴力方式为目的。强调外交应当以和平方式进行这一特征，在理论上与实践上都非常重要。如果仅仅将外交理解为国与国之间的交往，那么它实际上既可以和平方式进行，也可以非和平方式进行。而将外交界定为国际谈判，实质上就等于宣告外交只能以和平方式进行，从而将其使用非和平方式的一切可能性完全排除在外。对于此点，不少专家学者极其重视。他们强调："外交是以和平方式处理国与国之间的关系，它和武力的行使有着重大的差别。"① "外交是代表国家和政府的部门和官员，为了执行一定的对外政策，向有关外国和国际组织，从政治上对有关问题示明情况、表明态度和传递信息的一种非军事的行为和姿态，以及因此而构成的国家和国家之间的关系及其状况。"②

需要说明的是，在有关外交学的研究之中，广义的外交概念与狭义的外交概念，往往被一些专家学者交替使用。在某些学术著作或论文中提及外交时，他们有时使用的是广义的外交概念，有时使用的则是狭义的外交概念。例如，欧内斯特·萨道义就曾说过："在正常情况下，一个政府将通过谈判来处理它的国际交往。这就是外交。"③ 台湾学者李其泰则认为："外交与战争是国家处理国际政治的两个主要的工具。外交是以谈判处理国际关系。"④ 还有一些专家学者为了能够更充分、更准确地说明具体问题，在提及外交时，往往将广义的外交概念与狭义的外交概念糅合在一起使用。上述这些做法，在某些特殊的情况下固然具有其存在的必要性，但若长此以往，则将使人们对外交的理解变得愈加模糊不清。

二、外交的定义

学习和研究外交学，不仅需要明确外交的本质，而且必须给出外交的准确定义。做到这一点，既有助于深入地进行外交学的理论研究，也有助于科学、正确地指导外交实践。

在总结前人的理论研究成果、归纳现代外交实践经验的基础上，确有必要重新对外交进行更为科学、更为全面、更为准确的定义。

近年来，中国不少的专家学者曾专门探讨过外交的定义。一些处于研究前沿的专家学者，相继给外交下过自己的定义。

黄金祺在其《概说外交》一书里，给外交所下的定义是："外交是独立国家对外行使主权的官方行为，是一国捍卫本国利益和实施其对外政策的重要手段；外交采用的是和平

---

① 俞正梁等：《全球化时代的国际关系》92页，上海，复旦大学出版社，2000。

② 谢益显：《外交智慧与谋略》，163页，郑州，河南人民出版社，1993。

③ 转引自［英］戈尔-布思主编：《萨道义外交实践指南》，3页。

④ 李其泰：《外交学》，1页，台北，正中书局，1980。

方式，主要是谈判和不同形式的对话，包括参加国际会议和国际组织；从事外交活动的是正式代表国家的机构和人员，不仅是专职外交人员和外交机构，还包括国家首脑人物多种方式的直接参与，外交是处理国家关系的科学、艺术和技艺。"①

在新中国成立后国内第一部正式出版的由鲁毅等人编著的《外交学概论》中，外交被正式定义为："外交是以主权国家为主体，通过正式代表国家的机构与人员的官方行为，使用交涉、谈判和其他方式对外行使主权，以处理国家关系和参与国际事务，是一国维护本国利益及实施其对外政策的重要手段；不同的对外政策形成不同形态和类别的外交。如简而言之，广而言之，外交指任何以主权国家为主体，通过和平方式，对国家关系和国际事务的处理。"②

在陈乐民看来："所谓外交是指一个国家或一个国家集团同外界打交道时的政治……一般说来是政府行为。"③

俞正梁等人则认为："外交是通过和平手段，即运用智慧、给予利益或施加非暴力制裁，来影响其他国家的行为，进而实现本国利益，达到本国的对外政策目标。"④

这几个有关外交的定义，特别是前两个定义，既比较全面，又比较严谨，凡有关外交的一系列基本特征，在这些定义中均不同程度地有所涉及。

在以上定义里，外交的内涵、外交的外延、外交主体、外交客体、外交目的、外交方式等等，都得到了较为准确的把握。不过，它们在个别方面也存在一定的欠缺。例如，它们对外交基础就未曾涉及。而外交一旦脱离其基础，实际上便难以进行成功的运作。而对于外交范围，它们的界定也不甚准确。

本书在研究探讨外交这一外交学基本范畴时，试图对其重新加以界定。为此目的，本着取长补短、抛砖引玉的想法，在吸取他人研究成果的基础上，本书力图给出一个更为全面、更为简洁的新的外交定义：

外交，通常是指主权国家通过其官方代表，在遵守国际惯例的基础上，为维护自身利益，采用约定俗成的和平方式，与其他主权国家或由主权国家组成的国际组织所进行的正式的、官方的沟通，以便有效地处理国家关系、参与国际事务。

为周全起见，下面将对这一新的外交定义所具体涉及的外交主体、外交客体、外交基础、外交目的、外交方式、外交范围等等，进行一番力求详尽、严谨而系统的诠释，以便使这一新的外交定义在理论上、逻辑上更为缜密、更为科学。

1. 外交主体

外交主体，在此是指一切外交行为之中的行为者。在外交活动中，外交主体不仅享有一定的权利，而且还必须承担一定的义务。在任何条件下，外交主体都是外交活动中的核心部分。离开了外交主体，就无所谓外交行为，外交活动因而也将不复存在。

目前，学术界对外交主体基本上已达成了共识，即认为独立的主权国家才能够成为外交主体。不享有主权的非国家行为体或次国家行为体，一般都不能够成为外交主体。以独

---

① 黄金祺：《概说外交》，13页，北京，世界知识出版社，1995。

② 鲁毅等编著：《外交学概论》，5页，北京，世界知识出版社，1997。

③ 陈乐民主编：《西方外交思想史》，2页，北京，中国社会科学出版社，1995。

④ 俞正梁等：《全球化时代的国际关系》，92页。

立的主权国家作为外交主体，意在强调外交是国家对外行使主权的一种行为，即强调外交的主权性特征。

在实际运作中，任何主权国家的外交活动，都必须通过其官方机构、官方人员进行。在正常情况下，一个国家的国家元首、政府首脑和其他正式的外交代表，都可以代表本国参与外交活动。“外交活动是政府与政府之间的直接往来。”① 此处的“政府”，仅指合法的中央政府。任何个人，如果其不具有正式的官方身份，都不能够代表自己的国家参与外交活动。未经一个主权国家的正式授权，该国的任何团体、组织、机构、地方政府及其代表，在外交场合里都不可能成为本国的代表。此点强调的是外交的官方性特征。

应当注意到的是，在当今的外交实践中，除主权国家外，一些重要的国际组织，尤其是那些由主权国家所组成的国际组织，事实上已经以外交主体或准外交主体的身份介入了外交活动。今日之外交，业已由传统的双边外交独大，发展为双边外交与多边外交并重。因此，有学者认为：外交是“国家和其他世界政治实体之间通过官方代表并且以和平的方式进行交往之行为”②，“外交这个词不仅仅指国家之间的官方关系，也指在世界政治中具有地位的其他政治实体的官方关系”③。对此种客观现实，必须加以认真研究，并予以高度重视。

2. 外交客体

外交客体，在外交学上一般是指外交行为的对象。也就是说，它是外交主体行为的具体指向者。在任何外交活动中，外交客体与外交主体，都是相辅相成、对应而言的。没有外交主体，便不可能存在外交客体。而离开了外交客体，外交主体则将无所事事，外交活动因而也将不复存在。

对于外交客体，学术界以前的看法较为一致。既然绝大多数专家学者认为外交属于国家与国家之间的交往，那么外交客体无疑是，而且也只能是独立的主权国家。

但是，第二次世界大战结束之后，尤其是冷战结束以来，随着国际组织在外交活动中作用的不断增强，一些人的看法逐渐有所改变。当前，一个不争的重要现实是：各种国际组织，特别是由主权国家所组成的国际组织，正在同主权国家发生愈来愈多的这样或那样的联系。在任何一个主权国家所展开的全方位外交中，国际组织，特别是那些由主权国家所组成的国际组织，不可能不成为其进行外交活动的重要对象。至少，一些主要的由主权国家所组成的国际组织已成为各国积极开展外交活动的一个重点场所。例如，当前在处理有关世界和平与发展的重大问题时，联合国便发挥着难以被替代的作用。

因此，在对外交进行定义时，有必要将由主权国家所组成的国际组织与主权国家一道列为外交客体。尽管就现状而言，外交客体依旧以主权国家为主，但也绝不能无视当代外交的新发展，将地位日益重要的由主权国家所组成的国际组织排斥在外交客体之外。

在外交学研究中，外交主体与外交客体，可以被统称为外交实体。外交实体，亦称外交行为体，指的是外交活动的参与者，既包括外交行为者，也包括外交行为指向者。外交实体，是外交学中的一个关键概念。作为外交得以存在的物质基础，离开了它的存在，外

---

① ［美］布鲁斯·拉西特等：《世界政治》，134 页，北京，华夏出版社，2001。

② ［英］赫德利·布尔：《无政府社会（第四版）》，138 页，上海，上海人民出版社，2015。

③ 同上书，139 页。

交便无从谈起。

综上所述，外交实体一般是指主权国家。在一些特殊的条件下，由主权国家所组成的国际组织亦应被考虑在内。总而言之，目前人们已经达成共识："外交涉及处理国家之间和国家与其他行为者之间的关系。"①

3. 外交基础

外交活动要得以顺利进行，需要具备一定的客观基础。离开了外交基础，任何外交活动都难以取得圆满的成功。所以，研究任何外交问题时，外交基础都忽略不得。

从一般意义上来说，外交基础，实际上指的是外交活动得以正常进行的基本保障和重要前提。唯有外交基础得以确立之后，外交才获得了真正意义上的发展。令人遗憾的是，不少专家学者在对外交进行定义时，或是研讨外交学具体问题时，对外交基础都缺乏应有的重视。

需要说明的是，人们对于外交基础存在着不同的见解。在本书之中，所谓外交基础，指的是参与外交活动时必须自觉恪守的一系列的国际惯例。

作为外交基础的国际惯例，亦称外交惯例，是外交人员处理外交事务时所必须遵循的基本守则，是规范外交行为的基本框架。一些基本的、重要的外交惯例，已经演变为国际法。国际法权威人士奥本海就曾指出："这些惯例是有法律上的重要性的，因为这些惯例有时可能发展为国际法的习惯规则。"② 在外交场合，外交惯例往往可为外交活动创造便利，并提供保障。正因为如此，苏联国际法专家科热夫尼科夫强调："外交是在公认的国际法原则和规范范围的基础上实行的。各国的外交活动及其形式是为国际法原则和规范所规定和调整的。"③

世界在发展，时代在变化，外交以及外交基础自然亦非一成不变。欧内斯特·萨道义早就预言："外交所采取的方法随着不同时代的政治惯例而变动。"④ 但是，他依然肯定地说："外交的事务……都是按着明确规定的法则和文明习俗、面对面而又灵活性地进行的，虽不无微妙之处，但对所有参与者都是十分清楚的。"⑤

4. 外交目的

与其他任何活动一样，一个主权国家所进行的外交活动，同样也具有一定的目的性。美国学者汉斯·摩根索明确指出："外交必须根据实际和潜在可用于追求目标的实力来决定自己的目标。"⑥ 所谓外交目的，在此是指宏观的外交根本目标，而非某一次微观的外交活动所要达到的具体目标。实际上，它是指外交总体的、基本的意图。

对每一个主权国家而言，其外交目的在原则上应当是基本相同的。在国家尚未消亡的前提下，各国的外交目的都不可能发生任何根本性的变化。

一般而言，任何一个主权国家的外交目的，都是力图在外交活动中维护本国的国家利

---

① ［英］巴斯顿：《现代外交》，1页，北京，世界知识出版社，2002。

② 转引自［英］詹宁斯等修订：《奥本海国际法》，第一卷，第二分册，479页，北京，中国大百科出版社，1998。

③ ［苏］科热夫尼科夫主编：《国际法》，256页，北京，商务印书馆，1985。

④ 转引自［英］戈尔-布思主编：《萨道义外交实践指南》，4页。

⑤ 转引自上书，7页。

⑥ ［美］汉斯·摩根索：《国家间政治》，539页，北京，北京大学出版社，2006。

益，或曰维护本国的主权。多数学者认为："外交的目的自然是追求与维护国家的最大利益，亦即保障与拓展国家的核心利益。"①

江泽民同志亦曾指出："其实，归根到底就是一句话，外交工作要坚定不移地维护国家和民族的最高利益。"②

国家利益，即一个国家生存、发展、安全、繁荣、强盛的根本需要。在外交活动中，维护本国的国家利益，具体指的就是要想方设法地采取一切行动争取本国的国家利益，巩固本国的国家利益，保护本国的国家利益，发展本国的国家利益，捍卫本国的国家利益。对每一个国家的任何一名外交人员来讲，在任何情况下，无条件地维护本国的国家利益，都应当成为其参与外交活动的指导性方针。

根据国际法，主权是一个国家独立自主地处理自己对内对外事务的最高权力，是国家属性的最集中的体现。因此，外交必定属于一个国家的主权，而且从来都是为维护其本国主权服务的。从本质上看，"主权的原则也可以说体现了利益的原则"③。维护国家主权，自然就是维护国家利益；维护国家利益，同样就是维护国家主权。不论从哪一个角度来看，维护本国的主权都属于每一个主权国家外交目的的题中应有之义。

过去，曾有不少专家学者主张：外交目的是要实现本国的外交政策。这一提法，应当说失之于精确。实际上，一国外交政策的制定与执行，都必须符合、服务于本国的国家利益，并且力求卓有成效地维护本国主权。实现本国的外交政策，意在维护本国的国家利益、维护本国的主权。显而易见，后者才是一国外交的根本目的。

5. 外交方式

英国学者艾伦·詹姆斯认为："联系是外交的核心。""外交的必要性在于就各国问题同外国保持日常的联系。"实际上，外交制度在目前如同几个世纪以前一样，仍然是国家间相互联系的手段。"如果国家间要保持正常而复杂的关系，联系更是一个重要的核心，没有它就不可能保持正常复杂的关系。""社会的必要条件之一就是联系。在国际上，外交制度提供了这个决定性的要求。"④ 杰夫·贝里奇等人的看法是：外交"是指国家体系中各成员之间的官方交流渠道"⑤。他们的上述观点，可以被归纳为：外交有赖于联系。

美国学者布鲁斯·拉西特等人则强调："外交的主要特征是沟通。""外交活动中的种种常规定式大多是为了保持、便利国与国之间的沟通，从而减少其间遭到的扭曲或误解。""从程序上看，这些活动的最重要的结果是传达本国政府的观点以及交流信息。"⑥ 按照英国学者布赖恩·怀特的解释：外交是在国际体系运作中居中心地位的沟通过程，是指国际行为体通过谈判与对话解决冲突，并且是沟通过程的制度化与职业化。⑦ 在他们看来，沟通乃是外交的本质。

---

① 张亚中主编：《国际关系总论》，174页，台北，扬智文化事业股份有限公司，2003。

② 《江泽民文选》，第1卷，314页，北京，人民出版社，2006。

③ 陈乐民主编：《西方外交思想史》，20页。

④ 转引自［美］威廉·奥尔森等编：《国际关系的理论与实践》，189～190页，北京，中国社会科学出版社，1987。

⑤ ［英］杰夫·贝里奇等：《外交理论》，1页，北京，北京大学出版社，2006。

⑥ ［美］布鲁斯·拉西特等：《世界政治》，135页。

⑦ 参见李少军：《国际政治学概论》，227页，上海，上海人民出版社，2002。

事实上，一国开展外交，意在处理国家关系、参与国际事务。在外交实践中，联系与沟通实际上都不可或缺。有外交就必然发生联系，而联系则主要是为了沟通。国家与国家之间、国际组织与国际组织之间、国家与国际组织之间如果不能保持正常的联系，或者缺少经常的、有效的沟通，则必将会由于交流不畅而导致彼此疏远、猜忌、误解，甚至产生隔阂。

外交方式，在此指的是在外交活动中进行联系与沟通的具体方法。在国家与国家之间、国际组织与国际组织之间、国家与国际组织之间，唯有和平的方式，而且必须是约定俗成的和平方式，才适用于外交。强调外交的方式必须是和平的，主要是因为外交在本质上是排斥一切非和平的方式的。强调适用于外交的和平方式必须是约定俗成的，主要原因在于它在外交界是相沿成习的。

应当承认，从事外交学研究的专家学者对外交应以和平方式进行这一点，历来都高度重视。当他们给出外交的具体定义时，往往都会不同程度地对此有所涉及。欧内斯特·萨道义在解释外交的具体含义时就明言："或者更简单地说，是指以和平手段处理国与国之间的事务。"①

应当强调的是，和平的外交方式，往往有多种具体的选择，而并非仅为谈判一种。毋庸置疑，谈判是一种主要的外交方式，但除了谈判之外，进行交涉、互派使节、互行文书、缔结条约、出席国际会议、参与国际组织等等，均属于外交的常规方式。将它们排除在外，仅仅将外交等同于谈判，并不完全符合客观现实。

6. 外交范围

从内涵上来考虑，外交实质上主要是主权国家之间的交往与沟通。关于这一点，法国外交家弗朗科斯·卡利埃尔在其《外交的艺术》一书里，就以外交属于"与主权者交涉的技术"② 一语讲得一清二楚。

而在具体的外交实践中，主权国家参与外交活动又主要是以中央政府为代表的。那么，为什么不能直截了当地将外交范围理解为各国中央政府之间的相互交往与沟通呢？

原因之一，各个主权国家外交实践的具体参与者，除中央政府的官员之外，往往还包括另外一些人员，诸如本国的国家元首及其外交代表。"在国际法上，国家元首在国家的国际交往中有权代表国家进行行为。"③ 此外，由主权国家所组成的国际组织的官员，在某些重要的多边外交场合里所发挥的作用，往往也是不容忽略的。

原因之二，现代外交活动的直接参与者，除各国中央政府之外，通常还有一些由主权国家所组成的国际组织。

综上所述，以正式的官方交往与沟通，即外交人员之间以其正式的官方身份所进行的正常的交往与沟通，作为外交范围，似乎更为贴切。至于之所以特意将这种正式的官方交往与沟通限定为"正常的交往与沟通"，则主要是为了将非正常的交往与沟通排除在外。

简言之，任何外交活动都离不开特定的外交主体、特定的外交客体、特定的外交基础、特定的外交目的、特定的外交方式、特定的外交范围。外交主体、外交客体、外交基础、外交目的、外交方式、外交范围，可以称之为外交六要素。

---

① 转引自［英］戈尔-布思主编：《萨道义外交实践指南》，3 页。

② 转引自［日］浦野起央：《国际关系理论导论》，131 页，北京，中国社会科学出版社，2000。

③［英］詹宁斯等修订：《奥本海国际法》，第一卷，第二分册，9459 页。

第二节　外交的发展

从本质上讲，外交属于国家与国家之间的官方关系。当国家出现之后，外交便为了适应国家对外进行交往与沟通的需要应运而生，并且伴随着国家的发展而不断地进行自我完善。

从纵向的角度对外交的发展进行考察，就会发现：外交的形成、发展与完善，是一个十分复杂而漫长的过程。就其现代意义而言，外交的发展历程可以划分为三个重要阶段，在这三个不同的发展阶段上，外交各有其特点。第一阶段，是外交萌芽时期；第二阶段，是外交形成时期；第三阶段，则是外交定型时期。

站在世界历史发展进程的角度上来进行分析，外交的以上三个重要发展阶段，恰好分别对应于世界古代史、世界近代史与世界现代史的分期。因此，外交的三个重要发展阶段亦可分别以古代外交、近代外交与现代外交称之。

在外交的三个不同发展阶段上，外交不断地有所调整、有所变化、有所扬弃、有所完善。进行外交学的学习与研究时，了解外交的这一发展过程及其在不同重要阶段上的调整、变化、扬弃与完善，将有助于深化对外交本质的认识。

一、古代外交

古代的外交，只能称为外交的萌芽。当时，世界主要处于奴隶社会与封建社会，严格意义上的独立的主权国家以及以其作为主体的国际社会尚未形成，故此，古代外交难以与近代外交和现代外交相提并论。从科学研究的角度来看，古代外交的最大价值，在于它为外交的形成与发展奠定了基础。正如美国学者汤姆·法莱尔所言："每一种外交制度都能在古代找到雏形。"①

外交的起源，最早可以追溯到公元前。当奴隶制国家纷纷建立后，外交就随之开始萌芽。在古代的埃及、巴比伦、印度和中国，以及后来的古希腊、古罗马，都出现了外交。在古希腊的城邦国家之间和中国春秋时期的各诸侯国之间，原始的外交活动已开展得非常频繁。

从理论上讲，外交的出现需要具备以下三个条件：一是国家形成，外交有了活动实体；二是国家主权独立，可以对外行使主权；三是众多的主权国家组成了国际社会，国家利益不尽相同的主权国家之间在客观上产生了互动的需要。

严格地说，古代外交既不同于现代外交，也不同于近代外交。古代的外交萌芽，与现代意义上的外交活动显然难以一概而论。那时，外交刚刚开始起步，一切尚在探索之中。从总体上进行分析，古代外交呈现出以下基本特征：

其一，外交活动混沌无序。就全局而言，古代外交缺乏一套行之有效的外交制度作为其根本保障，因而看起来基本上处于无组织、无秩序状态。古代外交活动的混沌无序状态，主要是因为当时没有专职的外交人员、没有专设的外交机构、没有专用的外交惯例

---

① 转引自肖宪主编：《当代西方国际关系理论与实践》，121页，昆明，云南大学出版社，1998。

等。因此，用现代人的眼光来看，古代外交非常幼稚。它基本上可谓各国自行其是，并无一定之规。

其二，外交理论尚未形成。外交理论，是对外交实践所进行的科学概括与总结。外交是一门实践性极强的艺术，因此从外交发展史上来看，外交理论的出现必然会滞后于外交实践。在古代外交萌芽阶段，尽管产生过不少杰出的外交家，他们对自己的外交经验也进行过一些总结，但是，那时他们的总结主要偏重于外交谋略。当时人们认为，外交主要凭借足智多谋，没有外交谋略的运用就没有外交的成功。还有一些人，对外交谋略的认识则发展到了极端，在他们看来，所谓外交无非是对他国玩弄计谋。不搞阴谋、诡计或欺诈，外交便难以奏效。这种大气候，使人们对外交缺少理性思维，因而未能形成具有全局性指导意义的外交理论。

其三，外交范围非常狭小。古代的外交，具有十分鲜明的地缘政治色彩，几乎完全可以将其与现代意义上的周边外交、区域外交画上等号。当时，受生产力发展水平的制约，尤其是受交通条件与通信条件的限制，在全球范围之内开展全方位外交是不可思议的。各国在那时所进行的外交活动，基本上都处于本国所在区域之内，并且主要以自己的周边国家为对象。以外交合作换取与邻国的睦邻友好，进而保境安民及捍卫国家安全，可以说是古代外交最直接、最重要的目标。各国在当时开展跨地区、跨洲乃至全球范围之内的外交活动，不但可能性甚小，而且也没有多大的实际意义。

其四，外交手段较为单一。在世界古代史时期，各国都在不断地进行对外战争，在对外战争中立于不败之地，是古代外交的主要目标。古代外交，主要辅助于各国的对外战争。古代各国的外交活动，多半不是为了制止战争、防患于未然，而是为了更有成效地进行战争，或为了令本国在战争中大获全胜，这可以说是古代外交的一大特征。受此影响，古代外交的手段也显得较为单一。古代的外交活动，主要以传递信息、游说君王为基本方式。古代的外交人员，也可以称之为信使、冒险家或演说家。

古代外交虽然处于萌芽阶段，具有明显的幼稚性、区域性、偶然性与单一性，但它毕竟在外交发展史上迈出了重要的一步。在数千年的漫长历史进程中，古代外交的萌芽为近代外交与现代外交的发展奠定了重要的基础。古代外交为近现代外交所作的主要贡献如下：

1. 使节制度

在古代各国，外交使节作为外交的具体操作者已纷纷出现，并且成为当时外交活动的主角。

在公元前两千多年，古埃及的外交使节已相当活跃。在公元前5世纪时，古希腊的外交使节已在为各自所属的城邦建功立业。“优待客卿，是希腊最古老的国际关系和国际法方式。”“外交谈判是通过客卿来进行的。”① 形成于公元前后的古印度《摩奴法典》则较为全面地对外交使节的品质、条件、选拔进行了规范。

在古代中国，活跃在商末周初的吕尚，可被称作中国的外交使节鼻祖。正是依靠他的“游说诸侯”、“折冲樽俎”，周朝才最后一统天下。春秋战国时期，子产、管仲、晏婴、苏

① ［苏］鲍爵姆金主编：《世界外交史》，第一分册，22页，北京，五十年代出版社，1949。

秦、张仪等外交名家，无一不在出使之际屡奏华章，为国争光。到了汉朝，中国的使节则更是功勋卓著：不仅有陆贾雄辩天下，张骞、班超出使西域，苏武持节牧羊，而且还出现了中国外交史上的第一位女使节冯嫽。

古代各国的外交使节，在当时的外交活动中主要发挥了如下四个方面的作用：

第一，对外联络。派遣使节出国进行活动，是古代各国对外交往与沟通的一种基本形式。没有交往与沟通，国与国之间就没有正常的联系。正是借助于使节的来来往往，各国之间才得以保持一定程度的联络。当时的使节，在一定程度上可以称之为信使。

第二，消除隔阂。由于交通与信息的不畅，古代各国之间易生误会。各国所派出的使节，此刻便扮演特使的角色。他们前往别国，宣示本国的意图，并将对方的回应反馈给本国。在必要时，他们还可以向别国的国君当面直陈，以求化干戈为玉帛，或分化瓦解对手。这是当时所能够找到的消除国与国之间隔阂的最佳方式之一。

第三，宣扬国威。在古代，随着社会生产力的进步，越来越多的国家指望以外交制止战争。古代各国使节的重要任务之一，就是向别国宣传本国的正义与强盛，游说列强，以求对外分化对手、不战而胜，并为本国争取更多的盟友。所以古代使节的一大共性是：他们既是外交家、政治家，往往又是演说家、雄辩家。

第四，收集情报。由于身份特殊，古代各国使节不仅可以经常出入别国，而且还有机会深入敌营，甚至与自己的对手直接建立较为密切的私人联系。这样一来，他们便可以深入观察、了解对手，充当合法的观察家，为本国收集情报。可以毫不夸张地说，当时“每个使臣都有收集对方情报的使命”①。因此，《摩奴法典》便规定：使节应该是一种观察极敏锐、学识极渊博并能够应付各种人的人。

严格地说，古代的各国使节只是一种临时执行专项外交任务的特使。通常，他们不以外交作为自己的专责，没有固定的办公场所，没有法定的任期，没有专门的组织领导机构，没有规范的工作程序与职业守则，甚至没有正式的名分。实际上，他们不属于职业外交官，而是原本各有各自的本职工作。一旦完成出使外国的任务归来，他们临时性的使节身份就不复存在。在古代，各国均无专门的外交主管领导部门，对外未有常设的派出性外交代表机构，就连外交官这一称呼也是不存在的。

2. 结盟制度

在古代外交阶段，结盟制度不仅已见端倪，而且逐渐有所发展，甚至在许多国家的外交活动中居于举足轻重的位置。

古希腊各城邦之间最重要的一种外交活动形式，就是为了争夺霸权而相互缔结同盟。在古希腊时期，缔结同盟被视为庄严神圣之事。结盟时，需要订立盟书，加入者必须进行宣誓，对违约者必须按规定给予惩罚。当时的古希腊曾产生过两大最具影响力的同盟：一个是以雅典为首的提洛同盟，另一个则是以斯巴达为首的伯罗奔尼撒同盟。

在中国的春秋时期，结盟也是一项重要的外交活动。仅《春秋》所记载的诸侯会盟就达450多次。著名的春秋五霸齐桓公、宋襄公、晋文公、秦穆公和楚庄王，都是利用结盟来确立自己的霸主地位的。到了战国之际，所谓的合纵与连横，其实“都是外交联

---

① 何茂春：《中国外交通史》，35页，北京，中国社会科学出版社，1996。

盟政策”①。

结盟，简言之是指国与国之间为采取共同行动而缔结同盟。结盟制度在古代外交发展阶段，大体上具有下列六个方面的特点：一是它一般由多国加入，其成员往往不只两三个国家；二是它大都需要推举某一国家充当盟主，担任盟主的国家通常是盟国之中的强国，并且多半是首倡结盟的国家；三是它通常都订有专门的盟约，这一文件被看作结盟之国采取联合行动的基本纲领；四是它原则上应当举行一定的公开性的结盟仪式，以示盟国的郑重其事；五是它多数具有军事性质，有时甚至只是为了对外采取统一的军事行动而存在；六是它组织上较为松散，各盟国之间的关系往往分分合合、时好时坏，和亲、互换人质经常被作为巩固结盟的常规手段。

在古代外交阶段，结盟制度只能算作各国争取外交主动的临时性措施。尽管如此，它在外交实践中依然发挥着极其关键的作用。

作用之一，它使得古代各国之间的联系与往来更为密切。这既使各国由此而日益体会到发展正常的外交关系的迫切性，又间接地促进了国际社会的形成。

作用之二，它使得有关国家初步掌握了在外交活动中协调彼此行动的方法。久而久之，它终于导致了国与国之间交往与沟通的规范化。

作用之三，它使得国与国之间的合作成为现实。结盟的本质就是国际合作。在此合作过程中，各参与国可以从中各取所需。盟主可以因此而号令天下，强国可以因此而强上加强，弱国可以因此而获得保护，大家都可以因此而联合对敌。它让各国初步品尝到了外交的甜头，开始重视与别国合作，而非一意孤行，从而客观上提升了外交的地位，进而成为国际组织的萌芽。

3. 外交途径

举凡各种常规的现代外交途径，都可以在古代外交发展阶段找到其各自的雏形。外交谈判、外交条约、国际会议以及与此相关的礼仪规范，在当时均可发现其萌芽。

在中国的春秋战国时期，聘问盛行于各国之间。所谓聘问，当时是指由一国国君派出自己亲信的大臣，前往别国从事专门的修好、通报、打探、答疑、庆贺、慰问等项外交活动。就其实质而言，聘问属于一种正式的外交访问。聘问的主要内容，则是有关国家所进行的外交磋商。它虽然不叫作谈判，但其主要的活动就是谈判。

古代印度的《摩奴法典》，则对外交谈判重视有加。它规定：解决国家之间的各种争端，应当努力通过谈判、收买、离间等手段来瓦解敌人；可以同时采用或分别采用以上手段，而不必一味诉诸武力；在使用上述手段时，应当以谈判为主。

公元前 1283 年，埃及国王拉美西斯二世与赫梯国王哈吐什尔三世所签订的和约，是迄今所知国家之间所订立的最早的一份条约。苏联著名外交史专家鲍爵姆金认为：它“在某种程度上实为后来各种国际条约的原型”②。

到了古罗马时期，人们则对外交条约与外交礼仪作出了进一步的创造性贡献。在各种外交活动中，古罗马十分重视运用条约的具体形式来巩固自己的外交成果。古罗马当时所

① 何茂春：《中国外交通史》，70 页。

② ［苏］鲍爵姆金主编：《世界外交史》，第一分册，8 页。

签订的外交条约，已细分为同盟条约、友好条约与保护外侨条约三类。在外交实践中，古罗马非常重视给予外国使臣的礼遇。当代外交礼仪的种种细则，大都可以从古罗马找到各自的先例。

古罗马对外交的最大贡献，首推罗马法。为了调整古罗马的对外关系，罗马人逐渐形成了自己一整套的有关宣战、媾和、缔结条约、遵守条约、保护外国公民、使节不可侵犯等等的法律体系。它被公认为国际法的萌芽。

国际会议在古代外交阶段也屡见不鲜。在中国的春秋战国时期，一些诸侯国往往对会盟乐此不疲。而在古希腊，则设有专门的由一些城邦国家所举行的“同盟会议”。它拥有固定的成员、固定的议题以及规定的权利与义务。

上述这些现代外交途径的萌芽，在当时主要起到了下列双重作用：

一方面，它们为外交活动的正常开展提供了必要的渠道。任何外交运作，假使不利用一定的渠道，都会变得不可思议。

另一方面，它们使得外交活动日益变得易于操作。外交活动，自古以来就不是坐而论道，而是强调采取具体行动。在古代外交时期所出现的外交途径的萌芽及其不断的发展与完善，不仅进一步规范了外交行动，而且使之日益具有可操作性。

二、近代外交

确切地说，外交形成于近代。从这一意义上说，一部世界近代史，完全可以被看作一部外交形成史。

外交形成于近代，绝非偶然之事。当世界近代史的序幕拉开之后，各国相继由封建社会进入资本主义社会，或者在一定程度上深受资本主义制度的影响。随着近代资本主义制度的建立，社会生产力迅速发展，现代意义上的民族国家纷纷出现，国际社会真正形成，国与国之间交往与沟通的需要日益迫切。在此背景下，外交的地位得以空前提高。

在学术界，目前公认的看法是：就世界范围而言，外交大体上于 17 世纪形成。其时，整个世界刚刚开始步人资本主义社会。1648 年 10 月 24 日正式签订的《威斯特伐利亚和约》，可以被视为近代外交形成的一项正式标志。宏观地说，自 15 世纪下半期至 20 世纪初期的外交，在外交史上均可称为近代外交。

从总体上来探讨，近代外交主要具有如下几个方面的显著特点：

第一，外交制度基本形成。在近代外交发展过程中，一些与外交密切相关的基本制度相继形成，外交行为的随意性与无序性逐步受到越来越多的限制。特别是到了 18 世纪，在欧洲各国政府部门的正式序列中，专门主管本国外交事务的外交部开始设立。它由政府首脑指定自己的心腹来领导，其任务是贯彻执行本国的外交政策，处理本国的日常性外交事务。外交部的出现，对外交制度的形成意义重大。在这一时期，外交使节制度业已基本定型，它也为外交制度的最终形成提供了必要的保证。

第二，外交活动日益频繁。在古代外交时期，尤其是在上古时期，许多国家关注的重点，主要局限于国内问题。国家的对外交往，国际事务的参与，国与国之间的联系与沟通，凡此种种外交事宜尚未获得应有的关注。从某种程度上来讲，古代外交活动更多地具有辅助性、临时性、偶然性、盲目性等特征，很少有哪些国家经常地、积极地、目的明确地开展外交活动。而到了近代外交时期，这种局面发生了根本性的变化。任何一个国家，不论其自身具体状况如何，都被卷入国际事务之中，都不得不日益频繁地介入外交活动。当时，世界各国实际上都难以成为外交的拒绝者或旁观者。

第三，外交范围有所扩大。近代外交时期，外交的具体范围得以迅速扩大。外交范围的扩大具体表现有二：一是就一个国家而言，其外交对象已不再局限于周边国家；二是就国际社会而言，其外交参与者已不再只是屈指可数的个别国家。当时，世界各国，特别是资本主义强国，不断地开展各种形式的外交活动，以图拓展本国的生存空间。一些国家的外交，尤其是大国的外交，已越来越具有更为开阔的全球性视野。然而在这一时期内，由于一大批殖民地、半殖民地国家并未获得独立，故此外交范围的扩大也只能是相对而言的。不可否认，在这一时期，外交活动主要进行于欧美特别是欧洲的各资本主义国家之间，所以有人索性将近代外交称为"欧洲外交"。

第四，外交内幕十分黑暗。在这一时期，宫廷外交、秘密外交、强权外交成为外交的主旋律，外交的内幕极其黑暗。当时，外交的主要目标，对强国而言是要扩大本国势力范围，对弱国而言则是要摆脱本国惨遭列强宰割的命运。因此，宫廷外交、秘密外交、强权外交盛行于一时，成为当时外交的主要特色。近代外交"最初……始于君主间的宫廷外交"①。所谓宫廷外交，是指当时的外交完全操纵于君王或个别权贵之手，并且主要进行于封建宫廷之内。它不讲公开性，没有任何透明度。所谓秘密外交，指的是外交在那时拒绝民主决策与民主监督，在外交决策与外交行动上推崇高度集权、神秘叵测。有的资产阶级外交家甚至公然宣称：外交即秘密，使节们就是"光荣的间谍"②。所谓强权外交，则指的是在外交上奉行实力政策，恃强凌弱，在国与国之间的政治关系上赤裸裸地采取强盗行径。宫廷外交、秘密外交与强权外交在当时风行一时，加剧了国与国之间的不信任感，恶化了当时的国际环境。就连一些西方的外交史专家，往往也对其不满，称之为"旧外交"。

在近代外交发展阶段，最值得一提的有关外交的发展与变化，主要体现在下列四个不同的方面：

1. 外交人员专业化

近代各国之间外交活动的经常化与频繁化，必然要求外交人员的职业化与专业化。古代的外交，任何人都可以从事，都可以暂时客串一下，只要他有机会并得到国君的信任即可。但到了近代之后，外交活动的频繁与外交范围的扩大，在客观上就提出了外交从业人员职业化、专业化的要求。

意大利是近代外交的故乡。最初的常驻外国的外交使节，是由米兰公爵斯福扎于1455年向佛罗伦萨共和国所派出的尼科德默达·蓬特雷莫利。后者任此职长达17年。紧接着萨伏依公爵也向罗马派出了自己的常驻代表。此后，欧洲各国便纷纷效法他们，向外国派遣本国的常驻外交使节。法王弗朗索瓦一世在这方面更是乐此不疲，以至于人们视其为对常驻使节制度贡献最大的一个人。

常驻别国的外交使节，最初并不普遍，而且也不分等级。16世纪之后，外交使节开

---

① ［日］浦野起央：《国际关系理论导论》，131页。

② ［苏］鲍爵姆金主编：《世界外交史》，第一分册，166页。

始分级。1648 年所举行的威斯特伐利亚和会首先以条约的形式正式确认了常驻外交使节制度，此后职业外交官与驻外使馆广泛出现，并逐步走向规范化、制度化。1815 年，欧洲 8 个国家在维也纳和会上签署了《关于外交人员等级的章程》，正式确立了外交使节分为大使、公使、代办三个等级的制度。其基本原则，至今仍在沿用。现行的职业外交官制度，则基本上都是按法国模式建立的。

受诸多因素制约，中国的外交制度在近代发展得十分缓慢而被动。1860 年，英国公使布鲁斯作为第一位外国驻华公使来到北京。中国政府的外交主管机构——总理各国事务衙门，直到次年才得以设立。1901 年，它才改称外务部。到清朝末年，只有 12 个国家向中国派遣了本国的外交使节，与清朝正式建交的也仅有 14 个国家。1868 年 2 月，中国政府派出了有史以来前往欧美的第一个正式外交使团，然而它却以美国前驻华公使蒲安臣为首。1877 年 1 月，奉派抵达英国的郭嵩焘成为正式进入国际外交圈的第一位中国公使。在郭嵩焘的建议下，清政府在新加坡任命当地侨商胡璇泽为中国历史上第一位领事。此后，中国的职业外交官队伍和驻外使领馆才陆续出现。

2. 外交行为规范化

外交行为规范化，是近代外交形成的主要标志之一。从总体上进行评价，古代外交基本上处于一种自由放任、无章可循的状态。它不仅毫无规范，随意性极大，令人难以把握，而且盛行着尔虞我诈、不讲规则、不守承诺、不负责任的风气。它的这些负面影响，成为阻碍外交进一步发展的巨大障碍。

进入近代之后，世界各国的外交活动不仅日趋频繁，而且变得更加主动和积极。为了更加行之有效地开展外交活动，各国政府与杰出的外交家们都逐渐意识到：需要制定一套理性化、系统化、专业化的具有普适性的游戏规则，以规范各国的外交行为，促进外交活动正常而有序地发展。这种迫切的客观要求，最终导致了国际法的产生。

在外交史上，可以说是意大利的威尼斯共和国最早将外交行为的规范化付诸实践。从 13 世纪起，威尼斯共和国就开始颁布许多法令，详细地对其驻外代表的行为与活动进行规定。例如，不许他们与外国人讨论本国的国事，不准他们接受外国的任何官衔与身份等等。

1625 年，格劳秀斯的代表作《战争与和平法》正式出版。针对当时国际间的无法可依状态，格劳秀斯以自然法作为理论出发点，阐述了永恒的、不变的、无须各国特别同意的国际法规则。他还站在国际法的角度，对当时的各种外交行为作了尽可能的规范。在此之前一些国际上通行的外交惯例，也被他纳入了国际法体系之内。

1648 年威斯特伐利亚和会的召开与《威斯特伐利亚和约》的签订，进一步推动了国际法的发展与外交行为的规范化。条约所确立的主权平等原则与举行国际会议处理国际事务的模式，都具有划时代的意义。

自此之后，外交使节的设立、外交使节的等级、外交使节的地位、外交代表的特权与豁免等等，都成为各国参与外交活动时必须遵守的国际法的重要组成部分。外交与国际法相互依赖、不可分割。外交在今日已被人们视为“实用的国际法”，反过来，它“亦能导致国际法新规范的形成”①。

---

① ［苏］科热夫尼科夫主编：《国际法》，256 页。

就外交而言，国际法诞生的重大意义在于：它既为外交提供了是非分明的行为准则，又为外交构建了活动的基础与框架。正是由于它的出现，近代外交才真正端正了航向，从其混乱的状态开始走上按规范进行操作的轨道，并且因此获得了长足的发展。回顾世界外交史，完全可以这样说：没有国际法，就没有外交行为的规范。而一旦离开了外交行为的规范化，近代外交要想得以迅猛发展则是完全不可能的。

3. 外交理论系统化

随着外交在内容上的深化与在形式上的扩展，各国政府尤其是外交决策者们迫切需要以系统的外交理论来武装自己，并且以之为本国的外交举措自圆其说。在近代外交发展阶段，系统的外交理论已出现，人们开始越来越多地对外交进行理性思考。

近代外交理论系统化的标志之一，是产生了一大批著名的外交理论家及其代表性著作。在诸多的近代外交理论家行列中，马基雅维利、圭恰迪尼、布丹、格劳秀斯、维格尔福特、黎塞留、卡利埃尔等都不能不被提及。马基雅维利在《君主论》里，提出了借助武力与权谋加强王权的外交策略思想。圭恰迪尼在其《札记》里，系统地探讨了外交使节与其君主的关系、外交谈判的具体策略，并为外交行为提供了名正言顺的“国家理由”。布丹在《国家六论》里，不仅首次提出了国家主权的思想，而且确认了它是国与国关系之中所要遵守的基本原则。格劳秀斯在《战争与和平法》里认为，国际关系不能以强权为基础，而只能以各国均能接受的、以“正义”与“公理”为准则的国际法为依据。维格尔福特在《大使及其职能》里，总结了既往外交使节制度的经验，并为此后各国的外交实践提供了行动指南。黎塞留在《政治遗嘱》里郑重其事地强调：国家利益在外交上高于一切。卡利埃尔在《外交的艺术》里，则力主外交有赖于秩序；所谓外交，即以文明的行为寻求自身的国家利益。他们的这些理论观点，从不同侧面丰富了人们对外交的认识。

在这一时期，革命导师马克思恩格斯也在自己的一系列著作中建立了无产阶级的外交理论。他们的外交理论，为以后的社会主义国家的外交提供了行动的指南。

近代外交理论系统化的标志之二，是它直接来自现实，并且服务于现实。与其他的政治理论相比，外交理论具有十分明显的现实可行性与可操作性。这是因为，从它产生之日起，就以服务于外交实践为直接目的。在近代的意大利，各城邦国家尤其是威尼斯共和国，非常善于对各种具体的外交方法进行理论化、制度化。1716 年，曾任法国外交官的弗朗科斯·卡利埃尔出版了《外交的艺术》一书。他的这部著作，基于自身的外交经验与理论研究，探讨了外交的功能与外交官的作用，对后世影响甚大。

由于近代外交理论不仅来自现实，而且服务于现实，因此它涉及范围广泛，易于得到实践的检验。这又反过来促进了近代外交理论的进一步发展及其系统化。

4. 外交活动集团化

在近代外交发展阶段，各国外交活动的主要特色，可以称之为集团化。就欧洲列强而言，此项特色表现得尤其明显。

随着资本主义的发展，特别是随着资本主义由自由竞争阶段发展到垄断阶段，各资本主义国家之间，尤其是各主要资本主义国家之间的矛盾日趋尖锐。在这种局势下，外交逐渐变成了资本主义列强之间争夺世界霸权的一种工具。近代外交自于意大利诞生之后，曾经长期为葡、西、荷、法、英欧洲五强所主宰。进入 19 世纪后，随着列强之间力量对比发生变化，古代即已出现的结盟外交不但重获青睐，而且渐渐走向极端，演变为集团外交。

集团外交，亦称外交集团化，主要是指不同的国家为了维护各自的国家利益，相互缔结具有军事互保性质的条约，从而形成具有军事同盟性质的国家集团。这种具有军事同盟性质的国家集团，为了在国际舞台上求得主动，往往会在外交上协调立场，并采取一致的行动。对不少国家来说，外交集团化意在联合御敌、委曲求全，并非完全出自心甘情愿。弱国加入集团外交，或许是被迫，或许是为了争取自己的外交话语权。强国加入集团外交，则主要是为了称霸于世，争取更大的外交主导权。自其出现开始，集团外交即为少数强国所左右。

到 19 世纪下半期，外交集团化发展到了空前的地步，并最终导致协约国集团与同盟国集团在外交上乃至军事上的公开的、直接的对立。此后的外交实践证明，外交集团化绝非外交发展的正确方向。假如外交集团化以恃强凌弱、瓜分世界、谋求霸权为目的，那么它到头来必将走向自身的反面，即自取灭亡。

三、现代外交

进入 20 世纪之后，特别是在第二次世界大战结束之后，外交获得了进一步的发展，进入了所谓“新外交”阶段。

从某种意义上说，20 世纪以来的现代外交实践，对外交自身的发展作用甚大。因此，有美国人宣称：“过去意义上的外交已经结束。”① 而在中国，则有人认为：“1898 年是一个不平凡的年份。在欧洲，随着俾斯麦的去世，近代外交史画上了句号。”② 还有人主张：“真正的外交，世界范围的外交，现代意义上的外交，应当说是从第二次世界大战结束以后，越来越多的殖民地取得独立，成立了新的国家，越来越多的主权国家登上世界舞台之时，才真正完全出现的。”③ 以上种种不同的提法，实质上具有同一含义，即现代外交与古代外交、近代外交之间有着明显的区别。

从外交发展、演变的角度进行研究，应当将现代外交称为外交的定型阶段。在这一阶段，现代意义上的外交真正在世界范围内得以确立。

外交在现代得以基本定型，主要依赖于下列因素的影响：

其一，国际社会的联系日益密切。20 世纪以来，特别是第二次世界大战结束之后，科学技术迅速发展，从而逐渐在全球范围之内掀起政治民主化、经济一体化、贸易自由化、科技信息化的浪潮，世界各国之间的交往与沟通越来越密切。用英国学者哈罗德·尼科松的话来讲：各个国家组成一个共同体的意识随之增强。国际社会，成为各国不可忽略的一个政治舞台。国家之间需要沟通也好，需要共同发展也好，都离不开合作，因而也离不开外交。外交的地位因此而得到了前所未有的提高。

其二，国际格局发生了重大变化。20 世纪以来，国际格局一再发生变化。其基本走向，是世界多极化的趋势日益明显。无论在全球还是地区范围，无论在政治还是经济领

---

① 转引自［英］埃里克·克拉克：《外交官生涯》，1 页。

② 裴默农：《周恩来外交学》，74 页，北京，中共中央党校出版社，1997。

③ 科兰：《大使馆和外交官》，11 页。

域，多极化的趋向都不可逆转。它的直接后果是："极少数大国或大国集团垄断世界事务、支配其他国家命运的时代，已一去不复返了。"① 国际格局的这一新变化，必然会对各国外交提出新的要求、新的课题，各国因此都必须给予外交更大的关注，以便使本国的外交面对新的客观现实、解决新的现实问题。反过来讲，新的现实、新的要求、新的课题又促使各国必须高度重视外交，对本国外交进行新的调整，从而在宏观上推动了外交的发展。

其三，国际安全依旧面临着威胁。进入 20 世纪之后，相继发生的两次世界大战带来了惨痛的教训。世界上爱好和平的人们普遍认识到：在国家消亡之前，国际争端乃至国际冲突往往在所难免，国与国之间发生战争的可能性依然存在。要将战争消灭于萌芽状态，最现实的做法，就是采取积极的外交手段，和平解决国际争端或国际冲突。与此同时，在当今世界上，由于经济发展的不平衡，不合理、不公正的国际政治经济旧秩序未曾根本改变，致使由民族、宗教、领土、资源等问题引发的国际矛盾此起彼伏，环境恶化、极度贫困、毒品贩运、贩卖人口、跨国洗钱、能源危机、金融危机、恐怖主义等非传统国际安全问题更趋突出。对它们的预防与应对，都需要各国之间进行必要的外交合作。

需要说明的是，将现代外交称作外交的定型阶段，并不意味着到了这一阶段外交再无任何发展。所谓外交的定型，此处主要是指有关外交的各项基本制度在此阶段不仅得以最终确立，而且还广泛地得到了世界各国的认同，并且在整个世界的范围之内广为沿用。只有发展到这一阶段，外交才真正具有普遍的意义。各国外交发展到了这一阶段，才真正变得合乎规范。

1945 年 6 月签订的《联合国宪章》与 1961 年 4 月签订的《维也纳外交关系公约》，是现代外交定型的主要标志。迄今为止，它们仍然可以被视为现代外交发展史上两座最重要的里程碑。

与古代外交、近代外交相比，现代外交具有许多明显的变化。现代外交的此种变化，或曰发展与成熟，主要体现在下列四个方面：

1. 外交角色全球化

在学术界，有不少外国学者力主以第一次世界大战的结束作为分界线，将此后的外交称为"新外交"，以区别于以前的"旧外交"。

"旧外交"的显著特征，是外交活动一直以欧洲为中心。例证之一是，1919 年前，在世界上积极参与外交活动的只有 16 个国家，而其中 15 国都是欧洲国家。"旧外交"的这一区域化特征，使得当时的外交准则、外交惯例、外交途径、外交机制等等，几乎都由欧洲国家来制定。就连其他国家所从事的外交活动，往往也需要接受欧洲国家的主导。包括中国在内的广大殖民地、半殖民地国家，那时在外交场合既不是主角，也不可能发挥决定性的作用，甚至未曾开展过具有真正意义的外交活动。

"新外交"之所以"新"，不仅在于其参与者多为新兴国家，而且在于其涉及新的范围。外交范围获得真正的扩大之后，外交才真正地从周边化、区域化走向全球化。这时，世界各国才真正有机会、有条件、有意识地在全球范围之内逐渐展开全方位的外交活动。有学者主张，1918 年 1 月美国总统威尔逊《十四点纲领》的提出，或者 1917 年 11 月列宁

① 《江泽民论有中国特色社会主义（专题摘编）》，513 页，北京，中央文献出版社，2002。

所倡导的“人民外交”，皆可被视为“新外交”的开端。

进入20世纪之后，无论如何都必须承认：外交事务的参与者日益增多，各国的外交活动不断拓宽范围，外交角色日益全球化。其突出表现为：

首先，社会主义国家登上了外交舞台。第一次世界大战结束后，世界上第一个社会主义国家苏联诞生。第二次世界大战结束后，中国等一批社会主义国家相继建立。社会主义国家一度组成一个统一的阵营，并且在外交上协调立场，统一行动。社会主义国家所开展的外交活动，是真正意义上的外交活动。它们坚持原则，主持正义，维护和平，促进合作，为外交注入了新的活力。

其次，广大发展中国家积极展开外交活动。第二次世界大战结束后，一大批发展中国家获得独立。它们第一次拥有了本国的外交自主权。在各种现代外交活动中，它们不但积极介入，而且彼此之间经常协调立场，相互配合、相互支持，统一行动，力图在外交舞台上发出自己的声音，捍卫自己的权益。至20世纪末，在全球200多个国家与地区中，发展中国家就有160多个。它们不但占了全球国家与地区数目的80%以上，而且还占有全球2/3的土地与4/5的人口。正因为如此，广大发展中国家所积极开展的外交活动，在现代外交上意义重大。

最后，美日等一批资本主义国家的后起之秀在外交上的作用加大。回顾近代外交史，美日等后起的资本主义国家所发挥的作用尚且不足挂齿。但在进入20世纪之后，尤其是在第二次世界大战结束之后，它们随着自身国力的强盛，在外交上的发言权日益变得强大。美国作为当今世界上的头号资本主义强国，在外交舞台上起着举足轻重的作用。与此同时，日本、加拿大、澳大利亚、新西兰等亚洲、美洲、大洋洲的资本主义国家的后起之秀也越来越积极地开展自己的外交活动。至此，传统外交上的“欧洲中心”已彻底不复存在。

2. 外交方式多样化

从总体上来看，近代外交在外交方式方面，虽有开拓之功，却并不重视推陈出新。一提到近代外交的具体方式，往往仅有“双边”、“邦交”、“和平”、“妥协”等值得一谈。“真正在外交形式上发生较大的变化，还是在第二次世界大战之后。”① 现代外交方式所发生的最大变化，主要表现为一系列崭新的、具体的形式层出不穷。

新外交方式的出现，不仅扩展了现代外交的深度，而且拓宽了现代外交的广度，即“外交的内容大大扩展了”②。这就促使人们必须重新对外交进行认识。当前，由于外交方式的多样化，外交范围也在日益扩大。根据具体领域的不同，出现了经济外交、商务外交、文化外交、科技外交、体育外交、环境外交、军事外交、宗教外交、人权外交等等。根据具体角色的不同，则又有多边外交、多轨外交、首脑外交、公共外交、政党外交、议会外交、地方外交、民间外交、妇女外交、青年外交、媒体外交等等。“从不同形态和类别的广义外交中可以看到国际事务和世界外交的极端复杂性”③，同时也可以窥见现代外

① 杨公素：《外交理论与实践》，91页，成都，四川大学出版社，1992。

② 肖宪主编：《当代西方国际关系理论与实践》，125页。

③ 黄金祺：《外交外事知识和技能》，20页，北京，世界知识出版社，1999。

交的新发展。无论是否将它们视为严格意义上的外交，都不能不正视它们，因为它们毕竟为外交学研究提出了一系列全新的课题。

在对上述新外交方式加以研究时，着重之点不应放在简单地对其加以界定，判断它们算不算真正的外交上，而应对其具体特质进行深入探讨，考察其具体作用与实际价值，了解其对现代外交发展所产生的影响。

应当肯定的是，新外交方式的不断出现，对于现代外交的定型并非一种简单的冲击，而是一种有益的完善和补充。“外交内容的这些变化自然引起了外交方法和外交形式的相应变化。”“外交内容、方式和形式的种种变化，使外交对象、课题、领域迅速扩大，同时也使外交概念、思想与实践为之更新而丰富了，外交艺术被提到一个新的水平。”①

3. 外交决策民主化

在外交决策民主化方面，现代外交是古代外交、近代外交均难以与之比拟的。就外交自身的发展而论，外交决策的民主化，不仅成为现代外交的一大特征，而且也使外交自身有所改变。

外交决策的民主化，既是时代进步的直接产物，又与当代国际关系民主化的大环境直接相关。此外，国际体系的演变，传播手段的发达，人民文化水准的提高，社会民主意识的增强等，都为之提供了必要的前提。

在现代外交中，外交决策的民主化主要体现在下列两个方面：

一方面，就各国外交自身而言，外交决策通常需要履行必要的民主程序。在 20 世纪之前，世界各国大都实行君主专制，因而外交往往由君主一人独断专行，或者由极少数君主所宠信的权臣密谋定夺。国与国之间的官方关系，实际上大多可谓君主与君主之间的私人关系。君主不愿意人民过问自己的私事，人民自然也对此兴趣不高。

进入 20 世纪之后，世界各国相继采用民主政体，外交事务遂交由议会与内阁掌管。人们在原则上对外交达成了这样的共识：外交的大政方针应由民选的政府或者其首脑制定，而其具体的实施则应当交由职业外交官负责。大凡关系本国国计民生的重要外交决策，不但需要通过合法的民主程序形成，而且往往还应依法得到议会的监督或批准。在必要时，还需将其交付全民公决。

另一方面，就国与国之间的外交合作而言，在其大政方针等根本性、原则性的问题上，也有必要实行国际民主。以往的多边外交，往往以经验或保密为由，剥夺了许多弱国、穷国、小国对国际事务的话语权、参与权和知情权，而今这一情景已难以再现。

随着由主权国家所组成的国际组织的出现及其在外交上所发挥的作用日益加强，国与国之间的外交合作事宜应由相关国家共同协商、共同决定，业已成为一种国际共识。目前，在制定对各国外交均产生巨大影响的国际法通则时，离开了世界各国的民主协商与一致同意，通常都难以取得任何实质性的进展。

除此之外，不可忽略的是，在当今世界传媒尤其是互联网十分发达、民众民主意识日益增强的情况下，外交越来越受民众关注，公众舆论也越来越多地介入外交，并且在一定程度上制约着外交的走向。在过去，“公众舆论的作用是微不足道的，在外交关系中使用

---

① 裴默农：《周恩来外交学》，12～13 页。

秘密方法则是世所公认的，必不可少的”①。而在今天，外交决策则既要面对外交对手，又要兼顾公众舆论。任何外交行动不仅要获得官方的首肯，而且还要尽量为本国舆论与国际舆论所谅解。

4. 外交活动高层化

职业外交官制度，尤其是驻外使节制度，是在近代形成的。在当时，职业外交官往往是驻外使节的同义语。在常人的印象中，外交似乎只是驻外使节们的例行公事，与别人则毫不相干。英国学者费尔萨姆就曾指出：“由于外交关系的多样性和复杂性，而且几个世纪以来的经验也证明，外交关系一般地说还是需要以间接的方式来进行，而为此目的，大使也就成为了不可缺少的了。”② 此种状况，应当说主要与当时外交发展的程度有关。

美国学者普利施科认为：“外交从概念和角度上看都和人类大多数的习俗制度一样，其进程是富有生命力的，并且是随着时间的推移而前进的——历史的进程使外交实践发生了重大变化。”③ 在现代外交发展阶段，外交活动逐渐高层化，换言之，驻外使节的作用趋于淡化，恰恰证实了普利施科的这一观点。

驻外使节曾在近代外交发展进程中独领风骚于一时，应当说客观上是与当时交通、通信的不发达直接相关的。当时，由于交通不便、通信不畅，往往需要驻外使节直接处理甚至包办几乎一切外交事务。而今，随着外交重要性的日益凸显，再加上外交事务的复杂化、紧迫化，以及交通、通信的空前发达，外交活动参与者的高层化的趋势已非常明显。过去，就连一些大国的外交部长也极少亲自出国处理外交事务。而今，不仅各国的外交活动往往必须由外交部长亲自出马，各国的外交特使穿梭于国际舞台，而且各国的最高领导人也经常直接介入外交活动，并时常处于外交活动的中心。“高峰会议”屡见不鲜，首脑外交成为当代外交的新景观之一。所谓首脑外交，即由国家最高领导人，一般为国家元首或政府首脑，直接出面以多种路径参与、处理对外事务的外交新方式。在有的学者眼里，这已是“新外交的一个特点”④。

外交活动的高层化，直接导致了现代外交的集权化。今日的外交决策，通常由各国首脑亲自把关。日常性的外交事务，往往也要由各国外交部长出面过问。各国驻外使节在外交活动中所发挥的作用显著弱化，他们所拥有的权力及其活动的具体领域也正在逐步减少。“授权有限”这句外交界的名言，此刻对驻外使节来讲恐怕最为贴切。当前，驻外使节所从事的外交活动实际上已经相对低层化、事务化。他们除了广交朋友、收集信息、保持联络、进行沟通外，往往更多地发挥礼仪性作用。在当代许多重大外交场合，驻外使节通常已不再是一位风光无限的主角，不再是一名举足轻重的政治家，而仅仅只是本国的一名正式代表而已。当然，驻外使节在现代外交中作用的淡化，并不意味着其实际存在价值已经失去。实际上，作为本国驻外代表，他们依然在外交场合里扮演着交际家、观察家、分析家、贸易家、代理商以及信使等多重难以被取代的角色。

---

① ［英］埃里克·克拉克：《外交官生涯》，7页。

② ［英］费尔萨姆：《外交手册》，2页。

③ 转引自周启朋等编译：《国外外交学》，80页。

④ ［美］埃尔默·普利施科：《首脑外交》，14页，北京，世界知识出版社，1990。

第三节 外交学研究

外交学是一门实践性很强的科学。任何重要的外交实践，通常都不能脱离外交学研究所取得的成果并以其作为指南或依据。虽然从严格意义上来讲，外交学作为一门学科得以确立，是在现代外交定型之后，但是自从外交在古代出现萌芽以来，就一直不断有人从事外交学研究。没有前人对外交学研究所取得的丰硕成果，就不可能有外交的不断发展，也不可能有作为一门学科的外交学的正式问世。

外交学，是一门以外交行为及其一般规律为研究对象的科学。进行外交学研究，不论对外交的研究者还是对外交的参与者而言，都是非常必要的。唯有对外交学进行科学的、系统的、深入的研究，才能够以之成功而有效地指导本国的外交实践。

从事外交学研究，有必要首先明确其具体研究对象、研究范围与研究方法。

一、外交学的研究对象

外交学的研究对象，实际上是指外交学的具体研究目标。以何者作为自己的研究对象，直接关系着外交学整个学科的发展方向。确立外交学的研究对象，不但事关外交学自身的定位，而且还有助于外交学学科体系的建立。

探讨外交学的研究对象时，首先应当端正对外交学自身的认识。没有对外交学自身的正确认识，就难以正确地确定外交学的研究对象。反过来讲，假使不能正确地确定外交学的研究对象，也就不能深入地展开外交学研究。因为外交学的研究对象就是它的具体研究目标，背离正确的研究目标，则必将使外交学的研究误入歧途。

1. 外交学的定位

外交学的定位，指的就是外交学在科学研究中所应处的正确位置。为外交学进行定位，与确定外交学的研究对象，实际上是一对紧密关联的问题。只有为外交学进行正确的定位，才能够正确地确定外交学的研究对象。而确定外交学的研究对象，则又必然会对正确地理解外交学的定位具有一定的帮助。严格地讲，要确定外交学的研究对象，首先必须对外交学进行定位。

就学科性质而言，外交学应被视为一门兼具理论性与实践性的新兴学科。具体来说，外交学属于社会科学，它是国际关系学的重要分支之一。

就基本功能而言，外交学则是以指导外交实践作为主要目的的。换言之，外交学既以外交实践为其源泉，又必须为外交实践服务。离开了外交实践，外交学就会变成无源之水、无本之木，就会完全失去其存在的必要性。

有鉴于此，外交学的研究对象不言而喻。外交行为及其一般规律，就是外交学的研究对象。就学科的具体定位而言，外交学应当被视为一门以外交行为及其一般规律作为研究对象的、兼具理论性与实践性的、属于国际关系学门类的社会科学。

在确定外交行为及其一般规律作为外交学研究对象的同时，有必要澄清与此相关的一些不正确的认识。目前，有关对外交学研究对象的影响较大的错误认识，主要可以归纳为下述五种：

其一，认为外交学应当以外交理论为研究对象。持此观点者认为：外交学要真正成为一门科学，就必须对外交着重进行理性思辨，并且只宜对外交哲学、外交价值、外交准则等纯理论性问题进行探讨，除此之外，其他一切外交实践问题，都不应成为外交学的研究对象。他们没有意识到：没有活生生的外交实践，离开了对现实之中具体外交活动的关注与考察，外交学既失去了其素材的来源，又失去了检验其正确与否的标尺。到头来，外交学便会沦为纸上谈兵，被人们束之高阁，变得没有任何实用价值。

其二，认为外交学应当以外交实务为研究对象。持这种观点的人认为：既然外交学是一门实践性甚强的学科，那么外交学就应当侧重于实用，就应当以外交实务问题作为外交学的研究对象。对程序性、经验性、技巧性、操作性极强的外交活动进行纯理性的抽象，对外交进行过多的理论性思考，似乎没有多么大的实际意义。这种认识，其实等于否定了外交理论对外交实践的重要指导作用。假定照此行事，必定会使外交活动的参与者难以高屋建瓴，外交实践难以获得必要的借鉴，外交经验难以得到理性的升华。其最终的结果，只能使外交变成一种并无任何规律可循的神秘技艺而已。因为从本质上分析，“外交是一个连续不断的过程，它的基本原则代表着智慧的和理性的人们世世代代所积累的经验”①。

其三，认为外交学应当以外交政策及其贯彻执行为研究对象。提出这种见解的人认定，既然主权国家的外交政策及其贯彻执行属于外交的核心内容，那么外交学就理应成为一门专门研究外交政策的科学。不可否认，外交政策及其贯彻执行属于外交的核心内容之一，外交学研究也有必要以外交政策及其贯彻执行作为侧重点之一，但是，不论从理论上还是从实践上看，外交政策及其贯彻执行都不能等同于外交的全部。实际上，“二者概念不同。外交是各国执行外交政策的过程或方法；它并不是政策本身”②。除去外交政策及其贯彻执行，外交本身客观上显然还包含着许多其他方面的内容，外交政策及其贯彻执行只能是外交学的研究对象之一。如果将其作为外交学唯一的研究对象，则可谓以偏概全，失之于片面。

其四，认为外交学应当以外交史实为研究对象。坚持此种看法的人主张，历史的经验值得注意。外交学研究的重心应被置于历史的角度，或者历史与现实对比的角度；应着重考察外交的演变及其在不同历史时期所呈现出的特点与规律。进行科学的外交学研究，固然有必要鉴古知今。因为众所周知，一切历史实际上均可被视为当代史。不对外交史实进行归纳、分析、借鉴、利用，外交学研究往往会丧失基础，成为凭空杜撰。然而应予以明确的是，研究外交史实，是外交史学的主要任务。进行外交学研究，既不能完全忽略外交史实，又不能仅仅局限于外交史实。“古调虽自爱，今人多不弹。”对外交学研究而言，既往的外交活动不能说不重要，但最为重要的是，要有助于现实的外交活动，科学地指导当前的外交实践，并且能够对未来的外交活动进行理性的前瞻与把握。在任何时候，外交学研究都绝对不能脱离现实，一味埋头于故纸堆中。

其五，认为外交学应当以对外关系为研究对象。坚持这一主张的人士认为，外交属于国家的对外关系，因此外交学自然而然地应当以对外关系作为自己的研究对象。严格说

① ［美］哈罗德·尼科松：《外交学》，52页。
② ［美］威廉·奥尔森等编：《国际关系的理论与实践》，178页。

来，对外关系其实存在着广义与狭义之别。广义的对外关系，泛指个体、群体乃至国家、国际组织与外界所形成的一切关系。人际关系、族际关系、企业关系、党际关系、国际关系等，均可包括在内。狭义的对外关系，则主要是指一个国家与其他国家或国际组织之间所存在的各种形式的关系。由此可知，不论广义的对外关系还是狭义的对外关系，都与严格意义上的外交相去甚远。显而易见，它们都不宜作为外交学的基本研究对象。

在确定外交学的研究对象时，还有必要对一些与外交相近或相关的重要概念，例如，外事、外务、涉外等，准确地加以理解和把握。

尽管外交的萌芽与“外交”一词在中国古代就已出现，但在相当长的一段时间内，现代意义上的外交在中国是不被称为“外交”的。中国古代典籍里频频出现的“外交”一词，如《礼记》所谓“为人臣者无外交”，当时主要是指个人同外人或外界的交往。也就是说，“外交”一词在中国出现时，其最初的含义是人际交往或曰社交。《辞源》里所给出的“外交”的释义之一，即“与朋友、外人的交际”①。

直到20世纪之前，中国人在谈到外交时，还往往采用的是“外事”、“外务”、“夷务”、“邦交”、“交通”等词汇。它们的具体含义，实际上大同小异。根据《现代汉语词典（第6版）》所作出的权威解释：外事意即“外交事务”，而外务则是指“跟外国交涉的事务”②。由此可见，二者的基本含义均与外交大体上相同。不过在现实生活里，外事有时会被用来泛指一切涉外性事务，而外务亦含有“本身职务以外的事”③ 之义。

目前，国内仍有少数人将外交与涉外两个概念混用。其实，二者的具体含义有所不同。严格地讲，涉外的本义是“涉及与外国有关的”④。很明显，它的外延比外交要大得多。

综上所述，以外交行为及其一般规律作为外交学的研究对象，应当说是恰到好处、最为精确的。这样做，不仅在形式逻辑上名正言顺、无懈可击，而且客观上也与国内外外交学研究的具体现状相符合。

自从世界上有人开始从事外交学研究以来，便有人侧重于外交理论研究，有人侧重于外交事务研究。就外交实践的实际需要来说，二者同等重要，不可偏废。而在对外交进行界定时，则有人认为外交是一门科学，有人主张外交是一门艺术。实质上，外交既是一门科学，也是一门艺术。这一提法，既符合客观现实，又不至于忽略外交理论或外交事务在外交学中不可替代、不可或缺的同等重要位置。以外交行为及其一般规律作为外交学研究对象的最大长处，是不会对外交学研究造成误导，同时又符合外交的具体范围日益扩大化的现状。

2. 外交学与相关学科的关系

就学科定位而论，外交学属于国际关系学的一个重要分支，这在学术界基本上已达成了共识。但是，作为一门科学，外交学真正确定其自身地位的时间其实并非很久。对外交学进行广泛、专门而系统的研究，应当说始自20世纪。直到第二次世界大战结束后，外

---

① 《辞海（修订本）》，重排版，上册，712页，北京，商务印书馆，2010。

②③ 《现代汉语词典（第6版）》，1336、1337页。

④ 同上书，1150页。

交学研究才真正广泛地开展起来。因此有人不无幽默地说：外交是古老的，又是年轻的；外交学是古老的，也是年轻的。

作为一门新兴学科，外交学一方面汲取了许多学科的重要成果，另一方面又与不少学科发生直接联系，甚至有所交叉。无论为外交学进行学科定位，还是确定外交学的研究对象，都有必要对外交学与其重要的相关学科的关系予以明确。

一般认为，与外交学存在重要关系的相关学科主要有：国际关系学、国际政治学、国际法学、交际学、传播学、外交史学等等。

其一，国际关系学。国际关系学，是一门以国际关系体系的组成、发展和演变及其一般规律为研究对象的学科。在有关国际问题研究的各门学科中，国际关系学的涵盖面最为广泛。它“内容无所不包，范围无所不在”，“具有综合性和跨学科性，与其他众多学科都有广泛的交叉点和接触点”①。以外交行为及其一般规律为研究对象的外交学，不仅与国际关系学拥有“广泛的交叉点和接触点”，而且其本身也可以被国际关系学包括在内，并作为国际关系学的一门分支学科。这就是说，在一定意义上，外交学从属于国际关系学，并且在客观上是为其服务的。

其二，国际政治学。通常认为，国际政治学是以国际政治或国际政治关系为研究对象的一门新兴学科。它一般也被视为国际关系学的分支学科之一。与同属于国际关系学分支学科之一的外交学相比，国际政治学具有其自身的许多特性。“它与外交学有关”，但“它也不同于外交学”②。外交学与国际政治学的主要共同之处，在于二者对各国政府之间的交往都极为重视。二者之间的主要区别，则在于外交学侧重于研究各国政府之间的官方关系，而国际政治学则侧重于研究各种国际关系行为体之间的政治关系。有鉴于此，外交学与国际政治学不能混为一体。外交学并非国际政治学，国际政治学也不能够被简单地等同于外交学，它们各自都有着自身的存在价值。

其三，国际法学。国际法学，是以国际法及其产生、发展、变化的规律为研究对象的一门学科。从多方面来看，国际法学都与外交学存在着一定的联系。国际法的产生、发展与变化，实际上直接与外交相关。“关于外交的法律背景我们要记住的最重要的一条是：规则决定外交。”③ 没有国际法的产生，在一定意义上就没有近代外交的确立，以及外交在此之后进一步的规范化发展。而外交的萌芽、形成、发展与变化，反过来又促进了国际法的产生、发展与变化。正如有的专家所言：“国际关系的发展可能导致外交活动新形式的形成，但是外交活动的新形式应该以国际交往参加者所确立的国际法原则和规范为依据。反过来外交活动又能导致国际法新规范的形成。”④ 由此可见，国际法学的研究可以促进外交学的研究，而外交学的研究亦可在一定程度上有助于国际法学的研究。

其四，交际学。交际学，主要是以人与人之间的相互交往及其一般规律为研究对象的一门学科。从总体上来看，交际学与外交学既存在一定的联系，又存在着明显的不同之处。两者之间所存在的共同之处，是均以人的交往行为作为各自主要的研究对象。它们之

---

① 俞正梁：《当代国际关系学导论》，10 页。
② 畅征等：《国际政治学》，1 页，北京，中国人民大学出版社，1995。
③ ［美］康威・汉得森：《国际关系》，203 页。
④ ［苏］科热夫尼科夫主编：《国际法》，256 页。

间所存在的不同之处，则主要在其所研究的交往行为的主体各不相同：外交学研究的主要是各国政府之间的官方交往行为，而交际学研究的则主要是人与人之间的个人交往行为。尽管如此，外交学依然可以对交际学的研究成果有所借鉴。这主要是因为，外交实际上是一种特殊形式的交际。外交学所研究的各国政府之间的官方交往行为，仍然需要由某些拥有特殊身份的个人进行。外交的具体工作“包括同人们进行实际的交往，正确地判断人们在一定情况下可能采取什么行动，正确地领会别人的见解，以及正确地阐述自己的见解”①。因此，交际学所研究的人际交往的一般规律，亦可为外交学研究提供一定的帮助。

其五，传播学。传播学，通常是指以资讯沟通及其一般规律为研究对象的一门学科。按照传播学权威美国学者威尔伯·施拉姆等人的说法，“传播是社会得以形成的工具”②。“我们研究传播时，我们也研究人——研究人与人的关系以及他们所属的集团、组织和社会的关系；研究他们怎样相互影响。”③ 在当代生活中，传播的影响可以说无处不在。从总体上进行分析，传播学与外交学相互依存、相互影响、相互推动。一方面，传播成为外交的重要构成要素。有学者强调：“外交的主要特征是沟通。”④ 还有人进一步指出，传播特别是“大众传播构成外交的一个重要组成部分”⑤。另一方面，外交拓展了传播的具体领域。在 1982 年出版的《外交学》一书里，英国人亚当·沃森指出：外交的主要目标是进行对话，寻求阐明和解释分歧的方法。外交是沟通信息的手段。外交机构的职能之一就是沟通。因此，不论从哪一个方面来讲，研究外交学都有必要研究传播学。

其六，外交史。外交史，是一门以外交史实及其一般规律为主要研究对象的学科。外交史与外交学之间，既有所不同，又存在着必然的联系。它们之间的主要联系是：二者都与外交相关。外交学研究必须借助于外交史研究，离开了“以史为鉴”，外交学研究不但难以开展，而且难以深入。而外交史的任务“就是要帮助人们去自觉地分析外交政策上的各种问题，和正确地了解外交活动”⑥。它们之间的主要差异，则在于双方研究的具体对象截然不同：外交学主要研究抽象的外交行为，而外交史则主要研究既往的外交史实。显而易见，外交学的研究范围较之于外交史要更加博大、更加广泛。从某种意义上讲，外交史研究应从属于外交学研究，而外交学研究亦可将外交史研究包括在内。

二、外交学的研究范围

不论进行外交学的具体研究，还是构筑外交学的科学体系，都有必要首先明确外交学的研究范围。外交学的研究范围，实际上是对外交学研究对象的具体化。一般而言，它是指外交学研究的具体涉及面，或者说，它指的就是外交学研究的具体内容。在具体确定外交学的研究对象时，一方面必须符合构筑外交学科学体系的需要，另一方面也不能够背弃

---

① ［英］戈尔-布思主编：《萨道义外交实践指南》，115 页。
② ［美］威尔伯·施拉姆等：《传播学概论》，2 页，北京，新华出版社，1984。
③ 同上书，4 页。
④ ［美］布鲁斯·拉西特等：《世界政治》，135 页。
⑤ 张桂珍主编：《国际关系中的传媒透视》，200 页，北京，北京广播学院出版社，2000。
⑥ ［苏］鲍爵姆金主编：《世界外交史》，第一分册，2 页。

既定的外交学研究范围。

1. 已被确定的外交学的研究范围

在外交学研究中，由于专家学者们所确定的外交学研究的具体对象有所不同，因而他们所确定的外交学研究的具体范围便大相径庭。到目前为止，国内外的专家学者们在确定外交学研究的具体范围时，大致上有如下四种不同的见解：

其一，以外交理论为主要研究范围。不少专家学者在从事外交学研究时，往往把外交理论作为重点。他们认为，离开了外交理论的研究，外交学就不称其为外交学。一切外交实务，均与外交学研究毫无关系。以外交理论作为外交学的主要研究范围时，外交的一般性规律、外交的普适性准则、外交的基本理念、外交学的主要学派以及著名外交理论家的观点等等，都是其研究的重点。

其二，以外交实务为主要研究范围。由于外交本身具有极强的技巧性和可操作性，外交学因此也具有极强的实践性，所以有不少人在从事外交学研究时，便选择外交实务作为其重点。他们的看法是：外交是一门实用性很强的艺术，如果不将外交实务作为主要的研究范围，外交学就会变得毫无意义，就难以真正地学以致用、服务于外交实践。以外交实务作为外交学的主要研究范围时，外交理论自然受到了排斥。而在外交的实际运作过程中所存在的一系列主要问题，以及由此而产生的相关经验、教训、技巧、谋略、艺术等，才是其研究的重点。

其三，以外交制度为主要研究范围。有些专家学者认为，外交应当被看成一种制度。或者说，外交在任何情况下都需要以制度作为其正常运行的基本保障。如果没有一系列的规范、惯例、法则、路径作为制度性保证，外交就难以开展，外交学研究也会变得空洞无物。根据这种主张，外交学研究必须以外交制度为重点，从宏观上讲，国家的外交制度、国际组织制度、国际合作制度、外交决策制度、外交运作制度等，都是被研究的主要问题。

其四，以外交过程为主要研究范围。在一些专家学者看来，外交在本质上属于一种动态的外向性政治过程。在这一过程中，外交实体尤其是主权国家在其所处的具体外部环境中不断地寻求适合于自身的目标，执行程序化的决策，实施战略性或策略性的调整，采取符合各自利益的行动，并在彼此之间建立和保持直接或间接的官方联系。进行外交学研究时，他们据此便以外交过程作为自己的研究重点。他们坚持认为，外交只有在一种具体的过程中才得以存在，所以应以整个外交过程作为外交学的主要研究范围。唯有如此，才能真正有效地把握外交。在此种观点的主导下，外交过程中种种具体的变量、由此所构成的现实型或理想型的外交具体运作模式以及前瞻性的外交对策，就成了其研究的重点。

上述四种见解，应当说各有侧重、各有所长。但是，它们在一定程度上也存在某些片面之处。

以外交理论作为外交学的主要研究范围，固然正确，但外交学研究如果完全忽略了外交实务，就等于变相脱离了客观现实。这样一来，单纯的外交理论研究难免就会与外交实践相脱节，从而难以对外交实践发挥应有的积极的指导作用。

以外交实务作为外交学的主要研究范围，自然有一定的道理。然而外交不仅是简单的技巧，而且也是一门科学。具体从事外交学研究时，如果只偏重于具体的外交实务，只知道就事论事，而对外交理论一味加以轻视，就难以深入地观察、分析问题，更不要说真正地有所提高了。

以外交制度作为外交学的主要研究范围，其主要的长处是为外交学研究提供了新的视角，并且有助于外交学具体研究的深入。它的不足之处则是偏重于外交的静态研究而忽略了外交的动态研究，致使外交学研究依旧与外交实践保持一定的距离。

以外交过程作为外交学的主要研究范围，其长处大致与以外交制度作为外交学的主要研究范围相似。它的不足之处是由于忽略了静态的外交研究，而限制、缩小了外交的研究范围，致使某些非动态、非程序化的重大外交问题，例如，外交规律、外交准则、外交理念等，难以得到应有的关注。

2. 本书所确定的外交学的研究范围

在确定外交学的研究范围时，本书注意汲取国内外专家学者们的长处，同时又力求避免明显的偏颇之见。具体而言，在确定外交学的研究范围时，本书遵循如下五项原则：

第一，将外交学的研究对象进一步明确化和具体化。在任何情况下，外交学的研究范围都不能脱离外交学的研究对象。

第二，兼顾外交理论与外交实务。在外交学研究之中，搞“本本主义”不行，搞“经验主义”同样也行不通。

第三，静态研究与动态研究相结合。任何一种外交现象，都静中有动、动中有静。绝对不可以在外交学研究中只偏重于一面，而否认另外一面。

第四，今古兼顾，厚今薄古，古为今用。从事外交学研究，必须强调以古为鉴，但也不应否认重在关注现实，重在研究当代外交中的新现象、新情况、新问题，重在与时俱进、推陈出新。

第五，为中国的社会主义现代化事业服务，特别是要力求使之服务于当代中国的外交实践。在从事外交学研究时，应当以中国的外交实践为基础，以中国的外交原则为指导，坚持洋为中用，而非唯洋是从、完全脱离当代中国的外交实践

在兼顾以上五项原则的基础上，本书确定下列内容为外交学的主要研究范围：

一是外交理念与外交准则。从事外交学研究，应当善于对外交问题进行哲学思辨。外交理念与外交准则，均属外交哲学范畴，它们都是外交学研究的出发点。具体而言，前者用以判断外交行为的是非，用来确立外交主体的立场；后者则是外交主体参与外交活动的行动指南。

二是外交的制约因素。任何一种外交行为，都必然受到一定因素的制约。对外交学问题进行深入研究时，首先有必要对外交的主要制约因素有所了解。做好了这一点，才能够更加深入、更加准确地把握具体外交问题的本质，并且进一步深化对外交自身的认识。

三是外交制度。众所周知，外交讲究规范，外交制度则是固定化的外交规范。制度化，乃是外交的一大基本特征。进行外交学研究时，必须给予外交制度高度的重视。外交制度，具体又分为不同的层次：在行为规范方面，它形成了外交惯例；在组织规范方面，它则体现为外交机构。两者相辅相成，不可或缺。

四是外交战略、外交策略与外交政策。世界各国从事外交活动，在绝大多数情况下，都需要深思熟虑、反复计划、确立方案，并为此而运用一定的计谋。研究外交战略、外交

策略与外交政策，即可从总体上了解各国的外交计划、外交方案与外交计谋。它们共同构成各国具体外交行动的指导方针。

五是外交决策。外交决策，通常是指外交战略、外交策略或外交政策的酝酿、制定和选择。研究外交决策，不但可以深化对外交战略、外交策略、外交政策的认识，而且可以进一步从总体上对各国外交的计划、方案与计谋有所认识。

六是外交途径。外交途径，一般指的是从事外交活动的具体方式。各国既定的外交大政方针，都必须通过一定的外交途径方可实现。选择具体的外交途径，不仅应当对外交途径自身有所了解，而且应当兼顾外交行动本身所提出的有关要求。由此可见，不对外交途径加以研究，外交学研究就会变得残缺不全。

七是外交礼仪。外交礼仪，在此是指外交人员具体的行为规范。各国在具体开展外交行动时，都对外交礼仪高度关注。从本质上看，外交礼仪不仅属于外交惯例，而且属于外交沟通与互动的技巧。外交礼仪的规范性、对象性、操作性甚强，因此外交学研究不能不将其包括在内。

八是外交人员。外交乃是国家与国家之间的官方交往、沟通与互动，但在任何时候，它都必须通过特定的人员进行。个人参与外交活动时，其学识、品德、阅历、风格、心态等，或多或少都对外交活动发挥一定的作用。因此，在进行外交学研究时，有必要对外交人员给予应有的关注。

九是外交理论。外交理论，在此是指既往的、曾在外交实践中应用过的有关外交的学说。就外交实践而言，它既是对外交实践的概括与总结，又对外交实践发挥着重要的指导作用。运用不同的外交理论指导外交实践，往往会导致截然不同的结果。对外交理论加以研究，对了解过去、现在与未来的外交，都具有重要的意义。

三、外交学的研究方法

从事外交学的学习与研究，如欲有所收获，就必须采用正确的研究方法，否则就有可能事倍功半，甚至误入歧途。

外交学的研究方法，在此具体指的是人们进行外交学研究时，为了全面而深入地探求有关问题的性质、真相、特征、规律等，而采用的科学方法。从本质上讲，外交学的研究方法，实际上就是人们为了了解外交、诠释外交、把握外交、规范外交、推进外交所进行的理论活动的具体方式。

目前，人们在进行具体的外交研究时，经常采用多种不同的研究方法。阶级研究法、经济研究法、案例研究法、比较研究法、定量研究法、系统研究法、综合研究法等，都是常见的外交学研究方法。这些研究方法，各自具有各自的特点。对其所长与所短，不可不加具体分析地泛泛而论。

1. 阶级研究法

阶级研究法，又称阶级分析法，它要求人们在进行具体的外交学问题研究时，必须善于透过现象看到本质，注意区分不同阶级在具体条件下的不同表现，注意不同国家及其政府所具有的不同阶级性质。据此，有人又称阶级研究法为一种定性研究法。

“马克思主义提供了一条指导性的线索，使我们能在这种看来扑朔迷离、一团混乱的状态中发现规律性。这条线索就是阶级斗争的理论。”① 列宁的这段话，充分阐明了阶级研究法的重要意义。在社会主义国家里，阶级研究法一向都是外交学研究的最主要的方法。

具体运用阶级研究法进行外交学研究时，一定要切记下列两点：一是不要否定采用此种研究方法的必要性。因为外交从来都属于国家行为，而国家从来都是具有阶级性的。二是不要将此种研究方法的运用绝对化。实际上，在外交实践中，一些具体的外交行为往往属于中性，没有必要非要给其贴上某个阶级的标签，不然就会使外交学研究形成自我束缚。

2. 经济研究法

经济研究法，亦称经济分析法，它要求人们在进行具体的外交学问题研究时，要注意通过表面的、偶然的、混乱的现象，去发现经济因素所起到的决定性作用。也就是说，要善于揭示每一具体事件背后所隐藏的经济根源。

马克思主义者一直认为：经济因素归根结底是“历史过程中的决定性因素”②。由此可见，经济研究法也是马克思主义者从事外交学研究时所应坚持的一种基本方法。实际上，经济研究法乃是阶级研究法的进一步深化。因为各阶级在外交场合里的具体表现，通常都取决于其基本的经济状况。在外交学研究中，采用经济研究法与采用阶级研究法应当是并行不悖、毫不矛盾的。

运用经济研究法具体进行外交学研究时，要避免过分地强调经济因素的决定性作用。外交属于上层建筑领域，在经济基础对上层建筑发挥决定性作用的同时，上层建筑往往也会对经济基础产生反作用。在关注经济因素对外交所产生的决定性作用时，切勿忽略其他因素通常也会发挥一定的作用。

3. 案例研究法

案例研究法，又称案例分析法或个案分析法，它是当代外交学研究的常规方法之一。它要求在进行具体的外交学问题研究时，应将着重点置于对某一外交案例的剖析之上。力求通过对某一具体的、典型的外交案例的分析，从中归纳或演绎出具有普遍性意义的性质、特征、规律等重要之点。美国学者斯蒂芬·范埃弗拉认为：“案例研究可服务于五个目的：检验理论、创造理论、辨识前提条件、检验前提条件的重要性，以及解释具有内在重要价值的案例。”③

就某种意义而言，案例研究法其实就是历史研究法。任何外交案例，都出自既往的外交史实。研究外交案例，无疑有助于人们鉴古知今，总结历史经验。在研究任何具体问题时，“马克思主义理论的绝对要求，就是要把问题提到**一定的**历史范围之内”④。因此，运用案例研究法进行外交学研究，值得大力提倡。

运用案例研究法进行外交学研究的一大长处，是可以直观而具体地观察分析问题，不至于无的放矢、泛泛而谈。但必须注意的是，此种研究方法有时亦会产生以下两方面的缺

---

① 《列宁选集》，3版，第2卷，426页，北京，人民出版社，1995。

② 《马克思恩格斯选集》，2版，第4卷，695页，北京，人民出版社，1995。

③ ［美］斯蒂芬·范埃弗拉：《政治学研究方法指南》，53页，北京，北京大学出版社，2006。

④ 《列宁选集》，3版，第2卷，375页。

陷：一是以偏概全。若被选择的案例缺乏典型意义，情况则会更为严重。二是脱离现实。任何外交案例，都只有在特定的具体条件下才具有实际意义。若忽略了其特定的具体条件，则任何外交案例的研究益处都不大。

4. 比较研究法

比较研究法，又叫比较分析法，它是指在进行具体的外交学问题研究时，采用一定的标准，就两种或两种以上的外交行为的相同与区别之处加以探究，然后分析其差异、特征或原因。作为在外交学研究中广为运用的研究方法之一，它备受中外学者的青睐。

在外交学研究中，比较研究法通常体现为下述两种形式：其一，纵向比较法，即对某一特定的外交行为进行今昔对比，它的着眼点是研究对象的发展变化。其二，横向比较法，即对某一特定历史时期中的两种或两种以上不同的外交行为进行相互比较，它主要关注研究对象的异同。

人所共知，在考察研究某一具体事物时，有比较才能有所鉴别。比较研究法的运用，无疑将有助于加深对外交具体性质、具体特征及一般规律的认识。但是，此种研究方法亦有一定的缺陷。由于“比较案例的选择由研究人员主观挑选，而不是随机挑选，因此分析结果不可避免地要受到研究者主观因素的影响”①。

5. 定量研究法

定量研究法，又称定量分析法或数理统计法，它是指进行具体的外交学问题研究时，将根据某一特定标准所拟出的一些重要指标量化，然后据此进行数学统计，再依据统计的结果，或建立某种模式，或得出某种结论。此种研究方法颇受西方学者的推崇，近年来在中国的外交学研究中也得到了一定程度的运用。

运用定量研究法进行外交学研究，可以说开辟了外交学研究的新途径。“我们研究国际问题，主要目的是要在事物发生质变时及时发现它，甚至在质变发生之前就预见它。正因为质变是量变的结果，要研究质变就必须研究量变。”② 在某些情况下，运用量化指标或统计数表来阐述具体的外交学问题，不仅更加直观形象，而且往往更具有说服力。此外，它还可以提供较大的信息量，有助于开阔人们的视野与思路。

然而定量研究法也存在其自身缺陷，故不宜滥用。从事外交学研究时，假如过分强调定量研究法的运用，随意、随处乱采或乱用数据，非但无助于深入研究问题，而且还有可能将原本存在一定联系的事物割裂开来。

6. 系统研究法

系统研究法，实质上是系统论在外交学研究中的具体运用。它是指在研究具体的外交学问题时，首先应当将外交视为一个大系统，然后再将其分成若干子系统。每一个系统，均为由若干因素按一定关系所组成的一个整体。在研究某一特定的外交问题时，应首先从其所处系统的全局出发，分析它的结构、动力、环境，再去研究其运行、特征与演变规律。在研究构成系统的各种具体因素时，既要注意它与整个系统之间的基本关系，又要兼顾它与本系统内部其他因素之间所存在的必然联系。

---

① 阎学通等：《国际关系研究实用方法》，138 页，北京，人民出版社，2001。

② 陈启达：《多维的世界与多维的思维》，115 页，北京，时事出版社，1999。

在当代外交学研究中，系统研究法可谓一种新兴而又受到追捧的研究方法。它不仅重视宏观地把握外交，而且兼顾对外交的微观研究。它重视各种相关因素的互动，重视它们之间的相互联系、相互制约及其对外交所产生的多层次、多角度的影响与作用。凡此种种，都表明它在外交学的研究方法之中理应占有一席之地。

7. 综合研究法

综合研究法，顾名思义，指的就是在从事外交学具体问题的研究时，综合运用阶级研究法、经济研究法、案例研究法、比较研究法、定量研究法、系统研究法等各种研究方法，并且注意根据具体研究的不同需要，一方面善于博采各种研究方法之长，另一方面则努力回避各种研究方法之短。应当指出的是，综合研究法是当前外交学研究中值得大力提倡的一种研究方法。

运用综合研究法研究外交学具体问题时，应当定性分析与定量分析并重。既要关注外交学具体问题的阶级性质与经济背景，又要重视现代科学研究方法的导入，其中特别要努力运用系统分析法与数理统计法。

运用综合研究法研究外交具体问题时，应当善于理论联系实际。不仅要重视理性思维，反对就事论事，而且应当重视以外交实践中的现实问题、迫切问题作为外交学研究的重点，并努力使理论研究的成果服务于外交实践，特别是服务于本国的外交实践。

运用综合研究法研究外交学具体问题时，还应当广泛掌握其他学科的研究成果，积极引入其他一切行之有效的新的研究方法，努力学会对纷繁复杂的外交现实问题进行多角度、多层次的观察与思考。

外交的制约因素

重点问题

- 外交的制约因素分析
- 外交的文化制约因素
- 外交的媒体制约因素
- 外交的国际法制约因素
- 经济外交与文化外交
- 外交文化的作用

在国际交往中，外交活动向来都不是孤立存在、神秘莫测的。一个国家的外交活动，必然受到来自不同方面的种种影响。外交的制约因素，在此所指的就是对外交活动产生一定的影响，甚至构成其原因或条件的要素。在研究外交诸问题时，关注其制约因素，不仅可以加深对问题的了解，而且将有助于高屋建瓴，从全局上宏观而准确地把握问题。

研究外交的制约因素，对于指导外交实践具有重大的意义。对外交的制约因素如能有所认识，在外交实践中就可以化不利因素为有利因素，化消极因素为积极因素，变被动因素为主动因素。

概括地说，外交的制约因素与外交活动之间存在着一种典型的辩证关系。一方面，各种外交的制约因素在不同的条件下对外交活动产生着种种不同程度的影响。另一方面，外交活动反过来又会在不同条件下不同程度地影响到各种外交的制约因素。从某种意义上讲，二者是相辅相成、互为因果的。

外交的制约因素极多。其中最关键的制约因素，主要来自政治、意识形态、军事、经济、科技、文化、国际法与国际组织等等。

第一节　政治、意识形态与军事对外交的制约

对外交而言，尤其是对现代外交而言，政治、意识形态、军事等等，是其最重要的制约因素。在影响外交时，政治、意识形态与军事诸因素虽然发挥着不尽相同的具体作用，但是三者从根本上却往往是彼此关联、配合行动的。在不少情况下，三者甚至连为一体直接影响着外交。

下面在探讨政治、意识形态与军事诸因素对外交所产生的具体影响时，为了叙述方便起见是将三者分别而论的。但切莫忘记，在外交实践中，三者通常是相互联系、相互影响，共同对外交产生作用的。

一、外交的政治制约因素

所谓政治，一般是指政府、政党、社会团体和个人在内政及国际关系领域中所进行的活动，它是上层建筑的一个重要组成部分。从本质上来分析，政治是阶级社会所特有的产物。自从有了阶级社会并随之产生了国家，政治从来就未曾消失过。

人所共知，外交同样是阶级社会的产物，并且也是随着国家的产生而产生，随着国家的发展而发展的。因此，政治不可能不对外交产生影响。在研究外交的制约因素时，绝对不可以不讲政治。正因为政治对外交影响极大，二者之间的关系极为密切，所以有人认为：外交就是一个国家所开展的国际政治活动。将外交等同于国际政治虽然不够严谨，但这一观点却从一个侧面道出了政治与外交之间的密切关系。

政治对外交的影响，主要表现在以下两个方面：一是国内政治对外交的影响；二是国际政治对外交的影响。

1. 国内政治的影响

国内政治，亦称内政，它指的是一个国家内部的政治事务。内政对外交的影响甚大。从本质上来说，一个国家的外交活动一向取决于其内政，外交从来都是内政的直接延续。这是因为，处理好自己的国内政治事务，是一国的立足之本，也是其统治阶级的根本目标。每个国家全部的外交活动，都是基于这一前提而进行的。因此，外交不仅会受到国内政治的制约，而且还必须直接为国内政治服务。外交一旦与内政脱节，不但有可能屡屡失败，而且会变得毫无存在的必要。

国内政治对外交的直接影响，主要表现在以下几个方面：

其一，统治阶级掌控本国外交。任何国家，都是一个阶级压迫另一个阶级的统治机器。因此，外交在任何情况下都带有一定的阶级色彩，并且必然会具有一定的阶级性质。准确地讲，外交必然会带有本国统治阶级的色彩，并为维护本国统治阶级的根本利益服务。各国的统治阶级，必定都会对本国的外交倍加重视，并且对其牢牢地加以掌控。在社会主义国家里，国家政权由无产阶级掌握，其外交必然服务于无产阶级的阶级利益。而在资本主义国家里，国家政权由资产阶级掌握，其外交则必然会服务于资产阶级的阶级利益。恩格斯在谈到封建君主制国家的外交性质时，曾经尖锐地指出："自古以来，一切统治者及其外交家玩弄手腕和进行活动的目的可以归结为一点：为了延长专制政权的寿命，唆使各民族互相残杀，利用一个民族压迫另一个民族。"① 一个国家的国体一旦发生变化，其外交往往也会因之而产生显著的变化。究其原因，便在于国家政权从一个阶级手里转换到了另一个阶级的手里。

其二，政党政治左右本国外交。根据马克思主义的观点，政党是指代表着某个阶级、阶层或集团，并为实现其利益而进行斗争的政治组织。在现代社会里，阶级斗争在一个国

---

① 《马克思恩格斯全集》，中文1版，第5卷，177页，北京，人民出版社，1958。

家的内部，往往是通过政党斗争得以体现的。政党斗争，具体来讲，主要有组阁执政、议会辩论、议会选举、组织政治运动以及组建所谓“院外压力集团”等等形式。有时，政党斗争还会直接导致政体乃至国体的变更。凡此种种政治行为，无疑都会直接影响甚至左右本国的外交。既然外交主要是一种政府行为，政府又由政党领导，那么政党政治往往就会对外交发挥极其关键的制约作用。目前，在社会主义国家中国，执政的无产阶级政党“一切为了群众、一切依靠群众，立党为公、执政为民”①，它所主导的本国外交自然以和平、发展、合作、共赢为基调。而在资本主义国家里，执政的资产阶级政党则往往结党营私、摇摆不定，它所主导的外交往往不利于世界的进步与稳定。

其三，政局稳定牵制本国外交。毛泽东曾经说过：“国家的统一，人民的团结，国内各民族的团结，这是我们的事业必定要胜利的基本保证。”② 他的这一论述，可以被看作对政局稳定之于本国外交的影响的一个极好说明。一个国家的政局如果稳定，那么它在国际上就有威信，就容易赢得尊重，它在外交上也会因此而具有更大的影响力，并发挥更大的作用。与此相反，一个国家的政局如果不够稳定，那么它在国际上就难有威信，就难以赢得尊重，它在外交上便难以发挥影响、难以起到作用。人们常说，内乱必定影响到一个国家的外交，“弱国无外交”，讲的其实都是同一个道理。

其四，政治制度决定本国外交。每个国家都拥有自己的一整套政治制度。具体而言，它主要包括国家的领导体制、管理体制和决策体制等项基本内容。外交制度，通常也是一国政治制度的有机组成部分之一。从某种意义上来讲，一个国家外交活动的成败，主要与其政治制度有关，并且基本上取决于其政治体制。一个国家如果拥有较为民主而完善的政治制度，自然意味着其外交制度较为合理，则它在外交上往往就比较易于有所作为。一个国家的政治制度假如既不民主也不完善，那么它在外交上通常会因此而频频出现失误，甚至有可能表现得一无是处。

2. 国际政治的影响

国际政治，在一般意义上指的是国家与国家之间所存在的政治关系。外交与国际政治既有联系，又有区别。外交的特殊之处在于，它是由各国合法的中央政府出面对本国的国际关系所进行的一种协调性活动。外交所协调的国际关系，既主要是国际政治关系，又不仅仅局限于国际政治关系。

在研究外交时，不能忽视国际政治对它所产生的巨大影响。国际政治对一个国家的外交活动所产生的直接影响，主要体现在下述两个基本方面：

一方面，全球政治直接影响到各个国家的外交。从全球范围来看，国际政治活动表现为多种多样的具体形式。它们既有双边性的，又有多边性的；既有本地区、本大洲的，也有跨地区、跨洲的。总体上说，全球之内的国际政治事实上早已形成一个整体，这就是所谓的全球政治，有时亦称世界政治。在不同时代与不同形势之下，全球政治往往具有不同的主旋律。这一主旋律，通常来自世界上绝大多数国家的共同呼声。但有的时候，也不能排除个别在全球政治中处于强势地位的大国一手遮天的情况存在。在当代，每个国家进行

---

① 胡锦涛：《在纪念毛泽东诞辰110周年座谈会上的讲话》，载《人民日报》，2003-12-27。

② 《毛泽东文集》，第7卷，204页，北京，人民出版社，1999。

外交活动时，都不能不首先站在全球政治的角度上考虑和处理问题，尤其是不能忽略全球政治的主旋律。一个国家即使在与另外一个国家开展双边外交时，也绝对不能对其他国家的反应不闻不问，不能不顾及全球政治过去、现在和未来对其所产生的牵制与影响。

另一方面，地缘政治密切影响着各个国家的外交。根据《简明不列颠百科全书》上所作的解释，地缘政治乃是“关于国际政治中地理位置对各国政治相互关系如何发生影响的分析研究。地缘政治指出某些因素对决定国家政策的重要性，诸如获得国家利益，控制海上交通线，据有战略要地等”①。地缘政治的一个显著特点，是将一个国家所采取的国际政治活动与其周边国家或地区相联系。各个国家的外交活动，往往首先直接或间接地出自地缘政治的考虑。著名的英国“均势外交”，就是受其地缘政治影响的产物。用丘吉尔的话来说，英国的“均势外交”，就是参加不那么强大的一方，同它们联合起来，打败或挫败大陆上的军事霸主，不让欧洲大陆上出现最强大、最富于侵略性和最霸道的国家，不使自己出现一个强邻。

二、外交的意识形态制约因素

意识形态，是上层建筑的重要组成部分之一。它形成于一定的经济基础之上，是人们对于世界和社会的系统的见解与看法。哲学、宗教、道德、价值观、人生观、世界观等，都属于意识形态的具体表现形式。

在阶级社会里，任何意识形态都具有一定的阶级性，并且服务于一定的阶级。意识形态的重要性在于：它影响人，塑造人，决定人的内在素养与所作所为。外交活动尽管是主权国家之间所进行的活动，但国家本身是不能直接进行相互沟通的。国家之间的外交活动，必须由各自的中央政府指派专人进行。而从事外交活动的个人，一方面必须维护、贯彻本国统治阶级的意识形态，另一方面则必然会自觉或不自觉地使自己所从事的外交活动受到本人的意识形态的影响。

意识形态对各国的外交活动都发挥着巨大的影响。虽说外交本身要求各个国家不唯意识形态行事，最好是进行超意识形态的合作，不去计较意识形态的差别，但是在外交实践中，完全忽略来自意识形态方面的影响，则是极不理智、极不现实的。许多外国的专家学者对这一点早有认识。印度学者罗伊就曾指出：“事实上，在当今世界，意识形态已经同外交有着非常紧密的联系了。”②

意识形态对各国外交所产生的影响，主要来自本国占主导地位的意识形态。与此同时，也不能完全排除本国非主流意识形态和国外的意识形态对各国外交所产生的制约作用。意识形态对于外交的主要影响，总体上来说，集中体现于以下几个方面：

1. 意识形态导致外交对立

意识形态，尤其是归属于一国统治阶级的意识形态，主要的作用之一，就是要维护本国统治阶级的利益，维护本国的国家政权，维护本国的社会制度。正因为如此，各国的统治阶级无不有意识地、经常性地大力推广本国的意识形态，甚至不惜为此而想尽一切办

---

① 《简明不列颠百科全书》，第 2 卷，596 页，北京，中国大百科全书出版社，1988。

② 转引自周启朋等编译：《国外外交学》，28 页。

法。作为一国内政的直接延续，各国外交在一定程度上都不可能不带有浓厚的意识形态的色彩。

中国是一个社会主义国家，工人阶级是中国的领导阶级，工人阶级的意识形态对中国的外交自然产生着重要的影响。因为“外交是代表国家的工作”①，所以新中国的外交人员必须坚持爱国主义，用周恩来的话来讲，就是要牢牢坚持“爱国主义基础上的国际主义，国际主义指导下的爱国主义”②。

近年来，西方一些国家积极推行所谓“人权外交”。所谓“人权外交”，实际上就是一些西方国家以自己的价值观念为标准，利用人权问题，尤其是以对人权实行“国际保护”为名，干涉别国内政，施加政治压力，以达到其推行强权政治目的的一种外交方式。从本质上来看，“人权外交”本身具有非常鲜明的资产阶级意识形态的色彩。

在外交实践中，各国意识形态的不同，往往会直接或间接地导致其外交上的对立。

各国意识形态的不同所导致的外交上的直接对立，主要表现为有关各方公开各自在意识形态上的尖锐对立，并且直接根据外交对象国的占主导地位的意识形态与本国占主导地位的意识形态的异同，来决定本国的外交活动。美国前总统尼克松曾公开承认：“无论是出于善良愿望的主张，还是气候的暂时变化，都不会抹去意识形态的对立……等现实。”③

各国意识形态的不同所导致的外交上的间接对立，主要表现为有关各方不以公开形式强调其意识形态的对立，但是在外交实践中则往往以意识形态的异同而划线，“顺我者昌，逆我者亡”，时刻不忘本国与交往对象之间所存在的意识形态上的差异。

在外交史上，曾经多次出现过这样的情况：在外交实践中，意识形态相同的国家往往更易于采取一致性的行动。意识形态上的对立，甚至成为现代集团外交产生的主要动因之一。应当说明的是，一些意识形态相同的国家，在外交上也并非毫无分歧。有时，它们之间也会出现尖锐的外交对立。这主要是国家利益冲突使然。

2. 意识形态支配外交目标

不可否认的是，在外交实践中，有那么一些国家，总是自以为是，认定唯有自己的意识形态至尊、至上，而别国的意识形态则要么是落后的，要么是保守的，要么是反动的。它们参与外交活动的一大目标，就是要对外输出本国的意识形态，想方设法迫使别国接受本国的意识形态，以便使自己不战而胜，在意识形态上一统天下。

应当看到，当意识形态造成各国的外交对立时，各国的主要外交目标之一，就是要想尽办法让尽可能多的国家接受本国的意识形态，即使不能够立即实现这一外交目标，也至少应当让更多的国家保持中立状态，以防止其加入敌对势力所在的阵营。换句话讲，在各国意识形态过于尖锐对立时，其外交目标往往不是被动防守，而是主动出击。它们通常都希望通过自己的外交努力以及其他多种手段的综合运用，促使更多的国家接受本国的意识形态，心甘情愿地站在本国一方。假定这一外交目标一时难以达到，那么就退而求其次，

① 《周恩来外交文选》，7 页。

② 转引自裴坚章主编：《研究周恩来——外交思想与实践》，6 页，北京，世界知识出版社，1989。

③ 《尼克松 1973 年对外政策报告》，11 页，上海，上海人民出版社，1973。

至少也要将尽可能多的国家从敌对阵营中分化出来。

在当代外交实践中，尽管已有越来越多的国家承认，不能因为意识形态上的对立而妨碍本国与其他国家的正常外交往来，不能一厢情愿地运用外交手段将本国的意识形态直截了当地强加于人，但还是有极少数的国家对输出本国的意识形态情有独钟。其输出本国意识形态的主要手段有：一是利用宗教直接进行意识形态的传播；二是利用人员往来作为载体扩散本国的意识形态；三是利用各种文化交流和大众传播媒介推广本国的意识形态，直接进行思想渗透和文化渗透。有人曾指出："影响国的新闻媒介可以对目标国发动一场强大而持久的宣传运动，从而使它在一些有争议的问题上让步。"①

1988 年，美国前总统尼克松出版了《1999，不战而胜》一书，主张当时的美国必须调整对苏联的外交战略，将军事上的硬对抗改变为政治、经济以及意识形态等领域内的软进攻，以期对苏联不费一枪一弹而大获全胜。尼克松还曾直言不讳地说："透过极权的每一道壁垒传送西方的信息——无论是利用人员交流，还是通过交换书籍或广播节目，将给这些壁垒后面的亿万人民以希望，并将逐渐侵蚀……制度的基础，正像渗出的地下水能够侵蚀一座监狱的基础那样。"②

3. 意识形态牵涉外交决策

意识形态对于各国外交决策的影响，应当说是人们有目共睹的。这一影响主要体现于下列三个具体方面：

其一，意识形态影响决策者。在任何情况下，外交决策者，尤其是主要外交决策者的意识形态，都会直接对其观察方式、思维方式、决策方式产生非常重要的影响。

其二，意识形态影响决策模式。各国的外交决策事实上都存在着一定的模式。它主要由决策主体、决策程序、决策方法三者所构成，意识形态显然对此三者都产生着不同程度的影响。

其三，意识形态影响社会舆论。外交决策历来都不可能对社会舆论置之不理，因为明智的决策者都知道：社会舆论永远都是"水能载舟，亦能覆舟"的。"新闻报道的选题更多地反映精英集团的思维定式，同时满足公众的集体情绪。"③ 意识形态对社会舆论特别是主流社会舆论的影响，必然会间接地牵涉到各个国家的外交决策。

从根本上讲，意识形态对本国外交决策的影响，都是要维护其本身的既得利益，同时阻止对立的意识形态在本国或者世界上的其他国家和地区传播。

三、外交的军事制约因素

在提及外交的军事制约因素时，所谓军事主要是指与军队或战争有关的事宜，而并非是指直接利用军队介入外交活动，或是为此而悍然发动战争。因为从本质上说，外交活动采用的是和平方式，军事活动采用的则是非和平的方式，二者不容混淆。然而又必须看到，在国际交往中，外交手段与军事手段通常是交替使用、配合使用甚至同时使用的。这

① ［美］卡尔·多伊奇：《国际关系分析》，220 页，北京，世界知识出版社，1992。

② ［美］理查德·尼克松：《真正的和平》，111～112 页，北京，新华出版社，1985。

③ 李希光等：《媒体的力量》，4 页，广州，南方日报出版社，2002。

一事实证明：将外交与军事理解为水火不相容，或将二者截然对立起来的看法，都是没有任何道理的。

从外交实践来看，各国的外交在一定程度上都深受来自军事方面的影响。在一定时期内，军事对一国外交的影响尽管会有所不同，但绝对不容对此加以忽略或否认。

1. 军事实力充当外交后盾

一般而论，每个主权国家大都对本国军事实力的强弱给予高度的重视。在其力所能及的条件下，军事实力的增强通常会被各国置于优先考虑的问题之列。这是因为，在一个国家的综合国力中，军事实力的地位永远都是不能被忽视或替代的。

就一国的外交活动而论，其目标的大小、范围的宽窄、能量的高低、影响的强弱等等，都必须凭靠本国的实力，尤其是本国的军事实力。忘记了这一点，尤其是在外交活动上不自量力，难免就会自讨苦头。

周恩来曾深刻地指出："国家这个统治武器，最主要的是军队和监狱。这些东西表面上看来同外交并无多大关系，实际上却是外交的后盾。军队是保卫我们的，要有备，才能无患。"军队"作为捍卫国家的力量"，"对内对外都要进行保卫国家利益的工作"①。

军事实力作为一个国家外交的后盾，具体来讲，主要表现为以下两个方面：一方面，军事实力可以构成一种威慑力量，使"亡我之心不死"的国家不敢轻举妄动。当国与国之间产生纠纷时，可以尽量争取外交手段解决，而不是首先选择军事手段解决。另一方面，军事实力可以作为一种威胁手段。有的霸权主义国家在开展外交活动时，动辄便向小国、弱国、穷国"耀武扬威"，"大棒"与"胡萝卜"并重，以炫耀本国武力的方式来获取其外交得分。

2. 军事战略协调外交战略

在各国的总体战略中，外交战略与军事战略通常都是相互协调、相互配合、密切关联的。在绝大多数情况下，各国外交战略与军事战略的基本目标大抵都是一致的。

对一国而言，其军事战略的基本目标，在任何时候都是要维护本国的国家安全。放弃了维护本国的国家安全这一基本目标，军事战略乃至军事力量本身，便难言其存在的价值。

一个国家外交战略的主要目标，是要维护本国的国家利益。正如邓小平在会见尼克松时所指出的那样，在外交方面，"我们都是以自己的国家利益为最高准则来谈问题和处理问题的。在这样的大问题上，我们都是现实的"②。而在外交战略目标所维护的国家利益中，国家的安全利益向来都是举足轻重的。胡锦涛同志亦曾指出："要始终把国家主权和安全放在第一位，坚决维护国家政治安全、经济安全、文化安全和国防安全。"③ 所以说，各国外交战略的主要目标之一，都是要维护本国的国家安全。

军事战略与外交战略基本目标的一致性，使其在实际运作中必然互相协调、互相配合。从某种意义上讲，各国的军事战略还大都具有保障本国的外交战略得以成功实施的客

---

① 《周恩来外交文选》，2页。

② 《邓小平文选》，1版，第3卷，330页，北京，人民出版社，1993。

③ 胡锦涛：《在邓小平同志诞辰100周年纪念大会上的讲话》，载《人民日报》，2004-08-23。

观作用。

3. 军事行动波及外交行动

就具体形式来说，军事行动与外交行动往往是一战一和，处于一个国家所走的两个极端。但是，二者在实践中往往都是互相影响、互相作用的。单就外交行动来看，军事行动对它所产生的直接或间接的影响，是绝对不能被低估的。

军事行动对外交行动所产生的主要影响之一，是各国在具体采取外交行动时，往往同时与军事行动并用。当一国认为本国的外交现状不足以解决国际矛盾时，通常便会采用军事行动。在其采用军事行动之前，一般会采取某些外交行动，为自己进行必要的战争准备，创造有利于自己的时机，或者制造冠冕堂皇的战争借口。在进行军事行动期间，不论为了分化敌人、争取盟友，还是为了结束战争、恢复和平、巩固战果、减少损失，交战方或胜或败，或不胜不败，都仍要同时进行一系列的外交行动。而在进行军事行动前后及其过程中所同时进行的外交行动，都不可能不受军事行动的波及。在此期间，一国的外交行动，往往直接地服务于其军事行动。

军事行动对外交行动所产生的主要影响之二，是各国的军事行动通常都具有明确的外交目的。换句话来讲，当有些国家采取军事行动时，往往是为贯彻自己的外交战略、实现本国的外交目的而直接服务的。在近代外交史上，著名的“炮舰外交”就是极具代表性的一例。所谓“炮舰外交”，是指近代的一些欧洲强国为了征服弱小国家，扩大本国的势力范围，赢得外交上的霸权，对某些国家以大炮、军舰等武力相要挟，迫使对方订立“城下之盟”，沦为自己的附属国或殖民地。“炮舰外交”，实质上就是侵略外交和战争外交。严格地讲，它在根本上是有悖于现代外交主旨的。令人遗憾的是，近年来，又有一些国家开始推行与此异曲同工的“导弹外交”。

4. 军事交往有助于外交交往

在一国的全方位外交中，通常有所谓军事外交一说。一般而言，军事外交是指国与国之间建立并加强军事领域内的联系与合作。它所指的，其实就是国家之间的军事交往。

当前，国与国之间的军事交往主要采取以下形式：一是进行人员往来；二是从事武器销售；三是提供军事援助；四是实行军事合作；五是缔结军事同盟。以上诸种形式，往往在现实中交叉配合使用。

军事交往对外交交往具有极大的影响。正常的军事交往，不但有助于国家之间消除有碍于和平、发展、合作的不信任，而且还将有助于国际安全局面的形成和维持。应当指出的是，军事交往有助于外交交往，主要是就有关国家之间的交往而言的。实际上，在有关国家之间的军事交往有助于其彼此之间的外交交往的同时，往往也会造成对其中的一方或双方与其他国家外交交往的负面影响。对此，是不能忽略或否认的。

第二节　经济、科技、文化与媒体对外交的制约

在制约外交的诸因素中，必然存在着某些发挥关键作用的决定性因素。经济、科技、文化、媒体等等，就是对外交发挥关键作用的决定性因素。在考察、分析和研究现实中的外交活动时，假如忽略了经济、科技、文化、媒体诸因素的决定性影响，就难以对其进行

合理的解释，或者难以从中得出正确的结论。

经济、科技、文化、媒体诸因素对外交所产生的制约作用，具体体现在外交实践的方方面面。其中一个显著特点，是它们对外交所产生的制约作用正变得越来越大、越来越重要。在当代外交中，这一特点更是表现得非常明显。

一、外交的经济制约因素

在一般意义上，经济是指人类社会所进行的物质生产和再生产活动。通常认为，社会发展到一定程度所形成的社会经济制度，即社会生产关系的总和，是社会的上层建筑得以存在的基础。从本质上讲，一个国家的全部外交行为，完全都是由该国的经济基础所决定的。各国的所有外交活动，无不直接或间接地与其本国的经济状况存在着某种程度的因果关系。正因为如此，不但应将经济视为外交的决定性因素之一，而且还应当将其视为无时无刻不在影响外交的最关键的决定性因素。

经济因素对外交所发挥的制约作用，往往涉及面甚广。在一般情况下，这种作用主要体现在以下几个方面：

1. 经济是外交的基础

在国际关系中，一个国家的经济实力，无疑是其开展外交活动的基础所在。当一个国家的经济实力较为强大的时候，它在外交上通常就会表现得得心应手、灵活主动，能够比较圆满地实现本国的主要目标，能够尽可能地体现出本国的主要意图。回顾近代外交和现代外交，法国、英国、美国以及苏联等国之所以能在世界外交舞台上独领风骚于一时，主要就是因为这些国家的经济实力强大。

与此相反，当一个国家的经济实力较为弱小的时候，它在外交上一般都会表现得瞻前顾后、畏首畏尾、消极被动，不仅难以在外交活动中赢得有利的地位，而且往往连能否继续生存下去都会成为问题。即使它能够暂时得以生存，通常也只得被迫屈从于某些强国，或是看人家的眼色行事。

在当今世界上，经济的发展对于一国外交的作用正在变得越来越大。在当今这个以和平与发展为主题的世界上，一个国家要想在外交上有所表现、有所成就，更是要先把本国的经济搞好，并在经济上积累一定的实力不可。江泽民同志曾经指出：经济因素和科技进步在国际关系中的地位和作用不断上升。世界要和平，国家要发展，社会要进步，已经成为我们时代的主旋律。[①] “我们还必须看到，世界正经历着深刻变化。在国际关系中，经济因素的作用不断加强，以经济和科技实力为基础的综合国力竞争，越来越成为决定一个国家国际地位的主导因素。我们要在激烈的国际竞争中占据有利地位，关键是要提高科技水平，增强经济实力。”[②] 胡锦涛同志则多次强调：“我们要坚持以经济建设为中心，坚持以人为本”，“聚精会神搞建设，一心一意谋发展，不断发展社会生产力和增强综合国力”[③]。

2. 经济是外交的主题

在各国所进行的外交活动中，经济因素一直占据着极其重要的位置。不仅如此，在正

---

① 参见江泽民：《走向新世纪的中国与中美关系》，载《人民日报》，1995-10-26。

② 《江泽民文选》，第1卷，441页。

③ 胡锦涛：《在纪念毛泽东诞辰110周年座谈会上的讲话》，载《人民日报》，2003-12-27。

常情况下，经济还是目前各国开展的外交活动的主题之所在。也就是说，目前各国所从事的外交活动，一般都是服从于本国的经济利益，并且主要是为其服务的。

指出经济因素是各国外交的主题之所在，绝非要抹杀其他因素对于外交所产生的种种作用，而是因为这早已是人人所必须面对的客观现实。经济是外交的主题，具体表现在以下方面：

其一，各国积极开展外交活动，主要是为本国的经济建设创造一个良好的外部环境。要搞好本国的经济建设，不但要求国内政局稳定，而且还需要有一个于己有利的国际环境，减少外来的干扰与破坏。要做到这一点，就绝对不允许闭关锁国，而是必须重视外交，积极进行外交活动。

其二，各国积极开展外交活动，目的是为了在国际上争取并维护本国的经济利益。第二次世界大战结束之后，尤其是自 20 世纪末冷战结束以来，世界经济一体化和全球化的倾向越来越明显。在此背景下，各国经济事实上早已是你中有我、我中有你、密不可分。各国只有进行合作，才能使各自的经济得以共同发展。所以现代外交的一大特色，便是各国在外交活动中积极争取并维护本国的经济利益。

其三，各国积极开展外交活动，往往意在配合本国的对外经济、贸易活动。客观地讲，各国之间的经济、贸易往来，一般对彼此双方都有好处，大家都有利可图。而要真正做到这一点，有赖于各国之间建立友好的外交关系。外交的主要作用之一，便是可以直接服务于本国的对外经济、贸易活动，并为之创造多种便利的条件。在当今各国所进行的各类外交活动中，不谈经贸合作事项者少，完全与本国的对外经济、贸易活动无关者无。

3. 经济是外交的先导

经济因素对各国所起的作用，往往还表现在国际交往中，它经常会充当本国外交的先导。在国与国之间正式进行某种外交接触或者开展某项外交活动之前，两国在经济方面大都早已存在着一定的联系。正是这种国与国之间频繁而紧密的经济联系，又反过来要求双方进行密切的外交方面的交往与合作。

现代各国的外交，不但都强调经济是本国外交的主题，而且还往往将经济直接作为本国外交所常用的一种特殊手段，运用经济手段去实现本国的外交目标。此种以经济手段作为本国外交常规手段的做法，一般被人们称为经济外交。所谓经济外交，实质上就是以经济作为外交的先导。在当今世界，各国对于经济外交都非常重视。

在外交实践中，经济外交主要发挥下述具体作用：

其一，为建立外交关系进行准备。有的国家在与别国建立正式的外交关系之前，往往会积极与其进行经济往来，以此为双方外交关系的建立铺路架桥。当双方的经济往来发展到了一定的程度，两国之间正式的外交关系通常便会水到渠成地得以建立。

其二，为密切外交合作积极努力。有些国家之间虽说已经建立了正式的外交关系，但双方之间的各种往来还远远谈不上是密切的。在此种情况下，如果其中一方有意识地运用经济手段积极进行合作，往往就会使双方之间的外交合作得以启动，甚至还有可能因此而变得愈来愈密切。

其三，意在征服、欺压、奴役或利用对方。某些帝国主义、殖民主义和霸权主义的国家，在国际交往中，经常喜欢凭借本国强大的经济实力，对其他弱国、小国、穷国威胁与利诱并重。当它们难以在武力上征服其他弱国、小国、穷国时，便往往运用经援、贷款、投资以及贸易优惠等种种经济手段，去拉拢、引诱对方，使对方最终臣服于自己。这种做法，过去被称为“金元外交”，意指明目张胆地运用金钱为本国外交开路。尽管它早已为具有正义感的人们所不齿，但实际上却一直是某些国家所乐于采用的常规外交手法。

二、外交的科技制约因素

科技，是人们对科学技术的简称。科学，一般是指反映自然、社会、思维等客观规律的分科的知识体系。技术，则通常指的是人类在利用自然、改造自然的过程中积累起来并在生产劳动中体现出来的经验和知识，也泛指其他方面的操作性技巧。科学与技术在现实生活中往往密不可分：科学是技术的指南，而技术则是科学的应用。在人类历史过程中，科学技术一直在不断地发展，并且对人类生活产生着重大的影响。恩格斯曾指出：“科学是一种在历史上起推动作用的、革命的力量。”①

各国在进行外交实践时，来自科学技术方面的制约作用不但一直存在，而且正在变得越来越突出。在研究当代外交问题时，尤其不应对来自科技方面的影响漠然视之。就目前而论，科技因素对于外交的制约作用主要体现在下述四个方面：

1. 科技决定外交能力

科学技术对于外交的最为重要的制约作用表现在：一个国家科学技术方面的总体水平的高低，通常直接决定了其外交能力的大小。

一个国家的外交能力，从根本上说是由它的综合国力所决定的。一个国家的综合国力，具体地又可以分为政治实力、外交实力、军事实力、经济实力、科技实力、文化实力、教育实力、人口实力、资源实力等。在这些因素里，发挥关键作用的通常是一国的经济实力与科技实力。进而言之，一国的经济实力，通常又为其科技实力所决定。这主要是因为，随着科学技术日新月异的发展，知识经济的时代已经来临，知识已被认为是提高生产力和实现经济增长的驱动器。

邓小平曾经说过：“科学技术是第一生产力。”② 当代“社会生产力有这样巨大的发展，劳动生产率有这样大幅度的提高，靠的是什么？最主要的是靠科学的力量、技术的力量”③。科学技术在一个国家的发展水平，不仅从根本上决定了该国的经济实力乃至综合国力的大小，而且也直接决定了该国外交能力的大小。一个国家外交能力的大小，通常与该国科学技术发展的总体水平的高低成正比。

一个国家的科技实力对其外交能力所产生的直接影响，集中体现在如下两个方面：一方面，如果一国拥有强大的科技实力，那么它的经济实力必然会随之强大，进而会为本国外交活动的开展提供坚实的物质基础，使其在外交舞台上有所作为。如果一国缺乏科技实力，它的经济实力就难以强大，其外交表现必然也会因此而大受制约。另一方面，一个国家若拥有先进的科学技术，其外交手段必然也会大有改善，甚至屡有创新，因而也会对其

---

① 《马克思恩格斯全集》，中文2版，第25卷，597页，北京，人民出版社，2001。

② 《邓小平文选》，1版，第3卷，274页。

③ 《邓小平文选》，2版，第2卷，87页，北京，人民出版社，1994。

外交能力的提高直接有所帮助。一个国家若在科学技术上十分落后，则其外交手段自然难言先进，因而对其外交能力的提高不能不造成一定的拖累。

2. 科技拓展外交空间

科学技术的迅速发展，在一定程度上改变了人际交往、社会交往乃至国际交往的具体方式。在接连出现的几次新科技革命的影响下，外交也发生了极大的变化。迄今为止，外交上的这种变化依然还在延续。

科学技术的迅速发展，尤其是纷至沓来的一系列科技革命所造成的外交上的一个重大变化，就是外交空间得到了空前的拓展。关于这一点，现在人们已经看得愈来愈清楚。

所谓外交空间，在此是指外交活动存在的一种客观形式。具体来讲，外交空间是指各国所进行的外交活动的宏观范围，它是由总体外交活动的广延性与伸张性所构成的。在任何情况下，外交空间都会随着科学技术的发展而有所变化。对一个国家而言是如此，对整个世界而言也是如此。

科学技术的发展，特别是科技革命所导致的外交空间的拓展，集中地体现于外交在其广度与深度上所发生的变化。

一方面，科学技术拓展了外交空间的广度。外交空间的广度，亦称外交活动的广延性，它实际上是指外交空间的广狭程度，亦即外交活动具体参与者的多寡。在古代科技欠发达时，各国的外交通常以周边国家为对象，其外交范围极为狭小。到了近代，尤其是19世纪以来，由于科技水平的提高，各国的外交活动初步地具有了世界意识，并达到了一定的广度。直至20世纪中期之后，随着新科技革命所提供的先进的交通、通信工具的出现，各国的外交活动最终走出了地区或洲际的藩篱，具有了真正意义上的世界性。而今，各国的外交可以说是真正面向整个世界的外交，是全球性、全方位的外交。其外交对象，应当包括世界上其他所有的国家，而不再是局限于某些大国或自己的邻国。

另一方面，科学技术拓展了外交空间的深度。外交空间的深度，也叫作外交活动的伸张性，它通常是指外交空间的深浅程度，即外交活动具体涉及面的大小。随着科技的发展与进步，外交面临着一系列新的课题。各国在进行外交活动时，必须正视并努力解决这些新课题。这一系列的外交新课题，主要包括下列两大类型：其一，世界各国所面临的共同威胁。例如，军备竞赛、核武扩散、军火走私、恐怖主义、毒品贩卖、环境污染、能源危机、金融犯罪、非法移民、知识产权保护等等。其二，造福于全人类的跨国合作。例如，信息共享、南极开发、和平利用外层空间和海洋资源等等。上述这些因科技发展的进步而带来的新课题的解决，促使外交活动不断地向更深的层面发展。

3. 科技更新外交工具

科学技术的不断发展，为人类社会的进步提供了一系列丰富的物质文明成果。这些因科技进步而出现的物质文明的新成果，既改变了人类的生活方式，又改变了人类的思维方式与工作方式。

这种情况在外交上的具体表现，就是外交工具伴随着科技新成果的出现与应用而不断地与时俱进。随之而来的，是外交方式不断地有所变化。一些重要的科技新成果的出现，往往会对外交工具的更新、外交方式的变化产生难以估量的巨大影响。

仅就外交工具的更新与变化而论，在近现代出现的电报、电话、电视、传真、汽车、火车、轮船、飞机、卫星以及互联网等科技新成果所发挥的重要作用，早已是有目共睹。

电报、电话、传真等现代通信工具的问世，对各国的外交活动都产生了深远的影响。它们不仅使驻外外交人员得以与本国的外交领导部门保持顺畅与及时的联络，而且也使前者所承担的外交职责本质上有所改变。

汽车、火车、轮船的出现，尤其是20世纪初期飞机的出现，为外交人员提供了方便而快捷的交通工具，各国的外交活动范围得以大大地扩展，外交活动参与者的数量也随之与日俱增。

诞生于20世纪末以电子计算机为基础的互联网与移动电话，更是对既有的外交工具造成了巨大的冲击。它在一定程度上改变了传统的外交调研方式与联络方式，并且为各国开展公众外交提供了一种最佳的渠道。

综上所述，外交工具所进行的更新，一是由新的通信工具所带来的，二是由新的交通工具所带来的。对外交人员来讲，在任何情况下，通信工具与交通工具都是其最重要的工具。它们的改变，往往会直接导致外交方式的改变。

4. 科技密切外交联系

古代外交开始萌芽时，参与外交活动绝对是一项苦差。由于交通、通信的不畅，古代各国的外交活动通常都是时断时续、若有若无的。在近代外交形成之后，即使到了20世纪之前，各国的外交活动仍然由少数的职业外交人员所从事。他们代表国家独自进行对外交往，其所作所为往往为常人所不知。就连国家的主要领导人，当时也极少有可能经常性地出国亲自参与外交活动。

随着科技的发展，特别是20世纪以来科技的巨大进步，各国之间的外交活动大大增多，各国参与外交活动的人员在数量上、范围上迅速扩大，各国的外交联系也因此而变得更加密切。

科技密切外交联系，主要体现在以下几个方面：

其一，它为各国与其他国家建立正式的外交关系，以及进行各种形式的外交接触，提供了充分的可能。

其二，它为各国同世界上其他一切国家进行经常性的外交合作，提供了必要的物质基础与众多的现代化手段。

其三，它使各国的国家领导人直接参与外交活动的机会大大增加，并且可以使有关国家的领导人之间直接而及时地保持外交联系。

其四，它使得各国人民都有可能、有条件、有机会在一定程度上了解并参与本国的外交事务。此外，各国人民之间还可以运用先进的科技手段进行各种形式的涉外交往，而这些涉外民间交往又会间接地促进国家之间的外交联系。

其五，它在造福于人类的同时，往往也会产生某些有碍人类生存、发展与合作的负面影响。要彻底消除科技发展所产生的这类负面影响，显然有赖于世界各国共同进行外交合作与外交努力。

三、外交的文化制约因素

文化，在一般场合是指人类社会在其历史发展过程中所创造出来的物质财富与精神财富的总和。在更多的时候，文化特指人类所创造的一切精神方面的财富，诸如文学、艺术、教育、习俗等。在人们的日常交往中，文化则往往具体地外化为有关思维方式、行为方式的习惯。文化是上层建筑的一大组成部分。它产生于一定的经济基础，为经济基础所决定，在一定条件下又反过来对经济基础产生某种作用。对外交而言，文化通常会产生一定的制约作用。

一个国家的外交实践所受到的文化方面的影响，有的来自本国传统文化，有的则来自其交往对象国的异域文化或世界文化。对此进行分析与探讨时，必须有所区别，不宜一概而论。

1. 文化交流推进外交

从本质上讲，文化乃是人类社会的共同遗产。人类社会的文化之所以不断地延续，一方面在于文化的习得性，即个体所具有的文化主要是人们在一定的社会环境中相互学习的结果；另一方面则在于文化的传递性，即人类社会的文化凭借教育或非教育的活动，一代接一代地在有所扬弃中传递下去。

自从有了人类社会，文化便具有一定的国别性、民族性、地域性的特征。不同国别、不同民族、不同地域所形成的不同文化，在现实世界中既要努力保持各自的特色，又要相互进行交流。文化交流，又称文化传播，指各种不同的文化之间相互学习、相互影响、相互促进、相互沟通。离开了文化交流，文化就难以有所发展。只有通过文化交流，文化才能够推陈出新，不断前进。

在国际社会中，不同国家之间的文化交流，自国家出现以来，就一直未曾间断过。在当代世界，由于交通、通信和各类文化设施的日益现代化，国家与国家之间所进行的各种文化交流正在变得越来越频繁。目前，文化交流是否频繁，早已成为衡量国与国之间相互关系密切与否的一个重要标尺。

文化交流，往往可以具体地表现为许多不同的形式。当前最为常见的形式主要有：其一，对外出版文学、艺术刊物。其二，利用大众传媒对外宣传本国文化。其三，出口本国的影视、音乐制品。其四，出国举办文化展览。其五，派遣文化团体出国访问。其六，对外派遣留学生或访问学者。其七，同外国进行文化合作。其八，参与国际性文化交流活动。这些文化交流的具体形式，通常都是双向的，而非单向的。

不同国家之间的文化交流，必然会加强彼此之间的了解与信任，从而推动其外交关系不断地有所发展。就两国关系而言，双方的文化交流大都开始于其外交关系正式建立之前，所以文化交流往往成为各国外交的“开路先锋”。而两国外交关系一旦正式建立，反过来又会对双方的文化交流有所推进。为了凸显文化交流之于外交的重要性，有的专家学者索性直接称文化交流为文化外交。

2. 文化传统限制外交

各个国家的文化，都具有一定的传承性。各国文化的发展，都难以脱离对其本国文化传统的积极继承。一个国家要想在文化上有所成就、有所创新，不但要善于对外进行文化交流，虚心学习外国文化、世界文化的一切先进之处，而且还必须善于继承本国文化的优秀传统，认真对本国的传统文化进行吐故纳新。在对外文化交流中，各国对于本国传统文化的尊重与维护，往往表现得非常明显。

世界各国对本国传统文化的尊重与维护，必然会对本国的外交活动产生一定的影响。

各国传统文化对于本国外交的具体影响表现如下：

其一，各国不同的传统文化使各国外交形成不同的风格。新中国外交的礼尚往来、以和为贵、主持正义、信守诺言等基本风格，在中国的传统文化中便可以找到源头。

其二，各国不同的传统文化使各国外交往往奉行着不同的战略与策略。当代各国的外交战略与外交策略，大都包含其本国的传统智慧，而且还通常与本国传统的外交战略与外交策略一脉相承。

其三，各国不同的传统文化使各国外交的决策者采取了不同的操作方式。这是因为，各国不同的传统文化使得各国的决策机制、决策方法与决策者的思维方式有所不同。

其四，各国不同的传统文化使各国外交界从业人员的文化素养与文化准备亦有所不同。“为实现国家利益和对外政策目标服务的外交活动，通常是由受一定的文化范式的熏陶并在其制约下的人进行的。”① 在世界各国，受各自不同的传统文化的影响，外交人员的选拔、教育、培训与任用的方式多有不同，这在客观上便为各国造就了一支文化素养与文化准备有别于其他国家的外交人员队伍。

3. 文化差异阻碍外交

一般而言，文化反映着一个国家、一个民族、一个地区的独特的生活方式、行为方式与思维方式。它不可能也不应该被规范到某一种天下一统的模式之中。历史早已昭告人们：文化的差异是一种客观的存在，不应该被人为地抹杀或消灭。“外交活动作为一种跨文化交际行为，在此过程之中，由于国际行为主体之间的价值观念、文化习惯、思维方式等方面所存在的种种差异，因此他们相互间的有效沟通大打折扣。一国政府的外交活动，在其他国家所获得的口碑难免就会事与愿违，其外交形象在国际社会里往往也会遭到与其主观意图截然相反的解读。”②

与此同时，也必须看到：在国与国之间所进行的文化交流中，不同国家的文化存在着一种趋同倾向。因为按照现代传播学的观点，“传播是沟通彼此意向，以达到统一行为的目的”③。当然，不同文化之间的趋同，是相互融合、求同存异的一个漫长的过程，而并非意味着一种文化要去征服、消灭或同化另外一种文化。

在外交实践中，总会有一些个别国家自以为本国的文化比其他国家的文化优秀，它们一向认为利用文化征服别国较使用武力征服别国会事半功倍。用拿破仑的话来说：我被迫用宝剑征服欧洲，而后继者则应该用精神征服欧洲，因为精神总是比宝剑更加强大。此种做法，实际上是对别国所进行的赤裸裸的文化侵略。

各国文化之间所存在的差异性本是一种既成事实，它本身并无任何不是之处，但是文化侵略却通常因此而引起，所以说它客观上起到了阻碍各国正常进行外交活动的作用。

近来，在具体分析、探讨一国文化传统、文化差异对其本国外交所发挥的影响时，有的专家学者热衷于使用外交文化这一概念，其含义与文化外交特指文化交流显然有所不同。外交文化通常指的是一国在其外交活动中所逐渐积累起来的观念上的共识，是一国对

① 计秋枫等：《英国文化与外交》，17页，北京，世界知识出版社，2002。

② 李正国：《国家形象构建》，49页，北京，中国传媒大学出版社，2006。

③ 朱曾朴：《文化传播论》，80页，北京，中国广播电视出版社，1993。

其自身外交思维与外交行为及其一般发展规律进行梳理与沉淀后的一种特殊的、主导的文化定式。不可否认，在此意义上，一国的外交文化不但制约着该国的文化外交，而且也制约着该国的总体外交。

四、外交的媒体制约因素

媒体，通常所指的是传播信息的媒介。所谓媒介，则是指介于两者之间的事物。在一般情况下，媒体与媒介的含义与使用往往等同。具体而言，媒体是指人们借助或用来传播和获取信息的工具、渠道、载体、中介物。换言之，媒体亦可被视为信息由信息源传递到接受者的一切技术手段。

由此可知，媒体具有下述两重含义：一是指承载信息的物体；二是指储存、呈现、处理、传递信息的实体。信息、信息源、信息的发送者（传播者）、信息的接受者（受众）与媒体，共同构成信息传播过程的五大基本要素。

在现实生活中，一个不可否认的事实是：随着当代科学技术的进步，一方面媒体自身日益发达，另一方面外交则越来越多地受到媒体的制约。各国外交均应直面的一个重要的事实是：既要妥善地处理本国政府与其他国家政府之间正式的外交关系，也要主动、积极而有效地跨越国与国之间信息传播的鸿沟。

就总体状况而言，媒体对外交的制约作用主要体现有三：

1. 媒体制造外交热点

对公众来说，其有关外交的信息，尤其是有关外交的时效性较强的信息，并非来自亲身的体验，而是往往来自媒体的披露与传播。离开了媒体的披露与传播，公众通常与外交相距甚远，对外交知之甚少。换言之，正是由于媒体对相关外交信息越来越多的披露与传播，外交才越来越成为公众所关注的热点。

就媒体的纵向发展过程来看，可将其划分为大众传媒与新媒体两类。

大众传媒，又称为公众媒体，一般是指在信息传播过程中，处于职业传播者与社会公众之间的媒介体。它通常包括电视、报纸、广播、期刊，亦称四大传媒。在西方国家，大众传媒被视为与立法、司法、行政并列的“第四权力”。

新媒体，亦称数字化互动式新媒体，在此指借助于计算机（或具有计算机本质特征的数字设备）进行信息传播的载体。搜索引擎、门户网站、社交网站、视频网站乃至智能手机，都是当今新媒体的组成部分。与大众传媒比较而言，数字化与互动性属于新媒体的最为显著的特征。

就信息的具体传播来进行分析，大众传媒通常具有一定合法性、权威性、规范性、连贯性，并且为主流社会所认可；新媒体则往往具有即时性、多元性、开放性、自主性、碎片性、海量性。后者正在被越来越多的公众当成其获取信息的主要来源。有鉴于此，某一外交信息是否为公众所知晓，是否为公众所关注，是否成为海量信息之中的亮点，与大众传媒和新媒体均有一定的关联。在这一意义上完全可以说，正是媒体制造了外交热点。

媒体对外交热点的制造，主要体现为如下两点：

其一，聚焦了外交话题。如果没有媒体的关注，尤其是离开了各种媒体普遍性、连续性、追踪性、系统性的关注，外交问题根本就不会成为社会公众人人所议论的公共性话题。也就是说，正是因为媒体的发掘、梳理、引导或某种程度的渲染乃至放大，外交问题才成为公众所关注的外交话题。

此即媒体对外交聚焦的本义。换言之，就外交话题而言，媒体所拥有的话语权，导致其拥有一定程度上的主导权。

在此需要指出的是，通过媒体所传播的公众就某一焦点问题所发表的具有一定影响力的见解，形成媒体舆论。它是社会舆论的重要组成部分之一，并对包括外交在内的各种政府行为产生一定的压力。

其二，设置了外交议题。所谓"议题设置"，乃是传播学的一个基本概念。一般而言，它所指的是媒体通过对某一事件的系列化、纵深化、持续化的信息传播，吸引了社会公众对它的关注，从而致使某些与此相关的特定的对象不得不就此澄清自身立场、披露相关信息，并表明基本态度。

显而易见，媒体对外交议题的设置，是其对外交话题聚焦的必然结果。没有媒体对外交议题的聚焦或凸显，显然就没有媒体对外交议题的设置可言，二者之间存在着明显的因果关系。

就一般状况而论，某一外交议题一经设置，相关的外交主管部门就不得不对其勇敢而智慧地予以面对。所谓勇敢，在此是指不容对此予以回避；所谓智慧，在此则是指不应当错失良机、因小失大、弄巧成拙、出现重大失误。

2. 媒体影响外交进展

在谈及媒体在当代社会的重要职能时，传播学权威麦克卢汉曾经说过："从社会意义上看，媒体即信息。"① 对外交而言，他的这一观点可被理解为：社会公众通过媒体所获取的与外交相关的信息，在一定程度上反过来又直接或间接地影响着外交的具体进展甚至其整个发展的过程。

如前所述，在古代外交、近代外交乃至现代外交之初，"外交即秘密"是当时主流社会的共识；时至今日，"外交透明化"则是公众的普遍呼声，外交越来越变得没有多少秘密可言。这一现状的形成，在很大程度上受到了媒体的影响。

媒体对外交进展的影响，既有直接的，也有间接的。它主要体现在以下两个方面：

其一，促进了外交过程的公开化。当媒体不甚发达时，外交纯属比较"小众"的问题。除职业外交官与外交决策者之外，外交确属他人所难以知晓的秘密。随着媒体的日益发达，尤其是新媒体的出现，公众的外交参与意识越来越强，越来越多的公众要求获得外交知情权与外交发言权，外交过程的公开化已是在势之所趋、人心之所向。由此可见，外交过程公开化，乃是媒体对外交进展最直接的影响。

在新媒体促进外交过程公开化的同时，相关外交过程的透明度问题不容回避。传播学的理论与实践早有告诫：透明度决定公信度。由此可见，没有外交过程的公开化，其透明度将无从谈起；没有一定程度上的外交过程的透明度，一国外交则往往会在国际社会或其国内丧失其公信度。

其二，推动了外交决策的民主化。所谓决策民主化，在此是指整个决策过程的民主化。

---

① ［加］马歇尔·麦克卢汉：《理解媒介》，增订评注本，16页，南京，译林出版社，2011。

具体而言，它指的是由决策制度民主化、决策规则民主化、决策程序民主化、决策机构民主化等要素所构成的民主决策机制。显而易见，外交决策民主化，有助于建立健全民主的外交决策机制。从宏观上进行分析，外交决策的民主化自然存在着种种先决条件，必须循序渐进；但就现状来说，媒体对外交决策民主化所发挥的日益增强的推动作用则有目共睹。

依据传播的分类，传播可被分为下述五种类型：自我传播、人际传播、群体传播、组织传播和大众传播。目前，大众传媒与新媒体对外交问题竞相关注，二者对外交进展的具体影响难分伯仲。“新媒体传播将人际传播和大众传播融为一体，是一种全新的、特殊的传播类型。”① 不容忽略的是，随着新媒体的出现以及它的传播作用发挥得越来越大，外交决策的民主化得到了进一步的推动。

综上所述，外交决策民主化，属于媒体对外进展的间接影响。

3. 媒体成为外交工具

必须承认的是，媒体对当代外交所发挥的制约作用是多元的。在其制造外交热点、影响外交进展的同时，媒体自身也为外交所利用，并且成为外交的重要工具。

作为外交新工具，媒体所发挥的作用具体体现在相关外交信息的具有明确指向性的符号选择、系统编码与择机输出等方面。此项作用，有时是主动的，即相关外交部门为了促使目标受众增进对于自身或自身所从事的具体活动的了解而主动地输出信息；有时则是被动的，即相关外交部门为了就某一问题向目标受众澄清立场、说明真相或避免误解的加深而被动地披露信息。

其一，助力文化传播。文化传播，又称文化扩散，它指的是文化从某个区域传播到另外一个区域的一种文化交流的互动现象。在当今这个信息社会里，传播力决定影响力。这既是传播学的基本命题之一，同样也是一种跨文化交流中的客观现实。在现实世界中，传播尤其是大众传播，对文化传播、文化交流助力甚多。

习近平同志曾经指出：“文明因交流而多彩，文明因互鉴而丰富。文明交流互鉴，是推动人类文明进步和世界和平发展的重要动力。”②

不论传播本国声音、讲好本国的故事，还是阐述本国的主流价值，显然都离不开其赖以支撑的本国文化软实力与本国文化的独特魅力。一国文化的独特魅力若要为他国公众所知晓、所认同、所接受，同样离不开媒体的有效传播。倘若一国文化软实力的发展水到渠成，则其通过本国文化传播向外国公众所展示的本国文化的独特魅力，必将有利于其本国好声音、好故事以及主流价值更好地为对方所理解、所接受、所认同。倘若在对媒体运用到位，则一国的文化魅力必将被有效传播。

其二，推动公共外交。公共外交这一概念，是 1965 年由美国学者埃德蒙·格里恩率先提出的。有时，它亦称公众外交。国内学者唐小松认为：它所指的是“一国政府通过对外信息传播和对外文化交流等方式，对他国民众进行说明、说服工作”。其主要表现为：“对外宣传、国际交流和传播活动”。③

---

① 匡文波：《新媒体概论（第二版）》，11 页，北京，中国人民大学出版社，2015。

② 《习近平谈治国理政》，258 页，北京，外文出版社，2014。

③ 参见唐小松：《中国公共外交的发展及其体系构建》，载《现代国际关系》，2006（2）。

如其所言，利用媒体展开对外信息传播或对外宣传，主动、积极而有效地跨越国与国之间信息传播的鸿沟，乃公共外交之最大特点。进而言之，公共外交还有下述几个非常明显的特征：一是主导性。它通常由政府主导而主演，其主体主要为由一国政府所支持的公共媒体、社会组织。二是公众性。它的客体并非一国政府或国际组织，而是目标国的公众。三是文化性。与传统外交所具有的鲜明的政治性不同，公共外交属于不同文明之间的对话；其本质上属于跨文化交流。此种对话，往往是长期的，甚至是一个漫长的过程。在媒体不甚发达的年代，公共外交显然无从谈起。

就具体操作进行分析，公共外交要求更新对外传播的话语体系，拓展对外传播的领域与渠道。所以从某种意义上讲，“媒体天然地承载着公共外交的使命，并在其中扮演着‘沟通信息、促进交流、增进了解、消除偏见’的角色”①。究其原因，正如一位中国学者以中国为例所阐述的一样：“外国媒体人怎样看中国，会在很大程度上影响外国的受众。而中国媒体人怎么看世界，也会对中国人脑海中的‘世界影像’形成重要影响。”②

第三节 国际法与国际组织对外交的制约

不论进行外交实践，还是研究外交学理，国际法与国际组织的作用和影响都不可回避。忽略了国际法与国际组织的存在，外交实践就有可能误入歧途、麻烦丛生，外交学理的研究也很可能似是而非、不得要旨。

国际法、国际组织与外交的联系，可以说是存在已久。国际法与国际组织的出现，既是外交活动进一步开展的客观要求，又是外交实践发展到一定阶段之后的必然产物。国际法、国际组织自出现之后，不但有助于各国外交行为的秩序化、规范化，而且还促使各国的外交空间进一步扩大、外交基础更加牢固，并且使国际外交制度更加趋向于完备。

国际法与国际组织都是外交不可或缺的制约因素。离开了国际法与国际组织的重要制约作用，外交就会陷入一种无组织、无基础、无秩序、无规则、完全自由放任的混乱状态。这种状态一旦出现，不仅外交活动难以进行，而且真正意义上的外交也将因此而不复存在。

一、外交的国际法制约因素

国际法，也叫万国公法，简言之，它就是国际社会所通行的法律。根据国际法的创始者格劳秀斯的解释：国际法乃是由世界各国或绝大多数国家的意志而产生义务效力的法律。“他呼吁建立一套规范国际行为的法律体系，还主张国家应该接受这些法律的约束。”③ 具体而言，国际法是由调整国家之间关系的具有一定拘束力的原则、规章、制度与措施所构成的一个总体。从形式上来看，国际法实质上是一种在不断发展的国际交往中所逐步形成的国际交往规范。正因为如此，国际法自其问世之后，就对各国的外交活动产

① 赵启正：《公共外交战略》，50页，海口，学习出版社、海南出版社，2014。

② 钟声：《媒体交流是公共外交重要力量》，载《新闻世界》，2012（10）。

③ ［挪］托布约尔·克努成：《国际关系理论史导论》，103页，天津，天津人民出版社，2004。

生了重大的影响。

从根本上说，国际法为各国所进行的外交活动提供了一种有组织、有基础、有秩序、有规则的总体框架，并奠定了现代外交制度的基础，基本上结束了外交在其萌芽、初创时期所出现的那种混乱无序的状态。具体来讲，国际法对各国的外交产生着极其重要的规范、保障、依据的作用。

1. 国际法是外交的规范

俗话说："没有规矩，不成方圆。"国际社会也一样，只要它存在、发展下去，就必须对各个主权国家的行为尤其是国际交往的行为有所规范。"因此，国际法与国际社会的组织化和进步同步发展。"① 国际法可以说是国际交往尤其是外交的产物，国际法反过来又为外交提供了规范，使得外交活动的开展必须符合国际法的基本规范。

国际法对于外交所起的具体规范作用，主要体现在下列四个方面：

其一，它为外交构造了框架。在国际法里，外交的制度、礼仪、人员、方式、手段、途径、范围等，都有着具体的规范。这就在总体上为各国的外交活动构筑了一个基本的框架，使其拥有一个适当的活动空间。

其二，它为外交做出了限定。奥地利人弗洛伊德说过：有规范才有限定，有限定才有文明的行为可言。对于外交行为，国际法有一系列具体的规范。对外交而言，国际法可被视为外交行为规范，而规范的本义，就是标准的、正确的做法。因此，国际法可以被理解为对外交行为所做的一种限定，同时也是对外交行为的标准化要求。参照国际法，可判定任何一种外交行为的正确与否。

其三，它为外交提供了守则。国际法以自己的一系列具体准则，规范着各国外交行为的发展方向。实际上，国际法为各国外交行为所制定的基本守则，并不一定完全为各国所遵守，但它们毕竟为各国外交活动的正常进行提供了行动指南。

其四，它为外交建立了秩序。外交活动的开展，需要一种较为完善的国际秩序，国际法的出现便为外交提供了这样一种秩序。正是由于国际法的问世，外交活动才开始真正广泛、有序地发展。

提及国际法对外交所起的规范作用时，以下两点必须予以重视：

其一，国际法对外交的规范，本身也存在一个发展的过程。它既非一蹴而就，亦非一成不变。举例而言，在是否准许干涉别国内政的问题上，国际法的有关规范就是逐步得以完善的。早在 1793 年，法国宪法就提出了不干涉原则的基本思想。可是在西方外交中，它却只是一句空谈，甚至有人对此连谈都不谈。19 世纪初，欧洲的"神圣同盟"就公然杜撰了所谓"干涉权"。直至第二次世界大战之后，不干涉原则才逐步成为各国所公认的一项国际法准则。1965 年 12 月 21 日，联合国大会所通过的《关于各国内政不容干涉及其独立与主权之保护宣言》规定："任何国家均不得使用或鼓励使用经济、政治或任何其他措施胁迫他国，以谋自该国获得主权行使之屈服，或取得任何利益。同时任何国家亦均不得组织、协助、制造、资助、煽动或纵容意在以暴力手段推翻另一国家政权之颠覆、恐怖

① ［韩］柳炳华：《国际法》，上卷，3 页，北京，中国政法大学出版社，1997。

或武装活动，或干涉另一国家之内乱。”①

其二，国际法对外交的规范，并不具有完全的拘束力。举例而言，有个别国家在外交实践中并不严守或完全遵守国际法，只不过它们往往否认这一事实，而声称自己始终都是按照国际法行事的。

2. 国际法是外交的保障

在外交萌芽时期，各国所进行的外交活动大都具有一定的随意性。由于当时的外交活动缺乏一定的规则可循，因此各国的外交活动往往时断时续，随便毁约、斩杀来使等情况经常有所发生。

自国际法出现之后，各国的外交行为才逐渐得以规范。从总体上来看，国际法为外交的顺利展开提供了基本保障。国际法对外交所起的保障作用，主要表现在以下五个具体方面：

其一，保障外交人员的人身安全。国际法明确规定：外交代表享有个人人身的不可侵犯权，不受任何方式之逮捕或拘禁。接受国对其必须加以特别的尊重，并采取一切必要的措施以防止其人身、自由、尊严受到任何侵犯。外交人员的人身安全有所保障，是对于各国外交的最基本的保障。

其二，保障外交人员的财产安全。国际法规定：外交人员的财产不得受到侵犯。对外交人员的财产安全所提供的这种重要保障，又具体体现为：外交人员的个人财产应受到其接受国的悉心保护，外交人员在接受国可以免纳捐税、关税，外交人员免于参加其接受国所实行的社会保险等。

其三，保障外交人员的馆舍安全。外交人员用于工作、生活的各类馆舍，是其主要活动场地，也是其在接受国的立足之本。有鉴于此，国际法专门做出规定：外交人员驻外使馆的馆舍不得受到任何侵犯；外交人员的私人寓所，即外交人员私人居住之处，亦不得受到任何侵犯。外交人员的接受国对此负有重要职责，并且应当为此提供必要的保障。

其四，保障外交人员的资讯安全。众所周知，观察、调研以及为此而与派遣国保持经常性的联络，是外交人员的一项重要使命，国际法同样为此提供了基本的保障。它规定：各国驻外使馆享有通信自由。具体来说，它们都充分地享有收发明码或密码电报、派遣外交信使递送外交信袋的自由。除此之外，国际法还明确规定：各国驻外使馆的一切文件、档案均不得受到侵犯。

其五，保障外交人员的行动安全。《维也纳外交关系公约》规定：“除接受国为国家安全设定禁止或限制进入区域另订法律规章外，接受国应确保所有使馆人员在其境内行动及旅行之自由。”② 这一规定，在国际法上为外交人员因公、因私的行动自由提供了充分的保障。

3. 国际法是外交的依据

外交活动进行于拥有不同行政管辖权的各国政府之间，其一招一式必须有其依据，方可得以健康而顺利地进行。国际法，从某种意义上说，即各国外交的基本依据。离开了国际法，外交活动的组织化、秩序化、规范化、健康化、正常化便无法实现。国际法作为各

---

① 王铁崖等编：《国际法资料选编》，14 页，北京，法律出版社，1986。

② 同上书，649 页。

国外交活动的依据，其主要形式有下述两种：

其一，国际条约。“在国际关系中，条约是多种法律行为使用的文书”①。国际条约，尤其是造法性的国际条约，即多数国家所参加、加入或承认的，能够对国际法的原则、规则、规章、制度具有创立、确认、补充或修订意义的国际条约，如《联合国宪章》、《维也纳外交关系公约》、《维也纳领事关系公约》、《维也纳特别使团公约》等，既是国际法的重要渊源，又是各国进行外交活动的基本依据。

其二，国际惯例。国际法上的国际惯例，亦称国际习惯，在此指的是各国在长期交往中逐步形成的某些习惯或先例，后来又为其他许多国家反复援用，并得以普遍遵守或广泛承认者。国际惯例通常是不成文的。《国际法院规约》规定，“国际习惯，作为通例之证明而经接受为法律者”②，可作为国际法的一个渊源。因此，国际惯例亦可成为各国进行外交活动的重要依据。

国际法作为外交的基本依据，对各国外交活动所产生的直接影响主要体现在下述几个方面：

首先，它为各国外交制定了基本准则。1970 年 10 月 24 日，联合国大会通过了《国际法原则宣言》，明确宣布现代国际法均应包括以下七项基本原则：不使用武力威胁或使用武力；和平解决国际争端；不干涉他国内政；各国主权平等；各国应依照《联合国宪章》彼此合作；各国人民享有平等权和自决权；各国应真诚履行《联合国宪章》所规定的义务。上述这些国际法的基本原则，都是各国进行外交活动时所应恪守的行为准则。

其次，它为各国外交划定了是非标准。各国的外交行为以及其他一些连带性行为的是非标准，均由国际法所规定。其他的一切标准，皆不可用以判定一国外交行为之是非。例如，就各国内政不容干涉这一问题，《联合国宪章》专门规定，“本宪章不得认为授权联合国干涉在本质上属于任何国家国内管辖之事件”③。而就何为侵略的问题，联合国大会专门通过了《关于侵略定义的决议》，它规定：“侵略是指一个国家使用武力侵犯另一个国家的主权、领土完整或政治独立，或以本‘定义’所宣示的与联合国宪章不符的任何其他方式使用武力。”④ 这些源自国际法的规定，是鉴别、区分各国外交是非的最佳尺度。

最后，它为各国外交规定了权利与义务。就宏观而言，各国的一切外交活动，都既有其权利，又有其义务。对各国外交的权利与义务，国际法都做出了一定的规定。一方面，国际法规定了各国外交的权利。例如，各国外交的管辖权属于本国中央政府，各国的外交代表享有外交特权与豁免等。另一方面，国际法还为各国外交规定了其应尽的义务。例如，各国所进行的外交活动必须遵守国际法，各国所进行的外交活动必须恪守本国业已正式签订并生效的一切双边性或多边性条约等。

二、外交的国际组织制约因素

国际组织，一般是指跨越主权国家界限的多国性机构。从广义上来说，由两个以上国

---

① ［英］巴斯顿：《现代外交》，307 页。
② 王铁崖等编：《国际法资料选编》，1029 页。
③ 同上书，864 页。
④ 同上书，17 页。

家的政府、政党、民间社团或民众基于一定的目的、按照一定的协议所设立的各种跨国性机构，均可被视为国际组织。从狭义上来说，只有由主权国家之间所建立的正式的跨国性机构，方可称为国际组织。不论从哪种含义上来讲，国际组织对于国际关系，包括外交在内，都发挥着极为重要的作用。有学者称："国际组织已经成为今天国际社会的一个重要组成部分，它给现代国际关系带来了深刻变化。"①

国际法中所言的国际组织，通常是指根据被称为设立宪章的国际条约所建立的各国政府间的组织。这一含义上的国际组织，对现代外交的影响尤为重大。

1. 国际组织扩大了外交的外延

根据过去的观念，外交是各主权国家中央政府之间为了发展其国家关系而进行的双边性的官方交际与往来。然而，随着国际组织的出现及其作用的不断提升，它实际上已经无可否认地介入了各国的外交活动。"全球性国际组织与地区性国际组织……它们的活动在本质上都属于多边外交的范围。"② 国际组织对各国外交活动的介入，主要体现在以下方面：

其一，国际组织直接开展外交活动。绝大多数专家学者都承认，由主权国家所组成的国际组织属于国际法主体。作为国际法主体，由主权国家所组成的国际组织均具有直接承担国际法的权利与义务的能力，并可以独立地进行外交活动。例如，它可以接受或派遣享有外交特权的使节，谈判或交涉与自己职能相关的国际问题，并且在一定范围内与其他国际法主体缔结国际条约，等等。

其二，各国与国际组织进行外交往来。随着由主权国家所组成的国际组织（不论全球性国际组织还是区域性国际组织）所发挥的作用日益重要，世界各国事实上均已将协调、处理本国与国际组织的相互关系，视为自己的一项重要外交活动。它们往往向一些重要的国际组织派遣自己的外交代表，并且大都还会制定与一些重要的国际组织直接相关的外交政策。看一看中国与联合国、欧洲联盟、东南亚联盟以及上海合作组织的关系，就不难发现这一点。

其三，国际组织已拥有一定外交地位。由主权国家所组成的国际组织的外交地位实际上早已获得确认。1969 年，维也纳会议正式通过决议，肯定国际组织为条约主体，并享有缔约权。1975 年，联合国大会通过的《维也纳关于国家在其对普遍性国际组织关系上的代表权公约》则规定：国际组织的常驻代表团及其成员享有外交特权与豁免，其参加国际会议的临时观察员所享有的外交特权与豁免原则上与常驻代表相同。

上述事实证明，国际组织已经广泛地介入了各国的外交活动，外交的外延也因此而不可避免地有所扩大。

2. 国际组织规范外交的行为

除了国际法可以对各国的外交行为有所规范之外，国际组织在一定程度上亦可对各国的外交行为有所规范。

国际组织对各国外交行为所进行的规范，从总体上来讲，具有以下主要特点：其一，

---

① 梁西：《现代国际组织》，6 页，武汉，武汉大学出版社，1984。

② ［美］康威·汉得森：《国际关系》，216 页。

非强制性，即它并非采取强制性措施或由强制性机构推行之。其二，广泛性，即它具体涉及了各国外交行为的方方面面。其三，原则性，即它所提出的主要是一系列具有指导性意义的原则。其四，间接性，即它往往是由国际组织采取某些间接性活动来进行的。

国际组织对各国外交行为所进行的规范，集中表现在以下两个具体方面：

一方面，国际组织为各国的外交行为进行立法。在实践中，国际组织通常拥有一定的立法权力。当国际组织正式进行立法之后，所立的法往往便会成为国际法，因而对国际社会尤其是其成员国具有一定程度的拘束力。国际组织为各国的外交行为立法，尤其是当前最重要的全球性国际组织——联合国为各国的外交行为立法之后，通常便会对各国的外交行为具有不同程度的规范。

另一方面，国际组织对各国的外交行为进行指导。国际组织在一些情况下，往往会对各国的外交行为进行各种形式的间接指导。在国际法上，这种做法叫作国际组织的单方行为。一般而言，国际组织的单方行为大都采用决议、建议、决定等形式。它们对于各国的外交行为，大体上只能发挥一定的指导作用或进言、劝诫性的效力。国际组织的单方行为虽然在形式上不能成为国际法的主要渊源，但是它在实践中却对各国的外交行为具有一定的规范作用，并对习惯法的形成有着不可替代的贡献。

3. 国际组织提供了外交的舞台

一般而言，外交活动需要一定的时空条件。在当今世界，一个主权国家与其他国家进行外交往来，不仅需要活动的场所，而且也需要一定的时机。国际组织的存在，客观上为世界各国进行广泛的外交活动创造了条件。正是由于国际组织的广泛出现，各国所进行的外交活动既增添了活动的场所，又增添了活动的时机。完全可以这么说：如果没有这么多的国际组织的存在，如果没有国际组织定期或不定期进行的活动，当代外交便难有今日之规模。

随着国际组织对于当代外交作用的日趋重要，多边外交已经成为当代外交的主要方式之一。所谓多边外交，是相对于双边外交而言的。进行外交活动，通常至少需要两个国家，两个国家之间所进行的外交活动，即为双边外交。传统意义上的外交，通常指的都是双边外交。所谓“单边外交”，从来都是不存在的。对于多边外交，人们有着不同的解释。通常认为：它是由两个以上的国家共同协调处理彼此之间的官方关系，或是就彼此所共同关心的国际事务进行磋商。在当代外交中，人们所提及的多边外交，主要是指由主权国家所组建的全球性或区域性的国际组织，以国际组织的名义所从事的外交活动，或者是在其内部各个成员之间所进行的外交活动。从某种意义上来说，多边外交在当代的日益活跃，是国际组织为外交提供广阔而崭新的舞台的一个最为直接的表现。

多边外交对当代外交的影响，主要表现在以下方面：

其一，它为各国同其他国家进行广泛的外交接触创造了机会。联合国作为当代多边外交最重要的国际组织，拥有 190 多个成员国，其常设机构经常举行活动。这一广泛的国际性接触，是前所未有的。

其二，它为各国创造了一个阐述本国外交政策的绝佳场所。严格地讲，国际组织最重要的作用之一，便是名正言顺地为各国提供了一个宣传、介绍自己的外交政策的讲坛。

其三，它对各国外交产生了深远的影响。目前，多边外交对各国外交都产生了重要影响：各国外交不可能不受到多边外交的某种程度的制约，各国外交不可能永远一意孤行而忽略多边外交的存在。

4. 国际组织协调外交的行动

国际组织对于各国外交所产生的重大作用之一，就是它往往可以在某种程度上协调各种形式的外交行动。国际组织的这一重大作用，具体体现在以下四个不同方面：

其一，它可以讨论各国的外交事宜。国际组织的日常活动项目之一，就是由其各个成员国就自己所关心的问题进行讨论。它的各个成员国在国际组织所提供的讲坛上，既可以阐述本国的外交政策，介绍或解释本国的外交努力，又可以对别国的外交发表见解。这种情景有人称为“会议外交”。它虽然通常不会形成一致的结论，但对各国的外交活动实际上必然产生一定的影响。

其二，它可以议决有关的外交事务。对自己所关心的有关外交事务，国际组织不但可以进行深入的辩论，而且还可以根据自己的章程与程序进行表决。在表决时，各成员国均须根据本国的外交战略、外交策略与外交政策进行投票。这一做法，俗称“投票外交”。其表决结果，虽不一定对有关的外交事务构成拘束，但却必然会对其施加轻重不一的国际压力。

其三，它可以规划统一的外交目标。国际组织往往会就自己所关注的重大国际问题进行广泛的磋商与讨论，并就其达成一定的协议。在这一类型的协议中，国际组织为了促使各个成员国相互合作、统一行动，大都会为所有的成员国制定统一的外交目标，并要求各个成员国在本国外交活动中，必须为实现这一统一的外交目标而作出自己所应有的努力。

其四，它可以采取一致的外交行动。在当今的外交实践中，国际组织采取一致的外交行动早已屡见不鲜。不论是外交接触、外交斡旋、外交调停、外交合作，还是外交制裁，不论其外交行动的规模是大是小，国际组织一旦采取统一的外交行动，通常都会产生一定的效果。

第三章

外交制度

重点问题

- 外交制度的内涵与外延
- 外交惯例的实践价值
- 外交特权与豁免的基本内容
- 外交准则的重要意义
- 外交机构的常规设置
- 外交承认与建交

外交制度，在其一般意义上是指外交活动得以进行的制度上的保障，有时它亦称外交体制。简单地说，所谓外交制度，是指在一定的历史条件下所形成的有关外交的体系，是由若干外交的制约方互相联系而构成的一个保障外交活动得以正常运作的完整的整体。从本质上来讲，外交制度是外交的基本内容和重要基础。它既为外交提供了原则、组织、体制方面的基本保障，又为外交的现实运行构造了一种主要的框架和模式。没有外交制度的存在，外交活动规范而有秩序地进行必将难以设想。

从总体上来讲，外交制度具有一系列显著的特征，在研究外交制度时，必须对其主要特征倍加重视。外交制度的主要特征有：

其一，约定性。外交制度，并非是由某一国家制定并强令推行的，它主要来自外交实践，并为各国所约定俗成，相互沿用、遵守。没有各国的共同沿用、遵守，外交制度就不称其为外交制度。

其二，框架性。外交制度为外交所提供的，主要是使其正常、规范而有秩序地运行的一个基本框架，它只在大是大非、重大环节上为外交制定了基本的规范。

其三，保障性。外交制度的价值，除了规范外交行为之外，就是要为正常进行的外交活动提供基本保障。有了外交制度的存在，才有了外交活动的正常进行。

其四，渐进性。外交制度是在一定历史条件下形成的，正如其他一切事物的发展变化一样，外交制度亦非一成不变，而是存在着一个逐渐发展、调整、变化、完善的过程。

外交制度是一个有关外交的完整的体系，它由一定的具体内容所构成。外交准则、外交惯例、外交机构，是构成外交制度的基本内容。在整个外交制度里，此三者相辅相成，作用同等重要，都是不可缺少的。

从根本上来看，外交准则为外交活动制定了行动依据，外交惯例为外交活动规范了行动方式，而外交机构则为外交活动提供了组织保障。

第一节　外交准则

外交准则，在此是指从事外交活动时所必须遵守的、各国所公认的、用以构成外交基础的、作为其自身行动依据的基本原则。众所周知，“外交的首要前提是存在和平交往的游戏规则”①。一般而言，外交准则属于外交哲学的范畴。在外交实践中，不论一个主权国家，还是作为一个主权国家代表的外交人员，都不可以使自身的所作所为与外交准则相背离，否则就会世人皆非之，各国共讨之。

外交准则通常必须具备下列基本条件：

其一，它必须是被各国所公认的、对各国都具有拘束力的原则。各国对外交准则的承认，要么是外交准则作为国际习惯为各国所接受，要么则是它反复体现于各国所缔结的双边或多边条约之中。

其二，它必须是具有普适性的、构成外交活动基础的原则。外交准则最重要的特征，是其普遍地适用于整个外交领域，并且对于各个具体领域内的外交活动都具有广泛的指导意义。从某种意义上讲，外交准则实际上是正常的外交活动赖以存在的基础。

外交准则的形成，是一个与外交实践同步发展的漫长过程。严格地讲，外交准则是在近代外交发展的后期才基本形成的。在当代外交实践中，外交准则仍然在不断地发展、充实、完善。

一、传统的外交准则

一般认为，外交准则大体上是在近代外交的发展过程中逐渐形成的，在现代外交实践中所通行的外交准则，依然与其基本相似。在外交史上，形成于近代外交发展过程中的外交准则，通常被人们称为传统的外交准则。尽管它被冠以“传统”之名，但是在现代外交实践中，它仍然是被普遍提倡、普遍遵守的。

在研究传统的外交准则时，有以下两大问题必须注意：

一个问题是，传统的外交准则虽说形成于近代外交实践中，并被冠以“传统”之名，但是它在现代外交实践中实际上还是有所发展、有所充实、有所完善的。经过现代外交实践，传统的外交准则其实已经在很大程度上实现了其自身的“现代化”，只不过其基本定型仍然与传统有关罢了。

另一个问题则是，传统的外交准则虽说形成于近代外交实践中，然而在近代外交史上，某些列强却是阳奉阴违、口是心非、言行不一的。对它们而言，传统的外交准则只不过是一种用以标榜自己“开明”、“公正”的幌子，只能用来要求别国，却绝对不可用来律己。客观地说，传统的外交准则无疑是正确的，但近代列强在外交上的所作所为却难言有多少正确之处。因此，二者是不可以画等号的。

---

① 赵可金：《外交学原理》，75页，上海，上海教育出版社，2011。

一般而言，传统的外交准则主要由主权平等的准则、和平解决国际争端的准则、共同同意的准则、恪守诺言的准则等项具体内容所构成。

1. 主权平等的准则

主权是国家的基本构成要素之一。对一个国家而言，主权与居民、领土、政府等其他要素一样，都是不可或缺的。

一般认为，主权是对国家主权的特指，因为只有国家才拥有主权。主权的基本含义是：它是由国家决定的、无条件的、无限制的最高权力，是对管辖区域的绝对管辖权。简单地说，国家主权指的就是国家所拥有的一种至高无上的绝对权力。在国际交往中，国家主权的最重要表现就是它拥有独立权。所谓独立权，在此是指一个国家具有独立性，而不从属于其他国家。一个不拥有独立权的国家，显然不能算作一个主权国家。

国家主权的一项重要内容，便是其拥有平等权。一个国家拥有平等权，便意味着它在国际法上与其他国家拥有完全相同的权利与义务。拥有平等权，是一个国家独立的基本标志。实际上，平等权是独立权最主要、最直接的体现。

在外交上，主权平等准则的主要含义，就是要求各个主权国家在进行外交活动时，必须严格地坚持所有主权国家一律平等，即对其他主权国家必须真正地完全平等相待。因此，该准则有时亦称平等的准则。

主权平等的准则，在某种程度上可以说是一项旨在保护弱小国家的准则。根据它的要求，在外交活动中，不论大国小国、强国弱国、富国穷国，原则上必须一律平等。实际上，它也具有反对国家之间一切不平等现象的含义。

主权平等的准则在外交实践中的直接体现，就是在外交实践中，要求各国的外交代表必须真正以平等身份相互对待。在各国的外交代表之间讲究身份平等，其实就是对它们所代表的主权国家一律平等的另一种方式的肯定。

2. 和平解决国际争端的准则

国际争端，通常是指国家与国家之间由于存在着某种利害冲突，因而引起了争执。在国际社会里，只要有不同的国家存在，国际争端就不可能彻底消除。由于世界各个国家的国家利益不尽一致，所以国际争端在所难免。

既然存在着国际争端，就必然需要以一定的方式方法对其加以解决。对国际争端若不予以及时解决，搞不好就会令其恶性发展，从而使有关的当事国两败俱伤，进而危及整个国际社会的稳定与安全。

解决国际争端，自古以来就存在着两种主要的方式，即和平的方式与非和平的方式。这两种不同的解决方式，都曾得以广泛地实践。

所谓非和平的方式，就是每当国际争端发生之际，或者当其尖锐化之际，通常直接地使用武力，或以使用武力相威胁，以期使国际争端得以平息。采用此种方式，往往会直接危及世界和平，甚至会制造战争，因此它在国际社会一向都是不受欢迎的。

所谓和平的方式，就是要求有关各国在解决国际争端时摈弃使用武力或以使用武力相威胁，而是采用非战的、外交的方式，使争端获得和平的不流血的解决。在国际法上早就有明确的规定：解决国际争端时，有关各国均应采用和平的方式。

和平解决国际争端的准则，简称和平的准则，其基本的内容，就是要求世界各国在解决国际争端时，必须严格地恪守国际法的有关规定，只能以和平的、非暴力的方式使其获得解决。为了和平地解决国际争端，各国应当相互合作、相互配合，并且不遗余力，不搞三心二意。

从本质上讲，提倡和平解决国际争端，就是提倡有关各国在解决国际争端时必须借助于外交途径。换言之，外交本身就意味着和平。和平解决国际争端的方式，其实就是外交方式的另外一种提法。

3. 共同同意的准则

外交活动，在任何情况下都不可能是一种单方面的行动。外交的特征之一，就是相互交往，而这种相互交往主要是在国家之间进行的。所以说，外交活动大都是两个国家之间所进行的一种双边活动。有时，它也可能是在多国之间所进行的一种多边活动。

既然外交是一种双边甚至多边的活动，那么开展外交活动，就有赖于各国之间的妥协、同意与合作。不然的话，只靠某一个国家的一厢情愿，外交活动便永远难以开展下去。

共同同意的准则，简称同意的准则，其主要含义是：一个国家在开展其外交活动时，如欲达到自己的目标、取得一定的成就，首先必须要取得其交往对象国的同意。也就是说，只有有关各方共同同意，外交活动才能够顺利地进行，才能够真正地奏效。

遵守此项外交准则，在外交实践中具有重要的意义：其一，它表明外交要求各国之间的合作。其二，它表明外交要求各国之间进行友好协商。其三，它表明外交要求各国之间求同存异、努力达成一致。其四，它表明外交要求各国之间不应采取压迫、威胁等非和平协商的方式。在任何情况下，不论外交的开始、外交的过程，还是外交的结果，如果未经有关各国自愿的、共同的同意，那么这种外交便不能够被视为真正意义上的外交。

4. 恪守诺言的准则

在外交上，一直都讲究言而有信、一诺千金。在外交上言而无信、背信弃义的行为，向来都被视为极端可耻的表现。哪个国家的外交一旦与言而无信、背信弃义挂上了钩，它在国际社会上通常便会难以立足。

恪守诺言的准则，简称守信的准则，它的主要要求是：在外交实践中，每个国家都必须言而有信，认真地遵守自己所做出的一切承诺。在任何情况下，都不允许一个国家置自己的信誉于不顾，随意背信弃义、不守信用。

世界各国在进行外交活动时，对此项外交准则皆须认真加以遵守。其主要原因有二：其一，一个国家只有在外交活动中遵守自己的承诺，久而久之，才能得到别的国家的真正信任。其二，在国际社会中，只有各个国家共同自觉地遵守自己的诺言，讲究信用，以信为贵，“言必信，行必果”，才有稳定的国际秩序可言。

各国在遵守恪守诺言的原则时，重要的是要注意以下两个方面的具体问题：一方面，一定要慎于许诺，凡诺三思而行。在签署重要的外交文件时，尤其要慎之又慎、三思而后行，切勿随意毁约赖账。另一方面，一定要恪守诺言、维护信用，言出必行、有诺必践，力争善始善终，努力兑现自己的一切承诺。在这两个问题上，哪一方面都不允许出现问题。

二、新中国的外交准则

严格地讲，外交准则对世界各国是普遍适用的。各国在外交活动中对其均须认真地加以遵守。但是，世界各国也有权利对普遍适用的外交准则加以完善。

一般而言，一国所提出的外交准则，往往只对该国具有约束力，该国对其必须身体力行。但是，如果一国所提出的外交准则获得了世界上大多数国家的认可，它便有可能成为世界各国在外交场合所普遍遵守的准则。

和平共处五项原则，就是由新中国所正式提出并积极倡导、大力践行的外交准则。目前，在国际上它已获得了广泛的承认。和平共处五项原则，是周恩来在 1953 年 12 月接见印度来华代表团时首先提出的。他曾经说："新中国成立后就确立了处理中印两国关系的原则，那就是互相尊重领土主权、互不侵犯、互不干涉内政、平等互惠和和平共处的原则。"① 此后，这一原则正式出现在次年中印、中缅的外交文件中。时至今日，世界上绝大多数国家都承认它是普适性的外交准则。而国人也已普遍公认："和平共处五项原则是处理国家关系的基本准则。"② 在《中华人民共和国宪法》里则正式规定：中国要坚持"和平共处的五项原则，发展同各国的外交关系"③。

和平共处五项原则是一个有机整体。和平共处是目的，互相尊重主权和领土完整是前提，互不侵犯、互不干涉内政是维护国家主权的必要条件，而平等互利则是发展国家间各种关系的基础。只有做到了互相尊重主权和领土完整、互不侵犯、互不干涉内政、平等互利，才能真正地实现和平共处。它们相辅相成，紧密关联，缺一不可。

新中国自成立之后，在其外交实践中，一向都以和平共处五项原则作为指导自己外交的基本准则。

1. 互相尊重主权和领土完整

互相尊重主权和领土完整，是和平共处五项原则中的首要原则。它既是和平共处五项原则的主要内容，也是其核心之所在。在这项原则里，互相尊重主权和领土完整，是互相联系、不可分割的。

在任何情况下，主权独立和领土完整都是一切国家生存和发展的必要前提条件，也是各国人民自由平等交往的必要前提条件。正因为如此，世界各国对主权独立与领土完整问题都倍加重视、倍加珍惜。在必要时，甚至不惜以鲜血与生命对其加以坚决的维护。

主权平等，早已是外交的一项基本准则，并已为各国所普遍接受。新中国在和平共处五项原则里所作的贡献，就在于明确地提出：对于各国的主权和领土完整，不仅在口头上要承认，而且在行动上也必须相互尊重。

《礼记》曰：毋不敬。尊重一个国家的主权，就意味着充分地尊重该国的政治独立，充分地尊重该国独立自主地处理本国对内对外事务的权利，同时也意味着充分地尊重它的领土、领海、领空的完整，并意味着坚决地反对那种损害别国主权和领土完整的殖民主义、帝国主义、霸权主义行径。

更为重要的是，尊重主权和领土完整，在国与国之间必须是相互的。每一个国家，不仅应当要求别国尊重自己的主权和领土完整，而且自己也必须对别国的主权和领土完整给

① 《周恩来外交文选》，63 页。
② 韩荣璋等：《周恩来外交战略》，6 页，哈尔滨，黑龙江人民出版社，1998。
③ 《中华人民共和国宪法》，7 页，北京，中国法制出版社，2015。

予应有的尊重。

2. 互不侵犯

互不侵犯，是互相尊重主权和领土完整原则的必然引申，同时也是为保证互相尊重主权和领土完整原则得以真正实施而制定的。

所谓互不侵犯，在此具体是指各国在其相互关系中，均不得以任何借口对别国进行侵略，不得以与国际法不相符的其他任何方式使用武力或以武力相威胁侵犯别国的主权、领土完整和政治独立，不得以战争作为解决国际争端的手段。简而言之，互不侵犯原则的实质，就是要制止侵略、制止战争、制止滥用武力。

应当指出的是，在国际法上，曾经明确给出过有关侵略的定义。1974 年 12 月，联合国大会上所通过的《关于侵略定义的决议》规定："侵略是指一个国家使用武力侵犯另一个国家的主权、领土完整和政治独立，或以本'定义'所宣示的与联合国宪章不符的任何其他方式使用武力。"①

遵守互不侵犯原则，不仅要求坚决禁止武装进攻侵略别国，而且还要求：禁止正式的武力威胁，禁止武装进攻的准备，禁止进行军备竞赛，禁止进行战争宣传，禁止进行政治干涉和颠覆活动。武力威胁、武装进攻的准备、军备竞赛、战争宣传、政治干涉和颠覆活动等，显然是一种侵略别国的间接的、特殊的形式。

遵守互不侵犯原则，是对殖民主义、帝国主义、霸权主义的最好的遏制方式。它的必然推论，就是要求各国认真恪守和平解决国际争端的外交准则。

3. 互不干涉内政

互不干涉内政的原则，同样也是互相尊重主权和领土完整原则的直接引申。既然各个国家的主权和领土完整应当普遍受到尊重，而各国人民又拥有自由选择自己国家社会制度、发展道路、生活方式、价值观念的权利，那么就不允许任何国家以任何借口干涉别国的内政，不允许以任何手段强迫别国接受本国或另外一国的社会制度、发展道路、生活方式、价值观念，不允许一国将本国意志强加给另外一个国家。

具体而言，干涉内政在国际法上是有其所指的。所谓干涉，在此是指一个国家对于另外一个国家的事务所进行的过问、介入或制止。一般而言，一个国家干涉另外一个国家的事务，实际上就是做了它本不该管、本不该做的事情。

所谓内政，通常是指一个国家在其宪法中以法律形式所规定的基本内容。从本质上说，它是指一国在其主权之内所应管辖的具体事项。

由此可见，干涉内政，实际上就是冒犯别国的国家主权。无论对别国内政的干涉具体采用何种形式，无论它表现在口头上还是行动上，无论它是以干涉的名义还是不以干涉的名义，都绝对应当对其予以坚决禁止，否则国际社会就没有公正、合理、稳定与秩序可言。承认干涉，就没有真正意义上的国家独立可言。

中国政府一向倡导并坚持不干涉原则。毛泽东曾经进行过庄严的宣告："中国必须独立，中国必须解放，中国的事情必须由中国人民自己作主张，自己来处理，不容许任何帝

① 王铁崖等编：《国际法资料选编》，17 页。

国主义国家再有一丝一毫的干涉。”①

在中国政府所坚持的互不干涉内政原则里，不允许别国干涉中国的内政与中国不干涉别国的内政，一直都受到同等重视，并且在中国的外交实践中始终并行不悖。

4. 平等互利

平等互利原则，是在和平共处五项原则中的前三项原则的基础上，为进一步发展各国之间的政治、经济、文化、科技、教育、体育、卫生等友好关系所制定的原则。应当肯定，这一原则乃是互相尊重主权和领土完整原则的必然发展和直接体现。这是因为，在国际社会里，独立的主权国家之间的相互关系，只能是平等的、互利的。

新中国所倡导并奉行的平等互利原则，具体包括平等与互利两个紧密联系的方面。所谓平等，就是国家不分大小、强弱、贫富，都应彼此以主权国家相待，并且应当一视同仁。任何国家都不可以大欺小、以强凌弱、以富压贫。所谓互利，则是要求各国在相互进行交往时，应当从双方的利益出发，并且努力加以兼顾。不允许以损害他国的利益来满足本国的需要，更不能以榨取他国、奴役他国为目的。

应当强调的是，各国只有在真正平等的原则下进行交往，才能够谈得上互利。而各国之间的互利本身，则又是国与国之间平等关系的真切体现。

在外交实践中，遵守平等互利的原则，首先就要求在法律上、政治上注重各国之间的真正平等，不允许所谓“外交依附关系”的存在。同时还必须注意平等与互利都应具有实质上的内容，而绝对不是口头上的、形式上的东西。

5. 和平共处

和平共处原则，实质上是上述四项原则的必然结论。在国际交往中，各国之间如果都能够真正履行互相尊重主权和领土完整、互不侵犯、互不干涉内政、平等互利诸原则，必然就可以确保彼此之间的和平共处。

严格地说，和平共处最初只是列宁提出的一种政治思想。作为外交准则，则是新中国与印度、缅甸诸国一同首倡的。在当今的外交实践中，它已得到广泛的认可与运用。

和平共处原则的含义是：国与国之间在彼此关系上，应当互相尊重对方现有的社会制度；不得使用武力或以武力相威胁，以及使用其他方法改变他国的社会制度；应当在遵守国际法各项原则、规章、制度的基础上，实行广泛的国际合作，发展友好的外交关系，努力实现和睦共处。

遵守和平共处原则，要求各国必须积极践行以下几点：其一，各国应当和平地共存。其二，各国应当和平地往来。其三，各国应当和平地解决争端。上述各点互相补充，互相依赖，浑然一体，不可分割。

第二节　外交惯例

外交惯例，一般指的是各国在外交活动中皆应遵守的、约定俗成的常规做法，亦即有关外交的国际惯例。在外交制度中，外交惯例是一项极其重要的内容。而在外交实践中，

① 《毛泽东选集》，2版，第4卷，1465页，北京，人民出版社，1991。

离开了外交惯例的存在，外交活动便会“无法可依”、“无章可循”，其后果将难以想象。

外交惯例的重要作用，主要表现在以下几个方面：

其一，它为外交活动提供了是非标准。外交活动的具体操作，需要有一个是非的具体标准可以参照。遵守外交惯例，就是正当的外交行为；反之，则是不正当的外交行为。这样一来，外交活动事实上便存在着一条十分清楚的衡量其是非的界限。

其二，它为外交活动奠定了现实基础。外交活动要得以正常地进行，首先要求各国之间的交往井然有序、按部就班。外交惯例以其独特的功能，奠定了外交活动制度化、秩序化、正规化的现实基础。

其三，它为外交活动制定了基本规范。外交惯例的一大特征，是其具有明显的规范性，而外交活动则恰恰需要严格规范。外交惯例，从本质上讲，就是普遍获得认可的、被广泛采用的有关外交活动的常规做法。《中华人民共和国民法通则》规定：中华人民共和国法律和中华人民共和国缔结或者参加的国际条约没有规定的，可以适用国际惯例。①

外交惯例通常可以分为两类：一类是成文的外交惯例，另一类则是不成文的外交惯例。各国在外交实践中不论对哪一类型的外交、惯例，皆须认真地加以遵行。

在外交实践中，外交惯例的具体内容极为庞杂。外交承认、外交关系的建立、外交特权与豁免、外交制裁与外交报复等等，通常都是在外交场合里所通行的外交惯例。

一、外交承认

外交承认，又叫国际承认，简称承认，在诸项外交惯例中，外交承认是基础之中的基础。因为在各国之间若无外交承认，就不可能进行正式的外交往来。

在国际法上，所谓承认，是指国际社会承认一定事态或法律关系的变更的制度。简言之，就是给予一个特定的团体特定的资格。从本质上讲，它是一种宣示性、确认性的行为。严格地讲，承认是以国际社会的组织化不完善为存在前提的。正是因为国际社会不存在一个统一的政府，其组织化程度较低，所以才需要它的各个成员在必要时承认和确认一定事态或法律关系的变更。

1. 外交承认的内容

就其具体内容而论，外交承认实际上应被分为两种，即国家承认与政府承认。二者之间不仅存在着一定的联系，而且也存在着一定的区别。其共性在于，它们都是一种外交承认，是一个主权国家所主动采取的一种外交行为。其主要差异，显然则是它们的具体对象不同。一个主权国家承认另外一个国家，并不一定同时承认该国的政府。而一个主权国家若承认了另外一个国家的政府，则必定会同时承认或事先承认了那个国家。

国家承认，通常是指一个主权国家承认另外一个国家在国际社会里具有其主权国家存在的资格。从本质上讲，国家承认是一个主权国家对另外一个主权国家作为国际法实体的一种确认。

一般来说，国家承认，主要是在下列三种情况之下出现：其一，被承认国新近建立。其二，被承认国变换本国政体。其三，被承认国更改国名或国号。

---

① 参见《中华人民共和国民法通则》，31页，北京，中国法制出版社，2005。

政府承认，一般是指一个主权国家对另外一个国家中央政府的唯一性与合法性的承认。从本质上讲，承认另外一国的中央政府，表明承认国承认该政府在国际社会里具有代表其国家的正式资格，并且愿意与其建立和发展正常的外交关系。一国中央政府获得别国承认的条件，是该政府必须对在其控制下的领土能够有效地行使其控制权。这一规定，在国际法上称为“有效统治原则”。

在一般情况下，政府承认大都在以下三种情况下出现：其一，被承认者以合法的方式组成新政府。其二，被承认者以革命或政变的方式进行了政权更迭。其三，被承认者的国家新近建立。

在外交实践中，一个国家或政府假定不能满足其被承认所需要的条件，通常可不予以承认。即使这些条件得以满足，各国依然可以不予以承认。

2. 外交承认的方式

在外交承认的具体实践中，有许多不同的方式可以采用。按照具体划分标准的不同，外交承认可以分为以下几种类型：

其一，按照承认的正式与否，可以将它分为法律上的承认与事实上的承认。法律上的承认是一种正式的承认，所以又称正式承认，它是指承认国给予另外一国或一国政府一种永久的、明确的、不能撤销的承认，并表示愿意与之进行全面的交往。事实上的承认则是一种非正式的承认，所以亦称非正式承认，它是指在另外一国或国政府不能获得法律承认的情况下，善意地给予对方的一种临时的、不稳定的承认。就其实质而言，二者均为承认国的国家行为。事实上的承认，往往是法律上的承认的第一阶段，它一般都会导致法律上的承认，但法律上的承认却并非一定都要经过事实上的承认这一阶段。

其二，按照承认的明示与否，可以将它分为明示承认与默示承认。明示承认，一般是指承认国通过本国的外交文件，例如，声明、公报、宣言、条约、照会、信函等等，对另外一国或一国政府明确地表明其承认之意。默示承认，则是指承认国不明确对另外一国或一国政府的承认之意，而是实施可以推定为表示承认的一定行为所成立的承认。两国建交，即为一种默示承认。

其三，按照承认的有无条件，可以将它分为有条件承认与无条件承认。有条件承认，指的是在承认另外一国或一国政府时，附加了某些特定的限制性条件。无条件承认，则是指在承认另外一国或一国政府时，概不附加任何限制性条件。一般而言，对另外一国或一国政府的承认都应当是不附加任何条件的，因此绝大多数的外交承认都属于无条件承认。

其四，按照承认国的多寡，可以将它分为个别承认与集体承认。所谓个别承认，指的是一国对另外一国或一国政府的承认。所谓集体承认，则是指部分国家为了协调彼此之间的立场，从而统一采取共同行动，对另外一国或一国政府的共同承认。在某些情况下，集体承认的对象还可以是几个国家或政府。一般来说，个别承认较为多见，而集体承认则多见于国家的承认。

3. 外交承认的效果

外交承认，在其正常情况下必然会产生全面而广泛的重要效果。具体而论，正式承认与非正式承认的效果往往不尽相同。

正式承认，是一种完全的承认，它的实际效果较之于非正式承认必然要宽泛得多。在外交实践中，正式承认的主要效果有下述四点：

首先，承认国与被承认国之间可以建立正式的外交关系和领事关系。虽然正式承认不一定会直接导致两国之间建立正式的外交关系和领事关系，但是两国之间正式的外交关系与领事关系的建立，都必然有赖于双方之间的相互正式承认。

其次，承认国与被承认国之间可以正式缔结各种形式的条约、协定。如果没有两国彼此之间的正式承认，便不可能在其相互之间缔结条约、协定。

再次，承认国与被承认国之间可以彼此承认各自法律的效力，并使之具有追溯效力。一般来说，它可以追溯到被承认国或被承认政府成立之初。

最后，承认国与被承认国彼此之间可以承认各自国家财产的司法豁免和处理其国外财产的权利。

非正式承认，则是一种不完全的承认，与正式承认相比，其实际效果往往比较狭窄。在一般情况下，其主要效果具体体现在以下两个方面：

一方面，承认双方可以建立经济、贸易关系，缔结通商协定或其他非政治性协定，并且可以互派领事和商务代表。

另一方面，被承认国在承认国享有司法豁免，并且被承认国在其国内立法、司法方面的权力和其他内部性的行政措施，同时也获得承认国的承认。

二、外交关系的建立

由于外交关系的建立必然是两国之间的一种相互性行为，所以国与国之间正式建立了外交关系又叫作相互建交。有时，它也被简称为建交。

外交关系，在外交实践中通常是指国与国之间进行国际接触，通过谈判、会议、签订条约、发表声明或公报等具体方式，最后正式确定两国官方建立正规的、长期的、友好的关系，并且彼此之间互派常驻对方首都的外交使节，以维持双方之间正常而连续的联系。由此可见，外交关系的建立，通常都是通过建交国之间互派常驻使节来实现的。当然，有时也有一些国家不向建交国派遣常驻使节。

在外交实践中，外交承认是相互建交的必要前提。在许多情况下，二者有可能同时进行。

1. 建立外交关系的资格

与其他主权国家普遍建立外交关系，是每一个主权国家的主观意愿，同时也是其国际地位得以确认的一种方式。一个主权国家假定与世界上的绝大多数国家都未曾建立外交关系，那它就不仅在国际社会上举步维艰、缺少伙伴，而且就连自己作为国际社会正式一员的资格，恐怕也难以获得广泛的认可。

在外交实践中，一国如果想要与其他国家建立外交关系，通常必须具有一定的资格。对此种资格，国际法均有一系列的规定。只有符合资格者，才能与其他国家建立外交关系。

建立外交关系的资格，通常是指与其他国家建立外交关系所应具备的特定身份。不具有建立外交关系资格者，显然就不能在外交实践中与别国建立正式的外交关系。

传统的国际法规定：外交关系只能在主权国家之间建立。换而言之，只有主权国家才有资格与其他的主权国家建立外交关系。不拥有完全主权的国家，或者一个主权国家的局部地区，都没有资格与其他国家相互建立外交关系。例如，中国的香港特别行政区与澳门特别行政区均按照“一国两制”的政策实行高度自治，但是它们都不具备与别国正式建立外交关系的资格。

随着外交实践的不断发展，在目前的情况下，一些由主权国家所组成的国际组织，实际上已被承认具有建立外交关系的资格。一方面，它们已经可以被动地接受主权国家所派遣的外交代表。例如，中国就已向联合国和欧洲联盟分别派驻了外交使节。另一方面，它们也可以向主权国家或其他国际组织主动地派遣自己的外交代表。虽然在由主权国家所组成的国际组织是否享有建立外交关系资格的问题上还存在着争论，然而在一些重要的国际公约中实际上对此已予以确认。《维也纳外交关系公约》规定：“使馆馆长或使馆任何外交职员得兼任派遣国驻国际组织之代表。”① 这一规定，意味着国际组织拥有接受各国使节的资格。

2. 建立外交关系的条件

建立外交关系，除需要具备一定的资格之外，往往还必须具备一定的条件。不能满足其条件者，同样难以与其他国家建立外交关系。

所谓建立外交关系的条件，一般是指为建立外交关系而提出来的某些特定的要求。在一般情况下，双方在建立外交关系时，往往需要相互满足对方所提出的建交条件。一方不仅会要求另一方满足自己所提出来的建交条件，而且作为交换，同时亦应满足对方所提出的建交条件。单方面要求对方完全满足自己所提出的建交条件，而不去完全满足对方所提出来的建交条件，双方通常难以最终达成建交协议。

一般而言，建立外交关系的条件，又有一般条件与特殊条件之分。所谓一般条件，是指对建交对象所提出来的普遍性要求。它主要包括以下三项内容：其一，必须遵守外交准则。其二，必须正式承认本国。其三，必须正式承认本国政府。

所谓特殊条件，在此是指对建交对象国所提出的某些特别性要求。不同国家因其自身的状况不同，向建交对象国所提出的特殊条件往往各不相同。例如，新中国成立后，为了防止台湾省从中国分裂出去，在与其他国家建立外交关系时，中国政府均要求对方承诺：中华人民共和国政府是中国的唯一合法政府；台湾与大陆都是中国领土不可分割的组成部分；不支持“一中一台”、“两个中国”与“台湾独立”；实现祖国统一是中国的内政；等等。这些都属于各国与中国建交的特殊条件。

3. 外交关系的形式

外交关系，大体上可以分为以下两大类型：正式的外交关系和非正式的外交关系。

正式的外交关系，一般是指郑重其事地以对外宣告、互派正式使节的方式所建立的外交关系。在国际法上，所谓外交关系，即指正式的外交关系。具体而言，正式的外交关系又分为完全正式的外交关系与不完全正式的外交关系。完全正式的外交关系，是指建交双方互派各自代表本国国家元首的特命全权大使或特命全权公使作为本国使节。而不完全正式的外交关系，亦称半外交关系，则是指建交双方互派各自代表本国外交部长的代办作为

---

① 王铁崖等编：《国际法资料选编》，645 页。

本国使节。显然，完全正式的外交关系在级别、正式程度上都较不完全正式的外交关系更高。

外交关系建立后，建交双方所互派的特命全权大使、特命全权公使与代办，统称为外交使节。根据派遣使节的具体办法的不同，正式的外交关系通常又存在以下几种具体的形式：

其一，派遣常驻使节。由派遣国在接受国领土上设立使馆，并派遣外交使节在此常驻，以便其可以持续地执行派遣国的外交任务。

其二，派遣兼任外交使节。派遣国委派驻接受国邻近国家的使馆馆长兼任接受国使馆馆长的职务。它又可以分为下述两种情况：一是派遣国在接受国设立了使馆，但其馆长由本国驻接受国邻国使节兼任。二是派遣国未在接受国设立使馆，而由本国驻接受国邻国使节兼任驻接受国的使节。

其三，派遣共同外交使节。它是历史上所存在过的一种建立外交关系的特殊形式。其具体做法是，在接受国之内，由多国同时任命同一人为各方共同的外交使节。这一做法，现在已不再沿用。

其四，派遣特别使节。特别使节，亦称临时使节或特使，由特别使节所率领的外交使团，称为特别使团或临时使团。根据《联合国特别使团公约》所作的规定，特别使团是派遣国为与接受国交涉特定问题，或者在接受国国内完成特定任务，经接受国同意而派遣的代表，是派遣国所指派的临时使团。①

若派遣国与接受国发生争执，或是建立外交关系的条件不能被满足时，双方的外交关系有可能因此而发生一定的变化。变化的具体情况有以下几种：其一，派遣国召回本国的使节。其二，双方之间的外交关系降格，即由大使级外交关系或公使级外交关系降为代办级外交关系。其三，双方断绝外交关系。两国断交之后，若恢复外交关系，则称之为复交。复交要经过正式谈判，并且需要对外发表正式声明或公告。以上这些变化，并不适用于派遣特别外交使节的情况。这主要是因为特别外交使节的任务往往是特定的、临时的，其任务一旦告终，其特别外交使节的身份便不复存在。

非正式的外交关系，通常是相对于正式的外交关系而言的。一般来说，非正式的外交关系特指那种不属于正式的外交关系，而又实际上发挥着正式的外交关系作用的国与国之间的关系。

在正常情况下，非正式的外交关系往往是为正式的外交关系的建立做准备的，而一般的正式的外交关系通常都是由非正式的外交关系发展而来的。举例来说，早在 1973 年 5 月，中美两国就互设了联络处，它标志着两国之间事实上存在着一种非正式的外交关系。但是直到 1979 年 1 月，两国之间才在此基础上建立了正式的外交关系。

三、外交特权与豁免

在国际交往中，作为本国中央政府的正式代表，职业外交官向来受到人们的尊重与各国的优遇。为了确保职业外交官得以合法有效地行使职责并维护其人身安全，国际法规

① 参见王铁崖等编：《国际法资料选编》，686 页。

定：给予其特定的外交特权与豁免。

外交特权与豁免，简称外交特权，又称外交优遇，指为了使职业外交官以及外交使团作为派遣国的正式代表能够独立、合法、有效地履行职务，从而使其在接受国之内享有特殊的、规范的国际法地位，即给予其一定的特殊权利，并免除其某些接受国本国公民所应尽的义务。从本质上看，豁免亦为特权，因此外交特权包括豁免权在内。

从本质上来讲，职业外交官以及外交使团之所以享有外交特权与豁免，主要是为了使其得以独立、合法而有效地履行职务，同时也是因为作为国家与政府的正式代表，其尊严理应被维护。

从外交实践的角度来讨论外交特权与豁免，关键是要界定其明确的适用范围，并确定其规范的基本内容。

1. 外交特权与豁免的适用范围

为了保证外交特权与豁免不被滥用，必须明确其特定的适用范围。根据有关国际法的规定，外交特权与豁免的适用范围是十分明确的。只有在规定的适用范围之内，外交特权与豁免方能生效。

具体而言，外交特权与豁免的适用范围，包括其适用对象、适用时间、适用地点三个方面。对此三个方面，有关国际法均有明确的规定。

其一，外交特权与豁免的适用对象。外交特权与豁免的适用对象，具体指的是哪些人员应享有外交人员所享有的外交特权与豁免。

根据《维也纳外交关系公约》的规定，外交特权与豁免的主要适用对象是所谓外交代表。按照该公约所做出的进一步解释，外交代表特指使馆馆长或使馆外交职员。使馆馆长，在此是指使馆的首长。而使馆外交职员，则是指具有外交官职位的使馆职员。在一般意义上，他们均为职业外交官。

除此之外，依照国际惯例，下述人员往往也可完全或部分地享有外交特权与豁免：

一是所有同使馆馆长或使馆外交职员构成同一户口的家属，即其配偶及未成年的子女。

二是出国参与国际交往的主权国家的国家元首、政府首脑及外交部长。

三是使馆的行政及技术职员，但其执行职务范围以外的行为，并不能豁免民事和行政管辖。对其关税的豁免，也仅限于其赴任时所运入的物品。

四是使馆的事务职员。依照国际法的规定，他们是指派遣国政府所雇用的司机、厨师等人。他们的豁免权，仅包括执行公务的行为豁免管辖、受雇所得报酬免除捐税，以及免于适用接受国的保险办法。

五是使馆人员的私人仆役。按规定，该类人员的受雇所得报酬免除捐税。其他方面，仅在接受国批准的范围内享有其特权与豁免。

六是行政及技术职员的家属。在一般情况下，他们可分别享有与行政及技术职员相同的特权。但承认这一特权，要以他们不是接受国国民为前提。

除上述常驻使馆人员之外，由派遣国与接受国双方同意，临时派遣的代表一国就特定任务进行交涉的特别使团人员、派往国际组织的各国代表团成员、国际组织的高级职员等等，也可根据有关国际公约享有类似的外交特权与豁免。

其二，外交特权与豁免的适用时间。外交特权与豁免的适用时间，又称适用期限，在此，它具体指的是有关人员享有外交特权与豁免的有效时间。

《维也纳外交关系公约》规定，外交特权与豁免的适用时间为：外交特权与豁免享有者自其赴任进入接受国之时起，至其职务终止离开接受国之时止。该公约同时规定：对已在接受国之内但尚未享有外交特权与豁免者，自派遣国将其委任通知送达接受国外交部之时起，即享有外交特权与豁免。

若外交代表或其他使馆人员死亡，其家属应继续享有本应享有的外交特权与豁免，直至其离开接受国国境的合理期限终了为止。

其三，外交特权与豁免的适用地点。外交特权与豁免的适用地点，一般是指其合理生效的具体空间。在其适用地点之外，外交特权与豁免便会成为一纸空文，变得没有任何实际意义。

依照外交惯例，外交特权与豁免的适用地点，对外交代表及其家属而言，主要是在其接受国国境之内。不过在一般情况下，他们在第三国境内通常亦享有外交特权与豁免。

对在外交级别上高于外交代表的一国国家元首、政府首脑与外交部长而言，在国外活动时，一般均享有外交特权与豁免。

应当指出的是，为了维护本国主权，各国政府大都对外交特权与豁免及其适用范围有着各自的解释与特殊的规定。

中国规定，经中华人民共和国外交部核准，下述人员在中国国境之内，可享有若干外交特权与豁免：

一是各国政府派来中国的高级人员。

二是外国派来中国出席国际会议的代表。

三是途经中国或者临时停留于中国境内的各国驻第三国或国际组织的外交代表。

四是依照国际公约享有外交特权与豁免的人员。

五是上述各类人员的配偶及其未成年子女。

此外，中国对于根据民间协定而设立的外国驻华商务代表机构也给予有限度的外交特权与豁免。

2. 外交特权与豁免的基本内容

在《维也纳外交关系公约》等一系列重要的相关国际法文献中，对外交特权与豁免的基本内容做出了正式而明确的规定。这些规定，已为国际社会所普遍接受，并广泛地被付诸各国的外交实践。

从操作性层面来讲，依据具体对象的不同，外交特权与豁免的基本内容又有给予职业外交官的外交特权与豁免和给予外交使馆的外交特权与豁免之分。

其一，给予职业外交官的外交特权与豁免的基本内容。总的来看，给予职业外交官的外交特权与豁免的基本内容，主要包括确保其个人人身安全和给予其在经济方面的适度照顾。

具体而言，职业外交官所享有的外交特权与豁免主要有如下六项基本内容：

一是职业外交官的人身不可被侵犯。它的基本含义是：接受国当局对职业外交官不得加以逮捕或拘留，不得对其施加直接的强迫措施。但此项原则并不排除由于职业外交官本人的挑衅行为而引起他人的正当防卫，或在其破坏法律规章以及进行犯罪活动时采取必要的措施对其予以制止。

二是职业外交官的安全必须被确保。凡有证据表明某一职业外交官的个人安全受到威胁时，其派遣国可要求接受国提供特别的保护。至于具体的保护措施，则应由双方视具体情况而定。

三是职业外交官享有行动及旅行自由。行动及旅行自由，与职业外交官的本职工作直接相联系，是其履行自身职务的必要条件。《维也纳外交关系公约》规定：除接受国为国家安全设定禁止或限制进入区域另订法律规章外，接受国应确保所有外国职业外交官在其境内行动及旅行的自由。

四是职业外交官享有管辖豁免。此处所讲的管辖豁免，主要包括：刑事管辖豁免，它是完全的，即接受国法院在任何情况下都不得对职业外交官进行审判或惩罚；民事管辖豁免；行政管辖豁免等。后两项豁免，通常都带有一定的条件。此外，职业外交官无出庭作证的义务。

五是对职业外交官可免除个人捐税。《维也纳外交关系公约》规定：接受国应对职业外交官免征一切对人或对物的国家、区域或地方性捐税。至于职业外交官被免征的个人捐税的具体内容，通常应由国际公约、双边条约与接受国国内法来调整。

六是对职业外交官可免除关税和免受查验。在一般情况下，职业外交官的私人财物、供个人使用或消费的物品，在其接受国可免纳关税。对职业外交官的个人行李、邮购或寄运的物品，通常亦可在接受国免受查验。

其二，给予外交使馆的外交特权与豁免的基本内容。一般而言，给予外交使馆的外交特权与豁免的基本内容，总的来说是要维护其国家尊严，并有利于其执行公务。

具体说来，外交使馆所享有的外交特权与豁免的基本内容主要包括如下六项：

一是使馆馆舍不可侵犯。《维也纳外交关系公约》规定：使馆馆舍，具体是指供使馆使用或供使馆馆长寓邸之用的建筑以及所附属之土地。使馆馆舍不可侵犯的具体含义包括：未经同意，接受国当局不得进入使馆馆舍；接受国负有特殊责任，保护使馆馆舍；使馆馆舍免予征用等。

二是使馆档案和文件不得侵犯。外交使馆的档案与文件涉及国家机密，亦是国家财产，因此不受侵犯。无论是在使馆之内、外交邮袋之内还是在其他地方，使馆档案和文件都应被保护。接受国当局无论在何时何处，均不得对其搜查或抽取，不得开拆、检查、扣留、查封或毁坏使馆的来往公文。但非官方文件、物品亦不得存放于使馆档案与文件之内。

三是通信自由。没有通信自由，使馆就无法进行正常的工作，故使馆必须享有通信自由。它的具体含义有：接受国应准许使馆为一切公务目的进行通信活动；使馆可使用一切适当的通信方法；接受国应保护使馆通信自由。

四是使用国旗与国徽。外交使馆有权在接受国使用本国的国旗与国徽。外交使馆所使用的国旗、国徽以及馆牌，均被视为使馆尊严的象征，接受国应当予以保护。

五是免税。在一般情况下，外交使馆免税是指：使馆不动产免税；使馆动产免税；若干规费和手续费收入款项免税等。

六是免除关税和免受查验。在一般情况下，接受国应依照本国法律与规章，准许使馆公用物品入境并免除其一切关税和其他捐税。对使馆运进、运出的公用物品，各国通常按照对等原则免除查验。但是使馆免税运进的物品原则上不得转让。

其三，职业外交官与外交使馆所应承担的义务。在明确职业外交官与外交使馆外交特权与豁免基本内容的同时，还必须明确职业外交官与外交使馆所应承担的下列义务：

一是必须尊重接受国的法律与规章。

二是不得干涉接受国的内政。

三是使馆馆舍不得用于与其职务不相符的用途。

四是使馆官员不得为私人利益从事任何职业或商业活动。

在正常情况下，职业外交官以及外交使团所享有的外交特权与豁免，都必须基于相互与对等的原则。同时应当指出的是，按照外交特权与豁免的规定，职业外交官以及外交使团免于适用其接受国的属地管辖权，并不意味着他们可以完全无视其接受国国内的法律秩序，可以在接受国国内无法无天或为所欲为。实际上，不论派遣国还是接受国都不允许职业外交官以及外交使团滥用外交特权与豁免。在接受国内，职业外交官与外交使团均须恪守成规，并好自为之。在一般情况下，外交特权与豁免不得由其享有者个人放弃，而只能由其派遣国决定是否放弃。

四、外交制裁与外交报复

在外交实践中，外交制裁与外交报复一直都客观地存在着。从本质上讲，它们都是一个主权国家为了表示本国对其交往对象的不满所采取的一种外交行动。在绝大多数情况下，它们都是你来我往、相互进行的。对各国而言，外交制裁与外交报复并非动辄便可以采用的外交活动方式，但也不是永远可以一厢情愿地对其进行回避的。

外交制裁与外交报复，在其动因、形式、特征诸方面颇有一些不同之处，所以不可一概而论。

1. 外交制裁

所谓外交制裁，通常是指一个主权国家在外交领域内采取主动行动，对另外一个国家予以惩处，以维护本国的尊严，或者公开表示本国政府的愤怒与不满。

从总体上讲，外交制裁具有以下基本特征：

其一，外交制裁是一种国家行为，而且是一个国家对另外一个国家的行为。个人行为，永远不能被视为外交制裁。

其二，外交制裁仅限于外交领域之内。虽然一个国家在制裁另外一个国家时，往往会在多个领域内同时进行。但是，只有在外交领域内所实施的制裁性行动，才能称之为外交制裁。

其三，外交制裁尽管是一种惩罚性行为，但它的具体做法却必须是和平的、非暴力的、约定俗成的。

其四，外交制裁一般都起因于某一个具体的事由。通常，它都是在外交交涉失败后所采取的外交行动。

在绝大多数情况下，外交制裁的根本原因，是一个国家在保持克制、不想扩大事端的前提下，为了维护本国的主权或国家尊严，为了表示本国的不满或抗议。

外交制裁一般都由一国单方面地对外宣布。这一有意将国际矛盾公开化的做法，本身就是一种外交行动。外交制裁的具体形式通常有下列八种：断绝外交关系；降低外交关系的规格；召回驻外使节；取消原先议定的外交访问；拒绝制裁对象国政府官员的正式来访；终止一切形式的外交合作；退出或废除双边条约；驱逐制裁对象国的外交官。

2. 外交报复

外交报复，在此是指针对其他国家对本国的伤害性行为，在外交领域内所进行的一种回应。直接地说，所谓外交报复，就是一个国家在外交领域内采取外交行动，对别国所进行的一种报复。

外交报复同样也是一种国家行为，是一种以惩罚或施压为主要特征的外交行为。但它的起因除与外交制裁有相同之处外，通常还应包括对报复对象国伤害行为予以回击这一主要因素在内。在正常情况下，假定没有报复对象国的伤害性行为发生在前，外交报复的实施便会毫无任何正当理由。这样一来，外交报复也就不能够称之为外交报复。例如，当甲国取消了原定的其外长对乙国的访问之后，作为外交报复，乙国便有理由取消本国对甲国同等级别的外交访问。

从总体上来看，外交报复一般具有下述五个明显的特点：进行外交报复存在着一定的正当理由；进行外交报复往往是出于被迫的；进行外交报复具有一定的限制性，其对象、范围不会随意扩大化；进行外交报复大都讲究的是“照此办理”，即“以牙还牙，以眼还眼”；进行外交报复不应当违背国际法与外交惯例等。

针对一国的外交报复，其报复对象国通常会进行反报复，以维护本国的尊严。

第三节　外交机构

一国外交的制度化，不仅需要外交准则、外交惯例作为其基本保障，而且还需要设有固定的专门性机构，具体负责外交事务的处理。没有外交机构作为其组织保障，外交制度便缺少其现实性，因而也就难言其存在与否。

外交机构，亦称外交机关。它具体所指的，就是在各个国家里负责办理本国外交事务的有关部门。从总体上讲，外交机构必然具有下述一系列基本特征：

其一，外交机构是一种常设的机关或部门。一些临时性的办理外交事务的部门，不应被视为正式的外交机构。

其二，外交机构是一种主要负责办理本国外交事务的部门。有的外交机构兼管本国的内部事务，但更多的外交机构平日则以办理外交事务为主，或者只负责办理外交事务。

其三，外交机构是一种官方机构。一切民间机构，统统不可被视为合法的外交机构。

其四，外交机构是一种各国所普遍设置的职能机构。在世界各国，它们不仅名称相似，而且其基本职能也大体相仿。

依据以上四项基本特征，国家领导机构、外交部、大使馆、公使馆、代办处以及领事馆等，均可被视为常规的外交机构。其中，国家领导机构、外交部均设置在本国国内，故可称作国内外交机构；大使馆、公使馆、代办处、领事馆则设置于国外，故可称之为国外外交机构。

一、国家领导机构

国家领导机构，在此是指一个国家依照其宪法规定的国家最高的行政性权力机构。通常，它是指国家元首、政府首脑及其办事机构。在任何国家里，作为国家核心事务之一的外交，均由国家领导机构亲自掌管。从根本上讲，国家领导机构不仅是一个国家外交事务的最高负责机构，而且一般也是一个国家外交事务的最高决策机构和最高执行机构。

具体而论，由于各国政治体制有所不同，外交领导权、决策权的实际归属往往有所不同。例如，在总统制、君主制国家里，外交的最高领导权、决策权属于国家元首；在内阁制、君主立宪制的国家里，外交的最高领导权、决策权则属于中央政府及其首脑。

1. 国家元首

国家元首，一般指的是一个国家的最高领导人。国家元首的具体名称，在世界各国往往不尽相同。有时，被叫作国王、苏丹、埃米尔；有时，则被称为总统、国家主席或国家元首。在有的国家，国家元首手握实权；在另外一些国家，则只是名义上的国家象征。

国际法规定：各国国家元首在本国的对外关系上是国家的最高代表。在本国宪法所正式规定的范围内，国家元首通常代表国家。因此，国家元首在国际交往中，一向都被看作其国家的代表。

具体来讲，对国家元首在本国外交上所行使的权力，各国宪法的规定大都有所不同。一般来说，大凡国家元首，均有权任命本国全权的外交使节，有权对外缔结、批准或者废除条约，有权对外国宣战或者媾和。在一般情况下，国家元首以其正式身份出国访问时，均应享受国家尊荣、最高级别的外交礼遇以及一切外交特权与豁免。

国家元首出席国际会议、参加首脑会晤或签订国际条约时，通常无须出具全权证书。

国家元首所签订的条约，大都不经批准即可立即生效。但是，如果一方因宪法规定必须批准者，则仍须经过批准或者互换批准证书，方能生效。

中国的国家元首，目前是中华人民共和国主席。《中华人民共和国宪法》规定："中华人民共和国主席代表中华人民共和国，进行国事活动，接受外国使节；根据全国人民代表大会常务委员会的决定，派遣和召回驻外全权代表，批准和废除同外国缔结的条约和重要协定。"①

应当说明的是，国家元首有个人与集体之分。世界上绝大多数国家的国家元首只是一个人，例如，美国总统、俄罗斯总统等。但也有的国家元首是一个由多人所组成的集体，例如，瑞士联邦委员会、苏联最高苏维埃主席团等。集体国家元首的职权，通常与个人国家元首的职权相似。

2. 政府

政府，即国家行政机关，它实际上是一国权力机关的执行机构。根据国际法的规定，作为一国外交领导机构的政府，在此特指各国的中央政府。一国的地方政府、"影子内阁"、非法政府等等，均不能够正式代表该国参与外交事务的办理。一国的中央政府，有

---

① 《中华人民共和国宪法》，35～36页。

时亦称内阁，它的最高负责人即政府首脑。政府首脑的具体名称，常见者有总理、首相、宰相等。

作为本国的最高行政机关，各国政府通常都是本国外交事务的具体领导者、具体负责者和具体管理者。在实行内阁负责制的国家里，政府自然还是本国外交事务的最高决策机构。

国际法规定：任何主权国家的政府，在国际交往中均有权与其他国家的政府进行谈判。各国政府在认为必要的时候，还有权与其他国家签订条约或协定。在一般情况下，缔约权应由国家元首亲自行使，但政府有时亦拥有缔约权。

国际法还明确规定：各国政府均有权管理本国的外交事务。除了一国中央政府之外，其他任何个人或机构均无权参与该国外交事务的管理。

政府首脑，是一国中央政府的最高领导人。在领导、管理、参与本国外交事务方面，他不仅理所当然地负有重大责任，而且也名正言顺地处于举足轻重的位置。因此，国际法规定：政府首脑有权与外国政府进行谈判，签署条约或协定，并且可以代表本国政府出席国际会议。通常，政府首脑在亲自参与本国外交事务的处理时，不需要出具全权证书。政府首脑在其出国期间，享有全部外交特权与豁免。在正式访问别国时，他还应享受仅次于本国国家元首的外交礼遇。

目前，中华人民共和国中央政府的名称是国务院，其政府首脑则为国务院总理。《中华人民共和国宪法》规定，国务院有权“管理对外事务，同外国缔结条约和协定”①。

二、外交部

外交部，一般是指在一个主权国家里执行外交政策、主管外交事务的专门性机构。在正常情况下，外交部在世界各国都是其中央政府中不可缺少的一个重要职能部门。在有些国家里，外交部并不叫作外交部。例如，美国的外交部叫作国务院，瑞士的外交部叫作政治部。还有一些国家，则称外交部为对外关系部、外务省等。

各国的外交部，通常都实行首长负责制。外交部的最高首长，通常叫作外交部长。在美国，称之为国务卿。而在君主制国家里，则称之为外交大臣。一般来讲，各国外交部长大都是任期制的政务官，往往由政府首脑的亲信担任，一旦政府首脑下台或者政府换届，外交部长通常都会随之更换人选。在各国政府里，外交部长都是一个至关重要的职位。有时，甚至政府首脑本人会亲自兼任本国外交部长。例如，在新中国成立之初，周恩来就曾亲自担任过首任外交部长。

1. 外交部的地位

在各国外交事务的处理上，外交部都居于极为突出的地位。外交部的重要地位，在国际法上得到了明确的、具体的规定。注意到这一点，对于外交制度的研究是非常重要的。

国际法规定：外交部是国家负责外交关系、外交事务的专门性行政机关。随着国际交往的不断深化，出现了其他政府部门介入本国外交活动的新情况。尽管如此，国际法依旧认定：一国外交关系、外交事务的主要主管机关或执行机关，仍然是而且只能是外交部。

---

① 《中华人民共和国宪法》，39 页。

简言之，外交部是各国外交的主管机构。为了实现一国外交的统一性、连贯性和稳定性，做出这种规定无疑十分必要。

在正常情况下，一国的外交部、外交部长及其代表，在国际法上代表着其所在的国家，并且可以其国家的名义从事法律活动。在外交实践中，假定一个国家的其他政府部门在对外交往中与外交部发生了摩擦，依照外交惯例，通常均应在外交部的主持下，设立协调机构或协调程序。在一般情况下，其他政府部门在对外交往中均应服从本国外交部的指导或者协调。在一国发展外交关系、处理外交事务方面，外交部处于实际上的优先地位。此种状况，通常被称为“外交部优先权”。其基本含义是：外交部对外可以代表国家和本国政府。其他一切政府部门，显然是做不到这一点的。

在国际法上，有关“外交部优先权”或其另一表现形式“外交部长优先权”的规定，随处可见。《维也纳外交关系公约》就曾规定：外交使节如与接受国进行联系和履行职务，一律应当通过接受国的外交部。若有另行规定时，方可与接受国其他部门进行往来。

作为专职外交主管机构、执行机构，外交部在各国外交中的重要地位难以被替代。正因为如此，《维也纳外交关系公约》才专门规定：一国即使不专设外交部，亦应由特别规定的政府其他部门来代管本国外交事务。

一般而言，外交部作为主权国家的一个行政部门，其组织与职能应当受到本国国内法的规范，然而因其本身从事外交活动的特殊性，使得它的组织形式与活动方式也必然要兼受国际法的规范。对于后者，绝对不容忽视。

总而言之，外交部乃是一国外交事务的主管机关与执行机关。它具体负责本国的外交关系，领导本国的驻外使节，处理本国外交的日常事宜，在一定程度上参与外交决策，并且负有将国际法适用于国内秩序正常化的使命。在本国国内对于国际法的具体解释方面，各国外交部一般都起着公认的主导性作用。

2. 外交部的职能

作为国家外交事务的主管机构或执行机构，外交部的具体职能主要有如下几项：

其一，负责本国的外交活动。在一般情况下，各国的一切外交活动均应交由本国外交部具体负责。其他政府部门、组织机构、政治团体虽然可以以某种形式介入外交活动，甚至在一定程度上发挥着至关重要的作用，但是在名义上它们都不能够对本国的外交活动负责。即使它们打算这样做或者已经这样做了，在国际上也不会获得正式的承认。

其二，领导本国的驻外代表。作为外交主管机构，各国外交部通常都负责领导、监督本国驻外使领馆、特别使团、驻国际组织使团与出席国际会议代表团的工作和活动，并与它们保持正式的联系。本国政府及其各个部门与驻外代表机构的联系，一般也都要经过外交部。

其三，参与本国的外交事务。外交部在国际法上被看作国家和中央政府的正式代表，因此外交部、外交部长及其代表均有权参与本国外交事务的处理。国际法规定：外交部长有权与外国政府进行谈判，并可与之签订条约。外交部长在对外谈判、签订条约和参加国际会议时，一般无须出示或提交全权证书，外交部长在国外活动时，可以享有全部的外交特权和豁免。

其四，组织本国的外交接洽。在外交活动中，一项主要的内容，就是各国之间的往来、接洽。对各国之间的“礼尚往来”，有关国家的外交部必须具体负责组织实施。在一般情况下，外交部还须负责外交接洽，即与建交国保持必要的联系，诸如负责具体安排或组织出国访问、接待来访、召见外国使节、发出外交照会等等。即使与未建交国洽商建立外交关系的可能性，循例亦应由外交部组织操办。

三、使馆

使馆，在此是对大使馆、公使馆、代办处的统称。一般而言，它指的是双方建立外交关系的国家互相设在对方首都的常驻的外交代表机构。显而易见，互相设立使馆，是两国之间建立正式外交关系的最重要的标志和最直接的结果。

在一国的国外外交机构中，最重要者当推使馆。严格地讲，恐怕唯有使馆方能被称为一国正式设立并获得国际法认可的国外外交机构。

1. 常驻外交使团

常驻外交使团，在此是指派遣国在接受国领土上设立大使馆、公使馆、代办处，并派驻外交使节，持续地执行派遣国外交职务的机关。《维也纳外交关系公约》规定：常驻外交使团的派遣与建立外交关系一样，须经有关国家之间协议。由此可知，常驻外交使团的互派，应以两国之间建交为前提。互派常驻外交使团同建交虽非同一个问题，但两国之间若未曾建交，就不得互派常驻外交使团。

按照国际法的规定：常驻外交使团通常由馆长与外交职员组成。传统意义上的职业外交官，所指的主要就是这两类人员。

馆长，是使馆馆长的简称，他是常驻外交使团的最高负责人，亦称外交使团团长。从国际法上讲，馆长乃是一国派往国外正式常驻的正式代表。过去，使馆馆长分为诸多等级。《维也纳外交关系公约》统一将其分为大使、公使、代办等三类，其中以大使级别最高。目前，使馆馆长通常都是大使。

外交职员，在此是指在常驻外交使团中除馆长之外的其他一切具有外交职务者，他们均为馆长的辅助人员，而不属于本国的正式代表。通常他们可分为参赞、秘书、随员三个等级。此外，使团中的其他职员，例如，技术职员、事务职员、私人雇员等等，均不算作外交职员。

2. 使节权

在外交实践和国际法上，使节权都是一个十分重要的概念。所谓使节权，通常是指一个国家派遣和接受外交使节的权利。

在国际法上，使节权有积极的使节权与消极的使节权之分。一般而言，一个国家派遣外交使节的权利称为积极的使节权，而一个国家接受外交使节的权利则称为消极的使节权。在正常情况下，不论积极的使节权还是消极的使节权，各国均可对其自由行使。但它的行使应由有关国家彼此同意，并取得协议。

依照国际法的规定，使节权只有主权国家才能够完全拥有。其他非主权国家只有在特殊条件下才得以享有使节权。凡不完全拥有主权或独立的国家，例如某些国家的保护国或附属国，一般不享有使节权。而一个联邦国的部分主权成员邦，则既可以享有也可以不享有与该联邦同等的使节权。这一点，关键取决于该联邦宪法中的有关规定。

根据惯例，一个主权国家在国际交往中是以其国家元首为代表的。因此，一个主权国家的使节权理应由其国家元首具体行使。不过在国家元首行使其使节权时，允许其本国国内法给予他一定的限制。假定国内法允许，国家元首亦可将他所拥有的使节权委托给自己所选定的代表代为行使。

3. 使馆的职权与地位

《维也纳外交关系公约》对使馆的职权范围做出了清晰的界定。按照相关规定，使馆的基本职权有六：其一，在接受国代表派遣国。其二，在国际法许可的范围内在接受国中保护派遣国及其国民的利益。其三，与接受国办理交涉。其四，以一切合法手段调查接受国的状况及发展情形，并向派遣国政府具报。其五，促进派遣国与接受国之间的友好关系，发展两国间的经济、文化与科学关系。其六，执行领事职务。

根据以上几项规定，可知使馆在一个国家的国外外交机构中，的的确确发挥着最重要的作用。它不仅是一个国家对外进行沟通与保持联络的主要渠道，而且也是一个国家非常重要的外交办事机构。使馆在外交上的极端重要性，仅从下列两件众所周知的历史事实中就可以得到充分的证明。

一件重要的历史事实是，“外交”一词本身的形成，就是从“使节”一词发展变化而来的。

另外一件重要的历史事实则是，近代外交制度的初步形成，几乎是同使馆制度的形成同步进行的。使馆制度的形成本身，就是外交制度形成的一项重要标志。

在当代外交中，使馆的实际作用虽然随着时代的发展已经有所减弱，但它在外交制度与国际法中的基本地位却没有多大的变化，使馆向来都是一个主权国家最重要的外交代表机构。一言以蔽之，使馆的基本地位，就是在其接受国中正式代表其派遣国。

关于使馆的这一基本地位，具体存在着以下两个限制：其一，使馆只能够代表其派遣国，而不能够代表其他国家。其二，使馆只有在其接受国内作为一个实体存在时，才可以正式代表其派遣国。

正因为使馆代表着其派遣国，所以它不仅受到其接受国的尊重，而且也受到其他各国的尊重。人们普遍认为：对一国使馆的尊重，就是对该国的尊重。而对一国使馆的无礼或冒犯，就意味着对该国的无礼或冒犯。

作为使馆馆长，外交使节在外交场合亦拥有重要的地位。根据国际法，外交使节应被视为国家元首或外交部长的代表。因此，外交使节往往拥有本国国家元首或外交部长在国外的化身的身份。作为“国家的代表”① 或外交部长的代表，外交使节普遍享有外交特权与豁免，并会受到其接受国极高的外交礼遇和认真的保护。

四、领事馆

领事馆，简称领馆。它是领事办事机构的正式名称。领事，一般是指由一国委派或授权，经接受国同意而在其国内的一定地点，根据领事制度的有关规定行使其职权的人员。在国际法上，所谓领事制度，是指在另外一国的领土上，保护派遣国的商业利益，保护并

① ［英］詹宁斯等修订：《奥本海国际法》，第一卷，第二分册，489页。

帮助具有派遣国国籍的居住者、旅行者、船舶、船员及商务人员，执行与之有关的某些行政、司法和户籍职务，并向拟赴派遣国旅行的接受国国民及第三国国民发放签证或其他适当文件的派遣国的公共服务制度。

领事在国际上分为两类，即专职领事与名誉领事。专职领事，又称派任领事，他受派遣国派遣，专门执行领事职务，并领取领事的正式薪金。名誉领事，又称选任领事，由派遣国从居住在领馆所在地的国家的人士中选任，一般没有正式薪金，只能领取类似手续费性质的报酬。目前，中国既不任命也不接受荣誉领事。

根据1963年《维也纳领事关系公约》的规定，领馆馆长分为四个等级，即总领事、领事、副领事、领事代理人。目前，国际上仅承认前三个等级，中国也是如此。总领事，一般是管辖一个广大地区或特别重要区域的领馆馆长，有时也可以是管理几个较小领事区域的领事之中的首长。领事，通常是一个较小区域的领馆馆长，也可在总领事馆充任总领事的助手。副领事，是总领事或领事的助手，可代行领事的一切职务，也可担任总领事馆或领事馆的分馆长。领事代理人，则由总领事或领事经本国同意后任命，在该领区内设立领事代理处，执行部分领事职务。

国际法规定，领事馆的设立及其辖区的范围，应由其派遣国与接受国协商决定。向某一些特定区域委派的领事，无权在该区域以外行使领事职务。在一般情况下，领事馆均设在派遣国国民聚居或出入频繁的城市，或是派遣国船舶经常出入、与其具有广泛商业联系的城市。

1. 领事馆的特点

从总体上来看，领事馆的最大特点，就在于它的馆长在其接受国并不被视为其派遣国的外交使节。

具体而言，与使馆相比，领事馆的主要特点表现在以下四个方面。掌握这些特点，将有助于深化对领事制度的认识。

其一，领事馆的主要职能是保护其派遣国及其国民的商业与经济上的利益，并负责处理与其相关的各项具体业务。在《维也纳领事关系公约》中，明确规定了领事的13项职务范围。其核心点，就是要求其“在接受国内保护派遣国及其国民——个人与法人——之利益”①。这就表明领事馆与使馆相比，其职能显然要狭小许多。领事馆的主要职能，是行政性、职能性的日常事务的处理，而不像拥有外交交涉权的使馆那样在职能上拥有政治代表性，不能够全面代表其派遣国或主要关注重大问题。

其二，领事馆的设立并不以大使馆的设立为前提。在实践中，领事馆既可以在建交国中设立，也可以在未建交国中设立。在一般情况下，设立领事馆并不一定要求派遣国与接受国之间非要建立正式的外交关系不可。当然，倘若两国之间已经建立了外交关系，则会为彼此之间互设领事馆创造一定的便利。

其三，领事馆的具体职能只能够在其管辖的领区之内得以行使。在设立领事馆之初，其派遣国与接受国即通过双方之间正式的协议划定了其具体管辖区域。这一区域称为领区，领事馆的具体职能只能在该区域内行使，而不像使馆的具体职能的行使那样，可涉及

① 王铁崖等编：《国际法资料选编》，661页。

其接受国全境，拥有更大的广泛性。此外，领事馆在具体处理领事事务时，循例只能与其领区之内的接受国地方政府打交道，而不能像使馆那样去直接联络、沟通接受国的中央政府。

其四，领事馆在国际法上不被视为其派遣国的外交代表机构。在外交场合，使馆均会被人们看作其派遣国的外交代表机构，然而领事馆则不会被人们同等看待。国际法规定："领事是各国为了各种目的但主要是为了本国的商务和航海的利益，而派驻外国的代表。由于他们不是外交代表，他们不享受外交特权。他们通常也与本国和接受国之间的政治关系无关。"①

2. 领事馆的地位

在国际交往中，领事不享有外交使节的地位，而且在其派遣国的全部对外关系中并不能够代表其派遣国，这一点是必须肯定的。但是，在国际交往中，包括外交活动在内，领事馆依然拥有其重要地位。具体表现如下：

其一，领事馆具有无可置疑的官方地位。一个国家的领事馆，自然是由其中央政府派出的机构。因此，在其接受国及交往对象中，领事馆所拥有的其派遣国的官方地位和身份都是难以被动摇的。正因为如此，《维也纳领事关系公约》明确规定：领事应享有特别保护，并且在实际上享有某些外交特权与豁免。

其二，领事馆依然是派遣国的重要代表。虽然从国际法上来说，领事关系不同于外交关系，领事不享有外交使节的地位，领事馆不应被视为外交代表机构，但是这并不等于宣告领事馆不能够作为其派遣国的代表。实际上，领事馆只不过不能充当其派遣国的正式外交代表，而在其他方面则一向是作为其派遣国的代表存在的。如果否认了这一点，就等于从根本上彻底否定了领事馆所拥有的官方地位。

其三，领事馆可以进行实质性的外交活动。尽管领事馆不拥有外交身份，但它却依然可以从事实际的外交活动，领事们往往也可以在从事领事职务之外执行准外交职务。例如，有些小国有时不向另外一个国家派驻外交使节，而只是向其派遣一名领事。经接受国同意，该领事除拥有领事职务外，还可被授权履行外交行为。各国的领事馆不仅要执行本国的外交政策，而且在业务上往往与本国使馆多有交叉，并且同样受本国外交部领导。在当代外交实践中，使馆与领事馆的某些业务往往互有交叉。如前所述，使馆的正常职权之一，便是执行领事职务。

---

① ［英］詹宁斯等修订：《奥本海国际法》，第一卷，第二分册，560 页。

第四章

外交战略与外交策略

重点问题

- 外交战略的地位
- 外交战略的内容
- 外交策略的作用
- 外交策略的特征
- 外交战略与外交策略的比较

外交实践的各个参与者，无疑通常都会事先拟定自己的既定计划，以便用以指导各自的外交行动，并且对外交事态的发展、变化在宏观上有所准备、有所把握。客观地看，外交行动的计划（包括其总体计划与具体计划）的制定和实施都是一种受制于多种因素的复杂过程。在这一复杂的过程中，既需要外交战略全局上的高瞻远瞩和总体指导，也需要外交策略实践中的巧妙规划与灵活运用。

对外交学研究而言，外交战略与外交策略皆应被置于极端重要的位置。从本质上来看，外交行动尽管一向讲究随机应变，但它从来都不是孤立的、随意的、完全不可预测的。任何外交行动，必然都是一定的外交战略与外交策略指导、规划之下的产物。倘若忽略了对外交战略和外交策略的研究，而仅仅热衷于对各种外交行动的具体剖析，则等于本末倒置、舍本逐末，难以使之得到真正合理的梳理与解释。

外交战略和外交策略在指导外交行动方面，虽然其具体作用各有不同，但二者都是不可偏废的。它们通常密切关联、互相影响，共同在外交实践中发挥作用。对其中的任何一个方面加以忽略，往往既不明智，也不现实。

第一节　外交战略

外交战略，在外交理论与外交实践中，都是一个早已被人们广为接受和广泛应用的重要概念。但是，对于外交战略本身，人们不仅所作的深入研究不多，而且在许多有关它的具体问题上尚未达成共识。有关外交战略研究的这种现状，大大滞后于它在外交实践中的具体运用。这一系列问题，应当引起学术界的充分关注。

外交战略，简单地说，主要是指外交实体（特别是主权国家）进行外交活动的总体构思、总体蓝图和总体规划。任何外交实体参与外交活动，自然主要意在追求或者维护其自身利益，并且努力地趋利避害。要想做到这一点，它们就必须对外交格局、外交态势及其发展变化有所认识，并且据此周密地规划自己的外交活动。而这一问题，就是外交战略所要探讨的基本内容。由此可见，所谓外交战略，实质上就是外交实体进行外交活动的指导方针与行动纲领，就是外交实体对自身外交基本问题的宏观把握和据此所制定的进行外交活动的总体计划。

一、外交战略的概念

外交战略这一概念，在外交理论与外交实践中早已屡见不鲜，然而在学术界却很少有人从事其专门研究。迄今为止，甚至极少见到有关它的逻辑缜密、言之有理的正式界定。因此，人们对于外交战略的内涵与外延存在着不少错误的认识。这种状况，非但不利于人们正确地认识外交战略本身，而且对外交实践往往也是十分有害的。

1. 有关战略的概念

早在春秋战国时期，中国就已有人从事有关战略问题的研究。但是“战略”一词在中国首次出现，却是19世纪末叶的事情。当时，它由日本人译自英语，又被中国人借用了过来。

根据考证，“战略”这一词汇最早于公元前5世纪前后出现在希腊语里。它的本义是“统帅”、“指挥官”，意即统率或者指挥军队。由此可见，最早它只是一个军事术语。它的这种用法，此后一直沿用了两千多年。在德国著名军事学家克劳塞维茨的代表作《战争论》一书里，作为军事术语的“战略”一词被给出了完整的定义，即“战略是为了达到战争目的而对战斗的应用，因此战略必须为整个军事行动规定一个适应战斗目的的目标，也就是拟定战争计划，并且必须把达到这一目标的一系列行动同这一目标联系起来，也就是拟制各个战局的方案和布置其中的战斗”①。

无产阶级革命导师将“战略”这一军事术语引入了政治科学的领域，并赋予其崭新的内涵。列宁在其不少经典著作里，都对无产阶级革命斗争的战略问题做过论述。斯大林则对作为政治术语的战略进行了定义。他指出：“战略就是规定无产阶级在革命某一阶段上的主要的打击方向，制定革命力量（主要的和次要的后备军）的相应的布置计划，在革命这一阶段的整个过程中为实现这个计划而斗争。”② 在革命年代，毛泽东从军事的角度也给战略下过定义。他认为：“战略问题是研究战争全局的规律的东西”，“凡属带有要照顾各方面和各阶段的性质的，都是战争的全局”，“研究带全局性的战争指导规律，是战略学的任务”③。他们的这些见解，对于进行战略问题的研究具有一定的指导意义。

习近平同志曾经强调：“战略问题是一个政党、一个国家的根本性问题。战略上判断得准确，战略上谋划得科学，战略上赢得主动，党和人民事业就大有希望。”④

---

① ［德］克劳塞维茨：《战争论》，第1卷，223页，北京，商务印书馆，1978。

② 《斯大林全集》，中文1版，第6卷，133页，北京，人民出版社，1956。

③ 《毛泽东选集》，2版，第1卷，175页，北京，人民出版社，1991。

④ 中共中央文献研究室编：《习近平关于协调推进“四个全面”战略布局论述摘编》，9页，北京，中央文献出版社，2015。

2. 战略概念的广泛应用

在现代社会里，人们在各个领域中都普遍地重视“运筹于帷幄之中，决胜于千里之外”。这便使得“战略”这一单纯的军事术语，在社会生活的各个领域中都得到了广泛的应用，并且由此而产生了一系列与战略相关的全新的概念，诸如政治战略、经济战略、科技战略、文化战略、教育战略、体育战略、卫生战略，乃至社会发展战略、国家战略、国际战略、全球战略等等。

其中仅仅与外交直接或间接相关者，就有国家战略、国际战略、对外战略、外交战略、全球战略、大战略、核战略、地缘战略等等。迄今为止，这些有关战略的新名词、新术语，依然不断地涌现。应当承认，注意到战略概念在当代社会生活各个领域中的广泛运用，对于正确地理解战略与外交战略的含义，会有相当大的帮助。

从总体上看，当“战略”这一概念被广泛应用于社会生活诸领域之后，其中“战”的色彩早已悄然引退，而“略”的问题才是人们对其予以关注的重点之所在。也就是说，当人们提及社会生活各个领域内的战略问题时，早已与战争、军事无关，而是将其等同于方略或计划。例如，如今人们经常提及的社会发展战略，其实指的就是有关社会发展的总体性计划。

考察一下目前在外交学研究领域经常使用的与战略相关的国家战略、国际战略、对外战略等基本概念，同样也会发现：它们所侧重的，恰恰都是一个国家在其主观上所进行的一定范围之内的全盘规划。

所谓国家战略，是由美国人在 20 世纪 50 年代所正式提出的一个概念。其起源，则是来自英国学者利德尔·哈特在 1929 年提出的“大战略”的概念。“大战略”，有时亦称“总战略”。当前，上述三个概念往往被人们交替使用，其基本含义大致相同，即“它们都是在各种情况下运用国家力量的一门艺术和科学，以便通过威胁、武力、间接压力、外交、诡计以及其他可以想到的手段，对敌方实施所需要的各种程度和各种样式的控制，以实现国家安全的利益和目标”①。而中国学者则将国家战略直接定义为：“国家战略是一个国家的总体战略。”②

所谓国际战略，实际上指的就是一个国家的对外战略。它一般“指的是一国对较长一个时期整个国际格局、本国国际地位、国际利益和目标，以及相应的外交和军事政策等的总的认识和谋划”③。严格地讲，既然国际战略是指一个国家的对外战略，那么它实际上必然就是一个国家的总体战略的组成部分之一，因而它在层次上要低于国家战略，并且受制于国家战略。

3. 外交战略的定义

应当肯定，无论国家战略的概念还是国际战略的概念，在其具体内涵上都不同程度地涉及外交领域。有的时候，它们所涉及的主要适用范围，其实就是或者说主要就是外交领域。不过从字面上来看，其对象性不甚明确，而且其外延往往会涵盖得更为广泛，因而并不一定总是以关注外交领域为主。中国著名学者陈忠经认为，当前，人们往往把“战略”

---

① ［美］约翰·柯林斯：《大战略》，47 页，北京，中国人民解放军军事科学院出版社，1978。

② 薄贵利：《国家战略论》，5 页，北京，中国经济出版社，1994。

③ 张季良主编：《国际关系学概论》，73 页，北京，世界知识出版社，1989。

这一概念的含义理解得更为广泛一些。他本人所使用的“国际战略”的概念，“就是着重它的政治方面和更概括的含义”①。上述这些情况，对外交学理论的研究和外交实践的参与往往会造成一定的影响。

既然外交是国际关系的一个重要领域和各国政治生活的一个重要方面，那么在涉及外交领域的有关战略问题时，显然还是采用外交战略这一科学概念为佳。这样做，其益处有三：

其一，有助于明确适用的范围。顾名思义，外交战略单从字面上就可以看出仅指外交领域内的战略问题，其他领域的战略问题当然不会与之相干。

其二，有助于避免概念的混乱。在提及外交领域内的战略问题时，人们时常会交叉使用外交战略、对外战略、国际战略、全球战略等多种提法。这样一来，难免就会显得概念上含糊不清，逻辑上混乱不堪。

其三，有助于构筑完整的体系。使用外交战略这一概念指代外交领域内的战略问题，有利于对外交学进行系统而规范的深入研究。从根本上说，这一概念不仅自身较为精确，而且也与其他许多重要的外交学概念相辅相成。

概而言之，外交战略，主要是指外交实体（主要是主权国家）在一定时期内所形成的有关外交活动的战略构想。具体地说，给外交战略所下的较为完善的定义应当是：它是指外交实体尤其是主权国家对其自身外交基本问题的宏观把握和据此所制定的自身进行外交活动的总体规划。

必须注意的是，这一外交战略定义具体包含着两个不同的侧面：其一，它是外交实体对自身外交基本问题所进行的宏观把握。其二，它是外交实体自身所进行外交活动的总体规划。这两个不同的侧面相互联系、相互作用、相辅相成，不可或缺。对外交基本问题进行宏观的把握，通常服务于外交活动总体规划的制定。而外交活动总体规划的制定，则又必然以对外交基本问题进行宏观的把握为基础。

给出了外交战略的具体定义之后，就应当避免将其与国家战略、国际战略和对外战略等常用的概念相混淆。在它们之中，国家战略包罗了一个国家的所有战略。作为总体战略，其适用范围最广。国际战略或对外战略，在根本上是从属于国家战略的，它的适用范围，是一个国家国际关系的各种领域。外交战略，则在其适用范围上显然又小于国际战略或对外战略，只有在属于国际关系诸领域之一的外交领域内，外交战略才是适用的。

在划清了外交战略与其他各种战略的明确界限之后，必须同时承认，在具体运作时，各种战略往往相互有所影响，不可能绝对孤立地存在。以外交战略而论，在其具体运作时，国家战略、国际战略无不对其产生一定的影响。

二、外交战略的内容

恩格斯曾经指出：“在社会历史领域内进行活动的，是具有意识的、经过思虑或凭激情行动的、追求某种目的的人；任何事情的发生都不是没有自觉的意图，没有预期的目的的。”② 由此可见，所谓外交实体进行外交活动的总体规划，说到底其实就是外交实体参

---

① 陈忠经：《国际战略问题》，2页，北京，时事出版社，1988。

② 《马克思恩格斯选集》，2版，第4卷，247页。

与外交活动的自觉的意图和预期的目的。

但是，“历史是这样创造的：最终的结果总是从许多单个的意志的相互冲突中产生出来的，而其中每一个意志，又是由于许多特殊的生活条件，才成为它所成为的那样。这样就有无数互相交错的力量，有无数个力的平行四边形，由此就产生出一个合力，即历史结果”①。正因为如此，在外交实践中，外交实体的所有的自觉的意图和预期的目的都不可能完全遂心如意、心想事成。也就是说，外交战略并不一定都能够在其外交实践中大获成功、完全兑现。外交战略与外交实践之间，实际上总会存在着某种程度的距离。虽然如此，外交战略毕竟为各个外交实体规划并指明了其行动的目标和方向。因此，研究一个外交实体尤其是主权国家的外交战略，乃是研究该外交实体所从事的全部外交活动的一把钥匙。

要对外交战略进行深入而系统的研究，首先有必要研究其具体内容。外交战略的内容，通常是指组成外交战略整体的基本构成要素。一般而言，不同的外交实体，其外交战略的具体内容自然互不相同。即使同一个外交实体，在其所处的不同历史阶段上，它的外交战略的具体内容往往也会有所调整、有所变化。尽管如此，从总体上来进行分析，还是可以对构成外交战略内容的诸要素，进行一定程度上的抽象分析。

在正常情况下，外交战略通常都是由外交理念、外交利益、外交实力、外交目标、外交政策诸要素所构成的。也就是说，外交战略不论其具体表现形式如何，抽象地对其进行分析，它的基本内容大体上皆应包括外交理念、外交利益、外交实力、外交目标、外交政策等等。

1. 外交理念

构成外交战略基本内容之一的外交理念，亦可称为外交的指导思想，严格地讲，它主要指的是在对外交基本问题进行宏观把握基础上所形成的，在某一外交实体中居于主导或支配地位的，对其外交实践发挥着普遍意义上的指导作用的一系列基本观点。有道是：思维方式决定行为方式。在外交战略中，外交理念所发挥的主要是启迪作用、判断作用和指导作用。外交战略的其他各项内容，都必须在一定程度上体现着外交理念。

自古以来，外交流派层出不穷。在任何国家里，外交理念自然不止一种。构成外交战略基本内容之一的外交理念，通常主要指居于主流地位，为外交决策者所接受，并且对其发挥指导性作用的某一流派的外交理念。除此之外，其他流派的外交理念虽然或多或少会对外交决策者产生某种程度的影响，但因其对外交战略的制定不能够产生决定性的影响，所以不可以将其列入外交战略的基本内容之内。

必须指出：任何一种外交理念都不会一成不变，当一个外交实体的内外局势发生变化，或者当其领导者、决策者发生变更时，在外交理念上往往也会作出必要的或者适当的调整。

2. 外交利益

外交利益，在此主要指一个外交实体在其外交方面所存在的基本需求。外交活动之所以存在，并且越来越受到广泛的重视，主要就在于它是外交实体满足自身外交利益的一种常规方式。

从根本上说，外交利益乃是各个外交实体自身外交战略的基础之所在，是其积极而主

① 《马克思恩格斯选集》，2版，第4卷，697页。

动地进行外交活动的基本出发点和最终归宿。外交战略的制定和实施，基本目的就在于帮助外交实体增进或者维护自身的外交利益。

在任何情况下，利益都是一个实体进行主观努力的根本动力。国家或国际组织参与各种活动的基本动因，都意在增进或维护自身的利益。在外交实践中，各个外交实体尤其是主权国家的表现，可以充分证明这一点。

在外交战略中，外交利益是一个外交实体为自己提出外交目标、制定外交任务、规划外交努力方向的主要依据。外交利益对于外交目标、外交任务、外交方向的确定，都具有决定性的意义。

外交实体的外交利益有着长远利益与近期利益之分。具体而言，长远的外交利益决定着一个外交实体长远的外交目标、外交任务和外交方向，而短期的外交利益则决定着一个外交实体短期的外交目标、外交任务和外交方向。

3. 外交实力

外交实力，通常是指一个外交实体进行外交活动的实际能力，也是它实现其外交战略所要依靠的主要力量。对一个国家而言，外交实力是其国家实力的重要组成部分之一。一个国家的外交实力，实际上指的就是该国综合国力在其外交领域内的具体体现。

在正常情况下，外交实力主要由下述基本要素构成：其一，外交地位。它指的是一个外交实体在外交舞台上具体地位的高低。其二，外交关系。它指的是一个外交实体外交活动具体范围的宽窄。其三，外交影响。它指的是一个外交实体在外交方面所发挥的具体作用的强弱。其四，外交能量。它指的是一个外交实体实际的和潜在的外交能量的大小。

外交实力，通常既规定着外交实体的活动范围，又决定着其实现外交目标的程度。从本质上讲，外交实力乃是每一个外交实体增进并维护其外交利益、实现其外交目标的客观基础和现实手段。任何外交实体，尤其是主权国家，只有有效地、积极地增强其自身的外交实力，并且科学地、机智地、有效地对其加以运用，才能够实现外交目标，增进或维护外交利益。否则，实际状况就很可能会适得其反。

4. 外交目标

外交目标，在此是外交战略目标的简称，有时，它又叫作战略目标或外交意图。在整个外交战略中，外交目标是其核心内容。所谓外交目标，主要是指外交实体进行外交活动时预定所要争取达到的，能够促使外交格局、外交事态发生于己有利的变化的一系列外交努力的结果。胡锦涛同志曾经指出："历史昭示我们，在机遇和挑战并存的重要历史时期，只有世界所有国家紧密团结起来，共同把握机遇、应对挑战，才能为人类社会发展创造光明的未来，才能真正建设一个持久和平、共同繁荣的和谐世界。"① 习近平同志则强调："和平发展是中国特色社会主义的必然选择，所以必须……推动建设持久和平、共同繁荣的和谐世界。"② 此处所提及的"持久和平、共同繁荣的和谐世界"，实质上就是中国在21世纪为自己所规定的外交战略目标。可见，制定外交战略，关键就是要确定正确无误的外交目标。

在外交实践中，构成外交战略核心内容的外交目标又有总体外交目标与具体外交目标

---

① 胡锦涛：《努力建设持久和平、共同繁荣的和谐世界》，载《人民日报》，2005-09-16。

② 中共中央文献研究室：《十八大以来重要文献选编（上）》，79页，北京，中央文献出版社，2014。

之分。总体外交目标，亦称全局性外交目标，它是指外交实体为实施外交战略而采取的全部外交努力所争取的最终结果。具体外交战略目标，又叫局部性外交目标，它是指外交实体为实施外交战略而采取的部分外交努力所争取的阶段性结果。二者之间，通常存在着辩证的关系。总体外交目标，大都由具体外交目标所构成。具体外交目标的实现，则有助于总体外交目标的实现。

一般来讲，外交目标是否科学、是否正确、是否可行，直接关系到外交利益能否获得满足。衡量外交目标科学与否、正确与否，主要是看其能否正确地体现外交利益。而一项外交目标是否可行，通常取决于下面两点：一是外交实体有无能力与可能实现该外交目标；二是外交实体在实现该外交目标之后能够获得多大的外交利益，同时会付出何种代价。换而言之，就是要看其究竟是得大还是失大。

5. 外交政策

关于外交政策，将在下一章里专门进行系统讨论。在这里，只是简要地叙述一下它在外交战略中所处的具体位置。

外交政策，是外交实体尤其是主权国家为实现一定历史时期的外交战略而制定的行动准则。它实质上是对外交战略的具体贯彻和直接体现。除进一步阐明了外交实体尤其是主权国家在一定历史时期内的外交运行方向之外，外交政策一般都规定了在该历史时期内增强外交实力的原则，因此成为外交实体运用自身外交实力的重要依据。外交任务的确定，往往就是外交政策直接运用的结果，而且还需要借助于其贯彻实施才能够兑现。

概而言之，外交战略各个构成要素的相互关系是：外交理念在总体上发挥指导作用，并且具体体现于外交利益、外交目标、外交政策之中。外交利益与外交目标确定了外交战略的基本要求、基本方向和基本任务。外交实力反映了外交实体自身的外交现状，并且提供了达到外交目标、完成外交任务的现实手段。外交政策则规定了实现外交目标、维护外交利益、完成外交任务的行动准则。上述五个方面的具体内容综合在一起，便构成一个外交实体的外交战略。

三、外交战略的分类

从总体上来看，任何外交战略都是一个不可分割的统一体，在一定的历史时期内，某一外交实体的外交战略大都相对稳定，不会发生太大的变动。然而，由于不同外交实体在制定外交战略时着眼点往往互不相同，因此它们各自所制定的外交战略必定都具有其自身特定的适用范围。加之各个外交实体在不同的历史时期内通常都面临不同的外交任务，需要确定不同的外交目标，所以它们的外交战略自然不会一成不变。在某一特定的历史时期，因为特殊的原因，外交实体临时对其外交战略进行大幅调整的可能性也是存在的。

由此可见，不同的外交实体必然会制定不同的外交战略，而同一外交实体不同历史时期所制定的外交战略也会有所不同。考虑到以上情况，进行外交战略的研究时，必须要具体问题具体分析。

要对外交战略进行具体问题具体分析，就必须依照一定的标准，科学地对其分门别类。一般而言，可以根据外交战略的具体空间、时间、科学性、实施途径与阶级性质的不同，对其进行不同标准的分类。进行外交战略的具体分类，有助于深化对它的定性研究。

1. 依照空间的不同所进行的分类

任何一项外交战略，必然都有其特定的适用范围。外交战略的适用范围，就是其制定者所要面对并得以进行活动的外交空间。在任何情况下，外交战略能够适用的实际空间的大小，都不容许被忽略。在空间方面，假定一项外交战略的制定与贯彻均难以适得其所，则其必然会四处碰壁。

根据适用的具体空间的不同，外交战略可以被分为全球性外交战略与区域性外交战略。

所谓全球性外交战略，指的就是适用于整个世界范围、以全世界为关注对象的外交战略。全球性外交战略通常视野辽阔、容量宏大，是其制定者在全球范围内进行外交活动的总纲。毛泽东在 1974 年所提出的关于“三个世界划分”的理论，实质上就是在当时为中国所制定的全球性外交战略。

所谓区域性外交战略，则是指适用于世界上某一特定区域，并主要以其为关注对象的外交战略。此处所说的某一特定区域，既可以是几个大洲或几个国家，也可以是一个大洲或一个地区，它们通常与该外交战略制定者自身的外交利益息息相关。同全球性外交战略相比，区域性外交战略往往显得视野相对狭小，容量也相对较小。从根本上来说，区域性外交战略服从于全球性外交战略，是其制定者在某一特定区域内进行外交活动的总纲。1823 年，美国第五任总统门罗提出了所谓的“门罗主义”，它实际上就是一个以美洲为特定适用范围与关注对象的美国的区域性外交战略。

全球性外交战略与区域性外交战略，是既有区别又有联系的。二者的主要区别，在于它们的适用范围截然不同：前者适用于整个世界，后者则仅仅适用于世界上的某一特定区域。二者的主要联系则在于：前者统率后者；后者服从于前者，并且是前者的组成部分之一。

2. 依照时间的不同所进行的分类

任何事物，都会随着时间的变化而发生变化，外交战略当然也是如此。每一项外交战略，都只有在其所适用的特定的历史时期内，才能够真正地发挥作用。一旦时过境迁，它便会随之而失去实用价值。作为划分外交战略标准之一的时间，在此具体指的就是每一项外交战略所适用的特定的历史时期。

根据适用的具体时间的不同，外交战略可以被分为长期性外交战略与近期性外交战略。

所谓长期性外交战略，指的是需要其制定者通过较长时间的努力，在一定的国际环境下才有可能实现的外交战略。一般而言，长期性外交战略犹如外交实体所进行的远景规划，是需要为其创造条件，并不断争取实现这一条件的。一个外交实体尤其是主权国家所制定的一项长期性外交战略，在其既定的历史时期内，通常相对稳定，不会发生太大的变化。1996 年 4 月，中俄正式宣布建立“平等信任、面向 21 世纪的战略协作伙伴关系”，从而为两国关系的发展确立了明确的方向。建立中俄战略协作伙伴关系，绝非权宜之计，而是有待双方长期地、共同地努力，所以可以称之为中俄两国的长期性外交战略。

所谓近期性外交战略，则指的是其制定者有望在现阶段或者不久的将来所实现的外交战略。近期性的外交战略，自然就是外交实体所进行的近期外交规划。相对而言，它的可行性较强、现实性较大，但往往需要随机调整，因而它在具体细节上往往变化较大。举例而言，实现祖国统一，就是中国的一项近期性外交战略。在这一外交战略里，实现祖国统一的根本目标绝对不会动摇。但在涉及港、澳、台地区的具体做法上，则往往有必要因时制宜、因地制宜。

应当说明的是，在区分长期性外交战略与近期性外交战略时，其具体的时间界限一般都是相对而言的。在外交实践里，长期性外交战略的成败得失往往有待于较长时间的检验，而近期性外交战略的成败得失则比较容易见分晓。因此，能否在成败得失方面很快地见其分晓，便成为确定一项外交战略究竟是长期性外交战略还是近期性外交战略的一种重要的尺度。

长期性外交战略与近期性外交战略，存在着一定的联系与区别。二者的区别，主要在于它们得以实现的时间长度显然有所不同：前者的实施仅仅具有一定的可能性，而后者的实施则具有较大的现实性。二者的联系主要在于：后者直接地服务于前者，而前者通常都是由一系列的后者所组成的。只有实施了一个又一个的后者，才有助于前者最终完全地实施。

3. 依照科学与否所进行的分类

一项外交战略，在其具体实践中，往往存在着一个合理与否的问题。只有合理的外交战略，才有可能得以实现。而不合理的外交战略，则是不存在实现的可能性的。必须看到的是，从本质上来说，外交战略乃是其制定者为外交实体进行外交活动所主观拟定的总体设想。在外交实践中，它并非皆可与客观现实相统一。

外交战略的合理与否，主要在于其基本构成要素之间能不能实现理性而协调的组合。也就是说，它的基本构成内容及其相互组合，必须合乎科学。

根据科学与否，外交战略可以被分为科学的外交战略与非科学的外交战略。

所谓科学的外交战略，又叫作合理的外交战略，它指的是那些不仅主观与客观相统一、认识与实践相符合，而且其基本构成要素及相互组合理性而和谐，并且有助于外交活动顺利开展的外交战略。一般来说，并非所有科学的外交战略都能够获得成功，但成功的外交战略则必然都是科学的外交战略。改革开放以来，中国一直奉行全方位的总体外交战略，并且因此而获得了巨大的外交成功。这一外交战略，无疑属于科学的外交战略。

所谓非科学的外交战略，亦称不合理的外交战略，它通常指的是那些主观与客观相分离、认识与实践相脱节，既使得其基本构成要素及相互组合不理性、不和谐，又使得其外交活动未能顺利开展的外交战略。在一般情况下，一项外交战略科学与否不能自我评论，而应由实践来进行公正的检验，非科学的外交战略是永远都不可能获得成功的。20 世纪 80 年代中期，苏联奉行戈尔巴乔夫所制定的“新思维”外交战略，最终非但未能获得外交上的成功，而且还导致了苏联的彻底解体。无论如何，都不能不将“新思维”外交战略归入非科学的外交战略之列。

科学的外交战略与非科学的外交战略，存在着一定的辩证关系。二者的主要区别在于：一个是科学的、理性的，另一个则是非科学的、非理性的。二者的联系则在于：在客观现实中，它们往往你中有我、我中有你，即科学的外交战略中难免会存在个别非科学、非理性的因素；非科学的外交战略中有时也不排除存在个别科学、理性的因素。与此同时，在一定条件下，二者往往还会发生相互转化。

4. 依照实施途径的不同所进行的分类

一项外交战略，在其具体的实施过程中，通常会根据其制定者预先的设想和客观的条件，挑选不尽相同的实施途径。所谓外交战略的实施途径，在此是指外交战略得以实施的基本方式。在实施一项具体的外交战略时，假如忽略对其实施途径的选择，或者选择不恰当的实施途径，都会对外交战略的实施造成相当大的危害。

根据实施途径的不同，外交战略可以被分为直接性外交战略与间接性外交战略。

所谓直接性外交战略，就是选择直接的实施途径的外交战略。具体而言，它是指那些直截了当、明明白白、清清楚楚地规定了外交目标、外交任务、外交政策及其具体实施途径的外交战略。它的最大的特点，就在于直言不讳，可以令人一目了然。新中国成立之初所奉行的联苏反美“一边倒”的外交战略，就是典型的直接性外交战略。

所谓间接性外交战略，就是选择间接的实施途径的外交战略。一般来说，间接性外交战略是指那些以隐蔽的、迂回的、间接的实施途径达到外交目标、完成外交任务、贯彻外交政策的外交战略。声东击西、出奇制胜，通常是它所具有的主要特点。俄国沙皇彼得大帝所留下的《彼得遗嘱》与美国国务卿马歇尔所制定的“马歇尔计划”，实际上都是颇具代表性的间接性外交战略。

直接性外交战略与间接性外交战略，不仅有所联系，而且也存在着区别。二者的主要区别，是其实施的方式截然不同。二者的联系则在于，前者可以被具体地分解为几个互不相同的后者，后者的实施效果则往往会对前者产生一定程度的影响。对一个外交实体而言，在外交目标、外交任务方面，它所制定的直接性外交战略与间接性外交战略，往往并无二致，而是经常殊途同归的。

5. 依照阶级性的不同所进行的分类

在阶级社会里，归根结底，任何外交战略都是统治阶级的外交战略。它不仅总是体现着统治阶级自身的阶级利益，而且也是直接为维护统治阶级自身的阶级利益所服务的。实践早已证明，任何一个阶级一旦占据了统治地位，掌握了制定外交战略的权力，就必然会毫不犹豫地积极制定符合其切身利益的外交战略。无论它如何进行自我宣传，在阶级社会里，所谓超阶级的外交战略永远都是不存在的。

根据阶级性质的不同，外交战略可以分为奴隶主阶级的外交战略、封建地主阶级的外交战略、资产阶级的外交战略和无产阶级的外交战略。

显而易见，每一个阶级的外交战略实质上都是服务于其自身利益的。所谓奴隶主阶级的外交战略，是指在奴隶制国家里由居于统治地位的奴隶主阶级所制定的外交战略。所谓封建地主阶级的外交战略，是指在封建制国家里由居于统治地位的封建地主阶级所制定的外交战略。所谓资产阶级的外交战略，是指在资本主义国家里由居于统治地位的资产阶级所制定的外交战略。所谓无产阶级的外交战略，则是指在社会主义国家里由居于统治地位的无产阶级所制定的外交战略。在现代外交中，主要存在着资产阶级的外交战略与无产阶级的外交战略。

在外交实践中，阶级性质互不相同的外交战略之间，通常是既有对立，又有统一的。它们的对立之处在于，上述四种阶级性质不同的外交战略，大体亦可分成如下两类：一类是奴隶主阶级的外交战略、封建地主阶级的外交战略和资产阶级的外交战略，它们都是剥削阶级的外交战略。另一类则是无产阶级的外交战略，即非剥削阶级的外交战略。前者通常具有鲜明的反人民性、利己性、侵略性和争霸性，而后者则一般具有人民性、互利性、和平性和民主性。在外交实践中，二者时常相互矛盾、相互斗争。

它们的统一之处则在于，不同外交实体所制定的外交战略，尽管其具体内容多有不同，但在阶级性质相同的外交战略之间却多有共性可言。在外交实践中，阶级性质相同的不同国家的外交战略，彼此之间往往也易于相互协调。一个国家的阶级性质一旦发生变化，其外交战略的阶级性质则必然也会因此而发生转变。这就表明：不同阶级性质的外交战略相互之间发生转变，并非毫无任何可能性。

四、外交战略的地位

在外交实践中，外交战略是一种客观的存在。不论外交战略的制定、调整，还是外交战略的贯彻、实施，都是外交实体特别是主权国家所自觉进行的外交活动。承认外交战略的制定、调整、贯彻、实施属于外交活动这一做法本身，就等于肯定了外交战略的客观存在。

进而言之，外交战略的制定、调整、贯彻、实施不仅仅是一种客观存在的、普通性质的外交活动，而且还是一种极端重要的外交活动。甚至完全可以说，它是一种最为重要、最为关键的外交活动。对任何外交实体而言，这一点都不会有例外。

外交战略的制定、调整、贯彻、实施，在一个外交实体所进行的全部外交活动中，通常都居于不可替代的重要地位。它所处的这种重要地位，一般主要体现在以下三个方面：

1. 处于最高地位

在一个外交实体所进行的全部外交活动中，外交战略的制定、调整、贯彻、实施始终都处于最高的地位。

一个外交实体所进行的全部外交活动，可被看作一个严密的系统。站在系统论的角度上来说，所谓系统，是指由若干具有一定功能的，相互作用、相互制约的因素所组合而成的一个复合体。一般而言，系统具有一定的层次性。根据不同的要求和标准，可以将系统区分为大系统与小系统。前者又叫母系统，后者则可称之为子系统。每一个大系统，通常都可以被具体细分成若干个小系统。而若干个小系统，往往又可以进而构成一个大系统。按照系统论的观点，任何一个系统，均可被看作一个全局，而一个大全局又可以被视为若干个小全局。换而言之，全局的范围也有大小之分。

前文已指出，外交战略通常是指外交实体为其进行外交活动所做的总体规划。所谓总体规划，一般是指带有全局性的或者决定全局的，比较全面并关注长远的发展计划，亦即活动总纲。由此可见，在外交活动这一大系统中，外交战略这个小系统是高高在上、处于总览全局的位置上的。没有外交战略发挥其作用，外交活动这一大系统就会难以运转，或者从根本上运转失灵。

2. 处于主导地位

外交战略的制定、调整、贯彻、实施在一个外交实体的全部外交活动中所处的最高地位，往往可以直接地体现在它在一个外交实体所进行的全部外交活动中所处的主导地位上。

外交战略在其运作过程中所处的主导地位，主要表现为它在外交实体所进行的全部外交活动中，既为其指明了活动方向，同时又提供了使其取得成功的重要保证。

一方面，外交战略为外交实体进行外交活动指明了方向。在全部国际关系活动中，外交活动通常是最严肃、最复杂，也是最重要的。它不但会受到参与活动的有关各方的直接影响，而且往往还会同时受到来自其他方面的国际关系活动的间接影响。任何外交实体想要在纷繁复杂的外交活动中赢得主动、趋利避害，就必须善于进行统筹规划，为自身进行外交活动制定正确的指导方针，以求有备无患，以不变应万变。外交战略，实际上就是适应这一客观需要应运而生的。准确地说，外交战略其实就是外交实体进行外交活动的指导方针。

另一方面，外交战略为外交实体取得外交活动的成功提供了重要的保证。从某种意义上来说，外交战略可以被视为外交实体进行外交活动的行动纲领。对一个外交实体而言，外交风云变幻莫测，外交格局难以驾驭。它要想在外交活动中处于主动地位，始终立于不败之地，或是争取变被动为主动，就必须为自身拟定正确的、符合客观实际的行动纲领。如果能够做到这一点，就可以提高其取得成功的概率，反之则难有成功可言。由此可见，具有外交行动指南作用的外交战略，绝对不是可有可无之物。

3. 处于核心地位

在一个外交实体所进行的全部外交活动中，外交战略的制定、调整、贯彻、实施往往还处于核心地位。在一般情况下，一个外交实体所进行的其他外交活动大都以外交战略作为轴心，围绕它进行着正常的运转。在一个外交实体所进行的全部外交活动中，假如缺少了外交战略的制定、调整、贯彻、执行，就会变得空洞无物，至少也会显得不够完整。

外交战略，就其本质而言，是外交实体参与外交活动的自觉的因素。这是其处于核心地位的根本原因。在一般情况下，人类社会的发展方向受其自身的客观规律制约，往往不以人们的主观因素为转移。但是，人们的主观因素有时也可能对人类社会的发展方向产生一定的作用。通常认为，人类的一切活动都由两大基本因素所决定：其一，客观的、自发的因素。它是不以人的主观意志为转移的客观过程。其二，主观的、自觉的因素。它能够对客观过程产生一定的影响。说到底，外交战略就是存在于外交活动中的主观的、自觉的因素，因而它必然对外交活动产生一定的影响。

外交战略对一个外交实体所进行的外交活动的影响，通常表现为使外交活动的其他组成部分从属于自己，并受到自己的支配。

第二节　外交策略

外交活动，讲究的是有勇有谋和“谋而后动”。外交活动中的这个“谋”字，通常带有计谋、谋略之意。实际上，它一般所指的就是外交策略。

外交策略，亦称外交谋略，它在外交实践中一向发挥着重要的作用，在外交的具体操作中，它更是备受瞩目。进行外交学的系统研究，无论如何都不应该有意或无意地对外交策略加以疏忽。

一、外交策略的概念

不论在理论研究还是实际运作中，外交策略一词都会偶尔得见。然而人们在使用外交策略这一概念时，往往并未对其进行认真的界定。有的时候，它被人们与外交战略混淆使用；有的时候，它被人们代之以外交谋略、外交计谋等其他词汇；还有一些时候，它则被人们错误地等同于外交政策。

研究外交策略，有必要首先澄清其基本概念。只有对外交策略在概念上进行正确的界定，才能够全面而深入地对其进行正确的研究。

1. 有关策略的概念

策略一词，在许多情况下，都是被人们与战略一词相提并论的。在不少时候，人们往往还习惯于在战略、策略这两个概念中选用其一，而以之去包括另外一个概念。此种现象的产生，主要原因有：其一，战略与策略这两个概念的确是相互关联、存在着异乎寻常的密切联系的。其二，在既往的学术研究中，对战略、策略这两个重要概念的不同之处缺乏应有的重视。

严格地讲，策略一词是有其自身特定含义的。在社会生活里，尽管有人时常将它与战略一词互相替代使用，但还是有人注意到了它有别于战略之处。在研究无产阶级革命运动时，斯大林在给出了战略一词的明确定义之后，进而指出："策略就是规定无产阶级在运动的来潮或退潮、革命的高涨或低落这个较短时期内的行动路线，就是通过以新的斗争形式和组织形式代替旧的斗争形式和组织形式，以新的口号代替旧的口号，通过把这些形式配合起来等等来为实现这条路线而斗争。"① 由此可知，根据斯大林的理解，无产阶级革命运动的策略，就是无产阶级及其政党在某一较短时期内，根据自身的战略要求和形势变化所规定的行动路线，以及为实现这条行动路线而采取的斗争形式、组织形式和斗争口号。在斯大林所给出的这一定义中，核心之点是所谓斗争形式和组织形式问题，换而言之，亦即行动的方式、方法。应当肯定，斯大林对策略所做的解释是比较完备的，在他的定义中，策略的核心之处基本上都被概括到了。

在一般意义上，策略主要适用于人际交往，包括个人与个人的交往、个人与集体的交往、集体与集体的交往等等。简而言之，所谓策略，通常是指为了实现自身的既定目标、贯彻自身的整体计划、应付局势的发展变化，而预先有所安排或制定的有关自身行动的具体方式和具体计谋。正因为如此，策略这一概念实际上往往可以与计谋、计策、谋略、方略等等与"计"相关的概念相互通用。

换一个角度，也可以将策略称为一项行动的局部计划、具体计划。相对于作为行动全局计划、总体计划的战略而言，策略与其尽管在所关注的问题上一"小"一"大"，但同样不可以缺少。因为离开了局部计划、具体计划、小计划，全局计划、整体计划、大计划便难以得到真正的、全面的贯彻落实。

就其渊源而言，策略同战略一样，都产生于军事行动中。在人际交往和社会生活的各个方面，策略也备受重视，并且早已在实践中得到了广泛的运用。对诸如公关策略、销售策略、包装策略、斗争策略等一类常用的与策略有关的名词概念，每一个现代人恐怕都是耳熟能详的。

2. 外交策略的定义

应当指出的是，在外交理论与外交实践中，外交策略早已是一种客观的实在。自从外

① 《斯大林全集》，中文1版，第6卷，134～135页。

交出现之后，外交策略就一直存在着。进行外交活动时，从来都不可能脱离外交策略的具体运用。

然而在外交理论与外交实践中，外交策略过去并不是一个常用的概念。对于外交策略的内涵、外延、地位、作用、特征和操作等等一系列十分重要的问题，长期以来人们一直缺乏认真的研究。

学术界对外交策略缺乏重视的原因主要有三：其一，外交策略的具体操作一直讲究秘不外宣，或者只做不说，致使局外人对其缺乏认识。其二，外交策略本身一直讲究随机应变，“无形胜有形”，“只能意会，难于言表”，因而加大了对其进行研究的难度。其三，外交策略在个别人眼里被视为“阴谋诡计”，非正人君子所为，所以被视而不见、束之高阁。

在进行外交策略的研究时，以下问题是非常重要的：其一，要端正对外交策略的认识。其二，要正确地使用外交策略的概念。其三，要对外交策略在概念上进行科学的界定。只有解决好这三个具体问题，才能够深入地开展对外交策略的研究。

端正对外交策略的认识，主要应当注意：一是正视外交策略的客观存在，不要对其予以否认；二是正确评价外交策略的作用，既不要对其完全抹杀，也不要对其过分地夸大。

正确地使用外交策略的概念，主要要求做到：一是在表述外交策略时应当使用外交策略这一标准概念；二是应当准确地了解外交策略这一概念的内涵，掌握其适用范围，避免对其滥用或错用；三是应当防止张冠李戴，力戒将外交战略与外交策略等不同的概念混淆使用。

对外交策略在概念上进行科学的界定，一方面需要给出外交策略的基本定义，另一方面则需要将外交策略与其他容易混淆的相近的概念加以区别。以下将着重讨论这两个方面的问题。

如果严格而科学地进行定义，外交策略乃是一个外交实体尤其是主权国家为了实施自己的外交战略，在兼顾局势发展变化的前提下，在其外交活动中所采用的具体行动方案。这一具体行动方案，包括外交实体在其进行外交活动时所采用的具体计划、具体计谋和具体对策等项内容。

在掌握外交策略这一概念时，应当特别关注下列四点，外交策略正是由它们所构成，缺少其一，外交策略将不称其为外交策略。

首先，外交策略的核心内容是外交实体在外交活动中所采用的具体行动方案。而此种具体行动方案，又是由一系列的具体计划、具体计谋、具体对策等等所构成的。它们的主要作用，是要规定外交实体在外交实践中的具体活动方式。

其次，必须注意对外交策略加以灵活掌握、灵活运用。也就是说，不论外交策略的选择还是运用，都不是一成不变、一劳永逸的。在外交活动中，外交实体必须注意及时调整自己的外交策略。

再次，外交策略的选择与运用，皆应兼顾局势的发展、变化。在外交实践中，一个外交实体所面对的局势无时无刻不在发展、变化。在选择外交策略时，应当对未来局势的发展、变化有所预见。当局势发展、变化出乎意料时，还须及时调整自己的外交策略。任何一项被实践证明是成功了的外交策略，显然都是与当时局势的发展、变化相适应的。

最后，制定外交策略，主要是外交实体为了实施其自身的外交战略。由此可见，外交战略与外交策略是一对相随相伴、不易分割的范畴。一般而言，外交策略从属于外交战略，并且是直接为实施外交战略服务的。

将外交策略与其他容易混淆的概念加以区别，重点是要把它与外交战略区分清楚。外交战略与外交策略之间，既有联系，又有所区别。

外交战略与外交策略的共同之处是：它们都是外交实体对自身外交活动所进行的主观筹划，它们都被外交实体用以指导自身的外交活动，它们都以对方的存在作为自身存在的前提。

外交战略与外交策略的区别之处主要表现在：其一，主要内容不同。前者是外交实体进行外交活动的总体规划，后者则是外交实体进行外交活动的具体行动方案。其二，基本作用不同。前者对于外交实体所进行的外交活动具有普遍指导作用，后者则主要起着为外交实体所进行的某项外交活动具体出谋划策的作用。其三，所受限制不同。前者适用范围较广，相对较为稳定；后者则往往适用于某一特定阶段或特定范围，而且经常有必要对其加以调整。其四，从属关系不同。在通常情况下，后者都是从属于前者、服从于前者的。

平时，人们在表述类似于外交策略的意思时，往往还会采用政治策略、国际政治策略和对外策略等等不尽相同的概念。实际上，它们与外交策略具有一定的区别。

政治策略，是指个人、组织、阶级或国家进行政治活动时所采用的策略。它适用于各种政治活动中，其适用范围明显较外交策略大。

国际政治策略，其实是政治策略的一个分支。它所指的是一个国际政治实体进行国际政治活动时所采用的策略。由于外交实体与国际政治实体、外交活动与国际政治活动通常是不可以画等号的，因而外交策略与国际政治策略亦非同类。

对外策略，有时又叫国际策略，从字面上即可了解，它普遍适用于国际关系的各个领域，所以它的适用范围要比外交策略的适用范围大许多。外交策略与国际政治策略皆可并列于其中。

综上所述，进行外交学研究或参与外交实践，有必要提及一个外交实体在其外交活动中为实施其外交战略而采用的具体行动方案时，还是以使用外交策略这一概念为好。这样做，不仅可以更为精确地表达本意，在形式逻辑上也显得更加严谨而合理。

二、外交策略的特征

从本质上看，作为外交实体尤其是主权国家进行外交活动的具体行动方案，外交策略具有一系列自身的鲜明特征。对外交策略的基本特征进行深入的研究，既有助于进一步端正对外交策略的认识，又有助于更加行之有效地实施外交策略。

概括地来说，大凡外交策略，通常都具有计谋性、相沿性、机密性、随机性、互动性、交融性、功利性七个方面的基本特征。在外交实践中，外交策略的这七个方面的基本特征往往相互影响，同时得以体现，并且互相配合，发挥其各自的作用。

1. 计谋性

任何外交策略，在一定程度上必然都具有其计谋性。从根本上来讲，计谋性不仅是外交策略的基本特征之一，而且也是它最重要的一项基本特征。正是计谋性这一基本特征，才使得外交策略完全有别于外交战略。

外交策略的计谋性特征，主要是指所有的外交策略实际上无不以“计”见长，以“谋”取胜，以“策”为主。一项外交策略，说得直截了当一些，实际上就是为实施外交战略进行策划，献计献策。一项外交策略，如果不能够为外交战略的实施贡献计策，那么它就不应该被视为真正的外交策略。相反，一项外交计谋，假如它能够为外交战略的实施贡献计策，那么即使它不叫作外交策略，也应该被视为地地道道的外交策略。

外交策略的计谋性特征，主要体现于下述三个相互联系的不同侧面：其一，献计。也就是要提供具体的行动计划，尤其是对前人行之有效的某些行动计划古为今用。其二，出谋。也就是要积极主动地出主意，想办法，出点子。其三，划策。也就是要为具体行动计划的实施和具体的主意、方法、点子的兑现而集思广益，进行认真而周密的策划。在外交策略中，其计谋性的基本特征往往采用不同的具体表现形式。有时它表现得一目了然，有时它也有可能表现得委婉含蓄。但是，不论它表现得直白与否，从本质上来说，都是外交策略的灵魂。

包括在外交策略中的计谋，通常都具有明显的可操作性。也就是说，从客观上讲，它应当是切实可行的。另外，它往往在数量上又具有不确定性。在一项外交策略中，所包括的具体计谋大都数量不等。一项外交策略中，既可以只有一个计谋，也可以多个计谋并存。不过，当一项外交策略中数个计谋并存时，通常存在一个主要的计谋，而其他非主要的计谋则主要是服从并配合于主要计谋的。

2. 相沿性

纵观外交实践，时常可以发现：某一项特定的外交策略往往会在不同的历史时期内，被不同的外交实体反复再三地加以沿用，这种情况，即为外交策略所具有的相沿性特征。

所谓外交策略的相沿性特征，一般指的是一项外交策略在实施中获得成功之后，往往就会引起其他外交实体的注意，并因此而形成一种固定的模式，在此后的外交实践中多次地得到借鉴和沿用。简单地说，外交策略所具有的相沿性特征，实际上指的就是某一特定的外交策略实施成功之后，通常会被榜样化、模式化、固定化，被反复照搬、借鉴、沿用。世人皆知的均势策略、结盟策略、妥协策略、边缘策略、迂回策略、以夷制夷策略等著名的外交策略，无不具有此种相沿性特征。

外交策略之所以具有相沿性特征，主要是因为“前车之辙，后车可鉴”。在外交实践中，某项外交策略之所以被反复地沿用，一方面是因为外交实体的决策者在选择具体的外交策略时，往往习惯于借鉴历史上前人的成功经验。另一方面，则是因为历史往往是惊人地相似，在面临相同的情景时，采取相同的行动方案和计谋当然无可厚非。

外交策略在其被反复沿用的具体过程中，存在着两种值得注意的现象：

其一，一项外交策略在其被反复沿用的过程中，自身通常会有所发展、有所变化、有所完善。没有任何一项外交策略，在其被反复沿用的过程中会自始至终地一成不变。正是由于外交策略在其被反复沿用的过程中有所发展、有所变化、有所完善，才使它永远具有生命力。

其二，一个外交实体在沿用某项外交策略时，必定会根据自身的条件对其有所取舍、有所扬弃。俗话说：“学我者死，似我者生。”在沿用某项外交策略时，如果一味地墨守成规、循规蹈矩、照抄照搬，而不加任何变通，到头来肯定会自食其果。

3. 机密性

与外交战略、外交政策的公开性有所不同，外交策略在其被选择、被实施的整个期间，必然是而且只能是一种公众难以知晓的“核心机密”。一般只有在大功告成之后，人们才有机会对其略知一二。这就是外交策略所具有的机密性特征。

外交策略的机密性特征，主要指的是外交策略在其选择、拟定、实施的过程中，均应被作为重要而机密的事宜来对待，必须认真做到“天机不可泄露”。在任何情况下，参与此事者均须严守有关外交策略的一切秘密，并且采取一切必要的措施防止有关外交策略的秘密外泄。用一句话来进行概括，外交策略的机密性特征，就是必须始终为其保守秘密。

外交策略之所以具有机密性特征，主要是因其以“计”见长、以“谋”取胜、以“策”为主。凡“计”者、“谋”者、“策”者，无不讲究神秘莫测、声东击西、出奇制胜。倘若将行将实施或正在实施的外交策略昭示于人，它必然就会失去其本应发挥的作用。中国古代军事家孙武曾说：“凡战者，以正合，以奇胜。”① 他在这里所强调的“以奇胜”，实际上指的就是对于包括外交策略在内的各种策略的出其不意的运用。

应当说明的是，外交策略的机密性是自始至终存在的。具体而言，外交策略的机密性体现于它所存在的各个不同阶段。首先，在拟定、选择外交策略的阶段必须保守机密。倘若对其广而告之，使人对其来龙去脉一清二楚，则其必将在外交实践中毫无用处。其次，在实施外交策略的阶段必须保守机密。不然的话，外交策略泄密之后，就会使交往对象及时调整对策，从而使外交策略全部或部分失灵。最后，在运用外交策略完毕之后的阶段仍须保守机密。因为外交策略的生效，与外交策略的运用完毕并非完全同步。

还应当强调，有些外交实体在实施某项外交策略前后，往往会打破常规，自行揭秘，自我曝光。此种做法本身，通常有可能就是另一项外交策略的运用。

4. 随机性

外交策略，主要体现着人的主观意志。在现实世界中，人的主观意志通常必须服从于客观现实。任何客观事物的发展，都有其自身规律可循，同时也是不以人的主观意志为转移的。这种情形，在中国古代的一句名言“人算不如天算”之中得到了高度的概括。在这句话里，所谓“人算”，就是包括外交策略在内的人的主观意志；所谓“天算”，则是指事物自身的发展规律。从这种意义上说，盲目地坚持“人定胜天”未必是一种理智的行为。

然而在事物发展的具体过程中，人的活动并非永远被动、消极，人的努力亦非总是一无所用。实际上，只要人的主观努力与客观现实相符合、相适应，一般就会对其产生相当重大的作用。只要人们正确地认识了事物发展的规律，就会有助于自身努力的成功。由此可见，作为人的主观意志的产物，外交策略并非既“玄”又“虚”，而是的确可以产生一定作用的。

不过，外交策略作用的正常发挥，往往有赖于其拟定者、选择者、实施者根据当时所面临的具体客观条件而随机应变、见机行事。在任何时候，都不可以在拟定、选择、实施外交策略时以不变应万变。外交策略所具有的这一特征，就是它的随机性。

所谓外交策略的随机性，简单地说，就是它讲究随机应变、见机行事。进而言之，则

---

① 解放军军事科学院战争理论研究部《孙子》注释小组：《孙子兵法新注》，33页，北京，中华书局，2005。

是指在拟定、选择、实施外交策略的具体过程中，必须充分兼顾外界条件的客观变化，尽量地使二者相互适应。最重要的是，拟定、选择、实施外交策略，务必要重视并紧跟外界条件的客观变化，善于掌握时机，并且灵活地应付各种难以预料的变化。

在拟定、选择、实施外交策略时讲究随机应变，其中最为重要的就是要正视外界条件的客观变化。周恩来曾经指出："总要根据形势的发展，才能决定具体外交政策。"① 具体来讲，拟定、选择、实施外交策略时，应当特别注意因人而异，因地而异，因时而异，因事而异，因势而异。因人而异，就是要注意拟定、选择、实施外交策略时人的因素，尤其是要注意彼此双方的核心人物。因地而异，就是要重视彼此之间国情的不同、地理状况的差异。因时而异，就是要兼顾时间的变化、时代的不同。因事而异，就是要充分考虑外交策略所适用于处理的具体事件的不同。因势而异，则是要求勿忘外交局势的发展和变化。

5. 互动性

外交策略在其自身实施的具体过程中，通常会根据具体条件的不同而不断地有所调整、有所变化。如果对外交实践进行认真考察，就会发现：任何一项外交策略，在其拟定、选择、实施的具体过程中，都会不同程度地有所调整、有所变化。在某些特殊的条件下，个别不宜推行或难以奏效的外交策略甚至还会被"中途换马"，半途而废。在外交实践中毫无调整、变化的外交策略，几乎是不存在的。

外交策略本身在拟定、选择、实施的具体过程中，需要不断调整、不断变化的这一特征，通常被叫作互动性。所谓外交策略的互动性，主要是指外交策略在其自身发展的一系列过程中，往往需要根据具体条件的不同，尤其是它的适用对象的具体变化，而不断地加以适当的调整和变化。正是因为外交策略具有这一鲜明的互动性特征，所以有人才称之为外交计谋，即能够迅速适应其具体适用对象变化的外交计谋。

外交策略的互动性，实际上是其随机性特征的具体表现和进一步发展。外交策略的拟定、选择、实施，必须注意其适用对象的具体变化。一旦其适用对象的具体情况发生了变化，外交策略就必须随之加以调整。举例而言，一国原先对另外一国奉行结盟策略，可是如果对方忽然改变初衷，不想与其继续结盟，或者转而与该国的敌对国家结盟，那么该国就要调整自己的外交策略，因为依旧一如既往地继续对它奉行结盟策略，显然就变得毫无任何意义。

外交策略与其适用对象之间的互动，既可以是一种主动行为，也可以是一种被动行为。至关重要的是，二者要相互适应，而不可以相去甚远。唯其如此，才会使外交战略真正地行之有效。

6. 交融性

外交策略在其自身运作的具体过程中，往往既不是静止的，也不是孤立的。在绝大多数情况下，外交策略的具体运用往往与外交战略、外交政策的运用同时并存。在不少时候，一项外交策略的运用，时常还会与其他一项或数项外交策略的运用伴随、交叉在一起。这种情况，被称为外交策略的交融性特征。

外交策略的交融性特征，主要是指外交策略在其自身正常运作的过程中，往往并非孤

① 《周恩来外交文选》，301页。

立地存在。在一般情况下，外交策略在其得以运用的具体过程中经常会与外交战略、外交政策以及其他外交策略的运用相互交叉、相互融合在一起。有的时候，它们彼此之间甚至还会你中有我、我中有你。

具体而言，外交策略的交融性特征主要表现在以下两个方面：

一方面，外交策略往往与外交战略、外交政策交融在一起。外交政策是外交战略的有机构成要素，外交策略则是实施外交战略的具体行动方案，因此三者通常相伴而生、如影随形，甚至直接交融在一起，让人难以非常正确地将其直接区分开来。

另一方面，一项外交策略往往还会与其他外交策略交融在一起。一般来说，它又具体分为下述五种情况：一是一项外交策略与另外一项外交策略交融在一起；二是一项外交策略与另外多项外交策略交融在一起；三是一项外交策略包含了另外一项外交策略；四是一项外交策略同时包含了另外多项外交策略；五是一项外交策略既包含了另外一项或多项外交策略，同时又与其他的外交策略相互交融在一起。

外交策略所具有的这种交融性特征，使得它的具体运用往往需要与其他外交策略环环相扣、环环相连。

7. 功利性

外交实体在拟定、选择、实施外交策略时，通常都会给予其高度的重视。这主要是因为，外交策略具体拟定、选择、实施得是否得当，往往直接关系到外交实体某一次具体行动的成败。即使一个外交实体拥有科学的外交战略，但如果它的外交策略具体的拟定、选择、实施方面出现了差错，也会使它四处碰壁。由此可见，外交实体在其拟定、选择、实施外交策略的具体过程中，必然会倍加关注外交策略的实际功效。

外交策略所具有的这一特征，就是它的功利性。所谓外交策略的功利性，主要指的是任何外交实体在拟定、选择、实施外交策略时，都对其有无实际功效甚为重视。对一项具体的外交策略而言，有无实际功效，通常是判别其正确与否的唯一尺度。一项外交策略，只要能够在其实施之后产生实际功效，使外交实体的行动取得成功，一般就会被视为正确的外交策略。反之，如果它在实施后未曾产生多少实际功效，未能使外交实体的行动取得成功，则一般就会被视为不正确的外交策略。

应当看到，每项外交策略，就其本身而言，并无对错之别。它的正确与否，只是在于它的实施结果能否为外交实体带来实际功效。在这一意义上来说，外交活动与外交策略都是追求功利、只承认胜利者的。

外交策略之所以具有功利性特征，主要是因为它在外交活动中往往处于举足轻重的位置。在外交策略上，每一个外交实体通常都是不敢输、输不起的。诚如列宁所言："制定正确的策略决议，这对一个想根据马克思主义的坚定原则来领导无产阶级而不仅是跟在事变后面做尾巴的政党来说，是有巨大意义的。"① 毛泽东也曾从另外一个侧面强调过制定正确策略的极端重要性。他指出："倘若无产阶级政党的斗争策略是错误的，或者是动摇犹豫的，那末，革命就非走向暂时的失败不可。"②

---

① 《列宁全集》，中文2版，第11卷，3页，北京，人民出版社，1987。

② 《毛泽东选集》，2版，第1卷，115页。

第五章

外交政策与外交决策

重点问题

- 外交政策的范畴
- 外交政策的构成
- 外交决策的过程
- 外交决策的模式
- 外交政策与外交战略、外交策略的比较
- 新中国外交政策分析

在外交实践中，外交政策与外交决策都是每一个外交实体尤其是主权国家所必须认真面对并妥善处理的头等大事，在外交政策与外交决策之间，既存在着一定的差别，又存在着一定的联系。

外交政策，既是外交战略的组成部分之一，又是它的具体体现。在外交实践中，外交政策的基本作用，就是为外交实体规定其进行外交活动的行动准则，并据此规定外交实体的基本外交内容。对一个国家而言，外交政策是其国内政策的必然延伸。从根本上看，各国的外交政策不仅要与它的国内政策紧密配合，而且还必须最终服从于它的国内政策。在任何情况下，各国所进行的外交活动，到头来都是为其国内政策所服务的。

外交决策，是使外交政策成为外交政策所必不可少的一道程序。外交决策，一般指的是外交实体尤其是主权国家在其采取外交行动前对行动目标与手段的酝酿、制定和选择。外交政策与外交战略、外交策略都是外交决策的对象。经过外交决策之后，外交政策才具有真正的生命力，才有可能被付诸外交实践。由此可知，凡属外交政策，必然都要经过外交决策。只有经过了外交决策并被付诸外交实践的外交政策，才可以真正被称为外交政策。

第一节　外交政策

研究一个外交实体特别是一个主权国家的外交行为时，必须始终如一地将关注的重点置于它的外交政策上。一般来说，作为指导本国外交活动的大政方针，各国的外交政策都是其全部外交行为之本。

一、外交政策的范畴

在外交学研究中，外交政策是一个基本的范畴。在深入而系统地研究外交政策时，必须对外交政策这一范畴具有完整而正确的认识。其中最重要的，就是要充分地了解外交政策的实质、外交政策与其他相近概念的区别两个方面的具体问题。

1. 外交政策的实质

外交政策的实质，通常都被一系列纷繁复杂的现象所掩盖，往往令人难以对其直观地加以认识。但是，要想正确地认识外交政策，就非得掌握其实质不可。

所谓外交政策的实质，在此是指外交政策本身所固有的，决定其自身性质、面貌、发展与变化的根本属性。要掌握外交政策的实质，首先必须对其进行正确的界定。

从字面上来分析，外交政策就是有关外交的政策。所谓政策，通常指的是一个国家、政党或集团为了实现自己在一定历史时期内的总体计划而具体制定的行动准则。因此，外交政策指的就是外交实体主要是主权国家为实施自己在一定历史时期内的外交战略而具体制定的行动准则。

在外交政策的上述定义中，有下列要点必须注意：

其一，外交政策的制定者，是外交实体。在一般情况下，外交政策主要是由主权国家所制定的。

其二，外交政策的基本内容，是其制定者为自己所制定的行动准则。也就是说，它实际上主要是为外交实体所进行的外交活动提供基本依据与指导方针。

其三，外交政策的主要目标，是实现其制定者既定的外交战略。外交政策必须服从于外交战略，必然从属于外交战略。

其四，外交政策的适用范围，是一定的历史时期。在任何情况下，外交政策都必须与其所处的具体历史时期相适应。

以上四点，都是外交政策的根本属性和主要特征。外交政策的实质，就是由它们所构成的。在提及外交政策的实质时，对此四点必须予以兼顾，其中的任何一点都不可以被偏废。

与此同时，还必须特别强调，外交政策乃是外交实体尤其是主权国家指导自身外交活动的行动准则，这一点是外交政策的最重要的属性，也是其根本性的实质之所在。正是这一点，才使得它有别于同属外交实体主观意愿之列的外交战略与外交策略等范畴。

在有关外交政策的实质方面，中国学者的看法目前是比较统一的。张季良先生在其代表作《国际关系学概论》中指出："外交政策是一国……进行外交活动时所遵循的基本原则和行动方针。"① 而张历历等人则认为，外交政策"是国家用来管理它同边界以外的世界，特别是同其他国家的关系的原则和实践；是维护国家利益和目标的手段；是国家追求其自身利益而对待他国的行动进程"②。在他们对外交政策所做的解释里，都肯定了外交政策是进行外交活动时所必须遵循的指导原则。

在国外，绝大多数学者专家也持此观点。但是，他们之中也有一些人对外交政策的实

---

① 张季良：《国际关系学概论》，76 页。

② 张历历等：《现代国际关系学》，95 页，重庆，重庆出版社，1989。

质有着另外的理解。其代表性观点，是认为外交政策在其实质上与外交战略属于同一概念。也就是说，有人将外交战略微观化，进而将外交政策与外交战略等量齐观。还有个别人则认为，外交战略从属于外交政策，是为外交政策的实施服务的。对于他们的这种见解，在外交学研究中可以作为参考，但不宜予以认同。

2. 外交政策与其他相近概念的区别

在外交实践中，外交政策这一概念在其被具体运用时，的确有必要与外交战略、外交策略以及对外政策等相近的概念区别开来。

外交政策与外交战略的具体关系，科学地说，应当是后者高于前者，前者服从于后者。外交政策，是一个外交实体为了使自己的外交战略得以实施而具体制定的行动准则。形象地说，外交战略是外交实体的一种总体意图，而外交政策则是外交实体为贯彻实施自己的某种总体意图而具体提出的行动指南。严格地讲，外交政策既包括于外交战略之中，又往往可以独立地存在。在外交实践中，外交政策通常都是外交战略的最直接的体现。

在区别了外交政策与外交战略之后，对外交政策与外交策略的相互关系进行正确的认识，也是十分必要的。外交策略，通常指的是一个外交实体为实施其外交战略而采用的具体计谋和具体行动方案。从这一意义上来说，外交政策与外交策略之间是既有联系，又有所不同的。二者之间的主要联系在于，它们都服从于外交战略，并且是为外交战略的实施服务的。二者之间的主要区别则在于，外交政策是一种具体的行动准则，而外交策略则是一种具体的计谋和行动方案。前者相对需要保持稳定，后者则必须强调随机应变。因为外交政策往往直接体现着外交战略的主旨，所以从某种意义上说，外交策略亦可受到外交政策的支配，并且在一定条件下为其服务。

在研究外交政策的实质时，还有必要对外交政策与对外政策这两个概念进行严格的区分。准确地说，它们是两个不尽相同的概念。对外政策是一个国家关于其各种对外关系的政策，而外交政策则是一个国家关于其外交方面的政策。由此可见，外交政策在层次上要从属于对外政策，对外政策按道理说则应将外交政策包括在内。然而在外交实践中，这两个概念却时常是通用的，对外政策一般都被用来表述外交政策方面的内容，人们在提及对外政策时，也是在外交政策的意义上对其加以理解的。为了严谨起见，在进行外交学研究时，还是将对外政策这一概念弃而不用为好。

二、外交政策的构成

就一个主权国家而言，其外交政策一般以下述形式得以具体的体现：

其一，国家各种类型的正式文件之中。

其二，本国与其他国家所签订的正式条约、协议、公报、声明、宣言之中。

其三，本国国家领导人在正式场合所公开发表的讲话、声明之中。

其四，国家在国际社会的各种场合所作的公开表态之中。

具体来分析，一个国家的外交政策有时是以系统表述的形式得以体现的，有时则表现得较为分散。尽管它必须根据外界形势的变化而不断地有所调整，但是从总体上看，一个国家的外交政策，在一定的历史时期内都会保持相对的稳定，即使在不同的历史时期，它也会保持着一定的连贯性。

一般而言，一个国家的外交政策，大体上都是由其基本立场、主要目标、立足之点、重要任务等项具体要素所构成的。分析研究外交政策的构成要素，将有助于对其真正地有所了解、有所认识。

1. 外交政策的基本立场

外交政策的构成要素之一，是其基本立场。所谓基本立场，就外交政策而言，通常指的是一个国家在认识和处理外交问题时所处的地位和所持的态度，简单地说，它实际上就是一个国家对其所面临的外交问题的基本看法。作为一个国家指导其外交活动的行动准则，在外交政策中，基本立场这项要素永远都是不可缺少的。因为一个国家只有明确了其自身对现实外交问题的基本看法后，才能够在外交场合里采取正确的行动。

一个国家在其外交政策中所持的基本立场，主要有赖于外交局势的具体变化和该国国家利益的根本驱动。在一般情况下，一个国家在其外交政策中所持的基本立场，大致可具体体现为以下两个主要的方面：

其一，宏观的基本立场。它是指一个国家在其外交政策中所持的基本立场上体现出来的本国对自身外交活动的原则性态度。总体上讲，宏观的基本立场具体又可分为三种：一是结盟。也就是寻求与别国缔结同盟。二是不结盟。也就是坚持独立自主、和平中立，不与别国缔结同盟。三是奉行孤立主义。也就是闭关锁国，或置身事外、自给自足，与别国较少联系与沟通，基本上不介入国际事务。

其二，微观的基本立场。它是指一个国家在其外交政策中所持的基本立场上体现出来的本国对具体外交问题的一般性态度。例如，对某一国际问题的具体态度，对某个国家的具体态度，等等。

以上两个方面往往互相交错、相互制约。不过在一般情况下，后者都是由前者所决定的。

2. 外交政策的主要目标

外交政策的构成要素之二，是其主要目标。外交政策的主要目标，在此指的是一个国家通过其外交活动所要争取达到的标准或境地。有时，它亦称外交政策的宗旨。在外交政策中，主要目标所起的作用，一般是为国家指明其进行外交努力的方向，或阐明其外交行动的基本意图。

应当指出的是，作为外交政策构成要素之一的主要目标，与作为外交战略构成要素之一的外交目标基本上是相似的，二者都是为外交实体尤其是主权国家确定其进行外交活动的基本方向。然而二者之间也有一些差异存在。其主要的差异在于，作为外交政策构成要素之一的主要目标，实际上是作为外交战略构成要素之一的外交目标的具体化。前者所关注的往往都是具有一定现实意义或者实现可能性较大的目标；后者则既关注了前者所关注的内容，又会对某些在当前难以实现但却对自身至关重要的目标有所关注。

在拟定外交政策的主要目标时，各个国家通常都会对以下几点十分重视：其一，本国的外交利益能否获得一定程度的满足。其二，本国的外交实力能否为其实现提供必要的保障。其三，本国所处的外交环境是否有助于它的真正实现。其四，本国是否拥有实现它所需要的外交策略与外交手段。忽略了其中任何一点，外交政策所确定的主要目标都将难以真正实现。

在一项具体的外交政策中，主要目标可以只是一个，也可以数个并存。在数个主要目标并存时，往往存在着一个最主要的目标，其他的主要目标都应服从、配合于它。

一项外交政策之中的主要目标，有时又分为总体的主要目标与具体的主要目标。前者是指最主要的目标，后者则是前者的具体化，后者的逐步实现，将有助于前者的最终实现。

3. 外交政策的立足之点

外交政策的构成要素之三，是其立足之点。在外交政策中，立足之点是指外交政策制定国在其进行外交活动时所要依靠的基本力量。进行外交活动，固然主要依靠自力更生，但是在可能的条件下，若是能够争取到支持、帮助自己的力量，则当然会有助于本国外交活动的顺利进行。

在指导中国革命时，毛泽东十分重视区分敌、我、友。他说："谁是我们的敌人？谁是我们的朋友？这个问题是革命的首要问题。中国过去一切革命斗争成效甚少，其基本原因就是因为不能团结真正的朋友，以攻击真正的敌人。"① 他的这个观点，对外交政策的制定同样有所启示。

在外交活动中，一个国家可以依靠的力量，从某种意义上说，就是其现实的和可以争取的同盟军。争取同盟军的最大的好处，是可以壮大自己、孤立对手。多争取一些朋友，就等于减少了一些敌人。为了结成广泛的统一战线，必须团结不包括敌人在内的一切可以团结的力量。

一个国家在其外交活动中确定自己的依靠力量时，必须注意：其一，要认清朋友与对手。其二，要争取中间力量。其三，要将依靠的重点放在自己真正的朋友方面。例如，当前，中国在开展外交活动时，即以团结广大发展中国家作为自己的立足之点。而美国在进行其外交活动时，则显然是以联合北约盟国作为自己的立足之点的。

在一般情况下，对一个国家而言，朋友既有真假之别，又有直接与间接之分。一个国家为其外交政策确定立足之点时，必须注意依靠真朋友，放弃假朋友；必须主要依靠直接的朋友，同时积极争取间接的朋友。

4. 外交政策的重要任务

外交政策的构成要素之四，是其重要任务。在外交政策中，所谓重要任务，通常是指外交政策的制定国在贯彻落实其外交政策时所必须完成的既定工作。在正常情况下，外交政策中所规定的重要任务，往往直接来自外交政策中所确定的主要目标。一般而言，前者通常都是后者的具体化、定量化和形象化。

所谓具体化，指的是外交政策中所规定的重要任务通常都是细致的、明确的、特定的，而不是笼统的、含混的、抽象的。

所谓定量化，指的是外交政策中所规定的重要任务往往会以一定的具体数量体现出来。例如，在20世纪80年代，中国的外交政策提出了实现祖国统一、反对霸权主义、维护世界和平三项具体任务。

所谓形象化，则指的是外交政策中所规定的重要任务大都直观而具体。例如19世纪末20世纪初美国所推行的"门户开放政策"，就非常形象地将美国当时争取参与瓜分殖民

① 《毛泽东选集》，2版，第1卷，3页。

地、半殖民地的重要外交任务称为“门户开放”。

从总体上来说，外交政策中所规定的重要任务，是指为实现其主要目标或者为此而创造条件的一切工作。它的完成，既是外交活动所进行的常规过程，同时又出自实现外交政策所确定的主要目标的根本要求。它的实现，一般能够为其制定者在客观上创造一定的有利条件。

具体地说，在不同的时期、不同的条件下，各国外交政策所规定的重要任务往往不尽相同。但从根本上说，它们大体上都不会超出以下五类：其一，求得自身的生存。其二，保障自身的安全。其三，寻求自身的发展。其四，谋求自身的地位。其五，建立自身的霸权。

三、外交政策的比较分析

在外交学研究中，有关外交政策的研究一直是一大热门。这不仅是因为外交政策在外交行为中处于关键的地位，而且也是因为各国在制定外交政策时迫切需要理论上的指导。

在外交政策的具体研究中，长期以来一直流行着历史研究法、政策研究法和社会科学研究法三种主要的研究方法。它们各有所长，又各有所短。

所谓历史研究法，是指在进行外交政策研究时，强调历史地对其加以理解，并且在大量占有原始文献资料的基础上，试图重现外交政策的来龙去脉及其本来面目。

所谓政策研究法，是指在进行外交政策的研究时，以外交政策，尤其是现行的外交政策和未来的外交政策作为其关注的重点。要么侧重于对现行的外交政策进行诠释，要么则侧重于对制定未来的外交政策提出建议。这种研究方法的实践性较强，并为外交界所欣赏。

所谓社会科学研究法，又称综合研究法，它是指在进行外交政策的具体研究时，综合运用各种社会科学知识，尤其是社会科学的有关新知识，以归纳概括各种基本模式，并且以阐述这些模式为关注的重点。这种研究方法重视信息的搜集和更为系统地对其进行分析，在学术界目前较为通行。

当前，在国外，特别是在西方的学术界，人们在研究外交政策时，对比较分析的研究方法较为推崇。这一研究方法，其实是社会科学研究法的一个变种。外交政策比较分析理论，指的就是国外学者在具体运用比较分析的方法研究外交政策时所提出的一种理论。

1. 外交政策比较分析理论的提出

在西方学术界，人们在对外交政策进行研究时，一直对比较研究的方法抱有偏好。但是直到 20 世纪 60 年代之前，西方学者在运用比较研究的方法对外交政策进行具体的研究时，主要采用的还是历史比较法。

所谓历史比较法，是前述历史研究法的一个具体分支。它所指的是，在进行研究时，具体分析、比较某一国家在不同历史时期或几个国家在同一历史时期，在外交政策方面有何差异以及有何发展、变化，然后再从历史、逻辑的角度对其抽象地加以说明。这种研究方法，曾经长期居于主导地位。但是，它远离现实，厚古薄今，对有关外交政策的现实问题关注较少，因而不为务实的外交界所欣赏。

进入 20 世纪 60 年代之后，在外交活动日益频繁、社会科学其他领域比较研究方法再度盛行以及学术研究趋向于学以致用等因素的影响下，出现了再度重视运用比较分析的方法研究外交政策的倾向，并在此背景下产生了外交政策比较分析的理论。

迄今为止，尽管人们对于何谓外交政策比较分析尚无定论，而且它本身也存在不少的争议，并因此而产生了一些不同的流派，但是学术界早已公认：它的代表人物是美国学者詹姆斯·罗森诺。

1966年，詹姆斯·罗森诺正式出版了《比较方法与国际政治》。接着，他又在1971年出版了《外交政策的科学研究》、在1974年出版了《比较外交政策》等著作。在这一系列著作中，他全面地建立了其外交政策比较分析的理论。

詹姆斯·罗森诺的外交政策比较分析理论具体有以下主要特点：其一，他认为应当将外交政策诸现象作为研究对象。其二，他主张把外交政策理论化。其三，他坚持采用比较方法进行外交政策的研究。

詹姆斯·罗森诺所倡导的外交政策比较分析研究方法，与以往历史比较法的最大不同在于：前者注重于进行理论分析和理论模式的建立，后者则注重于历史分析、就事论事或者“以史代论”；前者所采用的实际上是社会科学研究法，而后者所采用的则是历史研究法。

2. 外交政策比较分析理论的基本观点

以詹姆斯·罗森诺为主要代表的外交政策比较分析理论，实质上是一种主张综合运用社会科学最新的研究方法与研究成果，来对外交政策进行宏观的、变量的、互动的、抽象的比较分析研究的理论。以詹姆斯·罗森诺为代表的外交政策比较分析理论的主流派别，通常以下述四个基本观点作为其理论支柱：

其一，关于比较分析研究方法的运用。外交政策比较分析理论十分重视对比较分析研究方法的运用，并且将其视为自身的构成要素之一。该理论认为，在运用比较分析的研究方法时须注意以下几点：

一是要广泛地进行多国外交政策的比较。要尽可能广泛地进行外交政策的跨国比较研究，通过运用大量具体的数据来拓展研究者的比较范围。

二是要充分地强调科学方法的应用。只有采用科学的研究方法，资料的运用才更加可靠，概括与总结才更加具有说服力，前瞻性的预测才更加真实可信。

三是要对研究中的每一个对象的相同成分和各种变量进行详尽而系统的比较。这种比较，应当是既明确又集中的。

其二，关于国家类型的划分。外交政策比较分析理论的主流派认为，在进行外交政策比较分析时，不但需要尽可能地扩大比较的范围，而且还需要兼顾整体把握与宏观比较。

詹姆斯·罗森诺提出：在进行各国外交政策的宏观比较时，应当采用行之有效的方法对国家进行分类。他认为，各国的外交政策实际上是在不断地进行变动的，而这种变动的具体状况又直接与国家的类型相关。

具体来说，詹姆斯·罗森诺在划分国家类型时曾经提出过以下三条标准：一是国家的大小。根据这一标准，他将国家分为大国与小国两种。二是经济发展水平的高低。根据这一标准，他将国家分为发达的国家与不发达的国家两种。三是政治介入程度的强弱。根据这一标准，他将国家分为开放的国家与封闭的国家两种。

詹姆斯·罗森诺认为，上述三条标准实际上是互相交叉的。因此，他所划分的国家类型具体可分为八种，即发达的、开放的大国与发达的、封闭的大国；不发达的、开放的大国与不发达的、封闭的大国；发达的、开放的小国与发达的、封闭的小国；不发达的、开放的小国与不发达的、封闭的小国。

其三，关于作为变量的外交政策。外交政策比较分析理论最重要的观点之一，是其对于外交政策的概念具有全新的见解。该理论认为，外交政策不仅应当被视为一个概念，而且也应当被看成是一个变量或一组变量。构成外交政策的这些变量包括各不相同但十分确定的含义，并且与其他变量互相影响，一起发生变化。

詹姆斯·罗森诺认为，根据构成外交政策的各种变量相互之间的影响及其发展变化，即可探讨不同种类、不同形式，不同程度的外交政策。而不同时期、不同国别的外交政策，亦可得到可靠的分析与评估。有学者通过分析得出结论，在决定一国外交政策走向的诸变量中，以居民总人口来衡量的国家规模、以人均国民生产总值来衡量的国家财富、以意识形态来衡量的国家政治体制等等，是其中的至关重要者。

外交政策比较分析理论不仅强调外交政策是一个变量或一组变量，而且通常都是将它作为因变量来看待的，即它的具体变化，往往都是为了适应其他变量的变化而发生的。在对其进行研究时，只要注意对其他相关变量进行到位的比较分析，便可以掌握作为因变量的外交政策的变化规律。

与此同时亦须注意，外交政策也是可以作为自变量存在的。它的主要含义是，外交政策自身一般也会有所变化，而它的这种自身变化反过来又会对其他相关变量产生互动和一定的影响。

其四，关于连锁政治。连锁政治的理论，是詹姆斯·罗森诺 1969 年在他所写的《连锁政治》一书中首先提出来的。这一理论，是他的外交政策比较分析理论的重要组成部分之一。

在连锁政治理论中，詹姆斯·罗森诺提出，一个国家的内外政治一般都是互相影响、具有某种程度上的因果循环关系的。在研究外交政策时，既不应该忽略国际政治对国内政治的影响，也不应该忽略国内政治对国际政治的影响。

詹姆斯·罗森诺认为，应当从国际政治与国内政治的相互联系方面来进行外交政策的比较分析。在一般的情况下，各国的国内政治与国际政治往往会产生连锁反应。国内政治可以直接造成国际政治方面的后果，国际政治反过来则又会影响到国内政治。

3. 外交政策比较分析理论的评价

在有关外交政策研究的各种理论中，以詹姆斯·罗森诺为代表的外交政策比较分析理论是影响较大的一种。在对其进行研究时，正确的态度是不应当全盘肯定，也不应当全盘否定，而是应当实事求是地对其作出客观的评价。

一方面应当肯定，外交政策比较分析理论是具有一定创意的。作为一种较新的外交政策理论，它在研究的深度和广度上进行了积极的探索，对外交政策的研究具有一定的参考价值。它的长处主要表现在以下方面：

其一，它对外交政策进行了综合研究。它既不是将外交政策视为一个孤立的个体，也不是把它看作一个自我封闭的体系，而是注意它与其他因素的互动。因此，它对外交政策的研究已不再拘泥于外交政策，也不再是就事论事。

其二，它对外交政策的研究注意了宏观与微观两个方面的结合。在研究外交政策时，不进行微观研究，就难以认清其本质；不进行宏观研究，则难以把握其发展方向。只有将二者相结合，才能够较为全面地对其加以了解。

其三，它将外交政策的制定、实施与调整视为一个诸种主客观因素相互作用的动态的过程，主张把它看成一个变量或一组变量，并试图用发展、变化的眼光对其加以审视。

其四，它注意总结有关外交政策的一般规律，并且注意广泛地采用社会科学的全新研究方法。这一系列的做法，对外交政策的研究必定有所启迪。

另一方面则应当看到，外交政策比较分析毕竟是西方资产阶级学者所提出来的一种理论。正因为如此，它必定会存在先天性的不足。它的这种不足之处，主要有以下两点表现：

其一，它完全否定了阶级分析的研究方法。在进行外交政策比较分析时，为了显示其科学、公正，它对阶级性质有意避而不谈。这一点，恰恰证明了它的不科学与不公正。

其二，它过分地热衷于所谓的客观和抽象，因而完全背离了外交政策自身运行的客观状况。从外交实践方面来考察，它所建立的理论框架和基本模式与客观现实相去甚远，因而它对外交实践所发挥的指导作用便大打折扣。平心而论，它依然属于一种“书斋式”的、具有极大局限性的理论。

第二节　外交决策

所谓外交决策，一般指外交实体特别是主权国家在采取正式的外交行动之前所作的必要的决定。具体而言，它是指外交实体特别是主权国家在采取外交行动之前，对行动目标与手段的探索、判断和进行抉择的过程。因此，有的西方学者便直截了当地指出：“所谓决策，不过是对存在不确定因素的备选方案作出抉择的行为而已。”① 中国有学者也认为：“决策的概念很简单。……决策就是选择。”②

正常条件下，需要经常性地进行外交决策的外交实体主要是独立的主权国家，所以人们所研究的外交决策主要就是主权国家所进行的外交决策。

对任何一个主权国家而言，能否进行正确的外交决策，通常直接决定着其外交行动的成败。因此，每一个主权国家都希望自己能够作出正确的外交决策，即提高自身外交决策的有效性。外交决策的有效与否，往往又直接涉及外交决策的类型、外交决策的条件、外交决策的过程、外交决策的模式等一系列具体问题。

一、外交决策的类型

每一个国家在其外交实践中，由于外交决策所要解决的实际问题多种多样，因而外交决策存在多种类型。不同类型的外交决策，通常具有不同的性质与特点。在研究外交决策时，一定要对其进行正确的区分。

在外交学研究中，外交决策的具体分类方法极多。以下将从决策对象、决策程序、决

---

① ［美］詹姆斯·多尔蒂等：《争论中的国际关系理论》，501页，北京，世界知识出版社，1987。
② 楚树龙：《国际关系基本理论》，131页，北京，清华大学出版社，2003。

策结果、决策状态、决策目标等不同角度，对外交决策进行必要的分类。

1. 决策对象的不同

外交决策的对象，在此主要是指外交决策的具体内容。根据这一分类标准，可以将外交决策具体分为外交战略决策、外交策略决策与外交政策决策三种类型。

所谓外交战略决策，指的是以外交战略作为外交决策的具体对象。进行外交战略决策，实际上就是国家在为自身所开展的外交活动设计和选定总体规划。

所谓外交策略决策，指的是以外交策略作为外交决策的具体对象。进行外交策略决策，实际上就是国家在为自身所进行的外交活动挑选和确定具体的计谋与行动方案。

所谓外交政策决策，指的是以外交政策作为外交决策的具体对象。进行外交政策决策，实际上就是国家在为自身所从事的外交活动选定具体的行动准则。

外交战略决策、外交策略决策与外交政策决策三者之间既存在联系，又存在区别。

三者之间的主要联系是：它们在外交实践中往往相伴而生，并具有一定的从属关系。外交政策决策本身就是外交战略决策的组成部分之一，而外交策略决策从根本上来说则是为外交战略决策与外交政策决策服务的。

三者之间的主要区别表现在：其一，三者之间的具体层次不同。外交战略决策的层次最高，外交政策决策的层次次之，外交策略决策的层次则最低。其二，三者之间的具体范围不同。外交战略决策与外交政策决策所关注的范围一般比较广泛，而外交策略决策所关注的范围则比较具体而直接。其三，三者之间的具体频率不同。外交战略决策与外交政策决策一般不需要经常性地进行，而外交策略决策则是有可能经常进行的。

必须明言的是，外交政策决策只是外交决策的一部分内容，而并非它的全部。将外交政策决策完全等同于外交决策，显而易见是非常片面的。

2. 决策程序的不同

外交决策的程序，主要指的是国家为了进行有效的外交决策而正式制定的外交决策的具体步骤及其相关的法律、规章、制度。根据这一分类标准，可以将外交决策具体划分为程序化外交决策与非程序化外交决策两种类型。

所谓程序化外交决策，又称常规外交决策或规范化外交决策，它一般是指依照既定的程序，按部就班地进行的外交决策。程序化外交决策往往是一种重复性的外交决策，即性质相同的外交决策。它可以比照常规进行，而不必每次重新作出专门的规定。

具体来讲，程序化外交决策又可以分为完全程序化外交决策与部分程序化外交决策两种形式。前者是指在外交决策时完全可以按照固定的程序进行，后者则是指在外交决策时只能够部分地按照固定的程序进行。

所谓非程序化外交决策，又称非常规外交决策或非规范化外交决策。它通常是指未曾依照固定程序所进行的外交决策。一般而言，进行非程序化外交决策，大致上可能是出于以下两个方面的原因。原因之一，是进行一次性的外交决策。也就是说，进行此类外交决策时，根本没有固定的程序可循。原因之二，是对已有的固定程序有意置之不理，或者弃而不用。

程序化外交决策与非程序化外交决策的主要区别，在于二者在具体决策时是否有规可循和能否照章办事。它们并无显著的优劣之别，不过前者相对而言显得较为稳妥一些。

3. 决策结果的不同

外交决策的结果，一般指的是进行外交决策之后的实际效果，或是所达到的实际状态。根据这一标准，可以将外交决策具体分为确定型外交决策与非确定型外交决策两种类型。

所谓确定型外交决策，是指提供外交决策的各种备选方案通常只有一个确定无疑的结果。例如，甲国打算承认乙国。当甲国进行这样一种外交决策之后，只有这么一个确定无疑的结果：乙国获得了甲国的正式承认。进行确定型外交决策，一般较为容易。决策时只要比较一下各种方案的结果孰优孰劣，即可作出抉择，确定其中一种最好的方案。一般来说，它的决策风险相对而言较小。

所谓非确定型外交决策，是指在进行外交决策时，客观上存在着某些不可控制的因素。一种决策方案得以执行之后，可能会出现几种不同的结果。由于不确定因素难以把握，决策时必然要冒一定的风险。因此，非确定型外交决策相对而言决策风险较大。然而在外交实践中，这一类型的外交决策却是大量存在的。

具体而言，非确定型外交决策可以进而分为以下两种形式：一是风险型外交决策。它是指在进行外交决策时，已经获知各种可能的结果所出现的概率。这种决策有一定的把握，但仍然存在一定的风险。二是未定型的外交决策。它是指在进行外交决策时，未知可能的结果所出现的概率。它一般没有先例，通常偶然性较大。

不论风险型外交决策还是未定型的外交决策，都受制于客观上所存在的不可控制的因素。对于这些不可控制的客观因素，决策者虽然奈何不得，但却必须加以正视。

4. 决策状态的不同

外交决策的状态，此处是指外交决策方案在具体实施时是否需要有所变化。根据这一分类标准，可以将外交决策具体划分为静态外交决策与动态外交决策两种类型。

所谓静态外交决策，又叫作单项外交决策，它所指的是，在进行外交决策时，所要处理的问题是某一具体时间的状态，或者某个时期的总的结果。它所要求选择的具体行动方案，通常只会是一个。

所谓动态外交决策，又称序贯外交决策，它所指的是，在进行外交决策时，必须具体作出一系列相互关联的决策。从总体上来看，动态外交决策具有以下明显的特点：它所作的外交决策不是一个，而是一连串；它所作出的一连串外交决策不是彼此无关，而是前一项外交决策直接影响着后一项外交决策；它所关注的不是其中某一个外交决策的执行结果，而是这一连串外交决策的总的执行结果。

比较而言，进行动态外交决策的难度，显然要大于进行静态外交决策的难度。在外交实践中，许多重大的外交决策往往属于动态外交决策。

5. 决策目标的不同

外交决策目标的不同，在这里指的是外交决策所要实现的具体目标的多少。根据这一分类标准，可以将外交决策具体划分为单目标外交决策与多目标外交决策两种类型。

所谓单目标外交决策，一般是指外交决策所要实现的具体目标只有一项。举例而言，当甲国决定与乙国建立正式的外交关系时，其具体目标便只有一项，即与乙国建交。这便是一例典型的单目标外交决策。

所谓多目标外交决策，则是指外交决策所要实现的并不只是一项目标，而是希望同时实现两项或两项以上的目标。例如，美国在1999年直接以武力介入南斯拉夫的内部民族纠纷，至少就有着维护其世界霸主的地位、进一步控制北约、插手欧洲事务、削弱俄罗斯的影响、分裂南斯拉夫等多重目标。

一般来说，单目标外交决策多用以处理较为简单的外交问题，而多目标外交决策则用以处理较为复杂的外交问题。在进行多目标外交决策时，由于有多项目标需要同时实现，而且各个目标之间有可能相互矛盾，因此它的难度往往较大。

进行多目标外交决策时，必须特别注意以下几点：其一，对多项目标加以兼顾。其二，对多项目标区分主次。其三，对无形目标予以考虑。

二、外交决策的条件

进行外交决策，必定需要一定的先决条件。外交决策的条件，就是进行外交决策的基本依据。具体来说，它是指在进行外交决策时所客观存在的、对其产生一定影响的要素。在进行外交决策时，由于研究者所处的具体角度不同，外交决策的具体条件便被区分为以下多种不同的类型：

类型之一，是将外交决策的条件区分为宏观条件与微观条件。前者通常是指对决策者产生影响、进行制约的外部环境条件；后者则是指决策者自身的基本条件。

类型之二，是将外交决策的条件区分为内在条件与外在条件。前者是指决策国的国内条件，即内部条件；后者则是指决策国所必须面对的国际条件，即外部条件。

类型之三，是将外交决策的条件区分为主要条件与次要条件。前者指的是对外交决策发挥决定性作用的条件；后者则是指对外交决策发挥一般性作用的条件。

在外交实践中，外交决策的具体条件极为复杂。通常来说，决策人员、智囊班子、公众舆论、党派斗争、国际局势等等，都是研究各国外交决策时所不可忽略的基本条件。

1. 决策人员

外交决策虽然说是一种国家行为，但在其具体操作中，都是由决策人员来进行的。在一般情况下，决策人员对外交决策发挥着决定性的作用。

决策人员，即外交决策的参与者。具体而言，进行外交决策者既可以是个人，也可以是集体。但是，决策集体也是由人所组成的，“即使是决策集体或决策机构，它也是由人们所组成的具有智能和主观能动性的系统”①。

众所周知，外交决策具有高度的集中性，因此其决策者的个人情况往往直接或间接地关系到它的成败。在进行个人决策时情况是这样，在进行集体决策时情况也是如此。

应当指出的是，在进行集体外交决策或者是由决策机构进行外交决策时，它的每一名成员的实际地位与作用是有所不同的。在一般情况下，由集体决策或决策机构决策时，其中的关键性人物通常都发挥着最重要的作用。

按照惯例，在目前各国外交决策的整个过程中，国家元首、政府首脑、执政党领袖或者其他实权派人物往往处于核心地位，并且起着最大的作用。例如，在美国，总统独揽大

---

① 黄孟藩：《现代决策学》，18页，杭州，浙江教育出版社，1998。

权，宪法赋予他行政权、委托立法权、最高军事指挥权、与外国缔结条约权。英、德、日诸国实行内阁制政体，因此由政府首脑掌握最高外交决策权。而在社会主义国家里，执政的共产党领袖在外交决策中所发挥的作用则较为突出。

从某种意义上来看，外交决策可以称为处于一定具体条件下的个人决策。因此，决策人员尤其是关键性人物的个人品德、性格、阅历、教养、动机以及心理状态等等，都会对外交决策产生重大影响。如果决策人员尤其是关键性人物德高望重、意志坚强、经验丰富、学识渊博、善于了解国内外的实际状况，并且能够发扬民主、集思广益、多谋善断、顺应人民的意愿和历史发展的潮流，他通常便能够进行正确的外交决策。反之，他所进行的外交决策则必然会频频失误。

2. 智囊班子

智囊班子，又称智囊团、思想库，它所指的是一种研究咨询机构，其中聚集着一批杰出的专家、学者，运用他们的集体智慧，为外交决策设计方案、提供依据、充当顾问或者进行咨询、预测。在一些发达国家里，进行外交决策时必须借助于智囊班子，已经成为一种制度。

一般认为，为外交决策提供咨询的现代意义上的智囊班子，是在美国第32任总统罗斯福任内出现的。大名鼎鼎的哈里·霍普金斯，就是其中的代表人物之一。

与古已有之的“谋士”、“军师”、“高参”相比，现代的智囊班子尽管同样具有“以备顾问”的作用，但又存在下述明显的不同：其一，智囊班子是一种机构或一个集体，而“谋士”、“军师”、“高参”则通常是一个人或少数几个人。其二，任用智囊班子是一种科学决策制度，而任用“谋士”、“军师”、“高参”则是个人决策的产物。其三，智囊班子通常会对外交决策进行长期的、综合的、战略性的主动研究，而“谋士”、“军师”、“高参”所进行的活动则主要是临时的、单一的、应急的、被动的。

就目前而言，各国大都拥有外交决策的智囊班子。具体来看，它一般分为下述形式：政府部门的研究机构；专门性研究机构；企业性研究机构；社会性研究机构；大专院校的研究机构。在不同的国家，它们往往发挥不同的具体作用。

在正常情况下，智囊班子的基本作用如下：一是从事调研，分析形势，进行预测，充当调研机构。二是拟订方案，提出主张，以备咨询，充当幕后决策机构。三是制造舆论，控制媒体，影响决策，充当宣传机构。四是交流看法，广泛沟通，进行探讨，充当协调机构。五是准备人才，培训人才，输送人才，充当人才培训机构。

总而言之，智囊班子对于外交决策的作用大抵是间接性、辅助性的。它不直接参与决策，而是为决策人员提供咨询。它不能直接对外交决策施加影响，但可以为决策提供备选方案。由于它注重利用集体智慧，并且偏重进行综合性、战略性研究，因而它为外交决策所提供的建议、咨询或方案，往往更加具有合理性与科学性。

3. 公众舆论

在当今的外交决策中，决策的科学化、民主化问题都备受人们的重视。为了顺应外交决策科学化、民主化的要求，各国的决策者都不能够对公众舆论漠然视之。

公众舆论，一般是指群众言论。具体来说，它是指社会各界对国内外各种主要问题的认识、态度、看法和要求。在现代社会里，公众舆论经常借助于报纸、杂志、广播、电视、电影以及互联网等传播媒介影响各国政局的发展，并且对各国的外交决策发挥一定的作用。美国学者阿尔蒙德曾经指出：“较开放的体系为利益表达提供了种类繁多的渠道。对实行新政策或继续推行某些政策的要求，是同给予选举支持的承诺合法地联系在一起的。”① 各国政府为此在进行外交决策时都非常重视公众舆论，并且想方设法地力求与公众舆论进行双向沟通。

公众舆论对于外交决策的制约作用，主要体现在下述方面：

其一，公众舆论体现着人心的向背。从本质上讲，外交决策者在任何情况下都必须顺乎民意、合乎民心。公众舆论代表了民众的意愿与呼声，外交决策者在任何情况下都不可以对其掉以轻心。在可能的条件下，进行外交决策时，必须兼顾公众舆论。

其二，公众舆论创设了决策的主题。在现代社会里，公众对社会热点倍加关注，并热衷于对其发表意见。一旦公众舆论聚焦于某个外交热点问题，它便往往成为外交决策的主题，令决策者不得不对其进行决断。

其三，公众舆论制约了决策的实施。一项外交决策，在其具体贯彻实施的过程中，若能兼顾公众舆论，往往就会获得公众的理解、体谅、认同与支持，就会得道多助，就会实施顺利。如果与此相反的话，就会失去公众的信任，就会失道寡助，就不容易取得实施的成功。例如，当代中国外交之所以受到中国人民的广泛肯定，就是因为：“中国政府从民间言论中汲取丰富的营养，制定政策后又反过来为人民和国家的利益服务。”②

其四，公众舆论影响到政府的去留。公众舆论是民心、民意的直接体现，而民心、民意则是不可欺、不可侮的。一旦外交决策违背了民心、民意，在公众舆论影响下，国家领导人可能会因此而辞职，一届政府也有可能因此而下台。

4. 党派斗争

在现代国家，党派斗争是阶级斗争的一种具体表现形式。一个国家的外交决策，在任何情况下都难免会受到其国内党派斗争的不同程度的影响。

具体而论，党派斗争对于一国外交决策的影响，通常会因为各个党派的执政与否而有所不同。在一般情况下，一个国家的执政党会通过自己所领导的政府和所控制的议会，直接地参与本国的外交决策。一个国家的在野党则会通过影响内阁、议会选举、议会斗争等各种不同的途径，间接地制约着本国的外交决策。

在一个国家进行某项外交决策的具体过程中，党派斗争是一个自始至终存在的变量。一个政党不论其执政与否，都可以对其本国外交决策产生一定的影响。至于影响的大小，则基本上取决于它的实力的大小。

党派斗争对于外交决策所产生的影响，通常与其自身利益息息相关。一般而言，一个国家的执政党在进行外交决策时，首先所要考虑的是巩固自身的统治，并打击自己的政敌。而一个国家的在野党在对本国的外交决策施加影响时，则往往以寻求上台执政的机会、维护自身的利益作为其基本着眼点。回顾一下美国的共和、民主两党在该国外交决策方面所进行的激烈的党派斗争，就不难发现这一点。

---

① ［美］加布里埃尔·阿尔蒙德等：《比较政治学》，210页，上海，上海译文出版社，1987。

② 时新编：《李肇星在线谈外交》，31页，北京，世界知识出版社，2004。

目前，在西方国家实行的是两党制或多党制，它们都是维护资产阶级的阶级统治的一种形式。然而由于资产阶级本身也存在不同的阶层与派别，其具体利益往往各不相同，因此属于资产阶级不同阶层或不同派别的不同资产阶级政党，在进行外交决策时有时会有不尽相同的表现。一个典型的案例是，联邦德国建立时，以阿登纳为首的基督教民主联盟上台执政，在外交决策方面，它奉行所谓“哈尔斯坦主义”，即向美国一边倒，不与除苏联之外的其他东欧社会主义国家发展关系。而以勃兰特为首的社会民主党政府在 1969 年上台以后，则推行了既与西方联合又与东方合作的所谓“新东方政策”。两党的外交决策虽说截然相反，但是它们同属于资产阶级政党，其所作所为自然都是服务于德国资产阶级的。

5. 国际局势

世界各国在进行外交决策时，都必须对国际局势的现状及其未来的发展变化予以高度的重视。在正常情况下，国际局势是外交决策时必须兼顾的重要外部条件之一。

国际局势，通常是指在一定时期内国际关系发展变化的状态，有时，它亦称国际形势。一般而言，国际局势受制于世界基本格局。但是，它具有相对的独立性，反过来又左右着世界基本格局的变迁。作为外交决策最为主要的外部条件，国际局势对于各国外交决策的基本作用大体上表现在如下两个方面：

一方面，国际局势具有多变性的特点。所谓国际局势的多变性，指的是国际局势从来都不是静止不动或一成不变的。在某一特定的历史时期内，它必然会不断地有所发展、有所变化。不仅如此，这种发展、变化还是经常发生的。鉴于此，各个国家在进行外交决策时，唯一的正确做法，是必须将国际局势看成一个变量而不是一个常量。要充分地考虑到国际局势向不同方向发展、变化的可能性，并且随时适当地调整自己的对策。

简单地说，国际局势的多变性特点，使得外交决策既要具有预见性，以便应付国际局势的复杂多变；又要具有机动性，以便根据实际需要适度地加以调整。

另一方面，国际局势又具有突变性的特点。所谓国际局势的突变性，是指国际局势的发展、变化虽然存在着相对稳定的基本方向，但是它在具体的发展变化过程中却又会因为某些偶然性因素的影响而发生一些突然性的变化。这种变化往往突然出现，变幻莫测，难以预料。每当国际局势发生突变，而这种突变又直接与自己相关时，各国便需要作出相应的外交决策。各国针对因偶然性事件而引发的国际局势突变所进行的临时性、应急性外交决策，一般称为危机决策。

国际局势突变性的特点，要求外交决策不但要具有应变的准备，而且还必须善于应变。在应付各种变化时，安全问题尤为重要。“安全考虑在决定一国的国际作用方面非常重要，因为国家生存和制度权力是领导集团的核心价值概念。”[①] 唯有未雨绸缪，方可处变不惊。指望外交决策永远具有“先见之明”，永远可以以不变应万变、一劳永逸，是既不合理也不现实的。

三、外交决策的过程

外交决策是否行之有效，通常都与外交决策的整个过程是否科学密切相关。在研究外

---

① ［美］吉姆·赫尔姆斯等主编：《外交与威慑：美国对华战略》，22 页，北京，新华出版社，1998。

交决策时，必须注意到：外交决策并非“拍板定案”的一刹那行为，而是由一系列具体程序所组成的一个完整的过程。要想进行科学而有效的外交决策，就要在外交决策的整个过程的方方面面做好具体的工作。

一般而言，一个完整的外交决策的过程，是由发现问题、确定目标、拟订方案、分析咨询、进行选择、实施与修正等具体程序所构成的。在这些具体程序上精益求精地做好工作，将为作出最佳的外交决策提供技术上的保证。换句话说，外交决策是否正确，通常同外交决策的具体程序是否合理直接相关。

1. 发现问题

发现问题，是外交决策全过程中的第一道程序。在外交决策中，所谓发现问题，指的是有关方面通过平时的信息监控与分析研究，通过自己所搜集或者掌握的情报，发现涉及本国外交的某些重大问题，或是发现一些涉及本国外交问题的迹象、苗头。例如，某一国家希望与本国建立外交关系，某一国家的主要领导人期望改善该国与本国的关系，本国的两个邻国正在缔结针对本国的同盟，某一邻国正在利用领土问题制造与本国的边境纠纷，等等。

唯有发现问题，才能够对其进行正确的分析和认真的处理，才能够提前有所准备，并拟定对策。因此，发现问题作为外交决策的开端不仅不可缺少，而且还应被视作外交决策的前提与基础。如果没有针对性的问题，外交决策就会变成以空对空、无的放矢。

在发现问题这一阶段上，最重要的工作有三：其一，建立畅通的信息搜集渠道。此项工作要有专门机构负责，并且要做到制度化、系统化、科学化。其二，进行规范的信息研究分析。要想在大千世界错综复杂的浩博信息中及时地发现与本国相关的重要线索，就需要有专门的机构对其进行整理、分析和研究。其三，形成完善的信息报告体制。经过信息的搜集、整理、分析、研究之后，要将与此相关的结论及时提交外交决策部门。唯其如此，才不至于前功尽弃。

2. 确定目标

确定目标，是外交决策的第二道程序。在外交决策中，所谓确定目标，指的是确定在外交决策实施之后预定的目的或结果。在外交决策的全过程中，确定决策目标，是进行整个外交决策的前提。只有确定了明确的目标，才可以以此为核心来拟订决策方案，并且据此进行决策方案的选择。所以说，确定外交决策的目标，其实也是拟订备选方案和进行方案选择的根本出发点。假如没有决策目标，决策方案便无法拟订，便难以对其评估，对其进行抉择就没有任何标尺可言了。正因为如此，进行外交决策不但需要确定目标，而且必须确定明确的目标。

一般而言，外交决策所要确定的目标大都十分具体。不过从总体上来看，它仍然可以分为以下几种基本类型：其一，自我保护的目标。它意在维持现状，故又称防御性目标。其二，自我发展的目标。它主要谋求国家的发展，也称作发展性目标。其三，自己扩张的目标。它要求改变现状，亦称进攻性目标。其四，自我中立的目标。它希望置身于事外，永不介入别国之间的纠纷，有时被称为中立性目标。

从根本上来说，外交决策目标的确定，主要与国家实力大小有关。一国的实力愈是强大，它所确定的外交决策目标的范围就会愈加广阔。唯有世界性大国，通常才会确定全球性目标，而小国则极少如此。

社会主义国家在确定本国外交决策的目标时，有以下两点必须予以注意：一是目标的确定务必要实事求是、量力而行，切忌形而上学、好大喜功；二是目标的确定务必要兼顾本国人民和世界各国人民的根本利益，切勿使之损人害己。

3. 拟订方案

拟订方案，是进行外交决策所必经的第三道程序。在外交决策中，所谓拟订方案，主要是指为外交决策设计、制定以备选择的具体方案。在外交决策的过程中，发现问题提出了外交决策的需要，确定目标规定了外交决策的方向，而拟订方案则为决策部门作出外交决策提供了多种选择的可能性。

在外交实践中，供外交决策的备选方案既可以由决策部门授权某些机构或个人草拟，也可以由某些机构或个人自行向决策部门提供。通常，国家元首、政府首脑、执政党领袖、外交部长、智囊班子、行政机构、立法机构、政治派别、社会团体、大众传媒以及社会公众个人等，均可向外交决策部门提交有关方案。

外交决策部门对待备选的方案，既要注意“兼听则明，偏信则暗”，善于集思广益、开拓思路，又要在具体进行操作时注意规范化、标准化、科学化，善于去粗取精、去伪存真。特别要注意建立较为正规的外交决策备选方案拟订体制。在正常情况下，外交决策备选方案的提供，必须以专业渠道为主、社会渠道为辅。唯有如此，方能使之确有保障。

在拟订方案时，关键要注意以下几点：

其一，做好保密工作。一般而言，拟订备选方案没有必要公开进行，更不能使之成为街谈巷议之物，否则它便会因此而失去实际价值。

其二，力求使之正确。外交决策非同儿戏，备选方案同样亦应以正确为要。欲使一个备选方案正确，关键是要使之能够有效地实现决策目标。

其三，努力优中选优。拟订方案并非多多益善，要善于在提供备选方案时择优而行、择优而进。

4. 分析咨询

分析咨询，是进行外交决策的第四道程序。在外交决策中，所谓分析咨询，一般是指在对备选方案最终作出正式选择之前，对其所进行的检验、征询与评估。具体而言，分析与咨询彼此之间又有所不同。实际上，它们是同一过程中的两个不同的侧面。

所谓分析，在外交决策中是指由有关部门或专人，对于备选的初步方案进行研究、检验和判断，并且根据业已掌握的相关信息，预测和讨论相关外交决策的各种备选方案的可行性与有效性。

所谓咨询，在外交决策中则是指决策部门在对备选方案进行抉择之前，正式向智囊班子和其他有关方面、有关人士认真征求意见；依靠对方的出谋划策和建议劝告，对备选方案加以取舍，或是对其进行调整、补充、完善，以确保外交决策的正确无误。

分析咨询，就其实质来说，主要是为了知彼知己。孙子曾经指出：“知彼知己，百战不殆。不知彼而知己，一胜一负。不知彼不知己，每战必殆。”① 孙子所强调的知彼知己，

---

① 解放军军事科学院战争理论研究部《孙子》注释小组：《孙子兵法新注》，23 页。

只有通过分析咨询才能够真正做到。从某种意义上来说，分析咨询实际上是指对外交决策的各项备选方案的实施结果进行预测。在外交决策中，对备选方案进行预测是不可缺少的。一般来说，这种预测的正确与否，基本上取决于决策部门对备选方案所作的分析咨询。

5. 进行选择

进行选择，是外交决策中的第五道程序，也是它的一道最关键的程序。在外交决策中，所谓进行选择，又称方案选择，通常指的是决策部门在现有的多种备选方案中，经过科学的论证，反复的平衡，最后博采众长，按照有关的规定和步骤，选定其中一种有利于实现决策目标的最佳方案。如果没有选择，就不存在外交决策。

一般而言，在外交决策的这一阶段上，进行选择，实际上所进行的大都是“多方案选择”。也就是说，要从多种备选方案之中选择其一。进行“多方案选择”时，最重要的一点，是要善于对各种方案进行比较，并且在此基础上从中选出最优化方案。所谓最优化方案，指的不仅仅是正确的方案，而是指既正确而又最优质的方案。它的特点是：代价最小，效益最大，效率最高，实现决策目标的把握最大。

外交决策，在总体上是确定性与不确定性的统一。进行方案选择的过程，实际上就是决策部门对实现决策目标的各种可能方式作出判断、取舍的过程。在这一过程中，最终被选定的方案，通常都是被认定的达到既定决策目标的最佳途径。这就是外交决策的主观上的确定性。从理论上来讲，每一个决策部门在外交决策的过程中无不希望选定最佳方案。然而在外交实践中，被最后选定的方案却并不一定都是备选方案之中的最佳者。这叫作外交决策的客观上的不确定性。任何外交决策，都是二者的对立与统一。

进行决策方案的具体选择时，有如下几点必须注意：一是要拥有规范的机制；二是要能够多谋善断；三是要始终慎之又慎。

6. 实施与修正

实施与修正，是外交决策全过程的第六道程序，也是它的最后一道程序。在外交决策中，实施与修正通常是指对于外交决策的具体贯彻执行，以及在具体的贯彻执行过程中对外交决策的修改、补充与完善。在外交实践中，外交决策的各种条件复杂多变，即使选定了合情合理的最优化方案，也未必可以达到既定的目标。要确保外交决策万无一失，就必须重视它的实施与修正。

具体而言，实施与修正，对外交决策往往又具有不同的含义。所谓实施，指的就是对外交决策方案的贯彻执行。决策与实施之间，既有联系，更有区别。决策所提供的，只是一种被选定的可行性方案。只有通过实施，方可使其转变为现实。

外交决策方案在其实施之际，通常受到来自下述几个方面因素的制约：其一，外交决策所支配的因素，也就是决策的物质基础和执行者的状况。其二，外交决策所调动的因素，也就是有关各方的态度，执行者的配合、监督等。其三，外交决策所涉及的因素，也就是与决策密切相关的国内外各种力量所发生的实际变化。

在选定实施方案时，鉴于外交决策部门不可能预见到其具体实施时的全部情况，因此在正常状态下，有关方面在实施外交决策的具体方案时，可以对其随时进行修改、订正或调整。必要时，还可相应地对其加以处置。这就是所谓外交决策的修正：它具体存在于外交决策的整个实施过程中。承认修正对于外交决策的必要性，是符合实践、认识、再实践、再认识这一认识事物的科学规律的。

上述外交决策过程中的六项具体程序，亦可两两一组，分作三大发展阶段。阶段之一，参谋阶段。它由发现问题与确定目标两项具体程序组成，是进行外交决策的基本前提。阶段之二，设计阶段。它由拟订方案与分析咨询两项具体程序组成，是进行外交决策的必要基础。阶段之三，行动阶段。它由进行选择和实施与修正两项具体程序组成，是进行外交决策的关键。

四、外交决策的模式

外交决策，通常被视为一个受制于多种因素的动态过程。欲使外交决策科学而有效，就必须做到主观与客观相符合、认识与实践相统一。为此，有必要对外交决策的模式进行充分的研究，并且争取在此基础上建立起科学的外交决策的模式。

所谓外交决策的模式，一般是指根据已知的外交决策的规律和实践经验所概括归纳出来的可供借鉴的、定型的、标准的外交决策的具体形式。从另外一个角度上来说，外交决策的模式实际上就是为了进行科学的外交决策所构造的一种基本框架。

由于各国的具体国情不同，因而在外交实践中并不存在某一种放之四海而皆准的外交决策模式。每一种外交决策的模式，都只有在一定的具体条件下才可能行之有效。

1. 外交决策模式的构成

在外交实践中，外交决策的模式是一种客观实在。一般而言，各种外交决策的模式，都由一定的变量所构成。各种外交决策模式之间所存在的主要区别，就在于构成它的基本变量及其具体的组合形式互有不同。

虽然构成外交决策模式的具体变量甚多，但是从总体上看，外交决策的模式通常都是决策主体、决策程序、决策方法三大变量的有机组合。换言之，外交决策的模式一般都可以被看作主要是由决策主体、决策程序、决策方法三大基本变量所构成的。

在外交决策的模式中，决策主体、决策程序、决策方法三大变量既互相配合，又各自发挥着不同的作用。具体而言，在外交决策的模式中，决策主体所发挥的是主导性作用，决策程序所发挥的是规范化作用，决策方法所发挥的则是方法论作用。

外交决策模式中的决策主体，通常是指进行外交决策的决策者。从广义上来说，外交决策应被视为各种政治力量矛盾斗争的结果，决策者往往只不过是其具体的代言人而已。美国学者沃尔弗斯指出："我们习惯所称的国家行为，实际上在决策过程中受到特定决策者或特定参与者集团的某种预选倾向的影响或左右。因此，这些个人的心理特性，如动机、价值偏好、气质和推断能力等方面的差异，就被看成是基本的变量；个人在国内所属的特定的党派、机构，或个人不同的文化属性所产生的差异亦然。"① 他的观点说明，决策主体可以是个人，也可以是群体或者组织。

在不同的外交决策模式中，决策主体具体上也有所不同。但是，在任何外交决策的模式中，决策主体都是对外交决策发挥支配作用的一种最基本的变量。不论建立一种外交决

---

① 转引自倪世雄等主编：《当代美国国际关系理论流派文选》，53页，上海，学林出版社，1987。

策的模式还是研究一种外交决策的模式，都必须首先掌握决策主体的基本状况。

外交决策模式中的决策程序，一般是指进行外交决策时所必须经历的具体步骤或先后次序。一系列的决策程序联结为一体，就构成了外交决策的整个过程。

外交决策本身，可被视为一种在外交活动中确定目标并寻求实现途径的连续的过程。它“不仅是一个思维过程，涉及……制定者的见识、眼光和创造性直觉；而且也是一个社会过程和半机械性过程”①。当外交决策按照既定的程序运行时，它实质上就是思维过程、社会过程与半机械性过程三者之间的统一。

在现实的外交决策中，具体的决策程序往往不尽相同。但是，它们通常都有章可依，有规可循。这就是说，进行具体的外交决策时依照一定的程序而行，实际上是制度使然。在具体实践中，有时某些外交决策也会不遵守其既定的程序，或者打乱了既定的程序，对于这一状况，亦应予以研究。

外交决策模式中的决策方法，大体上指的是进行外交决策时决策者所采用的具体方式或办法。就总体而言，决策方法的正确与否，不能不对外交决策发挥一定的作用。

在外交实践中，各国外交决策的具体方法通常互不相同。就是同一个国家，在其不同的历史时期外交决策的具体方法也不会始终如一。在许多情况下，决策方法往往是经常发生变化并且交替使用的。

从总体上看，作为外交决策模式构成部分之一，决策方法大体上可以分为如下三类：其一，科学的决策方法。这类决策方法的共性，是合乎科学，因此可以视之为最佳的决策方法。其二，经验的决策方法。这类决策方法主要来自实践经验，有时亦行之有效。其三，随意的决策方法。这类决策方法既不讲究科学，又不注重经验，而是主观随意、率性而为，因而它是最不可取的。

2. 外交决策的主要模式

由于在外交决策中决策主体、决策程序、决策方法等变量的具体组合方式有所不同，外交决策的模式可以有不同类型的划分。决策主体、决策程序、决策方法三大变量，都可以分别充当划分外交决策模式的具体标准。

已经指出，在一般性的外交决策模式中，决策主体所起的作用最为重要。因此在外交实践中，外交决策的模式主要是以决策主体为标准来进行划分的。如果将决策主体作为划分的标准，则外交决策的模式主要可以被划分为个人决策模式、群体决策模式和组织决策模式三种类型。

类型之一，个人决策模式。个人决策模式是最为原始的一种决策模式。有时，人们亦称其为家长式决策模式或者专制型决策模式。它所指的是，由某一个人来充当决策主体的外交决策的模式。它的基本特征是，一国重大的外交决策均由本国最高统治者个人不受任何限制地、独断地作出。具体而言，个人决策模式的基本特征又分别体现在下列方面：

其一，外交决策权完全掌握在最高统治者个人手中。属于个人决策模式的国家，通常所实行的都是专制。在那里，“天下事，无大小，皆决于上”。最高统治者只要自己愿意，进行外交决策时就可以随心所欲，不受任何限制。

① ［美］詹姆斯·多尔蒂等：《争论中的国际关系理论》，513页。

其二，最高统治者在进行外交决策时可以独断专行。在专制国家里，最高统治者享有绝对的个人权威。在进行外交决策时，基本上都是他个人说了算，想做什么决定，就做什么决定。除他之外，其他任何人的建议都难以发挥主导作用。

其三，外交决策时往往既不讲究民主又不讲究科学。在专制国家里，最高统治者为维护其绝对权威，通常都对民主决策难以容忍，对科学往往蔑视，对于反面的建议则更是听不进去。除此之外，最高统治者在进行外交决策时还经常故弄玄虚，根本排斥科学的决策方法。

综上所述，在进行外交决策时，个人决策模式问题甚多，因而是不可取的。

类型之二，群体决策模式。群体决策模式，在此指的是以群体作为决策主体的一种外交决策模式。在外交实践中，它时有所见。它的最重要的特征，是由一个决策群体的成员共同来进行外交决策。此处的决策群体，一般是指由按照有关规定参与外交决策的数人所组成的一个整体。

相对于个人决策模式，群体决策模式可以说是一种进步。群体决策模式在其具体进行运作时，必须重视下述问题：

其一，进行群体决策必须拥有制度化保障。不然的话，“群言堂”就可能会演变为“一言堂”，名义上的群体决策就可能会演变为实质上的个人决策。

其二，决策群体的成员之间必须做好协调。在决策群体中，每一位成员的利益、见解、偏好、风格都存在着一定的差异，这对于广开言路、集思广益固然大有好处，但却对达成一致造成一定的障碍，因此，必须对其进行协调。

其三，决策群体的成员之间必须平等相待。在进行决策的具体过程中，决策群体的成员之间往往相互影响，因此，必须提倡平等相待、求同存异。

类型之三，组织决策模式。组织决策模式，是指以组织作为决策主体的一种外交决策的模式。就目前而言，组织决策模式应被视为一种最为科学的外交决策模式。它的最重要的特征，是在外交决策的各个阶段上，明确地进行了组织分工。

在组织决策模式里，所谓组织，特指在外交决策过程中互相配合、发挥作用的一系列的子系统。一般而言，在外交决策的整个过程中存在着决断系统、参谋系统、信息系统三个子系统。它们各有各的分工，各自发挥着不同的作用。因此有人认为：组织决策模式“所描绘的是一种分权式的政府，其间的关键角色是各种行政组织”①。

具体而言，组织决策模式主要有下列优点：

其一，责任明确。在组织决策模式里，决断系统、参谋系统和信息系统分别负责决断、参谋与信息。其分工一清二楚，责任自然明确。

其二，专才专用。外交决策亦须人尽其才。参与外交决策，不仅需要专才，而且还必须专才专用。分工明确的组织决策模式，为专才专用提供了充分的可能。

其三，便于发展。在组织决策模式里，各子系统除了相互协调之外，各自也在不断地发展、完善。其责任明确、专才专用的优点，在客观上为其不断地发展、完善创造了必要的、积极的、客观的条件。

---

① ［美］杰里尔·罗赛蒂：《美国对外政策的政治学》，253页，北京，世界知识出版社，1997。

第三节 新中国的外交政策

中华人民共和国成立后，在中国共产党的正确领导下，根据社会主义革命和社会主义建设的实际需要，创造了具有中国社会主义特色的新型外交。这种新型外交的核心，就是以马克思列宁主义、毛泽东思想、邓小平理论、“三个代表”重要思想、科学发展观以及习近平同志重要系列讲话为指导，从中国人民和世界人民的根本利益出发，奉行独立自主的和平外交政策，以维护世界和平、促进共同发展、加强共同合作、争取共荣共赢。《中华人民共和国宪法》明文规定，“中国坚持独立自主的对外政策”①。

根据温家宝同志的阐述，新中国“独立自主的和平外交政策主要是：维护国家的独立、主权、统一和领土完整；根据事情本身的是非曲直自主地、独立地判断国际问题，决定自己的立场和政策；不以意识形态和社会制度划线，不将自己的价值观强加于人，不同任何国家和国家集团结盟；不干涉别国内部事务，也不允许任何国家干涉我国内政；反对搞霸权主义和强权政治，自己也永远不称霸”②。

新中国的外交政策，是新中国进行外交活动的行动准则。它本身既具有连贯性，又经历过某些重大的调整。现行的中国外交政策，主要是自 20 世纪 70 年代末 80 年代初中国开始改革开放起逐步调整并定型的。从总体上说，新中国的外交政策可以被称为独立自主的和平外交政策。从具体上进行分析，新中国的外交政策则是由明确的基本立场、主要目标、重要任务、立足点与出发点所构成的一个严密完整的科学体系。新中国外交政策的这些基本内容互相联系、互相配合、不可分割，共同发挥着指导中国外交实践的具体作用。

一、新中国外交政策的基本立场

新中国外交政策的基本立场，指的就是新中国在处理一切外交问题时所采取的原则性态度。它不仅是新中国外交政策的基本内容之一，而且也是新中国外交政策的核心点。

新中国外交政策的基本立场，简而言之，就是坚持独立自主，开展全方位外交。坚持独立自主是其基本要求，开展全方位外交则是其主要的做法。

1. 坚持独立自主

独立自主，在此指的就是国家的主权独立。胡耀邦同志曾经指出：“中国奉行独立自主的对外政策。这种对外政策的实质是什么呢？概括地说，独立自主就是中国不依附于任何大国或国家集团，不屈服于任何大国的压力，也不同任何大国结盟。”③ 对新中国外交政策而言，坚持独立自主，就是要确保中国人民自己拥有一切处理本国内政外交事务的自主权利。这一自主权利，不应当受到其他任何国家的干涉或限制。

独立自主地开展外交活动，是一个国家主权独立的关键性标志。中国人民的这项权利，是经过长期艰苦卓绝的斗争才取得的，所以要对它倍加珍惜。中国人民深深地懂得：

① 《中华人民共和国宪法》，7 页。

② 温家宝：《关于社会主义初级阶段的历史任务和我国对外政策的几个问题》，载《人民日报》，2007-02-27。

③ 《胡耀邦文选》，551 页，北京，人民出版社，2015。

没有独立自主，就没有国家的尊严与荣誉，就不能捍卫国家和人民的利益，就不能建设一个繁荣、富强、民主、自由的社会主义国家，就不能昂首挺胸地自立于世界民族之林。总而言之，没有外交上的独立自主，就没有国家的真正独立，其他的一切因而就将成为空话。所以说，独立自主是立国的前提，也是指导外交活动的根本的、首要的行动准则。

周恩来早就指出："我们对外交问题有一个基本的立场，即中华民族独立的立场，独立自主、自力更生的立场。"① 在改革开放之初，邓小平进一步明确地提出："中国的事情要按照中国的情况来办，要依靠中国人自己的力量来办。独立自主，自力更生，无论过去、现在和将来，都是我们的立足点。中国人民珍惜同其他国家和人民的友谊和合作，更加珍惜自己经过长期奋斗而得来的独立自主权利。任何外国不要指望中国做他们的附庸，不要指望中国会吞下损害我国利益的苦果。"② 江泽民同志多次强调："中国始终不渝地奉行独立自主的和平外交政策。"③ 习近平同志指出，中国将"坚定不移奉行独立自主的和平外交政策"④。他们的话，都是对新中国外交政策的基本立场最好的解释和说明。

以独立自主作为新中国外交政策的基本立场，主要应当在外交活动的以下方面得以充分的体现：

其一，维护中国的主权独立。在任何情况下，都不允许外交活动有损于中国的主权独立。

其二，中国人自己处理自己的外交事务。在外交活动中，中国人必须独立自主地走自己的路，不允许任何外来势力插手。

其三，反对任何外国势力干涉中国的内政。在任何情况下，都不能够容许此种阴谋得逞。

其四，中国绝不屈从于任何大国或强权势力的压力。在这一问题上，绝不允许进行讨价还价，也坚决不搞委曲求全。

其五，中国绝不对其他任何国家的内政外交进行任何方式的干涉。在任何情况下，都要充分尊重各国人民自行选择其发展道路的权利。

2. 开展全方位外交

改革开放以来，中国"坚持独立自主的和平外交政策，坚持走和平发展道路，开展全方位外交"⑤。开展全方位外交，既是改革开放以来中国的一项外交政策，也是近期中国所进行的外交活动的一项主要特点。所谓全方位外交，主要是指中国在开展外交活动时，应以世界各国为自己的对象，并要强调外交活动的全面化、广泛化。根据全方位外交的要求，中国既要对广大发展中国家开展外交活动，又要对西方发达国家开展外交活动。与此同时，中国还要对美国、俄罗斯等大国开展外交活动。一句话，开展全方位外交，就是要无所偏废地同时对世界各国开展全面而广泛的外交活动。

开展全方位外交，对中国而言绝非权宜之计，而是有其深刻的根源。

---

① 《周恩来选集》，上卷，321页，北京，人民出版社，1980。

② 《邓小平文选》，1版，第3卷，3页。

③ 《江泽民文选》，第1卷，242页。

④ 习近平：《在印度尼西亚国会的演讲》，载《人民日报》，2013-10-04。

⑤ 胡锦涛：《在全国政协新年茶话会上的讲话》，载《人民日报》，2006-01-02。

其一，它是独立自主的必然要求。在外交活动中，既然要坚持独立自主，对世界各国就必须不偏不倚、平等相待、广泛结交。

其二，它是为了争取外交上的主动。在外交活动中，只有坚持了全方位，才可以进退自如，拥有广泛的活动余地。既不会受制于人，也不必看别人的脸色行事。

其三，它是中国进行国内经济建设的需要。在谈及中国的基本任务时，邓小平指出："核心是经济建设，它是解决国际国内问题的基础。"① 要搞好经济建设，就必须在平等互利的前提下，与世界各国进行全面而广泛的交流和合作。

中国所开展的全方位外交，具有以下几个方面的鲜明特点：

一是不结盟。自从开展全方位外交以来，中国就再三公开声明，绝对不同任何国家结盟。用邓小平的话来说，就是"我们不能坐到别人的车子上去"②。中国不打别国牌，也不许别国打中国牌。

二是不依附于任何大国或国家集团。中国不但名义上不与别国结盟，而且事实上也不依附于任何大国或国家集团。在任何情况下，中国都不屈服于别国的压力，不迁就眼前的事变，不受任何人的唆使、挑动而去改变自己的初衷。

三是不拉帮结伙。中国不仅不会主动去依附于别国、加入别国所缔结的同盟，而且自己也不会去拉帮结伙，缔结一个以我为主、自己当头的同盟。

四是不分亲疏。在开展全方位外交时，中国绝对不搞亲疏有别、厚此薄彼，而是坚持平等相待、一视同仁。中国既不会对大国、强国、富国低三下四，俯首听命；也不会对小国、弱国、穷国颐指气使，耀武扬威。

二、新中国外交政策的主要目标

"我国外交是总体外交，外交是高度集中统一的。"③ 新中国外交政策的主要目标，在此指的就是新中国通过自己的外交努力所要力争达到的最终境地。作为新中国外交政策的基本内容之一，它为新中国所进行的全部外交活动指明了努力的主要方向。

新中国外交政策的主要目标：一是维护世界和平；二是建立国际新秩序。这两项主要目标之间，又有着十分密切的联系。要维护世界和平，就必须建立国际新秩序，建立国际新秩序是维护世界和平的必要保障。要建立国际新秩序，必然就要维护世界和平，维护世界和平则是建立国际新秩序的主要目的。

1. 维护世界和平

战争与和平问题，一直是世界各国人民最关心的问题之一，中国人民自然也不会有所例外。中国要进行社会主义现代化建设，世界各国要发展本国的经济，大家都需要一个长期的国际和平环境，都只要和平，而不要战争。新中国成立之初，就在《中国人民政治协商会议共同纲领》中规定：中国拥护国际持久和平和各国人民之间的友好合作，反对帝国主义的侵略政策和战争政策。

---

① 《邓小平文选》，1 版，第 3 卷，3 页。

② 同上书，156 页。

③ 《江泽民文选》，第 1 卷，315 页。

实行改革开放以后，中国领导人进一步指出："中国对外政策的目标是争取世界和平。在争取和平的前提下，一心一意搞现代化建设，发展自己的国家，建设具有中国特色的社会主义。"①

在国际交往中，"外交是解决分歧、形成协定，从而实现和平的重要手段和方式"②。新中国之所以将维护世界和平作为自己外交政策的一项主要目标，主要是出于以下几个方面的基本考虑：

其一，实现世界和平是有希望的。第二次世界大战结束后，尽管局部战争不断出现，世界依旧很不安宁，但实现世界和平是大有希望的。因为"世界和平力量的增长超过战争力量的增长"，所以"在较长时间内不发生大规模的世界战争是有可能的"③。

其二，维护世界和平是顺应历史发展趋势的。在当代世界上，各国人民都是反对战争、爱好和平的。因此，维护世界和平，就是维护世界各国人民的共同利益。所以说，此举必然是符合历史发展趋势的。

其三，中国是最希望、最需要和平的。中国是一个社会主义国家，中国所搞的"是主张和平的社会主义"④。维护世界和平，对中国最为有利。"不仅世界人民，我们自己也确确实实需要一个和平的环境。所以，我们的对外政策，就本国来说，是要寻求一个和平的环境来实现四个现代化。"⑤

要真正实现维护世界和平的目标，需要做好三件事：

一是发展壮大世界和平的力量。和平的力量壮大了，战争的力量就会随之减弱。和平的力量超过了战争的力量，战争才有可能避免，维护世界和平才真正会有希望。

二是进行反对霸权主义的斗争。所谓霸权主义，就是主张在国际关系上凭借实力对别国进行控制或者操纵。大量事实证明，霸权主义是现代战争的主要根源。若要维护世界和平，就必须旗帜鲜明地反对霸权主义。

三是倡导和平共处与和平解决争端。在当代世界上，只有维护和平，才有各国经济的发展。只有和平解决国际争端，才能够制止滥用武力。因此，必须倡导各国真正地实行和平共处，以和平的方式处理牵涉到自己的一切国际争端。

2. 建立国际新秩序

维护世界和平，不仅需要依靠世界各国的实际行动，而且还需要依靠必要的制度性保障。因此，邓小平指出："我们对外政策还是两条，第一条是反对霸权主义、强权政治，维护世界和平；第二条是建立国际政治新秩序和经济新秩序。这两条要反复讲。"⑥ 他在这里所提到的国际政治新秩序和国际经济新秩序，就是国际新秩序的基本内容。

所谓国际秩序，通常是指以一定的国际格局为基础的国际行为规范和相应的保障机制，它具体包括国际政治秩序与国际经济秩序两项基本内容。国际格局一旦发生了变化，

---

① 《邓小平文选》，1版，第3卷，57页。
② 刘成：《和平学》，87页，南京，南京出版社，2006。
③ 《邓小平文选》，1版，第3卷，127页。
④ 同上书，328页。
⑤ 《邓小平文选》，2版，第2卷，241页。
⑥ 《邓小平文选》，1版，第3卷，353页。

国际秩序或迟或早总会随之发生一定的变化。

现行的国际秩序，是资本主义国家在争霸世界的过程中所建立起来的。在政治上，它的表现是只承认强权。在经济上，它的表现则是坚持垄断。20世纪末期，特别是冷战结束后，由于国际格局发生了变化，各种政治力量都相继提出了自己建立国际新秩序的主张。发达国家所提出的国际新秩序，实质上都是国际旧秩序的一种翻版。而中国所提出的国际新秩序，则与此截然不同。

中国所主张的国际新秩序，主要具有以下特点：一是以和平共处五项原则为基础；二是以保障和平与发展为主题；三是包括国际政治新秩序与国际经济新秩序互为保障的两个方面的内容；四是重视联合国作用的发挥；五是坚持反对霸权主义、强权政治。

为了实现建立国际新秩序这一外交目标，中国当前主要应当做好两件事情：其一，坚决反对国际旧秩序。有道是“不破不立”，不坚决反对国际旧秩序，就不可能建立焕然一新的国际新秩序。其二，在建立国际新秩序的斗争中发挥自己的作用。用邓小平的话来说：“在国际问题上无所作为不可能，还是要有所作为。作什么？我看要积极推动建立国际政治经济新秩序。”①

三、新中国外交政策的基本任务

新中国外交政策的基本任务，指的是新中国在贯彻执行本国外交政策时所必须完成的既定的工作。一般而言，它通常都是本国外交政策所规定的主要目标的具体化。

新中国外交政策的重要任务，就目前而言主要是以下两项：促进经济建设，争取祖国统一。完成这两项重要任务，是当代中国人光荣而伟大的历史责任。

1. 促进经济建设

进行经济建设，是每一个国家的立国之本。作为一个经济上落后的国家，中国尤其需要正视这一点，并且需要一切以经济建设为中心，集中力量努力把本国的经济建设工作搞好。

外交是内政的延伸。展开外交工作，必须符合本国内政的实际需要，并服从于本国的中心工作。就当前而论，中国的中心工作就是进行经济建设，因此中国的外交工作也必须以促进本国的经济建设作为首要的任务。

中国所进行的外交活动，必须服务于国内的经济建设，而且它也的的确确可以对国内的经济建设有所帮助。中国外交活动对本国经济建设所发挥的积极作用，主要体现在以下两个方面：

一方面，可以为国内的经济建设创造一个良好的外部环境。“通过争取和平国际环境发展自己，又以自身发展维护和促进世界和平，不断提高我国综合国力，不断让广大人民群众享受到和平发展带来的利益，不断夯实走和平发展道路的物质基础和社会基础。”②新中国奉行独立自主的和平外交政策。它维护世界和平，反对霸权主义，致力于建立以和平共处五项原则为基础的国际新秩序，与世界各国和睦共处，共同发展，既不插手别国的

① 《邓小平文选》，1版，第3卷，363页。

② 《习近平谈治国理政》，247页。

内政，也坚决反对别国插手本国的内政；既不主动与别国为敌，也不主动为本国树敌。这种没有外患的和平的外部环境，客观上可以促使国内搞好经济建设，而不必令自己动辄为外患而分心。

另一方面，可以为国内的经济建设提供一种有利的外部条件。随着世界经济的发展，其一体化倾向日益明显。任何国家在这种情况下，都不可能在发展本国经济时闭关锁国。在全方位外交的背景下，中国不但与世界各国进行广泛的往来，而且在相互往来中讲究平等互利、友好合作，这就使得中国的国内建设可以充分地向外国学习，与外国合作，利用外国的资金与技术。

2. 争取祖国统一

由于历史的原因，新中国在成立时，尚未完全实现统一。台湾、香港、澳门等地区，当时分别为国民党集团和英国、葡萄牙所占领。因此，新中国外交的一项主要任务，便是争取实现祖国的完全统一。

在新中国的外交政策中，争取祖国统一不仅是一项主要任务，而且还有一系列的具体措施作为其实现的重要保障。

其一，中国必须实现统一。邓小平指出："中国的统一是全中国人民的愿望"①，"这首先是个民族问题，民族的感情问题。凡是中华民族子孙，都希望中国能统一，分裂状况是违背民族意志的"②。因此，在实现中国统一的问题上，新中国政府一向立场坚定，绝不拿这个问题与别国去进行交易。

其二，中国的统一是本国的内政问题。为了实现祖国统一，中国政府主张采用和平手段，并且成功地运用"一国两制"模式实现了香港、澳门的顺利回归。中国政府同时也一向坚持以下立场：中国的统一是中国人自己的内政，坚决反对将这一问题国际化。

其三，中国的统一不允许别国来插手。在祖国统一的问题上，中国政府反对别国以直接或间接的方式进行干涉。在中国实现统一的具体方式、方法上，中国绝对不允许其他国家说三道四，更不会看其他国家的脸色行事。

其四，坚决反对重新分裂中国的阴谋。对于少数国家和某些敌对势力重新分裂中国的企图，不论所谓"台湾问题"，还是所谓"西藏问题"、"香港问题"、"南海诸岛问题"、"东海大陆架问题"、"钓鱼岛问题"等等，中国政府都针锋相对、坚决反对。在国家主权问题上，中国政府态度十分清楚：永远不会退让，永远不会容许中国的领土重新分割出去。

四、新中国外交政策的立足点与出发点

新中国外交政策的立足点，在此指的是新中国进行外交活动时所必须依靠的基本力量。新中国外交政策的出发点，在此所指的则是新中国进行外交活动的基本动机。在一个国家外交政策中，立足点与出发点从来都不可或缺。

1. 新中国外交政策的立足点

新中国外交政策的立足点，就是加强同广大发展中国家的合作，永远与广大发展中国

---

① 《邓小平文选》，1版，第3卷，219页。

② 同上书，170页。

家站在一起。换言之，中国在进行外交活动时，必须以广大发展中国家作为自己的基本依靠力量。

所谓发展中国家，亦称第三世界国家，它所指的是，那些在历史上遭受过帝国主义、殖民主义的统治与剥削，独立后经济落后，并且在经济上、政治上依旧处于受剥削、受压迫的不平等地位的亚非拉的民族独立国家。新中国不仅本身就是发展中国家阵营中的一员，而且还是当前世界上最大的发展中国家。

新中国在外交活动中以广大发展中国家作为自己的基本依靠力量，主要出自以下几方面的原因：

其一，中国与广大发展中国家有着共同的历史命运。在历史上，中国与广大发展中国家都曾长期遭受过帝国主义、殖民主义的侵略、剥削和压迫。

其二，中国与广大发展中国家面临共同的现实处境。在当今世界上，不论中国还是其他广大发展中国家，都受到了霸权主义、强权政治的威胁和危害。

其三，中国与广大发展中国家拥有共同的奋斗目标。只有大力发展本国的民族经济，才能真正维护广大发展中国家的民族独立和主权；只有反对霸权主义、强权政治，维护世界和平，建立公正、平等而合理的国际新秩序，才能真正使广大发展中国家在国际社会中生存发展下去。

其四，中国与广大发展中国家曾经进行过密切合作。新中国在既往的外交活动中曾与广大发展中国家互相合作，互相支持，荣辱与共，因此彼此之间已经建立了相互理解、相互支持的密切关系。

其五，中国今后的和平发展依旧有赖于广大发展中国家的支持与合作。因此，中国“将继续加强同发展中国家的团结和合作，支持发展中国家维护自身的正当权益，增进相互理解和信任，加强相互帮助和支持”①。

应当指出，新中国外交政策以与发展中国家合作作为自己的立足点，与独立自主、不结盟并无矛盾。二者之间实际上是相辅相成、相互补充、相互促进的，它们实质上是同一个问题的两个方面。与广大发展中国家进行合作，是为了更好地独立自主，增强中国抗衡强权政治、霸权主义的能力，并且有助于增强广大发展中国家自身自立、自强的能力。而唯有坚持独立自主、不结盟，中国才能够更好地与广大发展中国家进行合作。

新中国在外交活动中要与广大发展中国家实行密切的合作，就必须注意：与发展中国家要平等相待；与发展中国家要真诚合作；与发展中国家要相互支持；对发展中国家的支持与合作不得附带任何条件；既要与广大发展中国家永远站在一起，又要永不当头、永不称霸。

2. 新中国外交政策的出发点

新中国外交政策的出发点，就是要维护新中国的国家利益。维护国家利益，既是新中国外交的最高准则，也是新中国开展外交活动的最终归宿。

新中国在进行外交活动时所要维护的国家利益，具有下述几个方面的特点：

其一，新中国的国家利益是全体中国人民的共同利益，它既不是某些个人的利益，也

---

① 胡锦涛：《在纪念毛泽东诞辰110周年座谈会上的讲话》，载《人民日报》，2003-12-27。

不是某些派别的利益。

其二，新中国的国家利益是整个中华民族的集体利益。新中国的56个民族是一个共同发展、共同繁荣的大家庭，因此新中国的国家利益就不应当只属于某一个或少数几个民族。与此同时，作为整个中华民族集体利益的新中国的国家利益，还包括港、澳、台等地区人民的利益，以及海外广大华侨、华人的利益。

其三，新中国的国家利益与世界人民的根本利益是一致的。新中国在维护本国国家利益的同时，也必须尊重其他国家的利益，寻求和发展中国与其他国家之间的共同利益，并且努力维护全世界人民共同的根本利益。“中国发展绝不以牺牲别国利益为代价，我们绝不做损人利己、以邻为壑的事情。”① “中国发展壮大，带给世界的是更多机遇而不是什么威胁。我们要实现的中国梦，不仅造福中国人民，而且造福各国人民。”②

其四，新中国的国家利益以发展经济作为自己的核心，并且将维护国家主权与安全放在第一位。这不但符合中国的国情，“是中国立足于世界的‘台基’”③，而且也符合国家利益自身的运行规律。

新中国在开展外交活动、维护本国的国家利益时，必须兼顾下列三个方面的问题：第一，不应当忽略维护本国的国家利益、否认维护国家利益的必要性，不注意国家利益的维护，不仅有害于国家，而且人民也不会答应。第二，不应当为了维护本国的国家利益，而有意去损害别国的国家利益，甚至直接损害世界人民的共同利益。第三，必须坚持正确的外交义利观。既不能只唱高调，动辄弃利取义；也不能见利弃义、见利忘义，只顾利益，不讲道义。既要维护国家利益，尤其是核心利益和重大利益；又要坚持国际正义与友好国家之间的情义。

① 《习近平谈治国理政》，249页。

② 同上书，275页。

③ 王逸舟：《全球政治和中国外交》，51页，北京，世界知识出版社，2003。

第六章 外交途径

重点问题

- 外交谈判的原则
- 外交谈判的程序
- 外交行动的类型
- 外交接触的方式
- 国际会议与多边外交
- 外交文件的类型

各国的外交活动，都是依据其外交战略、外交策略和外交政策所进行的综合实践。各国所进行的外交实践，都必然需要采取某种具体适合于自己的途径。所谓外交途径，通常指的就是外交活动得以正常进行的具体方式。在研究外交时，假如只是关注外交上的理论问题，而忽略了外交的具体途径问题，往往就会令前者变得毫无任何实际意义。

一般来讲，外交途径即具体进行外交运作的常规方式。有时，它亦称外交渠道。各个国家和各种国际组织，要处理各自的外交事务，解决各自的外交问题，开展各自的外交活动，都不能脱离其所必须借助的一定的外交途径。在处理国际关系时，人们通常所说的"外交手段"、"外交解决"、"政治解决"，其实指的都是对外交途径的具体运用。

在外交实践中，外交途径的重要作用在于：它提供了外交活动得以进行的常规方式；它保证了外交活动的正常开展；它使得外交战略、外交策略、外交政策得以贯彻执行；它促使外交联系得到维护、巩固和发展。

在研究外交途径问题时，专家学者们往往采取了许多不同的表达方式。有人直截了当地称之为外交手段，有人则称之为外交方式，还有人将其称为外交渠道。应当说，采用外交途径这一表述方式，在外交学研究中是较为准确而恰当的。严格地讲，外交途径应将进行外交活动的基本方式全部包括在内。

通常认为，进行外交活动的主要方式有外交谈判、外交行动、外交文件等，它们都是外交的常规途径。

第一节 外交谈判

外交谈判，简称谈判，它指的是在外交场合里所进行的谈判活动。具体来说，谈判意即有关方面针对有待解决的问题进行会谈、磋商和讨论，以求达成一定的协议。而外交谈判则通常是指有关主权国家的中央政府就彼此之间存在争议的问题以及其他重要的国际事务进行协商和讨论，以求协调彼此的立场，达成某种妥协，最终以和平的方式解决问题。从某种意义上讲："外交的职能就是通过谈判的办法来处理独立国家之间的关系。"① "在古典外交时代，谈判被视为外交的主要职能。"② 时至今日，它依旧是各国外交的主要途径之一。

在研究外交谈判的具体问题时，对谈判的特征与作用、谈判的原则、谈判的方式与程序等，均应加以特别的重视。研究这些具体的问题，将有助于加深对外交的理解。

一、外交谈判的特征与作用

与其他谈判相比，外交谈判不仅具有明显的不同特征，而且往往还发挥着独特的作用。在研究外交谈判时，如果忽略了它的特征与作用，一般就难以对其有所深入。

研究外交谈判的特征，可以端正人们对它的认识。而研究外交谈判的作用，则有助于提高人们对它的重视程度。这两个具体方面的问题，实际上存在着十分密切的联系。

1. 外交谈判的特征

外交谈判的特征，通常指的就是它与其他性质的谈判相比较而言的特异之处。掌握了外交谈判的基本特征，将有助于提高对其本质的认识。

外交谈判的特征，往往具体体现于它的各个不同的侧面。从总体上来讲，外交谈判的主要特征有八：

其一，它是主权国家之间的谈判。在正常情况下，参与外交谈判的主体应当是主权国家。换句话来讲，外交谈判的参加者必须是主权国家所委派的正式代表。这样一来，谈判方能取得有效的结果。外交谈判的参加者假如不被其所在国认可，或者得不到本国执政者的信任，那么他所进行的外交谈判便会变得毫无实际意义。正因为如此，各国参与外交谈判的谈判者的资格十分重要，他必须是被其所在国家的中央政府授予全权的代表。依照常规，他在参与外交谈判时，必须出具本人的全权证书。根据国际惯例，只有作为国家代表的国家元首、领导政府的政府首脑和主管本国外交事务的外交部长才可以例外。当各国经过外交谈判达成协议，最后签署具有法律约束力的条约时，亦应提请本国的中央政府或者立法机构予以正式批准。

其二，它是主权国家之间的自愿行为。外交谈判之所以能够正常进行，是因为它完全是出自有关国家的自愿。如果只有一方希望通过谈判与其他有关国家解决彼此之间的问题，而得不到对方的呼应与合作，则外交谈判是很难进行的。有关国家同意进行正式的外

---

① ［英］哈罗德·尼科松：《外交学》，65页。

② ［印］基尚·拉纳：《双边外交》，226页，北京，北京大学出版社，2005。

交谈判，主要是彼此之间存在着一定的问题需要予以解决。需不需要谈判、谈判什么问题、谈判应在何时何地进行、谈判应当以何种级别进行等，都要由有关各国在自愿的基础上提前进行讨论。在一般情况下，只有一厢情愿，外交谈判是难以进行的。

其三，它是各国之间完全平等的行为。既然外交谈判的主体是主权国家，而主权国家之间的外交活动讲究的是一律平等，那么有关国家所进行的正式外交谈判，就必须体现国与国之间的完全平等。外交谈判应该是而且必须是有关国家之间所进行的一种平等交往。外交谈判的这一平等性特征，主要应体现在以下方面：一是谈判代表的地位、级别要基本平等；二是谈判代表的政治地位要完全平等；三是谈判代表的发言权要一律平等；四是谈判代表的礼遇要大体平等。只有坚持以上四点，才能体现外交谈判中有关国家之间的真正平等。

其四，它是一种各方和平说理的行为。在外交谈判中，有关国家的代表为了维护本国的国家利益，可以直陈己见、寸步不让、寸土必争，对自己的既定目标志在必得。但是，在任何外交谈判中，谈判代表都要既讲究谈判艺术，又注意以理服人。在外交谈判中，不论陈述自己的见解，还是反驳他人的主张，谈判代表都必须注意有理、有利、有节，采用摆事实、讲道理的和平方式。在外交谈判中，谈判代表假如不注意以理服人，而是自以为是、蛮不讲理、为所欲为，甚至动辄对谈判对象进行诅咒、谩骂或武力威胁，非但不能自圆其说、取得成效，往往还会授人以柄，甚至致使谈判因此而破裂。

其五，它成功的重要保证是严守秘密。有人曾经说过：外交即秘密。实际上，如果将外交谈判理解为一种必须严守其秘密的行为，也是完全说得通的。秘密性，应当被视为外交谈判的主要特征之一。强调外交谈判的秘密性，必须划清它与所谓秘密外交的界限。秘密外交是指某些国家的政府之间为了不正当的目的而私下进行的阴谋性的外交活动。它一旦造成了恶果，往往就要由其本国人民或别国人民去承担。而外交谈判的秘密性，则是指对外交谈判的意图、策略、内容及过程皆须保守秘密。事实上，在任何谈判的进行过程中，对其公开得越少，成功的希望就越大。

其六，它的基本依据是国际法。进行谈判，必须有法可依、有法必依，方能取得成果。国内有关各方进行谈判时，谈判的主要依据是本国的法律。进行外交谈判时，则必须以国际法为基本依据。根据国际法的有关规定，外交谈判只能在主权国家的政府之间进行，谈判的参与者应当代表本国中央政府。政府与民间代表所进行的谈判，不应被视为外交谈判，其结果也不具有法律效力。一国政府与另一国的叛乱团体进行谈判，实质上是干涉别国内政的一种变相行为，同样也有违国际法。总之，对于国际法上已有的明确规定，在外交谈判中都必须严格遵照执行。

其七，它十分重视礼仪的运用。通常外交谈判正式进行于国家与国家之间，任何国家都将本国的尊严与荣誉视作生命，因此在外交谈判中体现着尊重与友善之意的礼仪的运用，一向都备受重视。礼仪在外交谈判中的运用，具体体现在下述方面：谈判者的表现必须讲究礼仪，谈判者的着装必须讲究礼仪，谈判现场座次的安排必须讲究礼仪，谈判后举行签字仪式时必须讲究礼仪，谈判和签字仪式举行时所摆放或悬挂的有关国家的国旗必须讲究礼仪。

其八，它要求参与者彼此妥协。一般来说，在外交场合，“谈判是一个连续的过程”①。在这样一个艰难的、漫长的、时断时续的、反反复复的过程中，有关国家为了维护本国的利益总是要想方设法地与谈判对象讨价还价。但是，如果想使谈判取得真正成功，在谈判时就必须注意既要有所坚持，又要有所退让。在谈判中，要善于求同存异，并善于与对方达成必要的妥协。所谓妥协，就是以有所让步的方法避免争执或冲突，从而使谈判获得成功。应该说，一般的外交谈判大多都会以有关各方有所妥协、相互让步而告终。在外交谈判中有所妥协，必须要坚持原则，设定退让的底线和范围，这样才不至于有碍本国的外交大局。

2. 外交谈判的作用

在外交活动中，外交谈判往往举足轻重。外交谈判对于各国外交所起到的重要作用，既不容被忽视，也不容被替代。

外交谈判的作用，主要体现在以下两个基本的方面。在这两个方面，外交谈判所发挥的重要作用是有目共睹的。

外交谈判的作用之一，是为各国之间进行实质性的外交接触提供了一种最佳的方式。人所共知，在国际社会里，各个国家之间都应当有来有往、和睦共处。唯其如此，整个世界才能和平，才能发展。各个国家之间要有来有往、和睦共处，最重要的是要做到相互沟通、互谅互让。而要真正做到这一点，进行各国政府之间的经常性接触，应当说是非常必要的。假如各国政府缺少往来、少有接触、难以沟通，往往就容易互相猜忌、产生矛盾，甚至发展成为国际性的冲突。

各国政府之间所进行的接触，大体上可以分为两类：一类是礼仪性接触，另一类则是实质性接触。各国政府之间的实质性接触，一方面是为了发展彼此之间的友好关系，另一方面则是为了处理、解决彼此之间的冲突或纠纷。各国政府之间进行实质性接触，自然意在协商或处理彼此之间所存在的问题，要么对其进行开诚布公的充分讨论，要么争取达成某种程度上的谅解或一致。显而易见，外交谈判实际上是迄今为止所能见到的各国政府之间进行实质性接触的最佳方式。通过外交谈判，各国政府之间可以进行实质性接触；通过外交谈判，各国政府之间既可以发展友好关系，又可以协商解决问题；通过外交谈判，各国政府之间所达成的相互理解还可以以某种具体形式被固化下来，并对有关各方产生一定的约束力。

通过外交实践可以察知，各国外交要有所成就，就必须经过外交谈判。离开了外交谈判，外交便难以有所附丽，各国外交往往也会一无所成。理解了这一点，就会懂得为什么会有那么多的外交家和外交学研究者认定：外交即谈判。

外交谈判的作用之二，是为各国之间解决国际争端提供了一种最正常的方式。在世界上，既然存在着许多不同的国家，那么因其各自的国家利益不尽相同，它们彼此之间在相互交往中就难免会存在着各种形式的国际争端。所谓国际争端，通常是指国与国之间因存在某种矛盾而引起一定程度的冲突。国际争端一旦出现，则必然会对有关国家之间的正常关系造成一定的影响。

---

① ［英］杰夫·贝里奇：《外交理论与实践》，122页，北京，北京大学出版社，2005。

一般来讲，世界各国对于与己有关的国际争端绝对不会置之不理。相反，它们都会对其极端重视，并且往往会力求尽快地对其加以解决。在正常情况下，解决国际争端自古以来就存在着两种基本方式：一种是和平的方式，即主要通过外交谈判解决。另一种是非和平的方式，即通过使用武力或以武力相威胁来解决。黎塞留早已指出：国家从外交谈判之中获益良多。实践同样证明：要使国际争端得到正常而合理的解决，采用和平方式最为恰当，而非和平的方式通常是不可取的。

江泽民同志曾经指出："各国的事情要由各国人民作主，国际上的事情要由各国平等协商。在事关世界和地区和平的重大问题上，应该按照联合国宪章的宗旨和原则以及公认的国际关系基本准则，坚持通过协商谈判和平解决争端。"① 这充分指明了各国之间解决国际争端的最佳途径之所在。

在外交实践中，外交谈判多进行于存在着一定国际争端的各国之间。应当说，它是解决国际争端的最值得提倡、最正常、最健康的方式。对于这一点，不少重要的国际公约都有明文规定。例如，在 1907 年《海牙和平解决国际争端公约》第 38 条、1920 年《国际联盟盟约》第 13 条以及 1928 年《和平解决国际争端的日内瓦总议定书》第 1 条中，都规定了应以外交谈判解决国际争端。而在《联合国宪章》第 33 条和《国际法原则宣言》中，则将外交谈判列为解决国际争端的诸种和平方式的首位。这表明，在国际法上，以外交谈判解决国际争端，已成为各国所应尽的一种义务。

二、外交谈判的原则

各国在与他国进行外交谈判时，总有一些基本的要求、规定、法则和标准必须遵守。外交谈判的原则，指的就是在外交谈判进行之际，各国所依据的有关要求、规定、法则和标准。在进行外交谈判时，其原则具有广泛的指导意义。

一般而言，外交谈判的原则共有下述七项。它们既各自独立，又相互影响，在外交谈判的具体实践中共同发挥着重要作用。

1. 实力原则

在进行外交谈判时，实力原则是有关各方皆须遵守的最重要的一项原则。它的主要含义是：进行外交谈判时，有关各方均应充分地考虑各自的实际力量对比，然后据此量力而行。从根本上讲，必须承认：外交谈判的最终结果，通常是由有关各方的实际力量对比所决定的。

在外交谈判中发挥重要作用的有关各方的实力，主要是指各国的综合国力。在外交舞台上，各国威望的高低、能力的大小、影响的深浅、作用的强弱，从根本上说都是由其综合国力所决定的。在外交谈判中，一个国家的综合国力如果比较强大，那么它就往往容易赢得主动，说话算数；反之，则往往会处于被动的境地，说话没有人会听。

坚持实力原则，关键是要在外交谈判中做到量力而行。具体来说，就是要求在谈判中一切都要从本国的实际能力出发，不要去做自己力所不及的事情。同时，还应当善于在外交谈判中避实就虚，不向谈判对象主动示弱，而是要努力在谈判中扬我所长、避我所短。

---

① 《江泽民文选》，第 3 卷，474 页，北京，人民出版社，2006。

坚持实力原则，切勿在外交谈判中过分地炫耀本国的强大实力。尤其是在面对较为弱小的谈判对手时，不要有意恃强凌弱、欺软怕硬，不要公然以本国的实力充当自己手中的砝码去要挟对方。

2. 兼顾原则

进行外交谈判时，高明的谈判者大都心中有数：欲使谈判取得真正的成功，既要充分地争取或捍卫本国的国家利益，努力实现本国既定的外交目标，又要充分地兼顾其他一切相关因素。相关因素在外交谈判进行的整个过程中，往往会发挥不同程度的作用。

遵守兼顾原则，就是要求各国谈判代表在进行外交谈判时，必须充分注意到来自其他各个方面的因素对于整个谈判所产生的影响，并且尽可能地对其因势利导、加以利用，争取使本国在谈判中永远处于有利的位置。

在具体遵守兼顾原则时，需要关注之点有三：其一，兼顾谈判对象国的实际利益。外交谈判，讲究的是所谓"双赢"、"多赢"与"共赢"，即有关各方都要通过谈判互有所得。在不损害本国根本利益的前提下，有时应当主动在外交谈判中为别国保留一定的利益。在外交谈判中，对谈判对象的实际利益完全忽视，或是对其"斩尽杀绝"，都是不理智的做法。其二，兼顾国际环境。外交谈判中所涉及的国际环境，具体是指当时的国际背景和国际条件。对当时的国际环境漠然视之，绝对不利于外交谈判的进行。其三，兼顾有关国家的态度和反应。在当今世界上，各国之间相互依存，两国之间所进行的外交谈判，难免会或直接或间接地牵涉到第三国。对其他国家的态度和有可能采取的反应，亦不能不予考虑。

3. 尊重原则

与参与任何国际交往一样，进行外交谈判时，有关国家之间亦应相互尊重。所谓尊重原则，就是要求参与外交谈判的有关各方，必须相互尊敬、相互敬重。在外交谈判中遵守尊重原则与否，往往是其能否获得成功的先决条件之一。

遵守尊重原则，在外交谈判中应具体体现在下列几个方面：

其一，尊重谈判对象国。外交谈判主要进行于主权国家之间，因此参与外交谈判的各国之间必须相互尊重。不允许在外交谈判中以任何形式对谈判对象国失敬，尤其是不允许借外交谈判插手对方的内部事务，或干涉别国的内政。

其二，尊重谈判对手。国与国之间常规的外交谈判，一般都通过其中央政府授予全权的代表来具体进行。也就是说，它是在人与人之间展开的。因此，对谈判对象国的尊重，必须具体贯彻落实到对谈判对手的尊重上。没有对谈判对手的尊重，就难言对其所代表的国家的尊重。在外交谈判中，可以与谈判对手针锋相对，但绝对不宜对其进行人身攻击。

其三，尊重谈判者自己。在外交谈判中，每一位代表国家的谈判者，都必须注意自尊自爱，要尊重自身，尊重本国政府，尊重自己的国家。必须谨记，自己的一言一行、一举一动，不仅直接与本国相关，而且也涉及国格和人格。

4. 自主原则

在外交谈判中，每一名谈判代表都必须遵守自主原则。自主原则的主要含义是：每一位外交谈判的代表在准备谈判、进行谈判的一系列过程中，都要努力发挥自己的主观能动性。

外交谈判的代表在参与谈判时，如果不遵守自主原则，丝毫不注意个人的主观能动性，则往往会难称其职，甚至一事无成。

在外交谈判中遵守自主原则，主要应当体现在以下两个不同的侧面：

一方面，在外交谈判中必须争取主动。在谈判中，谈判代表一定要尽量争取掌握谈判的主动权，或者努力变被动为主动。在谈判中一旦掌握了主动权，就等于使自己处在了一个较为有利的位置上，往往便可以因此促使整个谈判朝着有利于自己的方向发展。

另一方面，在外交谈判中还必须尽心尽职。代表本国政府参与外交谈判时，谈判者既要有光荣感，又要有责任感。在授权范围内，谈判者应当相信自己、依靠自己、锐意进取、务求成功，不辜负国家与政府的信任与期望，全心全意地恪尽职守。

5. 有限原则

在遵守自主原则的同时，外交谈判的参与者还必须遵守有限原则。所谓有限原则，是对授权有限原则的简称，其含义就是要求外交谈判的参与者在恪尽职守、锐意进取的同时，必须牢记授权有限。在外交谈判中，谈判代表的所作所为一旦超越了自己获得授权的界限，往往就会对整个谈判造成严重的后果。

在外交谈判中要遵守有限原则，通常有以下两大问题必须注意：

其一，谨记自己的授权有限。在外交谈判中，各国代表往往名义上握有“全权”，而实际上则大都授权有限。有关谈判的计划、目标、方针、策略等，通常都由本国外交决策机构事先规定，“全权”代表所要做的只不过是“全权”将其贯彻落实而已。在具体问题上，谈判代表可以灵活掌握、有所变通。在重大问题上，谈判代表则只能按既定方针办，绝对不可越雷池一步。

其二，及时向上级请示汇报。外交谈判期间，难免会出现不少预想不到的情况。面对特殊情况，谈判代表显然难以一如既往地“照常办事”。因此，要注意及时向上级主管部门进行请示、汇报，并认真执行其下达的指令。在这一问题上矫枉过正，强调“将在外君命有所不受”，实行“先斩后奏”、独断专行，要么不请示、不汇报，对新情况与新问题熟视无睹、得过且过，都是不允许的。

6. 客观原则

外交谈判的结果，往往有赖于有关各方的互动。因此，在进行外交谈判时，就不能搞一厢情愿、主观主义，而必须遵守客观原则。

客观原则的基本含义是：在准备和进行外交谈判时，一定要从实际出发，实事求是，力求掌握其真相，了解其本来面目。在外交谈判中遵守客观原则，关键是要努力做到“知己知彼”。具体而言，需要注意以下两个主要之点：

其一，所有的资料务必客观。进行谈判之前，自然需要充分了解谈判对象的具体情况，包括主要谈判者的个人风格、谈判对象国的谈判策略以及对方的谈判意图、谈判目标等。在取得这类资料时，一定要注意力求真实而准确。为此，必须注意去粗取精、去伪存真、由此及彼、由表及里，一切都要尊重客观现实，不搞自以为是。

其二，决策者的态度亦须客观。在外交谈判的进行过程中，谈判者及其最高决策机关要善于冷静思考、认真观察，透过现象看到本质，并从容应对。尤其是在进行重大决策时，一定要采取客观的态度，不要意气用事，或者为自己的主观感情所左右。

7. 预审原则

进行外交谈判，通常都需要在其准备阶段对一系列的有关事项进行预审。所谓预审原则，主要是指各国在正式进行外交谈判之前，有必要对本国预先准备的谈判方案反复审核、认真推敲，力求使之精益求精、减少疏漏。

在外交谈判中遵守预审原则，主要具有以下三重含义：

其一，预先制定尽可能完备的谈判方案。谈判方案，就是有关谈判的具体计划。其主要内容涉及谈判方针、谈判策略、谈判步骤、谈判目标等。只有预先制定了周详的谈判方案，谈判时各国的谈判代表方能有其所本。

其二，预先周密地审核本国的谈判方案。各国的外交谈判方案，大都必须经过其本国中央政府的批准。在外交谈判中，它实际上具有“法律”性质，是谈判代表的行动指南。为了防止它在外交谈判中产生指导性错误，有必要事前对其反复地加以预审。

其三，预审本国在外交谈判进行中所提出的补充性方案。在谈判实践中，允许对本国既定的谈判方案有所补充、有所修改、有所调整，以适应客观现实的需要。但是，即便是补充性的谈判方案，也一定要认真进行预审，并且必须报经本国中央政府批准。

三、外交谈判的方式与程序

在具体操作外交谈判的过程中，对其方式与程序必须予以高度的重视。不同的外交谈判，往往应当采取不同的谈判方式。而具体方式各不相同的外交谈判，其具体程序通常也不尽相同。

1. 外交谈判的方式

外交谈判的方式，一般是指外交谈判所采取的具体形式和具体方法。在外交谈判中，谈判所采取的具体方式，通常取决于谈判的基本内容与主要目标。而谈判所采取的具体方式，往往反过来又对谈判的最终结果产生一定的作用和影响。

在实践中，外交谈判往往可以被划分为许多不同的方式。由于划分的标准有所不同，同一次外交谈判通常有可能被划分为几种不同的方式。也可以说，有的外交谈判时常是多种方式并用。

一般而言，外交谈判主要可以被划分为以下十种方式：.

其一，根据谈判参加国的多少进行划分。根据这一标准，外交谈判有双边谈判与多边谈判之分。双边外交谈判，是指进行于两国之间的谈判。多边外交谈判，则是指由两个以上的国家所进行的谈判。在一般情况下，外交谈判多为双边谈判。近年来，多边谈判正在变得越来越重要。从根本上讲，外交谈判参加国的多少，主要与谈判的涉及面有关。

其二，根据谈判的公开与否进行划分。根据这一标准，外交谈判有公开谈判与秘密谈判之分。所谓公开谈判，指的是对外界不加保密，公开进行的外交谈判。所谓秘密谈判，则是指对外界加以保密，不公开进行的外交谈判。在实际操作中，有的外交谈判往往根据实际需要部分公开，部分则加以保密。

其三，根据谈判者的接触程度进行划分，根据这一标准，外交谈判有直接谈判与间接谈判之分。所谓直接谈判，通常是指谈判者面对面所进行的外交谈判。所谓间接谈判，则是指谈判者未曾直接会面，而是利用某种媒介所进行的外交谈判。具体来说，间接谈判又有口头间接谈判与书面间接谈判两种。前者利用电话、可视电视进行，后者则须借助于书信、电报、传真、电子邮件等。直接谈判与间接谈判可以分别进行，也可以互有交叉。其选择的依据，主要是有关各方的实际条件与实际需要。

其四，根据谈判者的行政级别的高低进行划分。根据这一标准，外交谈判可以分作国家元首级谈判、政府首脑级谈判、副国家元首或副政府首脑级谈判、外交部长级谈判、副外交部长级谈判、外交部司长或副司长级谈判、外交使节级谈判和普通外交官员级谈判。其具体的划分，主要因外交谈判参加者的行政级别的高低而异。通常认为，外交谈判参加者的行政级别的高低，往往与其相互间的关系以及对谈判的重视程度有关。

其五，根据谈判时间的长短进行划分。根据这一标准，外交谈判有短期谈判、中期谈判与长期谈判之分。一个月之内可以结束的外交谈判，称为短期谈判。一个月以上、半年以内可以结束的外交谈判，称为中期谈判。半年以上才可以结束的外交谈判，则被称为长期谈判。进行外交谈判的时间的长短，通常取决于谈判所取得的实际进展。在外交实践中，短期谈判比较常见。中期谈判与长期谈判，则大多分为数轮或循环进行。

其六，根据谈判所在地点的不同进行划分。根据这一标准，外交谈判有主座谈判、客座谈判、主客座谈判与第三国谈判之分。主座谈判与客座谈判，是相对而言的。当外交谈判在某一参加国境内举行时，对于东道国来讲，即为主座谈判。而对于其他参加国而言，则为客座谈判。当外交谈判在有关各国间轮流进行时，称为主客座谈判。当外交谈判在参加国之外的国家举行时，则应称之为第三国谈判。选择外交谈判的地点，既要考虑相互平等与实际需要，又要兼顾实际可能。

其七，根据谈判方向的不同进行划分。根据这一标准，外交谈判有横向谈判与纵向谈判之分。所谓横向谈判，即采用横向铺开的方法，首先列出谈判所要涉及的问题，然后对各项议题同时进行讨论，同时取得进展，再同时向前推进谈判的过程。所谓纵向谈判，则是采用纵向递进的方法，在确定所谈的全部问题之后，首先集中谈判其中某一个问题，待其解决之后，方才依次逐个谈判其他各项问题。进行横向谈判，有助于一揽子解决全部问题。进行纵向谈判，则有助于谈判的循序渐进。

其八，根据谈判中第三方作为中间人介入的有无进行划分。根据这一标准，外交谈判有受调停谈判与无调停谈判之分。所谓受调停谈判，即有中间人介入调停的外交谈判，它一般属于对抗性谈判。所谓无调停谈判，即没有中间人介入的外交谈判，它既可以是对抗性谈判，也可以是非对抗性谈判。至于外交谈判是否需要中间人的介入，关键要看谈判各方的意愿以及是否存在实际需要。

其九，根据是否涉及谈判的实质性问题进行划分。根据这一标准，外交谈判有实质性谈判与非实质性谈判之分。实质性谈判，是指谈判内容与参加各方的谈判目标直接相关的外交谈判。非实质性谈判，则是指为使实质性谈判顺利进行，而在谈判前进行议题、议程、地点、时间、范围、级别、人数等方面的磋商，在谈判中进行有关各方具体事务的协调，在谈判后对各方所形成的协议、立场或观点进行技术处理等等的事务性的外交谈判。实质性谈判深受非实质性谈判的影响，而非实质性谈判则往往从属、服务于实质性谈判。

其十，根据谈判的正式与否进行划分。根据这一标准，外交谈判有正式谈判与非正式谈判之分。正式谈判，是指合乎正规的、公认的标准的外交谈判。非正式谈判，则是指不正规、不标准的外交谈判。一般来讲，外交谈判多为正式谈判。非正式谈判多为正式谈判排除障碍、探索前景，或者在形势与条件不适合举行正式谈判时采用。

2. 外交谈判的程序

外交谈判的程序，通常是指外交谈判所进行的具体过程和先后步骤。外交谈判之所以必须按部就班地经过一系列的既定的过程和步骤，而不可以一蹴而就，主要在于以下原因：

其一，郑重其事。外交谈判事关国家大事而非儿戏，因此必须郑重其事。没有必要的谈判程序，就难以体现出有关各国对外交谈判的高度重视。

其二，认真审慎。外交谈判往往直接关系到主权国家的利益与荣辱，因此对其不可不慎。将其分作必要的程序进行，本身就体现着有关国家对于它所表现出来的认真与审慎。

其三，自身要求。谈判分作一系列的相关过程依次进行，实际上主要出自谈判自身的需要。人所共知，外交谈判本身往往就是一个有关各方不断讨价还价的漫长过程，离开了必要的程序，外交谈判便难以展开、难以进行。

就一般状况而言，外交谈判大体上可以分为谈判的准备、谈判的进行与谈判的收尾三个基本程序。这三个基本程序互相衔接，共同构成了一次外交谈判的全过程。离开了其中任何一项基本程序，外交谈判就会失去其完整性，因而难以获得成功。

外交谈判的基本程序之一——谈判的准备。要取得外交谈判的成功，就必须提前为其进行必要的筹划和安排，这就是所谓谈判的准备。谈判的准备，是外交谈判的“前奏”，也是其重要组成部分之一。外交谈判假定缺乏必要的准备，而去仓促上阵，往往便会负多胜少。具体来讲，进行外交谈判的准备工作，至少应当包括下述主要内容：

其一，拟订谈判的计划。进行外交谈判的准备时，对其必须在大致上有所规划。外交谈判的主要计划，通常应当包括：确定谈判的主题，确定谈判的方式，确定谈判的人员，确定谈判的地点，确定谈判的时间。此外，有时还需要确定谈判的对象。

其二，搜集谈判的信息。准备外交谈判时，往往有必要尽可能地搜集与其相关的信息，尤其是与谈判对手直接相关的信息。需要搜集的主要信息应当包括：有关谈判对手的信息，诸如其谈判方案、谈判目标、谈判策略、谈判代表等；外界有关的信息，诸如舆论反应、其他国家的态度等；有关自己的信息，诸如国内的意见、媒体的报道、历史的经验等。搜集以上信息之后，通常还需要有所分析、有所鉴别。

其三，制定谈判的策略。搜集有关谈判的信息，意在为制定谈判的整体部署提供条件。谈判的成功与否，谈判策略通常起着决定性的作用。谈判的策略不应一成不变，而应当在谈判中不断地调整、完善。但在谈判进行之前，各国均应拟订自己的基本谈判策略。其主要内容有：谈判目标、谈判技巧、谈判对策等。

其四，创造良好的气氛。在外交谈判正式进行之前，如能创造一种宽松、和谐的气氛，无疑会对谈判帮助良多。英国学者查尔斯·韦伯斯特就曾将创造一种有利的气氛，列为取得外交谈判成功的三大秘诀之一。一般认为，创造良好的谈判气氛，可以从以下方面入手：一是努力给谈判对手留下良好的第一印象；二是积极与谈判对手进行友善的私人交往；三是在正式谈判前以风趣幽默的话语作为开场白。

外交谈判的基本程序之二——谈判的进行。外交谈判的进行阶段，是外交谈判的重点之所在。在这一阶段上，每一个具体环节都对整个谈判影响巨大。在正常情况下，外交谈判在其进行阶段，又可分作以下程序：

其一，正式开局。所谓正式开局，指的就是外交谈判的正式开始。对一场谈判来说，开局基本上就决定了此后谈判的进行方式和彼此所处的地位，因此它是十分重要的。开局成功，通常就会使谈判拥有一个良好的开端，并且使谈判得以顺利进行。因此，在开局之时，要互谅互让、寻求一致、相互调整、直奔主题。不要有意吹毛求疵，或是存心制造僵局。

其二，提出要求。所谓提出要求，特指谈判各方在谈判正式开局之后，向谈判对手所提出的具体条件或愿望。在提出要求时应当深思熟虑、有理有据，既要注意自己的表达方式，又要注意对方所做出的反应。在必要时，对于己方所提出的要求，要有所退让，以满足对方。如对于己方的要求坚持不懈，绝对不容对方加以质疑或否定，则往往会使谈判难以为继。

其三，讨价还价。当谈判各方均提出了自己的要求之后，谈判即进行到关键阶段：讨价还价。在这一阶段上，各方均会当仁不让、针锋相对、你来我往、寸土必争。一般而言，在这一阶段，各方都应该既讲究谈判技巧，善于最大限度地获取自己的利益；又要讲究谈判的策略，善于做出必要的妥协，以避免使谈判陷入僵局、两败俱伤。

其四，达成协议。谈判各方经过最大限度的讨价还价后，往往会为了各方共同的利益，在互有所得、互有退让的前提下，取得一致性的意见。通常，外交谈判中有关各方所取得的一致性意见，需要以书面的形式固定下来，从而形成正式的文件。它可以是公约、条约、协定、宣言，也可以是议定书、备忘录或联合声明。在形成书面文件的过程中，有关各方切不可马虎大意，而是必须字斟句酌、严格把关。既不可自己去搞小动作，也不可让对手钻空子。

外交谈判的基本程序之三——谈判的收尾。外交谈判需要善始善终，在谈判的收尾阶段，有下列三件事情必须做好：

其一，谈判文件的签署。在谈判文件形成之后，通常须由各国授予全权的代表对其进行签署。签署的常见方式有：签字、暂签、草签。签字是对文件的正式确认，有的文件签字以后即刻生效。暂签是在对文件正本认证和听候本国训示时的临时签字。草签则只是初签的简易形式，它仅具认证作用，并意味着谈判的结束。在草签时，外文大都仅签代表姓名的头一个字母，中文则只签代表的姓氏。

其二，谈判文件的批准。谈判文件签字后，一般皆须由有关各国正式批准。批准谈判文件，表明有关国家对它的确认。批准谈判文件的机关与手续，均应由各有关国家的宪法规定，因为它是国家主权行为之一。批准的具体形式，则有批准、接受、赞同等。

其三，谈判过程的总结。在整个谈判过程结束前，有关各国均应对其进行一次必要的总结，以求吸取经验、发现所短。尤其重要的是，要总结出此次谈判的教训，认真进行自我反省。同时，还应积累必要的资料，以供日后参考之用。

第二节　外交行动

外交行动，是外交学所应着重研究的一项内容。因为离开了外交行动，外交便如同纸上谈兵，有其名而无其实。

在一般情况下，外交行动有广义与狭义之别。从广义上讲，外交行动泛指一切外交行为。

中国学者杨公素先生就曾指出："广义地说，一国同另一国发生交往都可称为外交行动。"① 而从狭义上讲，外交行动则特指外交实体尤其是主权国家为实现某种意图而主动、具体地展开的外交活动。在外交学上所指的外交行动，通常都是狭义的外交行动。

一般而言，外交行动是主要的外交途径之一。任何一种严格意义上的外交行动，均应具有以下基本特征：

其一，它是外交实体的一种行为。外交实体，在此主要是指主权国家，个别时候也包括由主权国家所组成的国际组织在内。除此之外，其他任何个人或集体均不可能进行外交行动。

其二，它是为了实现外交实体的某种意图。任何外交行动，都有其既定的目标，虽然这一目标未必可以完全达到，但在任何时候，外交行动都绝非一种漫无目标的行为。

其三，它是外交实体的主动行为。外交实体所采取的外交行动，意在实现其既定的外交目标，因而应被视为一种主动行为。相反，外交实体被迫而采取的外交行为，一般不应被看作外交行动。

其四，它是外交实体的具体活动。任何外交行动，都必须是外交实体所进行的某种具体活动。外交实体所进行的非实质性的、不具体的活动，均不应被视为外交行动。

在外交实践中，外交行动往往包罗万象，其具体内容极为广泛。在许多特定的条件下，一个外交实体为了实现某种意图，通常会同时交替采取多种具体形式的外交行动。根据外交行动的目的来进行划分，可以将其分为两类：一类是协调关系型外交行动。协调关系型外交行动，主要指的是外交实体为了建立外交关系、维持外交关系、发展外交关系而采取的外交行动。另一类是处理纠纷型外交行动。处理纠纷型外交行动，主要指的是外交实体为消除纠纷、解决纠纷、调解纠纷而采取的外交行动。这两类外交行动，都是每个外交实体经常性的例行公事。

目前，外交行动的具体形式甚多。除外交谈判之外，外交访问、外交接触、国际会议、国际调处等，都是常见的外交行动的具体形式。

一、外交访问

外交访问，一般是指一个国家的主要领导人按照预先的约定，前往另外一个与本国有着正式外交关系的国家。在现代外交中，随着现代化交通工具的出现和首脑外交的盛行，外交访问已经成为各国所经常采取的一种外交行动。

在对外交访问进行研究时，重要的是要研究它的特征、意义和具体内容。

1. 外交访问的特征

与其他一般性质的访问相比，外交访问具有高层性、双边性、约定性、隆重性、实质性等鲜明的具体特点。没有这些基本特点，外交访问便不称其为外交访问。

外交访问的特征之一，是它的高层性。根据惯例，一国普通外交官员因公对别国所进行的正式访问，通常不可被称为外交访问。唯有一个国家的主要领导人，即国家元首、政府首脑以及其他身份相似的人，对别国所进行的正式访问，方可称为外交访问。此外，一国外交部长因公对别国所进行的正式访问，亦可称为外交访问。不过在绝大多数情况下，

① 杨公素：《外交理论与实践》，154 页。

外交访问一般指一国最高领导人对别国所进行的正式访问。外交访问的这一高层性特征表明，它实质上乃是一种以跨国形式进行的国与国之间的最高级别的正式接触。

外交访问的特征之二，是它的双边性。外交访问，一般都是一国高级领导人前往另外一个国家，拜会那个国家与自己级别相似的高级领导人。也就是说，所谓外交访问，实际上就是一国领导人正式出国，前去访问另一个国家的领导人。在这一外交行动中，既有访问者，又有被访问者，所以说它本质上是国家与国家之间所进行的一种双边交往。外交访问的双边性特征，通常还体现在它的有来有往上面。从表面上看，外交访问是一种单方行为。然而依据外交上的对等原则，在一国领导人正式访问另外一个国家之后，那个国家的领导人往往还须在一定的时间之内进行回访。

外交访问的特征之三，是它的约定性。为了确保外交访问的顺利进行，有关国家之间往往需要先期对其进行正式的约定。负责联系、约定外交访问的具体人员，通常是外交部长、驻外使节、礼宾人员等外交官员。正式的外交访问，必须由出访国与到访国两国事先商定，并提前对外予以公布。一般来讲，外交访问既可以由出访国主动提议，也可以由到访国发出邀请。但它必须是双方情愿，而且必须以应到访国要求为由进行。外交访问正式进行前，访问日期、日程安排以及随访人员等，必须事先由双方一一做好约定。届时，必须依照约定认真进行。

外交访问的特征之四，是它的隆重性。在正常情况下，外交访问往往会表现得热烈而隆重。外交访问之所以隆重，主要出自两个方面的原因。一方面，外交访问的主角是出访国的国家领导人。作为国家的代表，他理应受到到访国的隆重欢迎。对他的隆重欢迎，意味着对他所代表的国家的一种尊重。另一方面，一国领导人亲自访问另外一个国家，通常直接体现着他对发展两国关系的高度重视。给予其隆重的欢迎，往往是到访国对他的良好愿望所作出的一种积极回应。

外交访问的特征之五，是它的实质性。外交访问的一大特点，是它通常都具有明确的目的。不论其时间是长是短、具体采用哪一种方式，外交访问往往在主观上都是要处理或解决一定的实质性问题。有的时候，两国之间的实质性问题，由到访的外国领导人亲自着手进行解决。有的时候，两国之间的实质性问题，则交由两国外交人员进行解决，而不需要由两国领导人直接着手、亲力亲为。即便某些外交访问从表面上来看仅仅是礼节性的，也不能排除其有助于密切两国关系这一实质。

2. 外交访问的意义

对于发展国家之间的相互关系而言，外交访问通常具有重要的现实意义与深远的历史意义。外交访问的重要意义，一般直接表现在以下几个方面：

首先，外交访问可以密切国家之间的相互关系。在外交实践中，外交访问，尤其是由国家最高领导人所亲自进行的外交访问，一向被视为国家关系较为密切的重要标志。当国与国之间存在矛盾、隔阂、敌视甚至持续争执之际，相互之间的外交访问往往比较罕见。而每当国家之间关系比较密切之际，外交访问便会得以进行，甚至较为频繁。所以有人说："国家间的各类外交……访问同样是衡量国家关系冷热的寒暑表。"① 外交访问可以密

① 黄金祺：《外交外事知识和技能》，256页。

切国家之间关系的一个重要表现是：每逢重要的外交访问进行之后，国与国之间的关系通常便会有所改善，甚至还会“雨过天晴云散尽”，由相互抵触转变为和睦友好。

其次，外交访问可以实现国家之间的高级对话。外交访问的特征之一，便是国家领导人的亲自参与，因此有人将国家领导人所参与的外交访问称为“高级访问”。而在外交访问期间，出访国与到访国国家领导人之间的会晤与会谈，则被称为高级对话。

利用外交访问的方式进行国家之间的高级对话，至少有下述三点好处：其一，有助于各国领导人之间增加了解，消除误会。没有面对面的直接对话，双方往往难以增加了解与消除误会。其二，有助于各国领导人之间彼此协调，进行合作。国家之间关系的改善，有待于其领导者之间的相互协调与合作，而“领导者也只有通过实际在一起工作才能学会合作”①。其三，有助于各国领导人之间建立友谊与信任，从而有利于他们所领导的国家之间关系的发展。

最后，外交访问可以间接帮助本国的外交决策。各国的外交决策，通常都是一个不断变化、不断调整的过程。在这一过程中，各国的决策者都需要积极投身外交实践，实践、认识、再实践、再认识，在实践中发现不足，总结教训，及时地根据客观形势的变化，改变自己的错误做法，适时地调整对策。

作为本国外交的主要决策者，各国领导人往往可以通过与到访国领导人的直接对话和参观访问，以第一手材料亲自对本国的外交决策进行检验，并且可以根据自己的观察与判断，对本国的外交决策提出合理的建议，乃至促使、主导其有所调整。

3. 外交访问的内容

一般来讲，各种外交访问的日程安排都比较紧凑。根据常规，外交访问的主要日程通常应由到访国负责安排，但是在正式将此实施之前必须获得来访国有关方面的认可。

由于访问性质和访问时间的不同，外交访问的基本内容往往不可一概而论。一般而言，外交访问均由访、谈、看三要素所构成。访，即访问；谈，即谈判；看，即参观。根据惯例，在外交访问中，下述内容一般不可或缺：

其一，政治活动。在任何情况下，政治活动都是外交访问的基本内容。离开了政治活动，外交访问往往会变得毫无实际价值。在外交访问中所安排的政治活动，主要是指来访国与到访国两国之间正式的官方接触。其中主要包括会晤、会谈等。在进行政治活动时，有关双方会就彼此所关心的主要问题进行一般性或实质性的磋商、讨论，并且力求达成某种程度的一致。

其二，社会活动。除了与政界人士进行接触之外，外交访问者一般还应当争取利用一切时机，与到访国的社会各界人士进行广泛的接触。这类接触，即为外交访问者的社会活动。它的常规项目有：接受媒体访问，出席群众集会，会见各界代表，进行社会参观，等等。进行社会活动的主要目的，是与到访国的人民直接接触、对话并广交朋友。

其三，礼仪活动。进行外交访问时，礼仪活动即表示礼遇或敬意的活动，通常是必不可缺的。它虽然只是例行公事，但对外交访问大有帮助。进行外交访问时所进行的礼仪活动主要分为两类：一类是到访国向来宾表示敬意的礼仪活动。例如，迎送仪式、授勋仪式、欢迎

---

① ［美］埃尔默·普利施科：《首脑外交》，20页。

宴会等。另一类则是来宾向到访国表示敬意的活动。例如，拜谒王陵或纪念碑等。

其四，娱乐活动。为了调剂生活、活跃气氛，通常到访国会为前来本国进行外交访问者酌情安排一些轻松愉快的娱乐性活动。诸如，观看文艺演出或体育比赛，参观名人故居和风景名胜，造访展览馆、博物馆，观赏市容或进行购物等。

二、外交接触

在种种现实的外交行动中，各国外交部门、驻外机构所进行的外交行动往往不可或缺。它们的所作所为，虽则多为例行公事，但却构成了各国外交行动的重要一面。

所谓外交接触，在此特指各国外交部门、驻外机构所采取的日常外交行动。在外交实践中，外交接触向来都是各国重要的外交途径。有时，各国进行外交接触的外交部门、驻外机构，又被称为外交渠道，意即采取外交行动的主要通道。

1. 外交接触的形式

在外交实践中，外交接触往往会采用多种多样的灵活形式。由于各国的外交体制、外交文化、外交风格有所不同，它们平时所采用的外交接触的具体形式通常也会各有不同。从总体上来讲，依据外交接触的不同内容，大致上可以将其分为以下几种基本形式：

其一，外交联系。所谓外交联系，在此是指平时各国的外交部门、驻外机构与其他国家，尤其是与建立了外交关系的国家所保持的沟通与联络。一般而言，外交联系主要有两种方式：一是部门、机构之间的联系，即一国外交部门、驻外机构与其他国家的外交部门、驻外机构之间，以“公对公”的方式所建立或保持的联系；二是外交人员之间的联系，即一国外交人员与其他国家的外交人员之间所建立或保持的“人与人”的联系。从表面上看，这种“人与人”的联系似乎是一种私人联系，但由于外交人员身为国家代表之故，所以它在本质上也是属于“公对公”的一种特殊形式。

其二，外交交涉。各国的外交部门、驻外机构，平日都有一项重要的职能，即对外进行外交交涉。所谓外交交涉，在此特指由一个国家的外交部门或驻外机构正式出面，代表本国政府去同别的国家的外交部门、驻外机构或者国际组织商讨、处理、解决有关的问题。《维也纳外交关系公约》里所规定的“使馆之职务”之一，就是“与接受国政府办理交涉”①。外交交涉的实质，是要在外交场合里积极、主动地寻求与己相关的问题的解决。在外交实践中，外交谈判、外交协商、外交抗议、外交照会等，都是外交交涉的具体方式。就其形式而言，外交交涉可以采用口头交涉或书面交涉两种不同的具体做法，或者二者并举。就其内容而言，外交交涉则有政治性交涉与事务性交涉两类。前者通常由政府高官进行，例如，一国外交部部长或副部长约见某国驻该国使节进行交涉，某国使节约见其驻在国使节进行交涉；后者则一般在级别较低的官员之间进行。因外交交涉涉及双方利害关系，故其气氛往往比一般的外交谈判更为严肃。

其三，外交调研。外交调研的含义，在此指的是各国的外交部门、驻外机构及其全体从业人员，在外交活动中所自觉而主动地进行的对外调查研究。对于外交人员来讲，进行外交调研是其日常主要任务之一。对于外交接触来讲，进行外交调研又是其基本内容之

---

① 王铁崖等编：《国际法资料选编》，644 页。

一。进行外交调研，主要有两大目的：一是为了搜集信息，掌握情况，知己知彼；二是为了深入实际，观察分析，研究对策。在任何国家，如果没有对外交调研的高度重视，就不可能有正确的外交决策和外交上的成功。诚如有人所言："它是外交赖以成功的基础。"①

应当说明的是，以上三种外交接触的具体形式，在外交行动中往往都是交叉使用的。它们时常是"你中有我，我中有你"，互相配合，共同发挥着作用。

2. 外交接触的方针

不论外交接触是通过外交部门、驻外机构，还是通过外交人员进行，到头来都必须以人际交往的具体方式来实现。因此，外交人员在进行外交接触时，必须努力发挥个人的主观能动性。与此同时，外交人员还必须牢记外交接触的基本方针。

外交接触的基本方针，通常指的是外交人员在奉命参与外交接触时，所应当掌握的主要方向和基本目标。它的主要内容是：服从命令、遵守法律、主动灵活、恪尽职守。具体而言，它在以下诸方面对外交人员提出了严格而明确的要求：

首先，外交人员在参与外交接触时必须服从命令。外交人员通常授权有限。当其参与外交接触时，自然也不会有所例外。外交人员必须注意的是，因为外交接触关系重大，需要由外交决策者进行统一部署，所以必须坚决地服从命令、听从指挥，及时地向上级请示汇报。不允许有令不从，更不得自行其是。

其次，外交人员在参与外交接触时必须遵守法律。参与外交接触的外交人员如欲不辱使命，就必须牢固地树立法制观念，认真地遵守法律规范。外交人员在参与外交接触时遵守法律，具体体现在：一是要遵守国际法；二是要遵守接触国的国内法。与此同时，更要遵守本国法律。总之，绝对不允许其从事任何形式的非法活动。

再次，外交人员在参与外交接触时必须主动灵活。在服从命令、遵守法律的基本前提下，外交人员在参与外交接触时，还必须机智灵敏，反应迅速，避短藏拙，随机应变。既不可不守规矩，也不宜表现出过分的呆板和被动。

最后，外交人员在参与外交接触时必须恪尽职守。外交人员奉命参与外交接触时，一定要忠于职守，把完成任务视为第一要旨。为此目的，外交人员理当尽心竭力，想方设法，不屈不挠，百折不回。切不可在外交接触中舍本逐末、目光短浅，致使自己严重失职。

三、国际会议

国际会议，一般是指由不同国籍者所进行的聚会。在国际交往中，国际会议因其作用日益重要而备受重视。根据外交史专家们的意见，真正具有现代意义的国际会议应当自1648年所举行的威斯特伐利亚会议开始。目前，尽管国际会议对于外交的影响不容低估，但是对它所进行的研究尚且有待深入。

研讨国际会议对于外交的影响，首先必须对国际会议的常见类型、基本规则与主要作用具有一定的认识。

1. 国际会议的类型

在实践中，国际会议往往采取了多种多样的具体形式。要准确地把握国际会议的实

---

① 金桂华：《话说外交调研》，2页，北京，世界知识出版社，2002。

质，就必须对其进行分类研究。依据不同的标准，国际会议可以被分为以下几种不同的具体类型：

其一，根据与会者的身份进行区分。按照这一标准，国际会议通常可以分为政府间会议与民间会议。政府间的国际会议，指的是其参加者具有官方身份。民间的国际会议，亦即非政府间国际会议。一般而言，在外交学上所研究的国际会议，主要是对外交影响巨大的政府间国际会议。

其二，根据与会者的职务进行区分。按照这一标准，国际会议可以分为国家元首会议、政府首脑会议、外交部长会议、外交代表会议、高级官员会议等。

其三，根据与会国的数量进行区分。按照这一标准，国际会议可以分为双边会议与多边会议。双边会议，即两国所举行的国际会议，它一般亦可被称为外交会晤或外交会谈。多边会议，则是指至少有三个国家参加的国际会议。目前，国际会议一般指多边性的国际会议。

其四，根据会议举行的周期进行区分。按照这一标准，国际会议可以分为定期会议、例行会议与特别会议。定期会议，指的是事先确定好会期的国际会议。例行会议，指的是按照有关规定依例所举行的国际会议，例如，届会、年会、季会等。特别会议，则通常是指临时决定举行的国际会议。

其五，根据与会国的地理范围进行区分。按照这一标准，国际会议可以分为世界性会议、洲际性会议、区域性会议，以及跨洲会议、跨区域会议等。

其六，根据会议的具体内容进行区分。按照这一标准，国际会议可以分为综合性会议与专门性会议。前者是指对各种国际问题广泛涉及的国际会议，后者则是为具体解决某一国际问题而举行的国际会议。

其七，根据会议自身的性质进行区分。按照这一标准，国际会议可以分为代表大会（congress）、大会（conference）、会议（meeting）、委员会（committee）、理事会（council）、小组会（panel）、论坛（forum）等。代表大会，指的是由正式代表出席的规模较大的国际会议。大会，指的是一般性质的国际会议，通常较为正式。会议，指的是各类国际会议。委员会，指的是专门建立的处理或审议某一特殊问题的国际会议。理事会指的是具有任期的咨询性或立法性国际组织。小组会，指的是带有评议和答询性质的国际性专题小组讨论会。论坛，则指的是专门讨论大众所关心的问题的国际会议。

2. 国际会议的规则

以各国官方代表为正式参加者的国际会议要想得以顺利进行，就必须遵守有关举行国际会议的基本规则。所谓国际会议的基本规则，在此指的是为使国际会议取得成功，而在国际上相沿成习、为国际会议的参与者所必须遵守的成文或不成文的有关基本规章和要求。遵守国际会议的基本规则，是国际会议得以举行并取得成功的前提，也是使之有效率、井然有序地进行的重要保证。

举行国际会议，往往有诸多规则可循。究其要者，主要有议程确定规则、语言使用规则、投票表决规则、协商一致规则等。

其一，议程确定规则。举行国际会议时，议程是首要的问题。国际会议议程的确定，讲究的是民主、平等和协商，并且一般要求在国际会议举行之初达成共识。其一般的做法，是开会之初即下发临时议程。它通常由会议召集人、常设秘书长等草拟，并会向有关方面提出。在临时议程被会议通过后，它才能成为正式议程。根据惯例，国际会议的议程只列出议题及其讨论次序，而不作具体日程安排。国际会议的正式议程一经通过，即应被认真遵守。如其需要变更，则必须依照规定程序在会议上进行议决。

其二，语言使用规则。举行国际会议时，使用不同语言的各国代表要进行良好的沟通，就必须认真地对待国际会议上的语言使用问题。一般而言，国际会议均允许有限制地使用不同的语言。但是，国际会议又往往会规定其正式语言和工作语言，使之在国际会议上居于优先地位。所谓正式语言，通常是指由国际会议所规定使用的标准语言。国际会议的正式语言，有其自身的发展过程。最早出现的国际会议的正式语言是拉丁语，紧接下来是法语，然后是英语、法语并用。联合国成立后，规定英语、法语、西班牙语、俄语、汉语、阿拉伯语六种语言同为其正式语言。工作语言，则是指某种广泛使用、为与会各方所接受并便于自由交流的语言。就一次特定的国际会议而言，确定其正式语言、工作语言均应因时、因地制宜，但工作语言的使用通常较正式语言少。为节省费用、提高效率，有的国际会议仅采用一两种工作语言。仅使用一种工作语言的国际会议，一般不提供翻译。与会者均须通晓该种工作语言，或自带翻译。

其三，投票表决规则。在国际会议举行期间，与会者往往需要就某些重大问题进行投票表决。严格地讲，投票表决是一种法律行为。在国际会议上，它是对正在交付审议的某项议题正式表示赞同或拒绝的一种集体行动。通过投票表决，与会各方对被交付表决的议题的立场得以具体阐述。投票表决的方式主要有举手表决、唱名表决、鼓掌表决、秘密表决等。在投票表决时，通常必须遵守“多数通过”规则，即票数过半，算作通过。有些国际会议还规定：投票表决重要问题时，超过票数的 2/3 方为通过。投票表决时，票数若为一半对一半，则应再次进行投票。若依旧如此，则不算通过。在国际会议上，弃权被视为没有参与表决，但它实际上是另外一种形式的表态。根据成规，在国际会议上投票表决后，声明自己的投票无效，或者要求改变自己的投票记录，一般是不允许的。但是，若投票者在自己投票前后进行声明，则通常可行。

其四，协商一致规则。协商一致，是国际会议上专用的议事规则之一。它的主要含义是：在国际会议进行期间，有关各方不存在强烈的反对意见，或在获得部分持不同意见者默许的情况下，不采用表决方式，而是通过磋商、妥协作出一致性决定。协商一致的主要特征有：一是不采用表决方式，二是与会各方通过磋商、妥协达成了一致，三是或许某些与会者持有异议。协商一致的实质，是避免与会各方因投票表决造成麻烦，而代之以相互妥协的方式进行变通。在国际会议上，协商一致主要适用于两种情况：第一种情况，是通过没有争议的决定；第二种情况，则是通过争议激烈的决定。

3. 国际会议的作用

就外交而言，国际会议既是其主要途径之一，又对其发挥着重要的作用。国际会议的重要作用，主要体现在下述几个方面：

其一，它有助于国际交流的密切。举行国际会议，实际上为与会国提供了一种进行广泛的国际交流的机会。在国际会议上，与会各国面对面地坐在一起，直接进行对话与磋商，不但可以借此加强彼此之间的了解与信任，而且还可以广交朋友、广结善缘。借助于国际会议所进行的国际交流，其内容往往极为广泛。它既可以是国与国间的交流，也可以是各国与会代表之间人与人的交流。

其二，它有助于国际合作的进行。在国际事务中，不同国家之间难免需要就彼此之间所共同关心的问题进行协商与讨论，以求建立一种有利于国际安全、世界稳定的良好秩序。国际会议的举行，通常便是国际合作的一种积极形式。通过举行国际会议，往往可以讨论、处理某些重大的国际事宜。更为重要的是，国际会议实际上还为国际合作提供了一种模式。从某种意义上说，国际会议就是一种国际合作组织。国际组织实质上是国际会议的固定化，而国际会议则往往是国际组织所体现出来的一种具体存在形式。

其三，它有助于国际妥协的达成。国际社会的存在，注定了各个主权国家之间往往会存在一定的争端与冲突。只有及时解决国际争端、平息国际冲突，才有利于国际社会的稳定与发展。在一般情况下，国际会议大都扮演着维持国际社会正常秩序的角色。一方面，它源源不断地为国际社会立法；另一方面，它又积极地关注国际争端与国际冲突的调解。有一些国际会议，通常有可能成为存在争端或冲突的有关各方进行直接对话的窗口。在某些情况下，经过国际会议的推动，它们也可能为了避免两败俱伤，或者迫于国际社会的压力，而在国际会议上各退一步，从而在一定程度上达成谅解或妥协。

其四，它有助于国际影响的发挥。在许多外交人员眼里，国际会议无疑是本国可以对其积极利用的“国际讲坛”。通过参加国际会议，尤其是通过参加一些重要的国际会议，通常可以借机宣传本国的国内外政策，并提高本国的政治知名度。有鉴于此，许多国家都将参加重要的国际会议视为自己绝对不可错过的一种扩大本国国际影响的极好机会。为此，它们不仅积极争取与会，更有甚者，还会积极争当国际会议的举办国。

四、国际调处

国际调处，在此是指某一国家作为第三方，而对其他存在国际争端的国家所进行的调解与劝说。国际争端，一般指的是以国家为争端当事者所发生的争端。它往往会涉及争端当事国乃至整个国际社会的利益，而且因为在国家之上不存在任何对国际争端拥有管辖、审理权的立法机关或司法机关，所以往往需要通过外交途径，由国际争端国之外的其他国家从旁进行国际调处。

“外交在国际上的中心任务之一是促进国家之间或国家与其他行为体之间以和平方式解决争端。”① 作为常规外交活动之一，国际调处具有其自身的诸多特点。在国际法上，对国际调处规定甚多。因此有关国家在参与国际调处时，是绝对不允许胡作非为的。

1. 国际调处的形式

在外交实践中，利用外交手段解决国际争端，有着许多常规的方式，其中最为常见的具体形式有外交斡旋、外交调停、国际会商、国际调查、国际调解等。

国际调处的形式之一，外交斡旋。外交斡旋，简称斡旋，它的含义是：由其他国家作为第三方，出于解决国际争端的目的，而促使有关争端的当事国直接进行谈判。一般而言，外交斡旋是其他国家作为第三方介入的方法之中介入程度最小和最为谨慎的方法。只

① ［英］巴斯顿：《现代外交》，273页。

要争端各当事国谈判开始，外交斡旋通常即告结束。争端当事国的直接谈判破裂之后，如为了重开谈判而进行外交斡旋，斡旋国也不会直接加入谈判。

国际调处的形式之二，外交调停。外交调停，亦称调停，它实际上是外交斡旋的进一步发展。它的主要含义是：由其他国家作为第三方，出于解决国际争端的目的，不仅要促使有关争端的当事国直接进行谈判，而且还要积极为谈判创造条件、提供基础，并且自己直接参加谈判，为使争端各国最终实现妥协而作出努力。

在外交实践中，外交斡旋与外交调停通常可以一并使用，二者性质十分接近，外交斡旋的进一步发展，就是外交调停。

国际调处的形式之三，国际会商。国际会商，是通过国际公议进行协商的简称。它的具体做法，是在其他国家作为第三方的主持或影响之下，有关争端当事国举行国际会议，进行协商讨论，以求解决国际争端。国际会商与外交斡旋、外交调停颇为相似。它们的区别在于：国际会商的重点，是使协商按照会议程序进行，并予以公开。而外交斡旋与外交调停的重点，则要么是使谈判得以进行，要么是第三方直接介入谈判。

国际调处的形式之四，国际调查。所谓国际调查，指的是由有关国家组成专门的国际调查委员会，对于争端的有关事实进行调查，以便彻底澄清事实，消除争端各国之间存在的误会，缓解其对立情绪。在进行国际调查时，其具体的调查程序应按照争端当事国所达成的协议进行。

国际调处的形式之五，国际调解。国际调解，一般指争端当事国根据有关条约，将彼此之间所存在的国际争端交付国际机关，并根据国际机关所提出的建议，和平地解决国际争端。国际调解与国际调查的做法比较相仿，其主要区别在于：国际调查主要是查明事实，而国际调解除此之外还要更进一步，需要提出实质性或程序性的解决争端的建议或方案。

2. 国际调处的原则与功能

其他国家作为第三方参与国际调处时，必须恪守国际调处的基本原则。否则其所作所为就有可能会过犹不及，适得其反。

所谓国际调处的原则，指的是参与国际调处的有关各方，在国际调处进行的整个过程中所必须遵守的行为指南与行为依据。一般而言，国际调处的基本原则有：

其一，解决国际争端必须采用和平的方法。它要求：无论国际争端的当事国，还是参与国际调处的作为第三方的其他国家，都只能够采用和平方法解决国际争端，而绝对不允许采用武力，或者以武力相威胁。1928 年的《巴黎非战公约》规定：各国间遇有争端，不论性质如何，因何发端，只可用和平方法解决之。在《联合国宪章》中则规定：“各会员国应以和平方法解决其国际争端。”①

其二，其他国家作为第三方进行国际调处时，不得干涉各争端当事国的内部事务。其他国家作为第三方参与国际调处，根本目的是要促使国际争端最终获得解决，而不是要直接或间接地插手争端当事国的内政，从而牟取私利。对于这一点，国际法上有着十分明确的规定。例如，其他国家作为第三方进行国际调处时，必须尊重各争端当事国的主权；在

---

① 王铁崖等编：《国际法资料选编》，863 页。

一般情况下，若无条约规定，争端当事国可在国际调处中拒绝第三方的意见；等等。

在外交实践中，国际调处越来越受到世界各国的普遍重视，并且产生着非常重要的作用。国际调处的主要功能表现在下述几个基本方面：

其一，有利于维护世界和平。对国际社会而言，国际调处可以起到明显的维护世界和平的作用。如果没有国际调处，或者国际调处未能及时地进行，国际争端就有可能进一步尖锐化、扩大化，既有可能进一步发展为国际冲突，又有可能将其他国家牵扯进来，进而破坏世界的和平与稳定。

其二，有利于尽快解决争端。对争端当事国而言，本国与其他国家之间的国际争端尽管在所难免，但一般都是非其所愿。大凡与本国相关的国际争端一旦出现，便会对自己的内政、外交构成重大的影响。在这种情势之下，各争端当事国大都希望尽早将其解决，免得使自己受其拖累。一般而论，国际调处当属行之有效的解决国际争端的良方。

其三，有利于提高国际声望。对作为第三方参与国际调处的其他非争端国而言，自己至少可以获得以下两个方面的好处：一方面，通过参与国际调处可以提高本国的国际地位，令别国对自己刮目相看。另一方面，通过参与国际调处还可以防患于未然，及早地消除于己不利的国际因素。目前，已有越来越多的全球性或区域性国际组织主动介入国际调处，并发挥着积极作用。它们的此类活动，无疑提升了其国际声望。

第三节　外交文件

外交文件，通常又称外交文书，它是指国家与国家之间以书面文字为形式所进行的外交活动。从总体上讲，外交文件与外交行动一样，同为主要的外交途径。前者是一种间接的外交途径，而后者则是一种直接的外交途径。在外交实践中，二者同等重要，往往不可或缺。

从本质上来讲，外交文件通常是外交行动的结果，或者是其主要成果的固定化。作为在外交活动中国家之间建立相互了解与信任的一种主要方式，外交文件在各国的外交实践中都具有重要的地位和作用。

在外交实践中，由于国与国之间所存在的问题牵涉面甚广，外交文件因而也存在着多种多样的形式。概而言之，可将常见的外交文件区分为以下四类：

其一，各国政府之间所正式签署的外交文件。例如，条约、公约、宣言、协定、议定书等。凡经过本国国内法律程序正式批准后，它们就对各签署国具有法律效力。有关各国必须履行其规定的义务，并享有其规定的权利。

其二，各国国家元首、政府首脑、外交部长或者其代表所签署的外交文件。例如，联合宣言、联合公报、新闻公报等。它们之中，有的具有法律效力，有关签署国政府应负有明文规定的法律责任；有的则不具有法律效力，有关签署国政府应承担政治责任。

其三，各国政府之间所相互交换的外交文件。例如，外交函件、外交换文、外交备忘录等。它们均属于一方或双方就某一外交问题提出的本国政府的意见、建议或交涉。若经有关各方同意，此类外交文件亦可作为有关各国政府之间具有法律效力的正式协议。

其四，各国政府单方面所发表的外交文件。例如，声明、宣言、通知、通告、书信等。它们通常是一国政府针对某项重要的外交问题所阐述的立场、原则、主张或建议。在外交场合，它们往往备受关注。

以下对外交实践中使用最广泛的条约、声明以及外交信函等几种外交文件，择要进行概述。

一、条约

条约，亦称国际条约，根据 1969 年《维也纳条约法公约》的阐述，称“条约”者，“谓国家间所缔结而以国际法为准之国际书面协定，不论其载于一项单独文书或两项以上相互有关之文书内，亦不论其特定名称如何”①。它既是国际法的主要渊源之一，又是国际法主体之间相互交往的一种最普遍的法律形式。在国际关系的诸多领域内，都可运用条约对其加以调整。

1. 条约的特征与形式

在外交实践中，如欲正确地认识并运用条约，则必先对其主要特征与具体形式有所了解。

根据《维也纳条约法公约》的解释，条约一般应当具有下述四项基本特征：

其一，它是主权国家以及其他国际法主体之间所缔结的协议。首先，条约应当是国际协议，而缔结条约的主体，则必须是国际法主体。条约不应当是国际法主体的一种单方面行为，而是必须在两个或两个以上的国际法主体之间所达成。除主权国家以外，国际组织作为国际法主体也是当然的条约主体。一般而言，国家与国际组织均具有缔结条约的能力，而国家、国际组织与法人或自然人之间所达成的协议不应当被视为条约。

其二，它是以书面形式为主的国际协议。一般而言，条约必须是正式的书面文件。《联合国宪章》规定：会员国家缔结的一切国际条约应尽速在秘书处进行登记，并由秘书处予以公布。《维也纳条约法公约》也明文要求：条约应为“国际书面协定”。因为唯有书面文件的形式，方可“立此存照”，作为证明。在外交实践中，被称为“君子协定”的“口头协定”也曾出现过，不过因其口说无凭，而不具有法律效力。但“口头协定”一旦载入记录，并经有关各方签署，即应被视为“书面协定”，等同于条约。

其三，它受国际法调整，并且必须以国际法为准。条约为国际社会的法律准则，因此其缔结、执行、变更等均受国际法调整。当然，这并不意味着条约与国内法没有任何关系。实际上，当条约经有效缔结后，在其当事国之内与国内法具有同等效力。而在其缔结过程中，决定条约缔结权的也是国内法。可见条约与国内法之间也有密切的联系。在制定条约时，必须以国际法为准，并受其拘束。违背国际法原则的条约，不仅不具有法律拘束力，而且也是非法和无效的。

其四，它产生法律效力。一项外交文件是否可被视为条约，关键之点不在于其名称如何，而在于其实质上是否可以产生法律效力。凡条约均在其缔约主体之间产生法律拘束力。依据条约所具有的这种法律拘束力，其缔约主体应当诚实地履行条约所规定的义务，并且以履行条约为前提，产生要求缔约对方遵守条约以及履行条约义务的权利。应当说明的是，条约并非是使国家受法律拘束的唯一手段。一国作出承诺，如系明确表示其承诺具

① 王铁崖等编：《国际法资料选编》，744 页。

有法律拘束力，则这种单方面的承诺也可以具有法律拘束力。

在外交实践中，条约往往具有不同的具体形式。但是，不同形式的条约在法律效力上没有什么差异。通常，条约大体上存在下述几种主要形式：

其一，国家元首之间缔约。过去，非常重要的条约大都由国家元首进行缔结。在条约中，往往会采用有关各国国家元首的正式头衔。这样的当事者，通称为“高级缔约方”。当前，这一形式已不常用。

其二，政府之间缔约。由有关各国政府之间缔结条约，是目前最常见的一种形式。在外交实践中，它最为通用，并且多为行政性条约或技术性条约。

其三，国家之间缔约。大凡比较重要的国际条约，通常都采用国家与国家之间缔结条约的形式出现。此种做法本身，意在突出条约自身的重要程度。

其四，国家与国际组织之间缔约。目前，国家与国际组织之间往往也会进行条约的缔结。国家和国际组织之间所缔结的条约，有时是国家与国际组织所缔结的，有时则是主权国家的中央政府与国际组织所缔结的。

其五，国际组织之间缔约。由于国际组织的激增及其在国际交往中作用的日渐突出，其彼此之间亦须有所协调，并订立条约。

2. 条约的格式与拟订

条约的格式与拟订，皆具有一定之规。在国际法上，对其有不少具体的规定。

条约的格式，在此指的是条约具体的式样规格。一般而言，条约由名称、序言、主文三个部分所构成。

在外交实践中，条约通常会采用许多不同的名称。迄今为止，在国际法上对它也未进行过统一规范。常见的条约名称，主要有条约、公约、协定、宪章、规约、换文、宣言、议定书、协定书等。它们的具体用法有所不同。

其一，条约。它一般为适用于比较重大的政治、法律等问题的协议，其有效期较长。

其二，公约。它一般是多国为解决某一重大问题而举行专门国际会议之后，所正式缔结的多边性条约。

其三，协定。它一般是就解决某一方面的具体问题而达成的国际性协议。其重要性次于条约与公约。与协定相似的还有协议，协议比协定更具有临时性。

其四，宪章。国际组织的条约，通常称为宪章，尤其是在认为它较其他普通条约更为重要时，则更要采用宪章这一名称。

其五，规约。专门性的国际组织在其建立时所制定的章程或活动规则，通常称为规约。它较宪章层次稍低。

其六，换文。它一般是指有关国家之间就有关事项彼此之间通过互换外交文件所达成的协议。

其七，宣言。它一般是指两国或两个以上的国家就重大的国际问题所发表的规定某种具体权利和义务的声明。若其不规定具体权利和义务，则不应算作条约。

其八，议定书。它一般是指辅助性的法律文件，可以作为条约附件，或作为一项比较次要的具体事项的协议。以之作为某些重大国际问题的多边协议时，亦可成为独立文件，即为条约。

其九，协定书。又叫最后协定书，指的是为制定国际公约而公开的国际会议的记录文件。有时，它还附有解释公约的文件。

条约的序言，一般在原则上必须说明当事方和条约的目的与宗旨。说明当事方的方式，通常都是列举相关国家的政府。有时，也只是列举有关国家的名称，此外，在序言中亦可写明参与本条约约文制定的国家机关的名称。按照惯例，在列举国家名称时，应以拉丁字母拼写方式为先后顺序，或者先写本国名称。

条约的序言中，通常都会以声明的方式，阐述缔结本条约的目的与宗旨。但严格地说，条约的序言只能作为解释正文的依据，而不具有法律效力。

条约的主文，又叫条约的正文、本文或约文，它所指的是条约的内容。在国际法的角度上，条约的主文是指具有强制性的所有规定。具体来讲，条约主文又可分为条文、最后条款与附件。

条约的条文，是条约的主要内容。它通常占去主文的绝大部分，往往分作许多具体条款，逐条详尽而又有序地依次列出。条文可细分为篇、章、节、目等具体部分，但其具体数目不等。

条约的最后条款，又叫形式条款。在条约结构上，它具有结束约文之意。它规定了条约本身的问题，诸如条约的修改、生效的形式、条约的期限、非缔结国加入制度等。

条约的附件，指的是附属于主文的文书。它的内容，一般皆为技术性规定或补充性规定。条约若在条文中直接包括附件，就会导致其过于庞大，所以应将附件单独分离出来。但在实质上，附件与条文是一个统一体。与条约主文的其他条款一样，附件也具有法律效力。

条约的拟订，指的是有关各方对条约所进行的草拟与制定等具体工作。具体而言，它的基本内容是：首先，由谈判的当事方就其中一个或几个事先准备的条约文本提出建议，其他谈判方对其积极进行审议。其次，审议结束后，其他谈判方在其立场上提出自己的建议或补充性建议。最后，通过各谈判方的反复磋商，就条约达成协议。一般来讲，当条约所进行的磋商成熟到一定程度时，即可拟订其草案。拟订草案时，既可根据多数表决，也可根据一致表决或者协商一致。

根据国际法的规定，条约约文应经参加磋商的所有国家及国际组织的同意而拟订。但在国际会议上拟订约文时，则要求参与投票的国家或国际组织 2/3 多数通过。在谈判国家或国际组织数目有限的情况下，一般应要求谈判国家及国际组织全体同意拟订约文。若有国家反对，就要重新进行谈判，或由剩余国家继续进行缔结的程序，而反对国家则放弃缔约。若由多国或许多国际组织缔结条约时，约文的拟订须通过国际会议的形式进行。如得到所有谈判国的同意极其困难，则在 2/3 多数同意后即可进行拟订。

在缔约时，对所使用的文字有着一定的规定。正常的情况是：双边条约使用两个当事国的文字。条约正本应采用两国法定文字制作，其效力相同。至于两种文字表述所存在的差异，则应通过谈判解决。

制定多边条约时，文字的使用问题则较为复杂。既往的多边条约，曾长期使用单一文字。例如，在神圣罗马时代，拉丁文曾风行一时。第一次世界大战之前，法文亦曾一统天下。第二次世界大战结束后，缔结多边条约出现了采用多种文字的情况。使用多种文字制定多边条约，可以充分地体现国与国之间的一律平等，然而随之也产生了因不同文字之间的差异而对条约解释有所不同的问题。为减少此种麻烦，以多种文字制定多边条约时，可承认其中某种特定文字的优势地位。

3. 条约的效力与终止

条约的效力与终止，对于条约的适用及其作用的正常发挥，关系极为重大。

条约的效力，指的是在条约正式生效之后，对于有关方面所产生的效果与作用。应当特别强调的是，条约只有在其正式生效之后，才可以正式发挥其效力。

条约的正式生效，因其分为双边条约与多边条约而互有不同。

根据《维也纳条约法公约》的规定：条约生效的方式及日期，依条约的规定或依谈判国的协议。双边条约的生效，一般有如下三种方式：一是经批准后、自互换批准书之日起生效；二是经双方批准之日起生效，通常其生效之日始自缔约方最后通知批准的日期；三是自签字之日起生效。多边条约的生效也有以下三种方式：一是需要一定数目的国家提交批准书或加入书后才能生效；二是需要某些特定国家和多数签字国批准才能生效；三是某些多边条约在其正式生效前，可采用暂时生效的方式。

条约在发挥其效力时，既可以直接施及各个缔约国，也可以间接施及第三国。一般而言，条约的效力，主要是指它对各个缔约国所产生的效力。条约对其缔约国所产生的效力，主要有以下表现：

其一，缔约国必须遵守条约。条约必须遵守，乃是国际法的一项重要原则。在国际法上，并未规定一个最高权力机构可以强制执行条约，所以若不实行条约必须遵守的原则，条约便会形同虚设。然而条约的遵守与否，还须依其具体性质而定。一切合法条约，理当予以遵守。而一切非法的、侵略性的、奴役性的条约或不平等条约，则不仅不宜遵守，而且还必须予以反对或废除。

其二，条约有其适用范围。无论从时间上还是从空间上讲，条约均有其一定的适用范围。从时间上讲，条约自生效之日起即开始适用，原则上并无追溯的效力。但是，国际条约中的某些规定，属于宣告早已存在的各文明国家所承认的一般法律原则，因而是国际法的编纂，故其拥有追溯力。从空间上讲，国家作为整体而缔结条约成为当事国的，无论是单一国家还是联邦国家，条约适用于其全部领土范围。

其三，国内法与条约不应抵触。《维也纳条约法公约》规定："一当事国不得援引其国内法规定为理由而不履行条约。"① 通常条约经签字批准后，当事国即应采取必要的措施使其得以在国内履行。有的国际条约对此有着明文规定。还有一些国家则在其法律中作出明确规定，本国所缔结的条约，应为其法律的组成部分之一。例如，美国《宪法》正式规定："以合众国权力所缔结或将缔结的条约均为全国最高法律，即使与任何州的宪法或法律有所抵触，各州法官对前者亦应遵守。"

在一般情况下，条约只对各缔约国发生效力，而不能拘束第三国，这是国际法上所公认的一项原则。这一原则，亦称"条约相对性原则"。在《维也纳条约法公约》中正式规

① 王铁崖等编：《国际法资料选编》，752页。

定："条约非经第三国同意，不为该国创设义务或权利。"① 它实际上便是"条约相对性原则"的直接体现。

然而在外交实践中，条约往往也会间接地涉及第三国的权利与义务。条约效力对第三国的这种涉及，主要体现在下列几个方面：

其一，缔约国在条约中为第三国规定的义务，须经第三国以书面形式表示接受。这实际上是缔约国和第三国的一种附随协定。

其二，缔约国在条约中所规定的第三国的权利，亦须第三国表示同意。若第三国无相反表示，应推定其表示同意。

其三，缔约国在条约中使第三国承担的义务或享有的权利，非经条约当事国和第三国同意，不得取消或变更。

其四，条约的规定若成为国际习惯规则，则其必将对第三国具有拘束力。

条约的终止，指的是条约的效力完全结束，也就是说条约失效，当事国解除继续履行条约的义务。应当明确的是，它与条约的停止实施并不相同。所谓条约的停止实施，只是在一定时期内停止实施条约的部分或全部条款，但是由条约所确定的当事国之间的法律关系依然是存在的。

一般来讲，条约的终止主要是出自下列两个方面的原因：

一方面，条约可能会由于法律原因而终止。由于法律原因而导致的条约终止，又分为以下几种情况：

其一，条约期满。按期限划分，条约分为有限期条约与无限期条约两种。前者多为双边条约，除另有延长条约期限的规定外，条约期满则条约立即无效而终止。后者多为立法性公约，若非另订新约，否则一直有效。

其二，条约规定的事项履行完毕。有些条约虽未规定期限，但它所规定的事项履行完毕之后，即可认定其无效而终止。

其三，情势变迁。根据国际惯例，多数条约都有一项默示条款，即条约效力的继续，应以情势不变为条件。换言之，一旦情势变迁，即可导致条约失效。

其四，条约解除条件成立。条约若专门有解除条件规定者，当条件成立时，则条约即行失效而终止。

其五，条约因意外情况而无法履行。国际法规定：倘因实施条约所必不可少之物永久消失或毁坏以致不能履行条约时，当事国得援引不能履行为理由终止或退出条约。

其六，条约与新强制规定相抵触。国际法规定：遇有新的一般国际法强制规定产生时，任何现有条约与该项规定抵触者即成为无效或终止。

其七，战争。战争一旦开始，则有可能使交战国之间的条约失效。但永久性条约、有关战争法规与惯例的国际公约等，则不受战争的影响而继续有效。另有一些条约，只是停止施行，而并非被废止。

另一方面，条约还可能由于缔约国自身的原因而终止。由于缔约国自身的行为而导致的条约终止，主要有下述情况：

---

① 王铁崖等编：《国际法资料选编》，254 页。

其一，各方同意终止条约。条约经各个缔约国一致同意，即可终止。国际法明文规定：无论何时经全体当事国咨商，其他各缔约国表示同意，得终止条约或一当事国得退出条约。

其二，一方废约或退约。凡合法条约，各缔约国自当遵守，不能单方废弃，否则即为非法，除非征得其他缔约国的同意或条约有明文规定缔约国有权废除或退出条约。在实践中，缔约国一方在下述三种情况下得单方废约：一是不平等条约可被废除；二是因一方违约他方可废约；三是情势变迁可废约。

其三，缔结新约代替旧约：缔约国若就同一事项另行订立新约，则旧约即应被取代而告以失效。国际法专门规定：同一事项的条约应以新约为准，新旧两约相抵触而不能同时适用时，旧约应视为终止。

二、声明与外交信函

在作为外交途径的外交文件诸形式之中，最重要的无疑当推条约。一般而言，条约是各国政府之间、各国政府与国际组织之间，为了解决矛盾、调整关系，经过谈判达成协议，从而最后签署生效的。作为外交努力的最终成果，条约往往记载着外交活动的阶段性进展，因此备受外交界的注目。就国与国之间的相互关系而言，双方所达成的有关条约，既是其彼此关系的固定化，也是其彼此关系和睦融洽的二项标志。

除条约之外，在外交实践中，还有一些重要类型的外交文件往往也发挥着难以被替代的作用。它们有的是双边甚至多边外交努力的成果，有的则只是单方面的一项外交活动。与条约相比，它们通常形式更为灵活、作用更为具体、含义更为广泛。在外交实践中，它们不但经常得以应用，而且其适用面往往也较条约更为宽泛。声明与外交信函，即是其重要的代表。声明与外交信函，都是外交文件的重要形式，具体而言，它们又各有各的形式。在外交实践中，它们都是极其重要的、为世界各国所广泛采用的外交途径。有些重要的声明与外交信函，其本身往往也会成为一种特殊形式的正式条约。

1. 声明

声明，一般是指以正式文告的形式对外公开表明自己的态度，或者说明某一事件的真相。有些时候，声明亦可被称为宣言，二者在一般情况下可以通用。不过在有些情况下，宣言往往带有宣传号召之意，而且主要与重大问题相关。

在外交实践中，所谓声明，即指以文告形式向外界表明国家或政府的态度，或者就某一事件阐述自己的立场，或说明问题的真相。此种声明，往往又称外交声明。

发表声明，通常可以采用下述三种具体形式：

其一，在新闻媒介上发表。电视、广播、报纸、杂志、互联网，都是目前得以广泛采用的最为热门的发表声明的新闻媒介，也是目前最常见的发表外交声明的形式。

其二，在群众集会上发表。采用这种形式发表外交声明，往往会引起轰动，受到重视。例如，毛泽东主席为支持印度支那三国人民的抗美救国斗争所发表的声明《全世界人民团结起来，打败美国侵略者及其一切走狗》，就是在 1970 年 5 月 20 日北京天安门广场所举行的群众性集会上发表的。

其三，在记者招待会上发表。各国外交部门通常都会定期或不定期地举行专门的记者招待会，借以与媒体进行相互沟通。有时，外交声明会在记者招待会上发表。实际上，它是在新闻媒介上发表声明的一种特殊形式。

外交声明在其正式对外公开发表时，虽然代表的是有关国家的中央政府，阐述的是有关国家中央政府的外交主张，但是往往会出于种种不同的实际需要，采用许多不同的名义。在外交实践中，外交声明一般会采用以下几种名义对外发表：

其一，采用国家的名义。例如，2011 年 1 月 19 日中美双方在中国国家主席胡锦涛访美期间所发表的《中华人民共和国与美利坚合众国联合声明》。这一形式，既显得郑重其事，又兼具权威性。

其二，采用政府的名义。例如，1972 年 9 月 29 日中日双方为建立外交关系所发表的《中华人民共和国政府和日本国政府联合声明》。以中央政府名义发表声明，可强调其责任。

其三，采用国家元首或政府首脑的名义。在现代首脑外交通行之时，这一形式较为常见。它可以直截了当地阐述国家领导人的立场和观点，往往具有深远影响。

其四，采用外交部长的名义。例如，1917 年 11 月英国外交大臣贝尔福发表的英国关于巴勒斯坦政策的《贝尔福宣言》。一般认为，这种形式较为灵活。

在外交实践中，外交声明既可以是一国单方面行为，也可以是两国或多国所采取的联合行动。据此，外交声明可以分为单方声明与联合声明两大基本类型。单方声明，既可以称为声明、宣言或公告，也可以有实无名，不采用任何正式名称。

单方声明的主要作用有：其一，及时表明自己的立场。它不需要与其他国家进行讨论，因而可以节省时间。其二，直接陈述自己的见解。它不必像联合声明那样，在发表之前需要有关各方进行协调。其三，充分介绍自己的政策。在多数情况下，发表单方外交声明多被视为介绍本国外交政策的一大良机。其四，有效辅助本国的外交活动。一般而言，发表单方外交声明，总会产生一定的影响，进而也会有助于本国的外交活动。

联合声明，有时亦称为联合宣言或联合公报，一般而言，它所指的主要是两个或两个以上的国家、政府或者其主要领导人，在会议中或会谈之后，所共同发表的关于会谈进程、经过以及所达成的协议的文件。它们实际上又分为以下两种：一是有关各方共同政策的声明，二是具有条约性质的协议文件。在实际操作中，联合声明究竟采取何种具体形式，往往需要视其性质、目的、作用而定。一般而言，联合声明多以有关各国之间的相互关系为重点。有时，它也会附带表达一下各方对国际关系与国际局势的看法。通常，联合声明往往对各方分歧之处避而不谈，或是谈论甚少。各方的共同点，尤其是各方经过谈判所达成的一致见解或共识，才是其关注之处。有些具有条约性质的联合声明，往往意义重大，有时各方还须对其正式签署。

2. 外交信函

外交信函，一般是指在外交场合所正式使用的、各国之间相互往来的外交信件。有时，人们也把外交信函的使用叫作外交通信。

在外交实践中，外交信函一向是一种常规的外交途径。它不仅维持着各国之间正常的相互往来，保证彼此之间信息的畅通，而且通常还发挥着种种特殊的外交作用。

作为外交途径之一的外交信函，与普通信函显然大有不同。它的特征主要表现为官方性、平等性、规范性、简略性、含蓄性、机密性、礼仪性等等。

其一，官方性。外交信函不论具体采用何种形式、以何种名义发出，实际上均非私人信函，而属于各国官方之间往来的一种常规形式。在使用外交信函时，其实是一种官方行为，是在代表本国官方处理外交事务。这就是它的官方性。

其二，平等性。外交信函的使用，既然是以其他国家的官方人员为对象，因此在其称呼、语言、语气、内容等方面，均应体现出平等性特征，即必须注意平等待人、相互尊重、不亢不卑。切不可采取居高临下的态度，不可口出狂言、语气傲慢，也不宜低三下四、讨好对方。

其三，规范性。外交信函在其名称、格式、施词、撰制、送达等方面，通常都有一定之规，这就是它的规范性。外交信函的规范性，既可以提升其重要性，又可以使之易于操作。有些重要的外交信函，往往还会在外交实践中起到条约的作用。

其四，简略性。绝大多数的外交信函，都具有简略性特征，即在其具体撰制的过程中注意简洁、明了、扼要，言事则讲究点到为止，而忌讳渲染铺张、长篇大论、滔滔不绝。在一般情况下，外交信函不但内容简略，而且其篇幅也不会过长。

其五，含蓄性。外交信函，通常重在含蓄。所谓含蓄性，指的就是它忌讳直白、张扬，推崇委婉、曲折，力求点到为止、含而不露、耐人寻味。外交信函的措辞，特别讲究推敲和准确。这样做，主要是因为外交事关重大，所以必须进退有方、伸缩有度。

其六，机密性。有些重要的外交信函，往往不宜对外公开，而需要在一定时期内将其视为机密加以对待。不仅外交信函的发出者对此十分重视，而且外交信函的接收者对此也绝对不可掉以轻心。这便是它的机密性。有时，一些重要的外交信函还须专门派遣专职的外交信使递送。

其七，礼仪性。外交信函的礼仪性，主要意在使其庄严而隆重。它主要表现在两个方面：一是讲究礼貌用语的广泛使用；二是讲究递送与接收时礼节的应用。通常这两个方面均不可或缺。

由于其用途的不同，外交信函分为多种具体不同的形式。最为常用的外交信函，主要有照会、函件、备忘录等。在外交实践中，它们往往发挥着不同的重要作用。

照会，是最重要的外交文件之一。实际上，它是一个国家以外交通信为形式所采取的外交行动。一般而言，照会可以分为正式照会与普通照会两种具体的形式。

正式照会，是最正式的、以个人名义所进行的一种外交通信。它主要用以处理重大的外交事务，并且主要使用于各国外交部长之间、大使之间以及外交部长与大使之间。根据惯例，正式照会均应使用第一人称，并应由发文人本人签署其姓名。

普通照会，是以外交机构的名义所进行的一种较为正式的外交通信。它适用于处理一般性的外交事务。通常，它使用于各国外交部之间、大使馆之间以及外交部与大使馆之间。按照惯例，普通照会在正式程度上较正式照会为低，故其使用第三人称，并且只需要发文机构盖章，而不需要由其负责人签署姓名。

函件，在此乃是外交函件的简称，它的本来含义，指的是在外交场合所使用的信件。它的主要内容，并不一定非要涉及具体的外交事务不可，但因其发送人的外交身份所致，它往往在无形之中便具有一定的外交意义。严格地说，外交信函，一般指的就是外交函件。照会，亦应包括在外交函件之内。不过在日常外交实践中，外交函件主要是指除去照会之外的其他两类外交信函。它们分别称为正式外交函件与非正式外交函件。

正式外交函件，主要是指各国领导人为密切彼此之间的相互关系，协调处理外交事务而进行的个人通信。通常，各国国家元首、政府首脑相互之间的外交通信，方可称为正式外交函件。有时，各国高级外交官之间，例如，外交部长之间、大使之间、外交部长与大使之间的个人外交通信，亦可视作正式外交函件。与正式照会相比，正式外交函件官话、套话较少，友善、私谊则随处可见，但是它仍然代表着国家行为。

非正式外交函件，一般指的是各国外交官之间的个人通信。其具体内容可以是处理一般性外交事务，也可以是叙旧或联谊。它不能正式代表国家或政府，而仅能代表外交官本人或者其所在机构。

备忘录，实际上是照会的一种简略形式，有人称之为一种无头无尾的普通照会。它通常采用第三人称。与照会相比，备忘录在形式上比较灵活、随意。其主要内容，大都是用以防止被遗忘的某次口头会谈的正式书面记录。它可以对外公开发表，也可以作为书面协议的一种特殊形式。

第七章 外交礼仪

重点问题

- 外交礼仪的特征
- 外交礼仪的规则
- 外交礼仪的操作
- 外交的迎送礼仪
- 外交的标志礼仪

古人云：礼者，敬人也；礼者，养也，门也；不学礼，无以立。在一国内部，“礼仪是宣示价值观、教化人民的有效方式”①。在外交实践中，为了向交往对象及其所代表的国家或国际组织表达尊重与敬意，必须严守相关的外交礼仪。不重视外交礼仪，或者在运用外交礼仪时不遵守规范，不但会使自己显得少调失教，而且往往还会直接影响到自己与交往对象之间的沟通与互动。

人所共知：“外交活动中总有其礼仪。”② 美国学者汉斯·摩根索甚至认为，欲使一个国家保持威望，“可以使用两种具体方法：广义的外交礼仪和炫耀武力”③。外交礼仪，通常是指在具体的外交场合里，用以向交往对象表达尊敬友好之意，并用以维护自身形象的人际交往的行为规范。简言之，外交礼仪就是在外交场合里约定俗成的待人接物的标准化操作方式。法国思想家拉罗什福科曾说过：“礼仪是所有规范中最微小却最稳定的规范。”④ 由此可见，在外交活动中，它同样不可或缺，正是“由于……外交礼仪的存在，外交官可以更好地为本国利益服务，同时维护和平”⑤。

正所谓“礼出于俗，俗化为礼”，从某种意义上可以说，外交礼仪即普遍适于外交领域的特种习惯法。

在外交实践中，若能恰到好处地运用外交礼仪，至少可以发挥如下三重功效：其一，展示自己的良好教养与优雅的风度。其二，维护自己所代表的国家或国际组织的完美形

① 习近平：《在十八届中央政治局第十三次集体学习时的讲话》，载《人民日报》，2014-02-25。
② 周启朋等编译：《国外外交学》，338页。
③ ［美］汉斯·摩根索：《国家间政治》，110页。
④ ［法］拉罗什福科：《道德箴言录》，84页，北京，生活·读书·新知三联书店，1998。
⑤ ［美］康威·汉得森：《国际关系》，203页。

象。其三，向自己的交往对象及其所代表的国家或国际组织表达尊敬与友好之意。

作为外交人员在外交场合里所应恪守的人际交往的行为规范，外交礼仪的具体涉及面甚广。大而言之，外交礼仪的基本内容可依其适用对象分为两大部分：其一，律己的行为规范，即用以维护自身形象、表现自尊自爱的正确做法。其二，敬人的行为规范，即用以待人接物、表现敬人及友善之意的正确做法。具体来说，外交礼仪的内容包罗万象，广泛涉及外交活动的各个环节、各个方面，其中尤以外交仪式礼仪与外交标志礼仪两项内容最为重要。前者是外交礼仪的核心，后者则是外交礼仪的基础。对外交人员而言，掌握外交礼仪，此二者乃是重中之重。

第一节　外交礼仪的特征与规则

外交礼仪，本是礼仪的一个分支。与其他类别的礼仪相比，外交礼仪具有其自身的一系列明显特征。

在外交活动中，如欲得心应手地运用外交礼仪，既要全面地了解其具体规范，更要掌握其基本规则。

一、外交礼仪的特征

与其他类型的礼仪相比，外交礼仪具有一系列明显的特征。外交礼仪的特征，在此是指外交礼仪有别于其他类别的礼仪之处，亦即外交礼仪自身所独具的特点。掌握外交礼仪的基本特征，对于深入研究外交礼仪、正确运用外交礼仪，必定会有所帮助。

外交礼仪的基本特征，目前一般体现在庄严性、职能性、礼宾性、渐进性、限定性五个具体方面。

1. 庄严性

综观外交礼仪的具体运作，其往往令人倍感庄重、严肃、崇高而神圣。此即外交礼仪的庄严性特征。它指的是在其具体操作、运用时，无论内容还是形式，都会表现得庄重而严肃。这一特征，是外交礼仪最重要的特征之一。假如失去了此项特征，外交礼仪可能就不能称其为外交礼仪。

具体而言，外交礼仪的庄严性特征，主要体现在以下两个不同的侧面：

一方面，它体现在外交礼仪的具体内容上。所谓“为国以礼”，外交礼仪的一系列具体内容，往往其自身便显得崇高而神圣。诸如国旗礼仪、国徽礼仪、国歌礼仪以及各种迎送仪式、庆典仪式等，无不以庄重、严肃作为其基本特征。

另一方面，它体现在外交礼仪的具体形式上。当具体操作、运用外交礼仪时，要求外交人员必须郑重其事、严肃认真、毕恭毕敬、一丝不苟。在任何情况下，都绝不允许以轻描淡写、敷衍了事的态度和马马虎虎、自由散漫的形式体现外交礼仪的庄严内容。

外交礼仪之所以独具庄严性特征，主要与外交的本质直接相关。已经指出，“外交是代表国家的工作”①，外交主要是一国中央政府对外所从事的正式的官方交往，因而在外

① 《周恩来外交文选》，7 页。

交场合采用庄严的外交礼仪，就是对国家尊严与中央政府权威的必要维护。由此可见，外交礼仪必须与轻浮、平淡彻底绝缘。

2. 职能性

严格地讲，外交礼仪属于一种工作礼仪，因此与其他一般性的社交礼仪不同。外交礼仪的职能性特征，在此主要是指外交礼仪不仅主要适用于外交场合，而且其本身在外交活动中也发挥着一定的作用。

从本质上进行分析，人际交往主要由意图、行动与形式三要素所构成。在一般性外交活动中，外交礼仪属于交际三要素之一的“形式”的范畴。进而言之，外交礼仪实质上是用以规范外交活动的一种主要形式。外交活动经过外交礼仪等一系列具体形式的规范之后，往往会愈加标准而正规，反过来又增强其庄严性。

作为外交活动的一种规范的形式，外交礼仪万变不离其宗的主旨是“尊重”二字。在具体操作、运用过程中，“尊重”这一外交礼仪的主旨主要体现于如下两个相互关联的方面：

其一，外交礼仪可被用以维护自尊。古人云：君子必自重，然后他人始重之。在外交场合里，恰到好处地操作、运用外交礼仪，有助于维护自尊。此处所说的自尊，既包括外交人员对自身的尊重，又包括外交人员对自己所代表的国家与政府的尊重、对自己所从事的外交工作的尊重。

其二，外交礼仪还可被用以尊重交往对象。在任何情况下，不尊重他人就是不尊重自己。在外交活动中，情况则更是如此。在外交场合里操作、运用外交礼仪，主要意在向交往对象——对方所代表的国家、政府以及对方本人，表示应有的尊重。

除主要用以表示“尊重”这一主旨之外，外交礼仪作为一种规范的形式，往往还可以令迎送、会见、谈判、宴请、招待会以及其他各项庆典、仪式得到隆重而正规的表现。上述常规的外交活动，一旦离开了外交礼仪的表现与衬托，让人实在难以想象。

3. 礼宾性

就常规职能而言，外交礼仪的最重要的职能之一，就是礼宾接待。所谓礼宾接待，简称礼宾，它要求在外交往来中招待来自其他国家或国际组织的外交人员时，应当采用必要的外交礼仪。或者说，在外交场合里，必须坚持以礼待客。外交礼仪的这一特征，就是礼宾性。

外交礼仪的礼宾性在此主要含义有二：其一，在外交场合里，必须自始至终礼待宾客。其二，在外交礼仪的具体操作、运用过程中，礼宾通常属于其重点之中的重点环节。从某种意义上讲，礼宾就是对交往对象所表现的一种不可或缺的规范形式。

周恩来曾经指出：在外交活动中，一定要注意“‘礼尚往来’。……你对我好，我也对你好；你对我不好，我也对你不好”①。往而不来，非礼也；来而不往，亦非礼也。在外交活动中，礼宾接待工作的习惯做法是以我为主。在此情况下，不仅要讲究对交往对象平等相待，而且还要认真地、全力以赴地尽地主之谊。不重视礼宾工作，不认真做好礼宾工作，都不符合外交礼仪的要求。

在外交实践中，各国普遍对外交礼仪的礼宾性重视有加。在各国政府常设的正式外交

① 《周恩来外交文选》，51 页。

机构里，一般均设有礼宾司等专门的礼宾部门。在有的国家里，还设有专职的礼宾官、典礼官专司此事。

4. 渐进性

为了显示自身的稳定性，在一定的历史时期之内，外交礼仪往往相对保持稳定，不会动辄发生突变或剧变。但是，这并不等于说外交礼仪一成不变、永远墨守成规。《礼记》曾就此明言：礼，时为大。法国学者鲁维洛瓦则指出：自法国大革命以来，“礼貌，以及它所承载的所有价值观和标准，就不停地经历着高潮和低谷，没有什么永占鳌头，也没有什么是恒定不变的”①。实际上，外交礼仪与其他事物一样，也是不断发生变化的。只不过此种变化往往逐渐进行，不会变得面目全非，不易为人们所明显察觉而已。此即外交礼仪的渐进性特征。它的含义是：受其自身职能制约，外交礼仪通常不会发生显著的变化，尤其是不易发生突变或剧变。它所发生的变化，往往是局部的、缓慢的、逐渐递进的。唯其如此，外交礼仪才能继往开来、与时俱进，既有所传承，又有所发展、有所创新。

一般而言，一国外交礼仪所发生的渐变，通常受到下述条件的制约：其一，国内外的总体环境。其二，国际社会所通行的礼宾制度。其三，本国传统的礼宾惯例。其四，本国外交的相关调整。

同时还应强调以下两点：其一，外交礼仪所发生的任何变化，往往直接来自一国中央政府甚至国际组织的推动，而并非属于个人行为。其二，外交礼仪在时代发生变化，或者一国的国体、政体发生变革时，一般会随之发生突变或剧变。不过，此种状况平时并不常见。

操作运用外交礼仪时，必须兼顾其渐进性。既不可以不循惯例、自行其是，也不可以因循守旧、自以为是。

5. 限定性

作为外交人员从事外交活动时所必须恪守的人际交往的行为规范，外交礼仪的基本规则与主要内容在世界各国通常都是普遍通行的。不论哪一个国家的外交人员，在自觉遵守外交礼仪方面都绝对不能有丝毫懈怠。外交礼仪在外交场合的这种普遍的通行性与广泛的适用性，主要是因为它已为各国在外交实践中约定俗成，并在其具体操作、运用之中有着“大体相似和基本固定的程序”②。

然而应当指出的是，外交礼仪的普遍的通行性与广泛的适用性实际上是相对而言的。严格地讲，它只是通行、适用于外交界。在其具体操作、运用时，往往还会受到不同程度的限制。外交礼仪在其操作、运用时所必然受到的一定程度的限制，可以称之为它所具有的限定性特征。外交礼仪的限定性特征，主要集中地体现在下列三个具体方面：

其一，就人员而言，外交礼仪仅适用于外交人员。在正常情况下，非外交人员显然没有必要遵守外交礼仪。不然的话，便会显得东施效颦，有些煞有介事。

其二，就场合而言，外交礼仪仅适用于外交场合。假定在非外交场合中使用外交礼仪，例如，在国内的私人性聚会上挂国徽、升国旗、奏国歌、鸣礼炮，非但会被禁止，而且还会令人感到不伦不类。

---

① [法] 弗雷德里克·鲁维洛瓦：《礼貌史》，429页，上海，上海文艺出版社，2014。

② 马保奉：《外交礼仪漫谈》，12页，北京，中国铁道出版社，1996。

其三，就活动而言，外交礼仪仅适用于外交活动。外交礼仪不仅只适用于外交人员、适用于外交场合，而且还仅仅适用于外交活动。也就是说，只有各国外交人员在彼此之间正式地你来我往的具体活动中使用外交礼仪，才是恰到好处的。

此外，当代外交礼仪通常还具有普适性、民族性、简约性等其他特征。

二、外交礼仪的基本规则

操作、运用外交礼仪时，有必要首先掌握其基本规则。有人曾强调："'礼仪'这个词是关于外交的程式性规则的。"① 外交礼仪的基本规则，此处指的就是对外交人员操作、运用外交礼仪时的基本要求。从某种意义上说，外交礼仪的基本规则实际上是外交礼仪的核心内容，也是外交人员人人皆须恪守的最基本、最常规的外交礼仪。

一般而言，外交人员所必须遵守的外交礼仪的基本规则，主要包括维护形象、礼宾有序、规格对等、入乡随俗、不亢不卑等。

1. 维护形象

在一切外交场合里，各国的外交人员都会如同爱惜自己的生命一样爱惜个人形象。因为在外交活动中，每一名外交人员的个人形象，实际上都代表着他所属的国家、政府或国际组织的整体形象。

所谓外交人员的个人形象，在此具体指的是外界对其所持的基本看法，或是对其所作的总体评价。客观地讲，外交人员的个人形象，实际上是其自身内在素质的最直观的写照。所以说，内强素质与外塑形象，是外交人员在事业上取得成功的必由之路，同时二者又是相辅相成的。

作为外交礼仪的基本规则之一，维护形象主要是要求外交人员在外交场合里必须对个人形象倍加重视与珍惜。具体遵守此项规则时，外交人员应当在仪容、举止、表情、服饰、谈吐等几点上多加注意。《礼记》强调：礼仪之始，在于正容体，齐颜色，顺辞令。由此可知，外交人员个人形象之中的种种细节之处，均为礼仪之大事。

其一，仪容。仪容，一般是指人的容貌。就外交人员的个人形象维护而言，仪容主要是指其个人容貌的修饰。在修饰个人容貌时，对外交人员的基本要求是美观、清爽。

要求外交人员仪容美观，主要含义是：外交人员在修饰个人容貌时，必须采用常规的审美标准，既要自然而然，又要具有美感、令人赏心悦目。在修饰个人容貌时，种种标新立异、怪诞前卫的做法，因其不符合人们常规的审美标准，故不足取。

要求外交人员仪容清爽，则主要是规定外交人员在修饰个人容貌时，务必要保持干净、卫生、整洁。唯其如此，才会给人以朝气蓬勃、清新向上的感觉。与此相反，假定一名外交人员的仪容不够爽洁，要么蓬头垢面，要么不修边幅，都肯定难以被别人所接受。

其二，举止。举止，通常指人的仪态、动作。在人际交往中，由人的肢体动作所构成的举止，往往被视为具有一定含义的"形体语言"或"副语言"。在外交活动中，外交人员的一举一动往往"此时无声胜有声"，备受世人关注。在外交场合，对外交人员举止的基本要求是多加检点，优雅而得体。

---

① ［英］杰夫・贝里奇：《外交理论与实践》，114 页。

要求外交人员对其举止多加检点，在此是指外交人员应对个人举止多加关注、多加约束，既不可以任其为所欲为，也不可以任其呆板、做作。

要求外交人员举止优雅，并非要其矫揉造作、搔首弄姿，而是要其举止大方、高雅脱俗。既规范、典雅，看起来风度翩翩，又文明、礼貌，处处显得温文尔雅。

要求外交人员举止得体，则主要是指：在外交场合里，外交人员的一举一动，均要与本人身份相称。尤为重要的是，由于人们的举止在不同文化背景里时常具有不同的含义，因此外交人员在参与跨文化背景的外交活动时，还须谨防滥用或错用其“形体语言”。如果自己的某一形体动作被交往对象所误解，或者用得并非适得其所，难免就会无事生非。

其三，表情。表情，通常是指人的面部活动状态。在正常情况下，表情被视为人的内在情感与心理活动的外在表现形式。因此，它被称作“无声的语言”。与举止相比，表情在人际交往中所传递的信息不仅更生动、更直观，而且也更受交往象的重视。在外交活动中，外交人员应以庄重而友善为最佳表情。在常规情况下，只有在这方面表现得体，一名外交人员的临场表情才可谓恰到好处。

所谓庄重，主要是要求外交人员的表情端庄稳重，既要表现得严肃而认真，又要不失平和与大气。当一名外交人员代表国家或国际组织时，只有这么做才与自己的身份与职责相符。在任何情况下，表情轻浮失态、忸怩做作，都有损外交人员的形象。

所谓友善，则主要是要求外交人员在其人际交往中，应使自己的表情谦逊、和蔼、亲切、友善，“四海会宾客，五洲交朋友”。外交人员在其人际交往中，包括一切正式交往与非正式交往在内，倘若不能做到友善待人，往往就会举步维艰、四处碰壁。

其四，服饰。服饰，是对人的服装、饰物的统称。对外交人员而言，服饰泛指其穿着打扮所使用的一切物品。在外交场合里，外交人员的服饰通常被看作其个人教养、品位、地位、阅历的具体体现。按照惯例，对外交人员服饰的基本要求是整洁、应景。

所谓整洁，主要是要求外交人员的服饰始终保持整齐、干净、清洁。在正常情况下，不允许其残破、污损或充斥折痕、异味。此外，外交人员的着装不宜过分随便、过分杂乱、过分古怪、过分暴露、过分透视、过分短小、过分紧身。外交人员的饰物使用，则应当注重搭配，并以少为佳。

所谓应景，则主要是要求外交人员的服饰应当与自己所处的具体场合相适应。按照外交惯例，在不同场合中，外交人员应选用不同的服饰。一般的规则是：在公务场合，要求外交人员的服饰严谨而保守。在社交场合，要求外交人员的服饰雅致而时尚。在休闲场合，则要求外交人员的服饰随意而舒适。在选择服饰时，外交人员绝对不能自行其是。

其五，谈吐。谈吐，此处主要是指外交人员在交谈时所使用的口头语言。有道是“言为心声”，每个人的谈吐往往真切而自然地反映其个人的思想境界与为人处世的态度，外交人员也不例外。在谈吐方面，对外交人员的基本要求是机智而礼貌。

要求外交人员在谈吐之中表现机智，主要是要求其在交谈时沉着冷静，随机应变，三思而行。在交谈之中，外交人员必须字斟句酌、谨言慎语，并把紧口风。更重要的是，要善于讲究策略，察言观色，因势利导，机智灵敏，适可而止，不辱使命。

要求外交人员在谈吐之中注意礼貌，则主要是要求其在言谈话语中既要讲究谦恭敬人，又要不失文明得体。其中最重要的要求是：外交人员在外交场合里，不仅要重视谦词、敬语、规范化语句的使用，而且还应当使之多多益善。

2. 礼宾有序

大凡外交活动，基本上都以国与国之间来来往往、有来有往为基本方式。在外交活动中，东道主一方通常都免不了礼待宾客的问题。在外交场合里，礼待宾客既是一项惯例，也是国际交往中所通行的基本礼仪。

在外交活动中，特别是在大型、正式的外交活动中，东道主一方坚持礼待宾客的主要做法之一，就是必须讲究礼宾有序。应当承认："归根结底礼宾工作是为本国的对外政策服务的。因此，它具有高度的政治性，是体现外交政策的一个重要方面。"①

其一，外交人员应当重视礼宾有序。礼宾，即礼待宾客。它的基本要求是：在外交活动中，东道主一方在接待来宾时，必须给予对方一定规格的、与其具体身份相称的礼遇。

在外交活动中，来访宾客对东道主的礼宾工作均倍加重视。它不仅被当作一种普通的应酬之道，而且还往往被视为反映有关各方彼此关系亲疏远近的晴雨表。

在外交实践里，外交人员经常会碰到这类情况：自己充当东道主之际，必须在同一时间、同一地点接待来自两方甚至更多方面的宾客。此时此地，东道主的最大难题，是如何公平、合理、有效地做好此类多方来宾的接待工作。

从原则上讲，做好此类多方来宾的接待工作，必须同时兼顾下列两个方面的问题：一方面，不厚此薄彼。在接待多方来宾的工作中，外交人员必须坚持平等待人，切莫亲疏有别、嫌贫爱富、欺软怕硬。另一方面，则应强调礼宾有序。在礼宾工作中反对厚此薄彼，并不排斥必要的顺序、位次的排列。在接待多方来宾的过程中，顺序、位次的排列往往在所难免。此即所谓的礼宾有序。礼宾有序，亦称礼宾序列或礼宾排列，作为外交礼仪的一项基本规则，它要求东道主在外交场合里接待多方宾客时，应参照外交惯例与本国约定俗成的方式，对来宾的具体顺序、位次进行一定的必要排列，并据此分别给予有关各方相应的礼遇。

需要明确的是，要求东道主在外交场合里接待多方宾客时重视礼宾有序，绝不是要将来宾分为三六九等，而主要是要规范多方宾客接待中的操作程序。

其二，外交人员应当掌握礼宾排列。作为一种外交惯例，礼宾有序在外交实践里有其种种特定的可操作方式。礼宾排列，此处是指东道主在接待多方宾客时具体操作礼宾序列的方式。在外交实践里，礼宾排列的具体操作方式大致有如下五种：

方式之一，以来宾具体职位的高低为序，由高而低依次进行排列。它主要适用于官方所举行的正式活动。在排列两个或两个以上的外国代表团的礼宾序列时，通常应以其团长具体职位的高低为序，并由高而低依次进行排列。

方式之二，以来宾所在国家或所代表的国际组织的正式名称的拉丁字母的前后为序，由前而后依次进行排列。召开国际会议，国际组织进行活动，或者在外交活动中同时悬挂三国及三国以上国家的国旗时，此种方式最为适用。

方式之三，以来宾正式抵达目的地的先后为序，由先而后依次进行排列。当东道国为外国驻本国使节安排礼宾序列，或各国常驻某一国家的使节推举外交使团团长时，一般均

① 李斌：《国际礼仪交际礼节》，1页，北京，世界知识出版社，1985。

采用此种方式。

方式之四，以来宾正式告诉东道主自己决定到访的具体时间的早晚为序，由早而晚依次进行排列。当上述各种方式难以实现时，可酌情采取这一方式。

方式之五，不进行正式的排列。此种不进行任何排列的做法，实质上也是一种可行的礼宾序列的排列方式。没有必要进行正式的礼宾序列排列，或难以进行礼宾序列排列时，此种排列方式最为行之有效。

值得强调的是，在为多方来宾进行礼宾排序之前，应向有关各方通报拟采用的具体排列方式，以便对方事先心中有数。通报之后，通常不宜再作任何变更。若无特殊原因，轻易不要在接待多方来宾时打破礼宾排序的常规做法。

3. 规格对等

规格对等，是外交礼仪的基本规则之一。它的主要含义是：在外交活动中，有关各方在主要环节上所给予交往对象的基本待遇，原则上应当有来有往，大体上相近或相似。

从本质上讲，规格对等体现着外交活动的主体尤其是主权国家的尊严，同时也是外交主体平等原则所提出的必然要求。在外交实践中，规格对等早已得到广泛的应用。在双边外交活动中，它则更为多见。一般而言，在外交活动中运用规格对等的规则，主要应在身份对等、礼遇对等两方面认真加以注意。

其一，讲究外交人员的身份对等。身份对等，在此实际上是要求参与外交活动的有关各方，特别是其负责人或头面人物，在具体的职务、地位上大致相似。无论互访、谈判，还是会见、宴会，有关各方的身份是否对等都备受关注。在此类重要的外交场合，身份对等的规则假使未能得以贯彻，例如，甲国总统正式来访时，乙国出面接待的却只是一位政府部长，若无特殊原因，那么则至少意味着乙国对甲国重视不够，甚至不够尊重、友好。

在外交活动中，尤其是在重要的外交场合里，坚持对交往对象奉行身份对等的规则，不仅体现着双方关系的完全平等，而且还往往有助于外交努力的成功。反之，在外交活动中，若不奉行身份对等的规则，实际上就意味着参与外交活动的一方对于另一方要么仰观、要么俯视，而无平等可言。双方之间的交往若不在同一级别上进行，通常既会产生交往障碍，又会导致相互对话难有共同语言。

其二，重视外交人员的礼遇对等。礼遇对等，主要是指在外交活动中，一方所给予另外一方的外交礼遇，应比照己方在同等情况下所受到过的对方的礼遇，并尽可能令二者大体上相近。也就是说，在外交场合里必须坚持礼尚往来。

在许多外交活动中，尤其是在正式的外交访问里，礼遇对等的应用极其普遍。当一国接待正式到访的某国国家元首或政府首脑时，除需要遵守外交惯例与双方特殊的约定之外，重点所要兼顾的往往是此前本国国家元首或政府首脑正式出访该国时，究竟受到了对方何种规格的礼遇。在正常情况下，只要做到了礼遇对等，就不算失礼于对方。

4. 入乡随俗

入乡随俗，作为一条外交礼仪的基本规则，主要是要求外交人员在外交场合里，尤其是在国外参与外交活动时，必须首先对当地特有的风俗习惯有所了解，并应在条件允许时依从当地所特有的风俗习惯行事。有时，它也叫作入乡随乡。

对外交人员而言，入乡随俗不仅是一条礼仪规则，而且也应当成为其参与外交活动时的一种自觉行为。有人曾经强调："有'礼'走遍天下，无'礼'寸步难行。"如果外交人员真正将入乡随俗视为外交礼仪的一条基本规则，并且在外交实践中认真恪守的话，那么"走遍天下"才有可能实现。在外交场合里，尤其是在国外参加外交活动时，坚持入乡随俗，就是对当地政府与人民最大的尊重。假如做不到这一点，甚至有意与此背道而驰，则将被视为对对方失礼之至。具体而言，遵守入乡随俗的规则，需要兼顾下述两个方面：

一方面，外交人员应加强相互了解。风俗习惯，简称习俗，它通常是指由于地域、民族、宗教、文化等方面的原因，而使某一国家、某一地区、某一民族所形成的有别于其他国家、其他地区、其他民族的特有的风尚、人情、世故等。它属于精神文明方面的传承，具体涉及衣、食、住、行、访、谈、送以及交往应酬等人类生活的各个侧面。古人云：风俗，天下之大事也。乡殊俗，国异礼，则民不流矣。

在当今世界上，各国、各地区、各民族在其历史发展的具体进程中，早已形成了"十里不同风，百里不同俗"的局面，这种局面不以人的主观意志为转移，向来也是很难以人力对其强行划一的。必须承认，不同国家、不同地区、不同民族之间存在着一定的习俗差异，而此种差异往往会有碍外交上的沟通与互动。在外交场合，有时"误会是思想上没有沟通的结果"，"我们应当通过相互接触，把彼此思想沟通"①。因此，在参与外交活动时，尤其是在国外参与外交活动时，外交人员必须坚持"入境而问禁，入国而问俗，入门而问讳"，对当地主要习俗要有一定程度的了解，并据此确定自己的"有所为"与"有所不为"。做好了这一点，必将大大有助于交往双方之间的沟通与互动，否则就有可能无意之中做出一些被当地人民视为"伤风败俗"的事情，大大伤害当地政府与人民的感情。

在外交场合里，了解交往对象的习俗，从来都应当是相互的，而不应当只是单方面的行为。不过仅就交往之中的某一方而言，最重要的是要尽量了解交往对象的习俗，尽力做到知己知彼。在任何时候，都不应当只要求对方了解己方的习俗，而对对方的习俗无动于衷、漠不关心。

另一方面，外交人员还应对异国习俗认真地予以尊重。在参与外交活动时，尤其是在国外参与外交活动时，外交人员之所以必须对交往对象的习俗有所了解，主要是为了对其更好地、更加认真地予以尊重。显而易见，在这一方面，没有了解，就谈不上尊重。了解的目的，意在更好地、更加认真地予以尊重。说到底，尊重交往对象的习俗，必须建立在对其充分了解的基础之上。

在外交活动中，相互尊重是一项基本的规则。尊重交往对象，通常意味着尊重对方的价值观及其他选择。因此尊重交往对象的习俗，实乃相互尊重的题中应有之义。因此，外交人员必须将其提升到尊重交往对象与否这一高度上来认真而审慎地对待。

应当明确的是，尊重交往对象的习俗，并非要求外交人员对交往对象的一切风俗习惯全盘吸纳、照抄照搬，而主要意在减少自己的交往障碍，更加卓有成效地与交往对象进行沟通，更好地开展外交工作。正如法国学者让·塞尔所说："外交职业的传统规则就是种种习俗和惯例，每个人不论愿意与否都应遵循。"②

① 《周恩来外交文选》，6页。

② 转引自周启朋等编译：《国外外交学》，338页。

对交往对象某些有别于自己的习俗，外交人员的正确态度应当是：既不对其少见多怪、说三道四、妄加非议，也不对其叹为观止、无比崇拜、自愧弗如。总而言之，外交人员对交往对象习俗的尊重，有其特定的适用范围。这一特定的适用范围，指的便是外交场合。由此可见，尊重来自国外的交往对象的习俗，与尊重本国、本地区、本民族的习俗，是完全不矛盾的。

5. 不亢不卑

不亢不卑是对人们待人接物的态度所进行的一种规范，意即在人际交往中言行自然得体、平等友善，既不宜表现自卑，也不宜故作高傲。在外交场合，不亢不卑是对外交人员的一项基本要求，也是外交礼仪的基本规则之一。

要求外交人员在外交场合里表现得不亢不卑，是因为此事关乎国格、人格。在外交活动中，外交人员的一举一动都代表着自己的国家，代表着自己的民族，或者代表着自己所在的国际组织。所以，其言行举止理应堂堂正正、从容得体。周恩来曾告诫中国外交人员：“我们要打破旧的外交传统，既不盲目排外，也不媚外，否则不是狂妄便是自卑。不亢不卑才是我们的态度，在这方面必须掌握得体。”① 具体来讲，外交人员要真正做到不亢不卑，特别有必要注意如下两点：

其一，力戒狂妄自大。在外交场合里，外交人员必须坚持自立、自强、自尊、自爱，此点至关重要。因为外交人员向来被视为其所在国家、地区与民族的化身，并被看作一国中央政府或国际组织的正式代表，因此其所作所为绝不允许自由放任、自轻自贱。然而外交人员对其自尊的维护绝不可以因此而走向另外一个极端，不允许外交人员在外交场合里唯我独尊、狂妄自大、傲慢自为、嚣张放肆、盛气凌人，或者目空一切、自以为是。对交往对象动辄居高临下、颐指气使、呼来喝去，也并不意味着自己真正强大。这种狂妄自大的表现，不仅会令自己给人以少调失教的印象，而且还往往会因此而伤害交往对象的感情。

在外交活动中。外交人员如欲彻底克服狂妄自大的态度，需要谨记下述三点：

一是谦虚谨慎，戒骄戒躁。在外交活动里，外交人员应始终牢记虚心使人进步、骄傲使人落后这一真理。要懂得尊重自己的交往对象，并要善于向对方表现自己对对方的尊重。与此同时，还要善于学习对方之所长，博采众长，以补己之所短。

二是平等待人，一视同仁。在外交活动里，其他国家或国际组织不分大小、不论强弱、不讲贫富，均应被平等相待。在外交场合里，任何人都不能忽视平等原则，不能搞亲疏有别、厚此薄彼，更不能恃强凌弱、以大欺小、以富压贫。

三是注重形式，讲究礼仪。在外交场合里力戒狂妄自大，崇尚平等待人，并非可以人人自行其是，而是必须规范其具体表现形式，即以必要的礼仪来约束外交人员的所作所为。用周恩来的话来说就是“我们要不亢不卑，就不得不有一套统一的礼节”②。

其二，谨防自轻自贱。在力戒狂妄自大的同时，外交人员在外交活动中还必须谨防自轻自贱。在任何情况下，无论学习别人的长处，还是尊重他人的习俗，都不应当放弃自尊、自爱。在外交场合里，外交人员必须始终以自尊、自爱、自信、自重作为自己待人接物的出发点。面对任何交往对象时，均应表现得洁身自爱、从容不迫、落落大方。

---

①② 《周恩来外交文选》，16页。

在外交活动中，外交人员既要表现得认真谨慎、三思而行，但又不是畏首畏尾、过分拘谨；既要表现得积极主动、开拓进取，但又不是贸然盲动、不讲分寸；既要表现得慎独自律、言行检点，但又不是手足无措、无所事事。在外交场合里，固然讲究尊重交往对象，但对对方的尊重无论如何都不能建立在自轻自贱、妄自菲薄、低三下四的基础上。在尊重交往对象的同时，外交人员必须时时处处不失自尊、自爱。

外交人员在外交场合里要做到保持自尊、维护自尊，主要需要兼顾以下两点：

一是维护自己所代表的集体的尊严。也就是必须时刻维护自己在外交活动里所代表的国家、地区、民族或国际组织的整体利益，忠于祖国、忠于人民、忠于政府、忠于事业，绝不使自己的所作所为有损于自己所代表的国家、地区、民族或国际组织的尊严。

二是维护自身的尊严。与其他国家、国际组织或外国人个人打交道时，外交人员应当表现得胸有成竹、泰然自若、堂堂正正、理直气壮，绝不可以自惭形秽、卑躬屈膝、一味迁就。

目前，在外交实践中，中国在运用外交礼仪时尤其应重视以下三项规则的具体运用：

第一，讲究对等。即要求坚持前文所介绍的“规格对等”的规则。

第二，保持平衡。即在外交场合，对各方交往对象均应一视同仁、平等相待，不允许动辄厚此薄彼、嫌贫爱富、歧视任何交往对象。

第三，恪守惯例。即在具体运用外交礼仪时，应遵守相关的国际惯例，不宜出尔反尔、肆意妄为。

第二节　外交仪式礼仪

在外交场合，往往需要举行一些必不可少的重要仪式。所谓仪式，一般是指包含着一系列约定俗成的程序、形式的规范化的正式活动。“仪式是外交关系很重要的特征”①。外交仪式礼仪，此处指的是举行正式的外交仪式时所必须遵守的相关礼仪规范。

一般认为，在外交礼仪中，仪式礼仪不仅最为常见、常用，而且往往也是最为重要的。假使没有仪式礼仪，外交场合的许多仪式将难言其庄严、隆重。而离开了必不可少的仪式，不少外交活动亦难以正常进行。因此，世界各国、各个国际组织在筹划外交活动时，无一不对仪式礼仪重视有加，每一名外交人员也会对其予以高度关注。

在外交实践中，涉及礼仪问题最多的外交仪式主要有迎送仪式、庆典仪式、酬应仪式等。

一、迎送仪式

在外交来往中，特别是在国家元首、政府首脑所亲自参与的外交来往中，通常都会由东道主一方出面，为正式到访的国宾举行欢迎、送别仪式。此二者，一在其始，一在其终，往往被相提并论，称作迎送仪式。在外交实践里。它们被同等重视，往往不可或缺，借以显示东道主自始至终礼待宾客。

依照外交惯例，在正式的外交场合里，国家元首代表着自己的国家，政府首脑则代表

---

① ［英］杰夫·贝里奇：《外交理论与实践》，114 页。

着本国的中央政府，当其出国进行正式访问时，二者均应被东道主视为国宾，其地位至高无上。因此，对东道主而言，为正式到访的国宾举行迎送仪式，通常意味着对对方所代表的国家或政府的尊重。

一般而言，在接待来宾时，东道主所为之举行的迎送仪式往往会因对方具体身份的不同而存在一定的差别。不过在接待国宾时，各国的迎送仪式却大都有其一定之规。在许多方面，各国为正式到访的国宾所举行的迎送仪式有相似之处。以下分别介绍国际上欢迎仪式与送别仪式的常规做法。

1. 欢迎仪式

国宾正式到访时，东道国通常都会为对方的光临举行一定规格的、热烈而友好的欢迎活动，这种程式化的欢迎活动，就是所谓欢迎仪式。从外交礼仪上来讲，欢迎仪式比送别仪式往往更为隆重，因而也更为复杂。具体而论，欢迎仪式又有正式的欢迎仪式与非正式的欢迎仪式之分。

所谓非正式的欢迎仪式，一般指的是国宾正式到访时，尤其是当其抵达东道国首都时，东道国一方在迎接对方的具体过程里所特意安排的一系列前期性活动的程序。

根据惯例，迎接正式到访的国宾时，东道主为对方所举行的非正式欢迎仪式通常都包括护航、迎接、会见、陪车、护送等具体程序。不过在当今“礼宾简化”的国际大环境里，它们往往可多可少、可有可无，完全可由东道主国自行决断。

其一，护航。当正式来访的国宾所乘坐的专机、客轮进入东道国国境，或者距目的地一定距离时，由东道国特派一定数量的战斗机或军舰前去迎接对方，并随后以一定编队护送对方抵达目的地。此种迎宾方式，称作护航。目前，此种做法已不大通行于世，中国通常也不为正式到访的国宾护航。

其二，迎接。所谓迎接，此处是指国宾乘坐的飞机、客轮、火车正式抵达目的地时，东道国一方在机场、港口或车站等现场为之所安排的迎宾活动。按惯例，它一般包括以下具体内容：一是东道国官员登上飞机、客轮或火车迎宾。二是东道国官员向国宾致意，介绍情况，并随后陪同其走下飞机、客轮或火车。三是国宾与前来迎候的东道国官员、外国使节见面。四是国宾发表讲话，通常均为书面讲话。在迎接国宾的现场，一般均须铺设红地毯，悬挂来访国与东道国两国国旗，张挂彩旗，安排数量不等的群众欢迎队伍，并由男女青年或少年儿童向国宾夫妇敬献鲜花。

其三，会见。国宾正式抵达东道国之后，东道国的国家元首、政府首脑或者其委托的正式代表，往往会尽早与对方进行一次礼节性会见。这一类会见，其具体内容大都较为宽泛，并不涉及双方的实质性问题。会见的具体地点，既可以是东道国国家领导人的官邸，也可以是国宾的临时下榻之处。

其四，陪车。当正式到访的国宾所乘坐的轿车自机场、港口或车站驶往其临时下榻处时，通常由东道国礼宾官陪同前往。有时，某些东道国的国家领导人甚至会亲自出面陪同国宾乘坐同一辆轿车，一同前往目的地。在此情况下，东道国多会在国宾车队所通过的主要街道两侧悬挂来访国与东道国两国国旗，并适量安排欢迎国宾的群众队伍。

其五，护送。当国宾车队自机场、港口或车站驶往其下榻之处时，东道国一般会安排一定数量的摩托车、警车所组成的车队为之护卫、开道。这一做法，不仅表达了给予国宾的一种礼遇，同时还可以起到安全、保卫方面的作用。

所谓正式的欢迎仪式，则通常指的是东道国在国宾正式到访其首都时，为其正式举行的热烈、隆重而正规的欢迎活动的具体程序。按惯例，东道主为前来访问的国宾举行的正式的欢迎仪式，均应包括引见、献花、奏乐、鸣炮、合影、检阅、国宴等。它们往往属于常规程序，在欢迎仪式上不可或缺。

在正常情况下，正式的欢迎仪式大多安排在固定的场所举行：有的安排在国宾正式抵达的机场、港口或车站，有的则改在另外一些特定的地点，此类特定的地点，主要有王宫、大会堂、国宾馆、总统府、总理府、议会大厦等。例如，中国目前举行正式欢迎仪式的地点为人民大会堂东门外广场或人民大会堂内北大厅，美国目前举行正式欢迎仪式的地点则是白宫南草坪。

在举行正式欢迎仪式的现场里，循例应在地面上铺设红色地毯，悬挂来访国与东道国两国国旗，并安排一定数量的群众欢迎队伍。有些国家还习惯于临时张挂国宾及其配偶的大幅画像。

其一，引见。当国宾抵达举行正式欢迎仪式的现场后，应在东道国礼宾官员的引导下，首先与东道国国家领导人见面。随后，东道国国家领导人应陪同国宾与本国出席仪式的其他主要官员见面，并将其一一介绍给国宾。接下来，国宾将陪同东道国领导人与自己的主要随行人员见面，并对其一一加以介绍。

其二，献花。国宾与东道国国家领导人正式见面后，东道主一方通常应安排男女青年或少年儿童向国宾夫妇敬献鲜花。向国宾夫妇所敬献鲜花，一般应为成束的切花。在有的国家里，也有可能代之以鲜花所结成的花环。

其三，合影。国宾与东道国主持仪式的国家领导人正式会面后，东道主一方通常应安排宾主双方合影留念。在大多数国家里，此种合影往往当众进行，以供新闻记者拍照。

其四，奏乐。国宾由东道国国家领导人陪同登上检阅台，或在其他规定人员陪同下就位后，通常应由军乐队依次演奏来访国与东道国两国国歌。

其五，鸣炮。在军乐队演奏国歌期间，应鸣放礼炮。按通行的做法，欢迎外国国家元首时，应鸣礼炮 21 响；欢迎外国政府首脑时，则应鸣礼炮 19 响。鸣放礼炮，一般应与演奏来访国、东道国两国国歌同时进行，并讲究乐起炮响，乐止炮停。

其六，检阅。检阅，又称阅兵式或检阅仪仗队，它是一种源自古埃及时期的隆重的军事仪式，目前在各国所举行的正式欢迎仪式上通常不可或缺。参加检阅的，通常为一定数量的、身着军礼服的陆海空三军官兵。具体来看，检阅又分为阅兵式、分列式两部分。前者指的是国宾在东道国国家领导人、受阅部队指挥员的陪同下，步行通过受阅部队前方。后者则是指国宾在东道国国家领导人陪同下登上检阅台，站在台上观看受阅部队列队通过。

其七，国宴。在国宾抵达的当日或次日晚上，东道国领导人循例应为国宾举行一次正式欢迎宴会。举行此类被称为国宴的宴会时，地点、菜肴、餐具等均有特殊的讲究。在宴会厅内，应悬挂来访国与东道国两国国旗，并由军乐队不时演奏两国名曲。宾主双方出席国宴者均应具有一定身份，并应身着礼服或其他正式服装。在宴会上，双方领导人按惯例还应先后致祝酒词。

有时，东道国往往会邀请各国驻本国的使节出席正式欢迎仪式。在这种情况下，国宾必须抽时间在东道国领导人陪同下与之见面，并相互致意。

2. 送别仪式

送别仪式，亦称送行仪式，它指的是国宾结束访问，离开东道国时，由东道国为其所举行的送行活动的具体程序。

从总体上讲，送别仪式的具体内容与欢迎仪式的具体内容颇为相似，同样强调的是热烈、隆重、欢快、友好。只是在目前各国的外交实践中，送别仪式相对于欢迎仪式而言往往被大大简化。在目前中国的外交礼宾实践中，已不再专门为来访的国宾举行正式的送别仪式。

一般而言，送别仪式的主要内容，大致包括国宴、话别、送行、告别等。在目前各国的礼宾实践中，它们往往有所省略。

其一，国宴。国宾临行的前一天晚上，或其他方便的时间里，东道国领导人将主持为其送行的正式宴会。此种国宴，又称送别宴会。它的具体规格，与欢迎宴会略同。目前，不少国家已不再为到访的国宾正式举行送别宴会。

其二，话别。国宾离去前，东道国领导人通常都会专程前往其下榻之处探望，并与其热情话别。话别的具体时间，可以是国宾离开下榻处之前，也可以是其临行的前一天晚上。

其三，送行。当国宾搭乘轿车前往机场、港口、车站之际，东道国一般会派遣官员一同前往，为对方送行。送行时，东道国除安排由摩托车、警车所组成的车队为国宾护卫、开道外，有时也会安排高官陪车，甚至还会在对方所乘坐的专机、客轮驶离时，再次派遣军机、军舰为之护航。有些东道国领导人为了显示对国宾尊重有加，往往还会亲自为国宾陪车送行。

其四，告别。国宾抵达机场、港口或车站后，东道国一方为其送行的官员通常应在规定地点列队与之见面。双方正式见面时，不仅需要互相介绍，一一握手，热情告别，而且还须由东道国一方所安排的青年男女或少年儿童向国宾献花。有时，宾主双方会在现场先后发表口头或书面讲话。当国宾所乘坐的飞机、客轮、火车驶离时，送行者应列队向其频频挥手致意，直至对方离开自己的视线为止。按惯例，在告别现场应铺设红色地毯，悬挂来访国与东道国两国国旗，并可酌情安排群众队伍。

应予说明的是，各国迎送国宾仪式的具体内容虽然不尽相同，但其基本程序却大体相似，而且欢迎仪式与送别仪式往往被统筹兼顾、一并安排。以美国为例，美国“国务院作出了正式国事访问的下述主要规定：（1）贵宾到达华盛顿时，总统前去迎接；（2）国宾车队进入首都，沿途要张挂国旗和彩旗；（3）若国宾乘直升机到达，便在白宫庭院举行欢迎仪式；（4）总统举行国宴，若有时间国务卿再举办一次；（5）在华盛顿访问期间，贵宾一行下榻总统宾馆；（6）自 1968 年以来逗留期限定为六天，其中在华盛顿二至四天，其余的在外地；（7）凡正式代表团均由美国提供交通工具；（8）美国政府负担来访者及其正式随员的全部正常费用；（9）到达和离开华盛顿时检阅三军仪仗队，一般由副总统或国务卿率领前往送行；（10）首脑访问期间要有礼宾官员和安全官员陪同。有时国宾以纽约市为访问终点，以便向联合国大会发表演讲”①。

---

① ［美］埃尔默·普利施科：《首脑外交》，144～145 页。

二、庆典仪式

庆典，一般指的是正式举行的热烈而隆重的庆祝典礼，有时，它亦称庆祝仪式。在外交往来中，各国通常都对庆典倍加关注。对本国而言，庆典无疑关乎国家、政府的形象。而对自己的建交国，尤其是双边关系友好的国家所举行的庆典，如果不闻不问，则会被视作既不友好，又不礼貌。

在参加庆典时，外交人员无论自己是主是客，都应对与此相关的礼仪予以重视。对开国、国庆、就职等重大庆典，则更应认真地掌握。

1. 开国庆典

开国，一般是指一个新兴国家的建立，或是一国取得独立。对君主制国家而言，开国则往往意味着一个新朝代的创建。在世界上，各国在其开国之际往往都要举行盛大庆典，以充分享受胜利的喜悦。

一国开国之时，通常是其展开外交活动的绝好机会，因此它大都会力邀友好国家派遣代表团参加自己的开国庆典，而各国往往也对此非常重视。

在一般情况下，各国开国庆典都各具特色，但下述主要程序则大都必不可少：

其一，奏国歌。

其二，宣告新国家诞生，并宣布成立新政府。

其三，升挂新国旗，同时鸣礼炮。

其四，举行庄严的阅兵式。

其五，举行盛大的群众游行。

其六，举行国宴，答谢各界人士。

其七，新任国家领导人会见各国来宾。

当某一国家开国时，其他国家在外交方面通常会采取如下几项合乎惯例的行动：

其一，对其给予正式的外交承认。

其二，以本国政府的名义电贺对方政府。有时，亦可由本国国家元首、政府首脑、外交部长出面，分别向对方与自己身份对等者发出贺电。

其三，由本国主要领导人亲自前往该国祝贺，并参加其开国庆典；或者委派政府代表、特使前去祝贺。

2. 国庆庆典

国庆，通常指的是一个国家的开国纪念日。有的君主制国家也有以在位之君诞辰或登基之日作为国庆的做法。在世界上，各国在本国国庆时都会安排一定的庆祝活动，有时还会专门举行隆重的庆典。

一般而言，各国所正式举行的国庆庆典大体上包括国庆招待会、阅兵仪式、群众游行、联欢晚会等项基本内容。

其一，国庆招待会。国庆前夕，当事国通常会由主要领导人主持召开一次邀请各界代表，包括外国来宾与使节在内所参加的国庆招待会。届时，当事国驻外使节也会举行类似活动，邀请其驻在国各界人士与各国驻该国使节出席。在此类招待会上，除安排菜肴、酒水外，往往还应安排专人致辞，进行文艺演出。

其二，阅兵仪式。国庆当日，不少国家都要举行一定规模的阅兵仪式。依照惯例，各国国庆日所举行的阅兵仪式，应邀请正在该国进行正式访问的国宾以及外国使节参加。有时，还会专门邀请其友好国家或建交国派员出席。有的国家每一年国庆都举行阅兵仪式，有的国家则只在逢五、逢十的国庆时才举行阅兵仪式。

其三，群众游行。举行国庆阅兵仪式后，当事国一般都会随即安排由各界群众所参加的庆祝游行。群众游行进行时，循例还会邀约正在本国访问的外宾与外国使节在观礼台上观看。

其四，联欢晚会。国庆当天晚上，当事国通常会举行规模盛大的露天联欢晚会，以示普天同庆。在此类联欢晚会上，不但要表演文艺节目，而且会燃放礼花。举行国庆联欢晚会时，一般应当邀请正在本国访问的国宾、专程前来祝贺的外国客人以及外国使节出席。

在正常情况下，当与本国建立正式外交关系的其他国家庆祝国庆时，各国往往有下述两件事情必须认真做好：

其一，致电祝贺。在建交国国庆前夕，依照外交惯例，各国应由国家元首、政府首脑、外交部长向该国与自己身份对等者发出贺电或贺函，向对方热烈祝贺国庆。

其二，派员祝贺。当建交国举行国庆庆祝活动时，各国可根据当时的具体条件，专门派员前往祝贺。主要方式有三：一是委派专人前往该国，出席其国庆庆典。二是委托本国驻该国使节，出席其国庆庆祝活动。三是派遣专人前往该国驻本国的使领馆，参加其国庆招待会。

3. 就职庆典

就职，在此特指一国国家元首或政府首脑正式就任其职位。在一些国家里，国家元首或政府首脑正式就任其职位时，往往会为此而举行专门的仪式，此即所谓就职仪式。

在君主制国家里，新任君主正式即位一般称作加冕或登基，为此而举行的专项仪式，通常叫作加冕仪式或登基仪式。除气氛更加热烈、场面更加奢华、环节较为烦琐外，在其他方面与普通就职仪式并无太多的差异。

各国为其国家元首、政府首脑正式就任所举行的就职庆典，通常都会邀请友好国家的使节以及各国特派代表出席。参与此类活动，往往被各国视为进一步建立、发展、巩固双边关系的必要途径。

在不同国家里，就职庆典往往多有不同。即便在同一个国家内，国家元首的就职庆典通常也有别于政府首脑的就职庆典。但是，一般的就职庆典大都包括下列六项基本程序：

其一，宣布仪式正式开始，奏本国国歌。

其二，就职者当众宣读誓词。

其三，就职者接受其职务的象征性标志，正式就任其职务。此刻，应鸣放礼炮。按惯例，国家元首就职鸣礼炮 21 响，政府首脑就职则鸣礼炮 19 响。

其四，就职者发表就职演说。

其五，举行庆祝活动。其具体内容一般包括游行、演出、舞会、宴会等。

其六，就职者礼节性会见各国特使与使节。

此外，就职者有时还会举行专门的记者招待会，会见国内外记者，并回答其问题。

当建交国特别是双边关系友好的国家举行就职庆典时，各国一方面会酌情派员前往祝贺，另一方面则会由与对方身份对等者代表本国致电、致函祝贺，或是委派专使向对方面交贺电、贺函或贺礼。

根据常规，当建交国国家元首或政府首脑当选、连任、即位时，无论对方是否举行就职庆典，各国均应由与对方身份对等者向其致电、致函祝贺。各国驻该国的使节，亦应以不同形式代表本国政府祝贺对方。此外，一国新任外交部长就职时，其建交国外交部长、各国驻该国外交使节也需要向对方致贺。

除开国、国庆、就职之外，在一些国家里，尤其是在君主制国家里，国家元首及其子女的生辰、结婚、生子之日，往往也会举行专门庆典。遇到这种情况，其建交国特别是友好国家亦应派员致贺，或以贺电、贺函等形式祝贺对方。此类做法，通常是双边关系密切而友好的最好佐证。

三、酬应仪式

在外交场合里，有一些重要仪式往往具有一定的象征性意味。外交人员参加此类仪式，大都属于例行公事，但却并不仅仅是要应付差事，而是意在在交际往来之中增进沟通、发展友谊，争取建立友好互动的双边关系。此类仪式，一般可称之为酬应仪式。

目前，最为常见的酬应仪式主要有履新、授勋、开幕、签字、谒陵等。对这些重要的酬应仪式，外交人员均应一清二楚。

1. 履新仪式

履新，在此指的是一国新到任的使节，正式向其驻在国国家元首递交国书的仪式。尽管它在各国的具体操作有所不同，但都讲究正式、庄严、隆重。在有的国家里，它还多少保留着一些古典风格。

目前，各国使节的履新仪式大体上都包括下列几项基本相同的具体程序：

其一，新任使节在其驻在国外交部礼宾司司长或副司长陪同下，乘坐礼车前往递交国书的地点。途中，驻在国可能会安排摩托车队护送礼车。抵达现场后，专设的礼兵应向新任使节行礼致敬，并应由军乐队奏派遣国国歌。

其二，新任使节在其驻在国礼宾官员的引导下，正式向驻在国国家元首递交国书。此后，宾主双方应进行简短的礼节性交谈，并合影留念。按照惯例，驻在国国家元首接受别国新任使节递交国书时，该国外交部部长或副部长应陪同在侧。

其三，新任使节在其驻在国礼宾官员陪同下，乘坐礼车返回本国使馆。当新任使节离去时，通常由军乐队奏其驻在国国歌。

2. 授勋仪式

目前，不少国家或国际组织设立了一些勋章、奖章、荣誉称号、奖励基金，并按照特定的标准，将其授予本国或外国的国家领导人、社会活动家、知名人士、外交使节，以表彰他们在某一方面的杰出贡献或卓越功勋。这一做法，礼仪上称作授勋。

在一般情况下，大凡授勋均应举行规定的仪式。它所举行的具体时机，主要包括下述几种：一是重要的纪念日；二是有关人士的生日；三是外国领导人来访之际；四是有关的外交使节离任之时。

就具体程序来说，授勋仪式既可以非常简短，又可以比较复杂。不过，任何授勋仪式都应当庄严肃穆。在外交场合所举行的授勋仪式，往往十分重视礼节。隆重举行的涉外授勋仪式，大体上应包括以下几项程序：

其一，授勋者与被授勋者在典礼台上就座，其他来宾则端坐于台下。

其二，由仪仗队列队护送宾主两国国旗与勋章，在军乐演奏声中进入大厅，并随即将两国国旗分别竖立于典礼台两侧。

其三，军乐队演奏宾主两国国歌。

其四，授勋者致辞，并宣读授勋决定。其后，授勋者应亲手将勋章别挂在被授勋者胸前，或将证书递交到对方手中。

其五，被授勋者致答辞。

一些简单的授勋仪式，亦可借涉外会议、会晤或宴会之机进行。它的主要内容是：首先，请授勋者与被授勋者面对面地相对肃立。其次，由授勋者宣布授勋决定。最后，授勋者为被授勋者佩戴勋章，或是将证书交至对方手中。有时还会安排双方简短致辞。

在正常情况下，被授勋者本人必须出席授勋仪式。若出于年高体弱、路途遥远或其他原因不能亲自到场时，被授勋者亦可委托代表出席仪式。

凡重要的授勋仪式，往往应由国家领导人、国际组织主要负责人出面主持，或亲自充当授勋者。

3. 开幕仪式

在国际交往中，跨国所举办的各类博览会、展览会、交易会时有所见。有些重要的博览会、展览会、交易会，通常会安排正式的开幕仪式。

开幕仪式，简称开幕式，它一般是指各类大型会展在其正式宣告开始时所举行的由一系列约定俗成的程序组成的活动。

依照惯例，各类国际性大型会展的开幕仪式，通常应由具体负责其主办的一方主持。假定由东道国主办，应由东道国负责主持其开幕仪式。假定由出展国主办，则应由出展国负责主持其开幕仪式。一般而言，国际性的博览会、展览会、交易会，均应由东道国一方负责主持其开幕仪式。

国际性会展的开幕仪式无论由哪一方负责主持，往往都会邀约国内外有关人士出席。由东道国所主持的重要的国际性会展的开幕仪式，通常会邀请各国使节到场。由出展国所主持的重要的国际性会展的开幕仪式，则大都会邀请东道国官员出席。某些重要的国际性会展的开幕仪式，还惯于利用有关国家领导人到访之际举行，或者盛邀相关国家的领导人参加。

目前，国际性会展的开幕仪式一般包括下述五项具体程序：

其一，奏东道国国歌或主办国国歌。随后，奏博览会、展览会、交易会会歌。

其二，有关人士致辞。主要应当包括：主办者介绍情况、答谢各方及来宾致辞等。

其三，嘉宾正式为会展揭幕。

其四，安排来宾进行现场参观。

其五，举行庆祝酒会。

在举办大型国际会展时，通常应在会场悬挂各参展国国旗。在开幕仪式上，还应备有签名簿，以供来宾签名或题词之用。

外交人员在应邀出席开幕仪式时，一般可以以自己所在国家或国际组织的名义，向主办单位赠送花篮，或者当面进行口头祝贺。

4. 签字仪式

签字仪式，简称签字，在外交往来中，大凡重要的公约、条约、协定、联合声明、联合公报或重大合作项目的合同、协议等需要正式签署时，通常都应举行正式的签字仪式，以示郑重其事。

按照惯例，国际公约、条约、协定、联合声明、联合公报等，均应由身份对等的签字代表签署。各方的签字代表，均须持有全权证书。在签字前，有关各方应互相对对方的全权证书进行校阅。一般而言，多国之间的公约，两国之间的和平条约、友好合作条约、互助同盟条约、互不侵犯条约等重要条约，应由有关各国的政府首脑或外交部长共同签署。

签字仪式的参加者，主要应包括各方参加相关文件草拟、谈判的人员。为了表示重视，有时往往也会邀请更高级别的人员乃至国家领导人出席。

正式的签字仪式，通常应包括下述四项基本程序：

其一，签字人及有关各方的其他人员各就各位。

其二，签字人正式签署有关文件。按照惯例，签署文件时，应实行轮换制。签署双边文件时，有关文本上双方签字处均应呈左右并列之状，并应以左侧为首位。签字时，各方代表应首先在本国所保存的文本，即签字处居左的文本上签字。若该文件拥有数种不同文字的文本，均应一一签字。签署完本国所保存的文本后，应由双方助签人员交换文本。随后，双方签字人应在对方所保存的文本，即签字处居右的文本上签字。签署多边文件时，则通常应以有关文本所使用的主要文字为准，依据各国使用该文字拼写国名时的字母的先后顺序来安排签字的具体顺序。

其三，签字人互相交换已经签署完毕的文本，并相互握手道贺。

其四，共饮香槟酒志喜。此时，签字人以及其他仪式出席者应举杯庆祝有关文件签署成功。

5. 谒陵仪式

国家元首或政府首脑作为国宾正式出访时，往往会被安排拜谒到访国已故领袖、民族英雄或无名烈士的陵墓、纪念碑等纪念性建筑物。这类活动，一般称之为谒陵。

谒陵活动，通常会被视为对到访国杰出历史人物的敬意，对该国历史的尊重，同时也是对该国人民的友好表示。一般来说，对于东道国安排的此类活动，若其没有容易引起误会或麻烦的背景，均可参加。

国家领导人出访别国时参加谒陵活动，东道国一方往往会为此安排专门的仪式。在谒陵时，东道国不但会安排高官作陪，而且还会现场安排仪仗队与军乐队，以示庄严与崇高。

正式的谒陵仪式，大都会包含如下基本程序：

其一，军乐队奏乐。

其二，敬献花圈。其具体做法是，花圈由礼兵在前抬行，谒陵人随行于后。当礼兵将花圈安放在陵前或碑前的指定之处时，主要谒陵人应当上前扶持一下，或者上前整理一下花圈上的飘带。

其三，肃立行礼。全体谒陵人须在陵前。碑前庄严肃立，或者向其鞠躬致意。行礼时，普通的谒陵者均应脱下帽子，只有军人可代之以行军礼而不脱军帽。

其四，进行参观。礼毕之后，全体谒陵人须以一定顺序绕行陵墓、纪念碑一周，或者入内参观附设的纪念性展览、陈设。此时，主要谒陵人应在签名簿上签名，或是题词留念。

第三节　外交标志礼仪

在外交场合里，尤其是国与国之间进行外交活动时，各个国家或国际组织往往需要使用某些代表自己的象征性标志。旗帜、徽记、歌曲、箴言、色彩、花卉、树木、动物、鸟类、矿石等，都是这类象征性标志的常见之选。用其代表国家时，它们分别叫作国旗、国徽、国歌、国家箴言、国色、国花、国树、国兽、国鸟、国石等。

外交人员在参加外交活动时，对于各种象征性标志，尤其作为国家主要象征性标志的国旗、国徽、国歌的使用，必须慎重对待。这些主要标志，往往被视为国家尊严的直接体现。

在外交实践中，国旗、国徽、国歌的使用，不仅备受人们的关注，而且其具体的使用亦有一定的礼仪规范可循。

一、国旗礼仪

国旗，准确地说，是一种经由本国法律规定的、具有一定形式和规格的旗帜。它一般通过国家的正式公告、通报，以及国与国之间的相互承认，在国际上得到普遍的承认。简而言之，国旗乃是一种人们最为常见、在外交场合运用最广、世界各国均应拥有、以旗帜为具体形式的国家的象征和标志。

悬挂国旗，必须采用正确的方式、方法。在外交场合悬挂国旗，主要应当关注其适用场合与升挂方法。这些都是国旗礼仪的基本内容。

1. 国旗的适用场合

作为国家标志与象征的国旗，无论本国的还是外国的，均有其特定的适用场合，一律不得随意滥用。不然的话，不仅有可能有损于国家的尊严，而且还有可能导致外交纠纷。

对一个主权国家来讲，在常规情况下升挂本国国旗或外国国旗，通常都有其各种具体的限定。

一般而言，在下列场合下，升挂本国国旗是一种十分普遍的情况。因为它是名正言顺的。

其一，国家主要领导人的住所和办公地点。例如，国家元首官邸、王宫、政府办公大楼等。

其二，议会、最高法院、最高检察机关的办公地点。

其三，外交部。

其四，国家象征性建筑物。

其五，出入境的机场、港口、车站以及其他边境口岸、边防海防哨所。

其六，地方各级政府、议事机构、法院、检察机构。

其七，群众团体办公地点。

其八，全日制学校。

其九，举行重大的庆祝、纪念活动，大型文化、体育活动，或者举办大型的展览会、博览会。

其十，国家主要领导人出访时所乘坐的交通工具、下榻的寓所。

其十一，驻外使馆及其人员的寓邸，使团团长所使用的交通工具。

其十二，常驻国际组织的本国代表团、代表处的住所，代表团团长或代表处负责人的寓邸及其执行公务时所乘用的交通工具。

其十三，本国海军的现役军舰。

其十四，本国商船。在公海上航行时，尤须如此。

其十五，在国际交往中，为了表示对国宾的敬意，或是为了对其他国家表示歉意，可以特意升起或降下本国的国旗。

由于本国国旗代表祖国，其地位至高无上，因此不允许任意升挂、使用，不得利用其制作广告、商标，不得随意将其使用于私人性质的喜庆、丧葬活动。在正常情况下，破损、污浊、褪色或者不符合标准规格的国旗，一律不得正式升挂。

为了维护本国国旗的尊严，在许多国家里，在公共场合任意焚烧、毁损、涂画、玷污、践踏、辱骂本国国旗，均属违法行为，将被依法追究其刑事责任。

出于维护国家尊严的考虑，在任何一个主权国家的领土之上，均不得随便升挂外国国旗，或是国际组织的旗帜。特别是未建交国的国旗不得任意升挂。按照外交惯例，只有在下述情况下，才存在着在本国领土上升挂或使用外国国旗和国际组织旗帜的可能性：

其一，外国国家元首、政府首脑或其他重要领导人正式到访时，作为一种外交礼遇，通常在其居所以及乘用的交通工具上，可以升挂该国国旗。有的国家元首拥有特制专用的元首旗，可准其在居所及交通工具上升挂之。

其二，外国贵宾到访期间，往往会举行一系列的礼仪性活动，诸如迎送仪式、正式会谈、签字仪式以及正式宴会等。在此类活动中，根据对等原则，应同时升挂来访国与东道国国旗。此处所指的外国贵宾，除国家元首、政府首脑外，往往还包括国家副元首、政府副首脑、议会议长、议会副议长、外交部长、国防部长、军队总司令、军队总参谋长、率政府代表团来访的正部长、国家元首或政府首脑的特使等。

其三，国际组织的常设办公地点及其正式派出的办事、代表机构，准予升挂国际组织的旗帜。国际组织负责人及其办事、代表机构负责人的居所和交通工具上，亦可升挂该国际组织的旗帜。

其四，各建交国的使领馆及其工作人员的居所，以及使团团长所使用的交通工具可升挂该国国旗。

其五，外国派驻国际组织的代表团、代表处的居所，代表团、代表处负责人的居所，及其执行公务时所乘用的交通工具上，可升挂该国国旗。

其六，国际会议的会场，各与会国政府代表团团长的驻地，准许升挂国际组织的旗帜以及各与会国国旗。

其七，举行重大的国际性经济、科技、文化、体育、卫生、军事活动时，各参加国可升挂本国国旗。

其八，举行重要的国际经济合作项目的奠基、落成、开工、开业、剪彩、揭幕时，可同时升挂东道国与其他有关国家的国旗。

其九，各国商船、军舰均可升挂本国国旗。外国军舰在其通过别国领海时升挂本国国旗，意在表明无害通过，因而是十分必要的。

其十，按照国家惯例，在战争期间升挂国旗，主要表明本国处于中立或者与他国敌对的状态。作为一种策略，允许交战国暂时升挂中立国或敌对国的国旗，但战斗一旦开始，即应立即悬挂本国国旗。此外，为了保证人身安全，通常允许外国人在战乱或内乱期间，在其办公场所与私人住所升挂其所在国国旗。

必须明确强调的是，在外交活动中，外交人员对于代表国家的各国国旗均应表示尊重。故意侮辱、损害外国国旗，一般均被视为冒犯该国的荣誉与尊严，是对对方的一种挑衅。对方有权利要求肇事者公开道歉，或者作出必要的赔偿。

2. 国旗的升挂方法

升挂国旗，自有其一定之法。在外交活动中升挂本国国旗或外国国旗，均应严格照章办事，慎之又慎。

外交人员必须熟悉各国国旗，了解国旗的升降方式，掌握多国国旗并列升挂的正确做法。

首先，要熟悉各国国旗。升挂国旗，尤其是在有必要升挂外国国旗之前，必须对各国国旗加以熟悉。

一方面，要区分不同国家的国旗。目前，世界上有不少国家的国旗在色彩、图案等方面非常相似。例如，以三色旗作为国旗的国家就有数十个之多。这些国旗之间的不同，主要在于具体色彩的选择、竖排或横排以及具体顺序的排列上。假定在升挂外国国旗时辨认出现差错、张冠李戴，就会酿成事端。

另一方面，要使用标准规格的国旗。各国的国旗，往往都有其法定的标准规格。在国旗的形状、色彩、文字、图案、尺寸、比例及其悬挂方面，都有着严格而具体的规格，切不可弄巧成拙。

其次，必须了解国旗的升降方式。升降国旗，有着种种特殊的要求。

在一般情况下，国旗应当被升挂在固定的旗杆上。除此之外，国旗还可以被摆放在桌面上、悬挂在墙壁上、插放在旗架或交通工具上。

升挂本国国旗，一般应在清晨升起，傍晚降下。天气恶劣时，可不升挂国旗。

升挂国旗的标准做法是：应在直立的旗杆上将其徐徐升起，使之直至旗杆顶端。在许多国家里，升挂本国国旗，大都需要举行专门的升旗仪式。仪式举行时，在场者应面向国旗肃立致敬，并目视其徐徐升起。同时，应当奏国歌或唱国歌。

在平时，不得随意降下本国国旗或者下半旗。在特殊情况下，降下本国国旗，通常意味着向其他国家郑重道歉，或是宣告本国战败。即使降下国旗，也不允许使之落至地面。

下半旗，是国际上通行的一种志哀方式。其标准做法是，首先将国旗升至旗杆顶端，然后再将其徐徐降下，降至杆顶与旗顶之间的距离为旗杆全长的 1/3 处。在某些国家国丧期间，不下半旗，而是代之以国旗上方加挂黑纱的方法志哀。当前，有不少国家、国际组织，在外国著名领导人或其他杰出人士过世时，也会为之下半旗志哀。

按照惯例，任何国旗均不准倒挂，但是允许将其竖挂。需要将两国国旗并列竖挂时，可以使二者皆为正面。有时，亦可使居右者为反面，居左者为正面。在墙壁上悬挂国旗时，不得竖挂或是将两面国旗交叉悬挂。

有一些国家的国旗，由于文字、图案等方面的自身原因，不得进行竖挂，或者不得进行反挂。

如有特别需要，在夜晚仍须在室外悬挂国旗时，必须将国旗置于灯光照射之下。

最后，必须掌握多国国旗并列升挂时的正确做法。在外交场合，需要同时升挂多国国旗时，必须采用合乎国际惯例的方法。

在外交活动中，东道国在本国领土上举行自己主办的活动需要同时并排升挂本国国旗与外国国旗时，通常应当令外国国旗居于较为尊贵的位置。需要同时悬挂东道国国旗与联合国旗时，做法亦是如此。具体而言，其常规方法有：

一是两国国旗并排升挂。标准的方法是：应以旗身面向为准，讲究右高左低，即应使来访国国旗居右，东道国国旗居左。举行国宴或签字仪式时，大都如此进行操作。需要在轿车上升挂两国国旗时，则应以驾驶员右手为上、左手为下。

二是多国国旗并排升挂。标准的做法，依然应当以右为上。届时，所有的国旗均应以旗身面向为准，自右至左，依次进行排列。一般而言，东道国国旗往往被置于最右侧，以示对它的尊敬。不过在举行国际会议时，通常不分宾主，因而无所谓东道国。

按照国际惯例，在别国境内升挂本国国旗时，往往需要同时升挂该国国旗，并且多半应当将其置于荣誉位置。

当各国国旗并列升挂时，所有旗杆高度应当相等。在同一旗杆上，不得升挂两国或两个以上国家的国旗。同时，还应当使各国国旗保持各自的长宽比例，大体上应令其面积相等，以示相互平等。在并列升挂各国国旗时，往往有必要将原来不同比例的国旗略为放大或缩小，以便使比例大体相称。

具体来讲，各国驻外机构、公司、企业或公民在外国境内同时升挂本国与驻在国国旗时，必须将驻在国国旗置于上首或中心位置。主要的方法有：

其一，单行排列时，应当使驻在国国旗居前。

其二，并排排列时，应当使驻在国国旗居右。

其三，圆形排列时，应当使驻在国国旗居于主席台或主入口处对面的中心位置。

其四，弧形或从中间向两侧排列时，则应当使驻在国国旗居于中心位置。

各国驻外机构、公司、企业或公民在外国境内同时升挂本国与驻在国国旗时，一般应当首先升挂驻在国国旗。而在降旗时，通常则应当最后降下驻在国国旗。

二、国徽礼仪

国徽，是由国家正式规定的代表本国的重要标志之一。具体来讲，它是一种象征和代表着国家的徽记。在国徽上，往往会带有一些特定的图案和文字。目前，国徽在外交场合的应用十分广泛。

有关国徽的外交礼仪，主要包括它的适用场合与使用方法两项基本内容。

1. 国徽的适用场合

为了维护国徽的庄严性，世界各国对本国国徽的使用均有明确而具体的规定。对于在本国境内所使用的外国国徽，各国通常也有着一定的要求。

一般而言，在下述情况下，世界各国通常都会正式悬挂本国国徽：

其一，国家主要领导人的办公地点。例如，国家元首、政府首脑的办公处，政府大厦等。

其二，议会、最高法院、最高检察机关的办公地点。

其三，外交部。

其四，各级地方政府、议事机构、法院、检察机关。

其五，出入境的机场、港口、车站以及其他边境口岸、边防海防哨所。

其六，驻外使领馆和其他性质的外交代表处。

其七，派驻国际组织的代表机构。

其八，驻外使领馆和其他性质的外交代表处、派驻国际组织的代表机构的负责人的寓邸及其所使用的交通工具。

在外交活动中，使用本国国徽的图案，亦不得任意行事。根据惯例，只有在下述情况下，本国国徽的图案才准予使用：

其一，国家元首或副元首、政府首脑或副首脑、议会议长或副议长、武装力量最高负责人、最高法院院长、最高检察机关负责人、外交部长、国家元首或政府的特使、驻外使领馆和其他外交代表机构的馆长，以其职务名义，在外交活动中所使用的外交文书、信笺、请柬、贺卡、赠礼卡等。有时，外交部副部长以其职务名义使用的外交文书，亦可如此。

其二，国家元首办事机构、政府、议会、最高法院、最高检察机关、外交部、驻外使领馆和其他外交代表机构，在外交活动中所使用的外交文书、信笺和信封。

其三，国家元首、政府首脑、议会议长、最高法院院长、最高检察机关负责人、外交部长、国家或政府特使、驻外使领馆和其他外交代表机构的馆长，以其职务名义，在外交活动中所使用的印章。

其四，国家元首办事机构、政府、议会、最高法院、最高检察机关、外交部、驻外使领馆以及其他外交代表机构，在外交活动中所使用的印章。

其五，国家办理签证的机关和签发出入境证件的机关所使用的印章。

其六，边境重镇以及边境重要交通干线等地树立的界碑上。

其七，以国家、政府或者政府部门的名义，对外所缔结的条约、协定，可以加封刻有国徽图案的火漆印。这些条约、协定的批准书、核准书、接受书、加入书、文件夹的封面，则应印有国徽图案。

其八，本国护照和其他具有护照性质的证件，国家办理签证的机关颁发的签证，外交部业务部门为外国使领馆、其他外交代表机构、国际组织办事机构的工作人员和外国新闻机构、工作人员颁发的有关证件，外交信使、领事信使的有关证件和外交邮袋、领事邮袋的封印，驻外使领馆颁发的船舶国籍临时证书等证件，应当印有国徽图案，或是加盖带有国徽图案的印章。

其九，国家体育代表团、代表队参加国际体育比赛时，可以按照有关规定，在其人员的服装上使用国徽图案。

在正常情况下，世界各国在本国境内，均不允许随意使用外国国徽。即使在礼宾活动中，外国国徽的使用也十分少见。一般来说，各主权国家大都不会在本国国境之内使用外国国徽。只有在下述三种情况下，外国国徽才会得以使用：

一是外国使领馆或者其他外交代表处。

二是外国派驻国际组织的代表机构。

三是外国使领馆、其他外交代表处、外国派驻国际组织的代表机构的主要负责人的寓邸及其所乘用的交通工具。

2. 国徽的使用方法

需要在外交活动中使用国徽及其图案时，必须采用正确的方法，以维护国徽的神圣与尊严。

外交人员在使用国徽时，主要应当重视国徽的辨识、国徽的用法、使用的禁忌三个方面的问题。

首先，重视国徽的辨识。在外交活动中，外交人员不仅需要了解本国国徽，明确其主要含义，而且还需要对交往对象国的国徽有所认识。

世界各国的国徽，都有其法定的形状、色彩、文字、图案与尺寸。对其具体的含义，各国也有着专门的解释。在外交活动中，对于本国和外国的国徽，务必要有所了解，免得在重要的场合里贻笑大方。

某些君主制国家没有正式的国徽，而是代之以皇徽或王徽。在外交活动中，皇徽或王徽往往与国徽具有相同的功能。例如，在泰国皇徽即国徽，它的图案，是由驮载着那莱王展翅翱翔的一只大鹏组成。目前，泰国驻外代表机构的建筑上大都悬挂着皇徽，驻外机构所使用的国书、正式照会、公函、请柬上也都绘有皇徽图案。

需要说明的是，不少国家的国徽，往往以动物、植物、神像为其主要图案。仅以狮子或雄鹰为国徽核心图案的国家，在世界上就达几十个之多。有鉴于此，在外交活动中，外交人员应当有意识地避免对其说三道四，免得被人误认为指桑骂槐。

其次，掌握国徽的用法。使用国徽，必须掌握并遵守其正确的方法，否则就是对国徽的失敬。

悬挂国徽时，务必要使之处于突出而醒目的位置。与此同时，还应当注意，其悬挂之处不应有碍于国徽的尊严。

国家机关、使领馆和其他外交代表机构，有必要在室外悬挂国徽时，通常应当使之位于机关正门上方正中之处。有必要在室内悬挂国徽时，则一般应当使之位于正厅面对正门的墙壁上方的正中央。在任何情况下，均不得令国徽偏居一隅，更不允许将其直接放置于地面之上。

在印章、界碑等处雕刻国徽时，必须使之居于正中或者正上方的位置。在其他情况下，需要采用国徽图案时，亦应照此办理。只有将国徽置于上述荣誉位置，才是对国徽最好的尊重。

最后，熟知使用国徽的禁忌。在国内外交往中有必要使用国徽时，务必对有关的禁忌加以回避。具体而言，使用国徽的主要禁忌有下列几点：

其一，不准悬挂破损、污浊、褪色或者不符合规格的国徽。

其二，不得在公共场合故意以焚烧、毁损、涂画、玷污、践踏、辱骂等方式对待国徽。

其三，不许使悬挂的国徽不端不正、歪歪斜斜、偏向一方，或出现倒悬甚至脱落在地的情况。

其四，不可使正式场合所使用的国徽图案，出现明显的残缺、重叠、变形、走样或者含糊不清的情况。

其五，不能在私人性庆祝、丧葬活动中或日常生活的陈设布置中使用国徽。

其六，不能在商标、广告或营利性活动中使用国徽。

其七，不能在正式场合随便悬挂外国国徽或使用其图案。

三、国歌礼仪

与国旗、国徽一样，国歌也是世界各国通常都拥有的主要标志之一。所谓国歌，其实指的就是以法定形式正式代表国家的歌曲。

在外交活动中，国歌被直接视作一个国家的化身，在外交礼仪上具有至高无上、神圣不可侵犯的地位。无论对于本国国歌还是外国国歌，外交人员均须予以高度的尊重。一般来讲，有关国歌的外交礼仪主要涉及其适用场合与恭敬方法两个方面。

1. 国歌的适用场合

在国内外重大活动中演奏国歌，往往象征着国家的尊严与荣誉。因此，世界各国对于演奏和演唱国歌的场合，通常都有着明确的规定。

根据惯例，在如下几种场合里一般需要演奏和演唱本国国歌：

其一，举行正式的升挂本国国旗的仪式。

其二，举行隆重而热烈的庆典、仪式。

其三，举行重要的政治性集会。

其四，召开盛大的体育运动会，或者进行重要的体育比赛。

其五，进行重大的外交活动。

其六，情况较为特殊的、需要维护国家尊严与荣誉的场合。

按照常规，在任何一个主权国家的管辖范围之内，都只能演奏或演唱本国的国歌。对其他国家的国歌，通常不准随意进行演奏或演唱。未建交国的国歌，更是不准擅自演奏或演唱。

在一个主权国家境内，演奏或演唱外国国歌，一般只有在下述情况下才是符合外交礼仪的：

其一，举行正式的官方外交活动，尤其是举行正式的外交仪式。

其二，举行重要的国际会议。

其三，举行形式正统、内容严肃的文艺演出活动，特别是举行主题既定的专场音乐会。

其四，举行盛大的国际体育运动会，或者举行重要的国际体育比赛。

有不少国家，对在本国境内演奏或演唱外国国歌，往往还有不少方面的特殊规定。外交人员在外交场合里，必须坚持入国问禁。对于这一类型的特殊规定，一是要了解得明白无误，二是要认真予以遵守。在任何情况下，都不准在处理此类问题时肆意而为。

2. 国歌的恭敬方法

在正式场合里，外交人员对于本国国歌与外国国歌，一律都要以自己的实际行动表现得毕恭毕敬。具体而言，在实际操作中，既要了解国歌演奏或演唱时的基本要求，又要检点国歌演奏或演唱时的具体表现。

一方面，必须充分了解国歌演奏或演唱时的基本要求。在演奏或演唱国歌时，若对此一无所知，难免就会出现差错。

首先，必须了解，按照国际惯例，在各类非正式场合特别是娱乐消遣场合和其他一切不够严肃的场合，均不得演奏、演唱本国国歌或外国国歌。例如，在世界各国，在商业营销活动、舞会或联谊性娱乐活动、私人性的婚丧庆悼活动中演奏、演唱国歌，均是不允许的。

其次，必须了解国歌的曲调、配器、歌词。在世界各国，国歌的曲调、配器、歌词均有一系列严格的限制。在演奏或演唱国歌时，任何人均不得擅自对其进行变动、更改。不准许为国歌滥改乐曲，不准许为国歌乱配歌词，更不准许以戏谑、玩乐的方式在公共场合演奏、演唱本国国歌或外国国歌。

再次，必须了解有关国歌词曲的演奏、演唱的具体规定。世界各国的国歌，在其词曲方面，往往都有一定的独特之处，对其演奏或演唱时必须予以注意。

不少国家的国歌都采用了进行曲曲调，以其雄浑、壮美和庄严来代表本国博大的气度，激励国民奋进。但其具体时间的长短，都多有不同。有的国歌，甚至有曲无词。

由于政局变动等原因，有的国家的国歌往往会发生一些变化，有的国家则只有代国歌，或者同时拥有两首国歌。在世界上，还存在多国共同拥有一首国歌的情况。

最后，必须认真了解国歌演奏或演唱时的有关要求。世界各国在演奏或演唱本国国歌时，对本国公民都有着一定的要求。在一般情况下，每当在正式场合演奏或演唱本国国歌时，在场的全体本国公民均须起身肃立，要么认真聆听国歌庄严的旋律，要么一丝不苟地轻声应和，要么认真地放声高唱国歌。

另一方面，必须细心检点国歌演奏或演唱时的具体表现。不论演奏、演唱本国国歌还是外国国歌，外交人员都不可以放纵自己。

在演奏、演唱本国国歌时，均应起身站立，向国歌致敬。此刻严禁坐而不立、四处走动、交头接耳、嬉笑喧哗、打打闹闹。肃立之时，一般人还须脱下帽子，摘下太阳镜等物。

演奏、演唱本国国歌时，神态要庄重，立姿要端正，双眼要目视正前方，并且还要聚精会神。若须同时升挂国旗，则应向国旗行注目礼，此刻不允许瞻前顾后、左顾右盼。

要求齐唱国歌时，应注意与他人保持一致，力求吐字清楚、声调高亢、节奏适中、演唱准确。不准在唱国歌时含糊不清，或者自由发挥、随口乱唱。不许在唱国歌时击节、鼓掌、跺脚、狂叫、拖腔、改变节奏或歌词，或者怪声怪气、摇头晃脑、手舞足蹈。

本着相互尊重的原则，在演奏或演唱外国国歌时，外交人员亦应认真而严肃地检点自己临场的表现。一般的要求是，应当起身肃立表示恭敬，但通常不要求演唱外国国歌。

第八章

外交人员

重点问题

- 对外交人员个人素质的要求
- 对外交人员交际能力的要求
- 对外交人员职业道德的规范
- 外交人员的选拔制度
- 外交人员的录用制度

在任何情况下，具体的外交工作都需要依靠人来做。外交人员，在此所指的就是专职从事外交工作的人员。在世界上，外交人员有着一个通行的称谓：外交官。在世人眼里，外交官是极其令人羡慕的。因此，美国学者马丁·梅耶才会说："外交是最出人头地的职业：它是纯粹的服务，涉及在中世纪称为'秘传之术'的本领，操术的高下除由同行品评外，外人毫无评量的可能。"①

在常人看来，外交人员在国际舞台上折冲樽俎、纵横捭阖、叱咤风云，为国争光。他们不仅才艺出众、无限风光，而且阅历甚广、神秘莫测。实际上，外交人员也是普普通通的人，只不过他们在为国效力时，肩上的责任往往要更为沉重一些罢了。

自古至今，世界各国对于对外代表国家的外交人员的选拔、培训与任用，都极其重视。说到底，这样做都是为了搞好本国的外交工作。尽管外交的方式、途径等随着时代的发展而不断有所变化，各国对外交人员的严格要求却始终未曾改变。有人曾经预言："指望未来的外交官与今天的外交官将有很大差别，看来几乎是幻想。"② 如果从对于外交官选拔、任用的严格要求方面来加以理解，这句话则是完全正确的。

"外交官的教育是一项长期任务。"③ 成为一名出色的外交人员，必须具有良好的个人素质。除此之外，他还必须获得知人善用者的选拔、任用，并且要"从实践中来，到实践中去"，亲身在大量的外交实践中积累丰富而宝贵的第一手经验。与此同时，还需勤于学

① ［美］马丁·梅耶：《外交官》，5页，北京，世界知识出版社，1988。
② ［英］埃里克·克拉克：《外交官生涯》，22页。
③ ［英］杰夫·贝里奇等：《外交理论》，122页。

习、善于学习。凡此种种，都是成为一名外交人员，尤其是成为一名成功的外交人员的基本条件。

第一节　外交人员的个人素质

毋庸置疑的是，要成为一名合格的外交人员，必须具有良好的个人素质。在个人素质方面存在明显的缺陷者，是难以在外交事务中代表国家担负此种重任的。

在个人素质方面，对于外交人员的主要要求，具体涉及自身条件、交际能力与业务技能三个方面。在这三方面，无论全部还是部分地存在不足，都不适合从事外交工作。如果拔苗助长，令人勉为其难，对于国家和个人而言，都不会有什么好处。

一、外交人员的自身条件

目前，世界各国对职业外交人员自身条件方面的基本要求，主要包括国籍、民族、宗教、党派、年龄、性别、健康、相貌等。

1. 国籍

就一般意义而论，外交主要是指主权国家之间为维护各自的国家利益而进行的官方活动。正因为如此，在外交场合代表着各自国家的职业外交人员，大都必须拥有本国国籍。在正常情况下，世界各国大都不会心甘情愿地去任用外籍人士充当本国的外交代表，更不会指望由他们去捍卫本国的国家利益。即使政府这样冒险而为，社会舆论往往也不会对此善罢甘休。

在世界上，任用外籍人士担任本国外交代表的事情，并非没有发生过。然而，这种情况肯定不是普遍的现象。此外，世界各国在选用外交人员时，对无国籍者、双重国籍者、主动放弃本国国籍者，通常都不会予以考虑。在国际组织选任自己的官员时，对国籍问题也会十分重视。在一般情况下，在其成员国之间进行平衡通常是至关重要的。

2. 民族

世界上的许多国家，都属于多民族国家。在一个多民族的国家里，只有彻底实行各民族一律平等的政策，才能获得国内的稳定，并得到国际社会的普遍尊重。任用外交人员时，对内、对外而言，都不可能对其民族归属不加任何的考虑。

对内来说，在一个多民族的国家中，选拔任用外交人员，尤其是选拔任用高级外交人员时，应当尽可能地统筹兼顾，使本国的各个民族包括少数民族在内，在外交领域内都拥有本民族的代表。在现实生活中，不能排除的一种情况是，有个别国家的政府在选任外交人员时，往往对本国的主体民族，或者执政者所属的某一民族，会加以优先考虑。

对外来说，世界上有不少的国家生活着某一个相同的民族。向外国派遣外交代表时，尤其是派遣驻外使节时，如能选任与被派遣国主体民族归属相同者，不仅会使之大受对方欢迎，而且也有利其更好地开展工作。

3. 宗教

世界各国都有不少人信仰宗教。在有的国家里，以正式立法的形式，将某一种宗教定为本国国教，甚至奉行政教一体化的制度。在另外一些国家里，尽管推行政教分离政策，但其居民人口中的绝大多数，却以某一种宗教作为自己的共同信仰。出于此种原因，宗教因素对外交事务不可能不构成一定的影响。

在实行政教分离政策的国家里，选拔任用外交人员时，对其宗教信仰问题，一般都不会多加考虑。而在一个以某一种宗教作为本国国教，特别是在一个奉行政教一体化政策的国度里，一个人是否信仰本国国教，却往往会成为他能否成为一名外交人员的重要先决条件。

为了更好地开展外交工作，不少国家在选任外交人员时，通常都会对那些与被派遣国主要宗教，尤其是其主要国家领导人宗教信仰相同者颇为青睐。出于类似的原因，一般不会大力任用那些在被派遣国被视为异端的宗教信仰者。

4. 党派

在阶级社会里存在着政党，并且由其掌握国家政权。政党政治，可谓现代社会的一大特征。政党，指的是代表某一阶级、阶层或集团，并为实现其利益而进行斗争的政治组织。对各种国内外问题，每一个政党都有自己的立场、观点、态度。

在世界各国，大都存在着政党。有的国家实行一党制，有些国家则实行多党制。在当今世界上，还存在着一些由各国政党所组成的国际组织。各国政党之间的交往，有时亦称政党外交，是现代国际交往的主要形式之一。

一般而言，外交人员在本国的政治生活里，绝少是实行政治中立的。他们通常都会直接加入本国的某一政党，或者认同本国某一政党的政治立场。在选拔任用外交人员，尤其是在选拔任用担负主要职务的外交人员时，执政党党员往往会被另眼相看。这种做法，主要是为了更加行之有效地贯彻执行执政党的外交政策，此外也不排除论功行赏的存在。例如，“美国人通常把较轻松的外交职务作为一种报酬，赠送给过去在政治上帮过忙的人”①。

5. 年龄

在选拔任用外交人员时，年龄因素往往不是至关重要的。就一般情况而言，任何年龄的成年人，都可以胜任外交工作。然而各国在进行选拔外交人员的实际操作时，通常还是会对其年龄的上限与下限有所规定。

为了更好地培养人才，使本国的外交队伍在主体上保持身强力壮、反应敏捷、精明强干、好学上进，各国在选拔外交人员时，一般都会以中、青年为主，尤其会对青年人优先录用。

各国对外交人员的退休年龄、任职年限等，往往也有着具体的规定，并予以严格执行，以确保外交队伍的新陈代谢、吐故纳新。因此，到了规定年限者，即应离开外交人员的行列。

6. 性别

在世界历史上，从事外交工作，几乎都是男性的专利。只是进入 20 世纪之后，这一局面才普遍有所改观。目前，各国的外交队伍，往往有男有女。除极个别的国家之外，妇女参加外交活动早已不再受到人为的限制。

---

① ［英］杜威廉：《外交途径》，8 页，北京，新华出版社，1984。

在性别方面，选拔任用外交人员时，必须兼顾以下两个问题：

其一，真正地实行男女平等的政策。一定要反对男尊女卑、重男轻女。必须不唯性别、不以性别划限，既不搞大男子主义，也不搞大女子主义，而是讲究任人唯贤、唯才是举。

其二，充分地考虑外交的实际需要。在此方面，务必要具体问题具体对待。例如，向伊斯兰国家派遣外交代表时，无论如何都不应当忽略其重男轻女的宗教惯例，尽量不要向对方选派女性。与此相反，向一些妇女地位崇高的国家，或是由女性担任君主的国家派遣外交使节时，若能优先考虑女性，则往往会取得良好的效果。

7. 健康

外交工作是艰苦而繁重的。做好外交工作，不仅需要外交人员吃苦耐劳、任劳任怨、恪尽职守，而且也要求外交人员精力充沛、身体健康。没有健康的身体，若想在外交场合不辱使命，往往会变成一句空谈。

考虑到身体健康对于外交人员的重要性，各国在选拔任用外交人员时，对其健康状况大都有着一系列的具体要求，并且还会要求其经过专门的健康检查。因健康状况欠佳而未通过检查者，尤其是传染病、慢性病、不治之症的患者，通常都不会得到录用。

为了维护外交队伍的稳定性，各国对于外交人员大都实行专门的休假制度和体检制度。实行休假制度，主要意在使外交人员一张一弛、劳逸结合，更好地进行身心休息，以便恢复体力。实行体检制度，则主要是为了防患于未然，确保外交人员的身体健康。

8. 相貌

在外交场合，外交人员最需要的是德才兼备、有胆有识，所以在外交界很少有人会以貌取人。但是，作为国家的正式代表，外交人员的相貌，并非没有一点要求。

各国在选拔、任用外交人员时，在其相貌方面，主要要求通常有三：

其一，五官端正。五官，是每个人的主要“门面”。一个人的五官假定不够端正，难免就会令人感到别扭，进而有碍其人际交往。

其二，外形健美。从外形上讲，充任外交人员者，一般不宜长得外形丑陋，失之于美感。在任何情况下，外形健美、仪表堂堂的人，都容易有较好的人缘。

其三，比例匀称。在正常情况下，人体的各个部位长得比例匀称，才有美感可言。若是人体比例严重失调，甚至成为畸形，则往往会给人以不太好的第一印象。

二、外交人员的交际能力

从广义上讲，外交人员所从事的实际上是一种交际工作，只不过他们是以国际舞台为活动背景而已。不论从哪一个方面来讲，离开了出色的交际能力，从事外交工作往往难有成功可言。

外交人员所具有的交际能力，应当是非同寻常的。一般来讲，重视交际、善于沟通、待人友善三点，可以说是对于外交人员的最基本的要求。

1. 重视交际

交际，是对人际交往的泛称。在现代社会里，每一个人无论自己情愿与否，都必须同其他人进行各种形式的交往。有位知名的当代中国外交家曾言：生命在于运动，外交需要走动。人与人之间，有交际才有接触，有接触才有交流，有交流才有合作的可能。一个人不与其他人打交道，在日常生活里将难以立足，而且不可能做成事情。

外交人员所做的基本工作，就是要同别人进行交际应酬。有别于普通人的是，外交人员的交际对象，主要是外国人。在其正式的工作场合里，情况则更加如此。

对于每一位有志于做好本职工作的外交人员来讲，要做好交际工作，首先就必须从思想上对其给予高度的重视。只有真正地重视交际，才能够认真地对待交际，并自觉自愿地做好交际工作。

交际的作用之一，是传播信息、获取信息。从传播学的角度来看，交际实质上是一种以人际交往为表现形式的信息的交流与传播。现代社会是一个信息社会。在现代社会里，信息就是资源，信息就是效益。外交人员积极地参与交际活动，其最大的好处就是可以直接获得于己有益的信息，同时向交往对象传播必要的信息。

交际的作用之二，是结交朋友、建立联系。外交界公认："交友是外交工作的一项重要内容。"[①] 通过交际活动，任何人都可以扩展自己的交际圈，广泛地结交社会各界的朋友。朋友关系的建立，来自相互了解和相互信任，在跨国交往中则更是如此。没有交际活动的积极参加，就没有广泛的人际接触；没有广泛的人际接触，就没有人与人之间的相互了解和相互信任可言。外交人员应当明确的是，在外交活动中结交朋友、广交朋友，是自己的一项重要使命。在外交场合，外交人员不但要广交外国朋友，而且要广交外国社会各界的朋友。"我们"不应当仅仅是一句口号，而应当成为每一位外交人员努力的方向。

简而言之，重视交际、积极交际，对外交人员来讲，都是为了建立良好的人际关系。日本学者中岛孝志曾经说过："人际关系就是力量。"[②] 站在外交的角度来品味他的此番见解，应当说是一点都不夸张的。

2. 善于沟通

在社会各界，沟通能力目前都备受人们的重视。对于外交人员而言，善于沟通，应当是其所具备的一项基本能力。

沟通，是双向沟通的简称。沟通的基本含义是：在人际交往中，每个人都是需要理解的。实现人与人之间的相互理解，是人际交往取得成功的最重要的前提。换言之，在人际交往中，既要努力理解交往对象的所作所为，同时又要积极促使对方理解自己的所作所为，并进而争取对方接受自己的所作所为。假如交往双方中的某一方得不到正确的理解，双向沟通便难以实现，人与人，甚至国与国之间的种种误会便会因此而产生。

在跨国家、跨文化背景的外交场合里，如果不重视沟通、不善于沟通，而是自以为是、一意孤行，难免就会引火烧身。道理十分简单：在人际交往中，没有良性的沟通，人们便往往难以获得他人的认知。而缺少他人的认知，尤其是缺少交往对象的认知，人际交往便难言真正的互动，甚至会劳而无功。就此意义而言，沟通实乃外交之桥。

外交人员要真正做到善于沟通，除了要在思想上对其高度重视之外，还应当努力学习有关沟通的技巧，并且在自己的外交实践中积极培养沟通的能力。不掌握沟通技巧，就难

---

① 刘山、薛君度主编：《中国外交新论》，441页，北京，世界知识出版社，1998。

② ［日］中岛孝志：《人际交往的33条铁则》，3页，北京，世界知识出版社，1999。

以实现双向沟通；不积极进行有关沟通的具体实践，就难以真正提高沟通能力。

3. 待人友善

世界各国在选拔外交人员时，对其性格都十分重视。待人友善，通常都会作为对外交人员的基本要求之一。善待他人，是外交人员所应具备的一种基本教养。

要求外交人员待人友善，是为了使其更好地进行人际交往。而要达到这一标准，则要求外交人员在其人际交往中，必须真正做到待人热情、友好、和蔼、宽容。

外交人员在人际交往中待人热情，就是要在外交实践中对自己的交往对象满腔热忱。与外国人打交道时，一方面要忠于职守，在事关国家利益的大是大非问题上寸土必争，不讲情面；另一方面，在私人关系上，则要讲究公私有别，待人要热心而诚恳，交往要积极而主动。切莫不分任何场合，待人一律冷漠无情，永远拒人于千里之外。

外交人员在人际交往中待人友好，就是要在外交实践中对自己的交往对象主动亲近，并与之和睦相处。在人际交往中，只有待人友好的人，才会赢得积极的回报。待人如果缺乏真正的友好之意，甚至无视朋友之间的友谊，必将失信于人，在人际交往中难觅知音。应当指出的是，良好的人缘与受人欢迎，对外交人员而言至关重要。离开了待人友好，它们都是难以实现的。

外交人员在人际交往中待人和蔼，就是要在外交实践中对于自己的交往对象温和自然，力戒过激行为和矫揉造作。在外交活动中，外交人员在待人接物时，必须注意到这一点。在任何情况下，在人际交往中朴实无华、自然而然，才最容易得到广泛的信任。

外交人员在人际交往中宽容，就是要在外交实践中对自己的交往对象宽容大度、宽厚忍让、富有气量、包容对方。有道是"大德必宽"，古今中外，凡事业成功之人必为容人之人。在人际交往中，尤其是在国际交往中，由于国家、民族、宗教、党派、文化和意识形态的不同，人们看待事物的立场、观点必将有所不同，为人处世的方法因而也会大相径庭。在外交场合，外交人员既要勇于发表个人见解、畅所欲言，又要承认世界的多样性，善于聆听他人的不同见解，努力识同明异、求同存异、聚同化异，接受差异的存在，容忍他人与自己不同之处，懂得欣赏自己的交往对象。不懂得在外交场合里宽以待人、遇事总是自以为是的人，在外交实践中肯定会寸步难行。

三、外交人员的业务技能

与其他职业相比，在业务技能方面，对外交人员往往有着较高的要求。英国学者费尔萨姆曾就此强调："外交官需要具备作为有成就的实业家、行政人员和文职人员所具备的品质。他不仅应该是这些方面的专家，而且还必须了解别的国家、文化和社会，并且懂得他们之所以存在的依据。他需有专门的知识、技巧与优秀的品质。"① 尼科松则指出了 20 世纪中期以来的这样一种现实："人们只要有才能，不问他们的出身或收入，都可以进入外交界。"②

一般而言，除了不同的工作岗位有着不同的具体要求之外，外交人员普遍应当在业务

---

① ［英］费尔萨姆：《外交手册》，28 页。

② ［美］哈罗德·尼科松：《外交学》，146 页。

技能方面做到擅长口才、掌握外语、精通文史、熟悉经贸。离开了其中的任何一点，外交人员在外交实践中往往便会难当重任。

1. 擅长口才

纵观古今中外外交史，大凡功成名就的知名外交家，无论苏秦、张仪、诸葛亮、周恩来、陈毅、乔冠华，还是富兰克林、梅特涅、俾斯麦、李维诺夫、丘吉尔、基辛格，无一不是擅长口才之人。客观地讲，擅长口才，是每一位外交人员均应掌握的基本专业技能。

语言，是人们用以表达自己的思想、情感，并且用以传递信息的一种工具。所谓擅长口才，就是要求外交人员充分地掌握语言艺术，尤其是要掌握好运用口头语言的艺术。

擅长口才，并非要求外交人员以不变应万变，开口闭口“子说”、“诗云”，而是要求其培养、锻炼自己口语的临场发挥能力。在运用口语时，既要遵守其一般规律，又要善于随机应变，以无形胜有形。

擅长口才，并非要求外交人员墨守成规、纸上谈兵，而是要求其重在培养锻炼自己的口头表达能力。在外交场合运用口语时，既要善于综合归纳、准确地传递必要的信息，更要言简意赅、点到为止，善于应用必要的语言技巧，并且兼顾其艺术性、礼让性、政策性与准确性。

擅长口才，并非要求外交人员崇尚空谈。不务正业、巧言令色、卖弄辞令，而是要求其恰到好处地运用口才，懂得通过口头交际尊重别人、理解别人，并且掌握好其具体分寸。

2. 掌握外语

古希腊外交家德谟斯芬说过：外交官没有战舰、没有重兵、没有碉堡，他们的武器只是语言和机遇。在外交活动中，一名外交人员倘若不懂得外语，往往就会无形之中为自己平添许许多多的麻烦。

在世界各国，掌握外语都是选拔、任用外交人员的主要条件之一。在外交场合里，语言是外交人员所运用的基本工具。假如不懂外语，外交人员在外交活动中难免就会经常处于十分尴尬的境地。

一般来讲，一名称职的外交人员至少应当精通一门外语。要做到能说、能听、能读、能写。此“四项全能”，通常缺一不可。外交人员所掌握的外语种类，固然多多益善，但就其实际运用而言，精通一门外语，往往比粗通几门外语重要得多。

外交人员所掌握的外语，既可以是目前所通行的某一门外语，也可以是自己的主要业务对象国所通行的某一门外语。这种选择，将使外交人员的外语能力恰到好处地得以发挥。

外交人员要掌握某一种外语，其基本的目标就是要能够熟练地运用它处理自己的业务，在外交场合可以准确无误地与他人进行沟通。在一般情况下，外交人员在处理自己的业务时，不应当在外语方面求助于人。尤其重要的是，外交人员要注意不断地提高自己的翻译能力。“翻译是对外交往的桥梁”①，无论从哪一个角度看，它都是外交人员所必须具备的基本功。

---

① 徐亚男等：《外事翻译》，2页，北京，世界知识出版社，1998。

3. 精通文史

20 世纪 90 年代中期，江泽民同志曾经语重心长地要求：中国的外交人员应当成为“杂家”。这是因为，“在公开场合，今天的外交官必须具有某种能打动一般人的本领”①。如果外交人员不能够做到一专多能，具有广博的社会知识，要做好外交工作往往便不可思议。

精通文史，既是对外交人员成为“杂家”的要求之一，也是外交人员做好其本职工作的客观需要。精通文史，主要是要求外交人员真正多掌握一些基本的文学、艺术、历史、地理知识，努力做到博古通今。对外交人员而言，精通文史，至少可以发挥下列几个方面的作用：其一，提升自身品位，使个人的文化素质获得一定程度的提高。其二，开阔个人眼界，使自己进一步地了解世界、认识世界。其三，汲取历史经验，通过鉴古知今，更好地开展外交工作。

对于外交人员来讲，精通文史，必须讲究学以致用。外交人员学习文史知识的重点，应当主要放在下列几个方面：

其一，学习本国的文史知识。外交人员在学习文史知识时，自然不应当排斥人类一切优秀的文化遗产。与此同时，也必须对本国的优秀文化遗产优先加以学习。只有了解本国的传统文化，热爱本国的传统文化，在国际交往中才会受到他人的真正尊重。

其二，学习交往对象国的文史知识。在具体的外交实践中，外交人员总是会面对某些特定的交往对象。在这种情况下，学习并掌握交往对象国的一定的文史知识，是绝对必要的。唯其如此，外交人员才容易在与对方打交道时力争“知彼知己，百战不殆”。而这种做法本身，通常也意味着对交往对象国的一种尊重。

其三，学习与本职工作相关的文史知识。人生有限，学海无涯。外交人员学习文史知识，重点应当围绕其本职工作进行。只有如此，才会真正地有助于自己工作能力和工作水平的提高。

4. 熟悉经贸

当今世界，经贸为先。各行各业的工作，无一不与经贸活动存在着千丝万缕的联系，甚至直接与之息息相关。外交工作当然也不能有所例外。江泽民同志曾经强调：“在社会主义现代化建设中，我们始终要以经济建设为中心。党和国家的各项工作都必须服从和服务于经济建设这个中心。而不能离开这个中心，更不能干扰这个中心。”②

无论具体分工如何，外交人员都要尽一切可能学习经贸知识，尤其是熟知有关经贸方面的国际惯例。在力所能及的前提下，外交人员所掌握的经贸知识应当多多益善。

当前，国际经贸一体化的趋势已经越来越明显。外交人员在外交活动中，要客观地顺应这一历史趋势，并且有意识地尽一己之力，为做好本国的经贸工作作出积极的贡献。正因为如此，外交人员首先就必须认真地学习经贸知识。

外交工作的根本目的，是要维护本国的国家利益。在当前形势下，经贸利益无可置疑

① ［英］埃里克·克拉克：《外交官生涯》，8 页。

② 转引自中国人民解放军总政治部宣传部编：《军队高中级干部理论学习读本》，817 页，北京，解放军出版社，1997。

地成为各国的一项主要利益。有的国家甚至明确地提出，本国外交人员应当成为自己国家的“广告商”、“代理商”、“推销商”。面对此种客观形势，外交人员应当既感受到压力，又意识到自己的责任。

第二节　外交人员的职业道德

恩格斯曾经指出，“实际上，每一个阶级，甚至每一个行业，都各有各的道德”①。外交人员自然也有自己所理当遵守的职业道德。

外交人员的职业道德，实际上指的是外交人员职业范围之内的道德要求，是从事外交职业的每一个人所须遵守的、与其职业活动紧密相关的、具有外交人员职业特征并反映外交人员自身要求的道德准则，是对外交人员所提出的、在其工作岗位上必须恪守的行为规范。简而言之，外交人员的职业道德，具体指的就是外交人员从事外交工作时所必须遵守的岗位规范。

外交人员职业道德的产生和存续，是其职业活动的必然结果。与其他职业相比，外交人员的职业活动具有明显的特殊性。这主要反映在以下几个方面：

其一，强烈的政治性。作为国家的官方代表，外交人员在执行公务时，必须服从国家意志，认真依照本国的法律和外交政策办事，处处维护本国的国家利益。

其二，重大的责任性。“外事无小事”，外交人员的基本职责，就是贯彻、执行本国的外交战略、外交策略和外交政策，在国际舞台上积极开展外交工作，为本国营造一种比较有利的外部环境。从某种意义上讲，外交人员的一言一行都关系到本国的前途和命运。

其三，必然的权威性。在世界各国，外交都是一种非常高尚、非常体面的行业。外交人员对外代表国家，不仅责任巨大，而且往往一言九鼎。因此，外交人员在常人眼里，形成了较高的威望。

外交人员职业活动的这些特殊性，必然要求有相应的职业道德来具体规范其职业行为，调整在其职业活动中所发生的多种多样的、错综复杂的关系。没有职业道德来约束外交人员，对国家利益及个人利益均有害而无益。

目前，世界各国对本国外交人员不但进行着严格的管理，而且还大都为其制定了成文或不成文的职业道德规范。周恩来任外交部长时，就曾亲自为中国外交人员制定了“站稳立场、掌握政策、熟悉业务、严守纪律”的“十六字守则”。

一般来讲，各国外交人员的职业道德规范，大致上分为政治行为规范和业务行为规范两项基本内容。

一、外交人员的政治规范

政治规范，是对外交人员政治行为具体规范的简称，具体来讲，它是指对外交人员在政治上所提出的基本要求。外交工作是一项政治性极强的工作。在从事外交工作时，外交人员无论如何都不能够对与己有关的政治行为规范漠然视之。

---

① 《马克思恩格斯选集》，2版，第4卷，240页。

外交人员所须遵守的政治行为规范，主要包括忠于祖国、坚持原则、执行政策、保守机密、服从组织等项具体内容。

1. 忠于祖国

忠于祖国，忠于人民，坚决维护国家主权和民族尊严，不说不利于祖国的话，不做有损于国格、人格的事，是对外交人员在政治方面所提出的一项基本要求。不符合此项要求者，就不配做一名代表国家的外交人员。

有学者曾经指出："外交人员'政治第一'或'立场第一'……是古今中外所有国家的一项共同要求。"① 而在这一要求中，忠于祖国无疑是至关重要之点。

对于外交人员而言，忠于祖国与忠于人民是完全不矛盾的。从本质上讲，外交工作就是为祖国服务。为祖国服务，自然就是为人民服务。忠于祖国，自然就会忠于人民。

具体来讲，要求外交人员忠于祖国，主要应当体现在如下几点：

其一，热爱自己的祖国。胡锦涛同志曾明言："以热爱祖国为荣，以危害祖国为耻。"② 培养爱国主义精神，对外交人员十分重要。列宁曾经指出：所谓"爱国主义是由于千百年来各自的祖国彼此隔离而形成的一种极其深厚的感情"③。在日常生活中，爱国主义集中地表现为民族自尊心和民族自信心，表现为为祖国独立、民主、繁荣、富强而奋斗的英勇献身精神。在必要时，外交人员要勇于为祖国奉献出自己的一切。

其二，维护祖国的利益。外交人员在外交场合里，必须时时、处处、事事牢记：祖国的利益永远高于一切。外交人员的个人利益，永远要无条件地服从于国家的利益。为国效力的外交人员，不应该为了个人利益而跟祖国讨价还价，更不应该因贪图个人的利益而牺牲国家的利益。平时，外交人员做好本职工作，就是在维护国家的利益。在关键的时刻，为了维护祖国的利益，外交人员要尽心竭力、不辞辛劳、锱铢必较。任何出卖自己国家利益的事情，外交人员都不可以去做。

其三，捍卫祖国的尊严。国家尊严，指国家在国际交往中所理应表现出来的尊贵与庄严。外交人员要忠于祖国，就必须以自己的一言一行去捍卫祖国的尊严、捍卫祖国的荣誉。自己不但绝对不做任何有损于祖国尊严与荣誉的事情，而且也绝对不容许他人的所作所为有损于自己祖国的尊严与荣誉。在外交活动中，外交人员必须在捍卫祖国尊严与荣誉的前提下，对哪些话该讲与哪些话不该讲、哪些事情该做与哪些事情不该做，统统做到心中有数，并且在行动上一丝不苟。

2. 坚持原则

坚持原则，在此是指：在外交场合里，外交人员要站稳立场，警惕和抵制敌对势力所推行的不良图谋，自觉地抵制腐朽的思想和生活方式的侵蚀，做到"富贵不能淫，贫贱不能移，威武不能屈"。这对外交人员而言，也是一项最起码的政治要求。

外交人员必须树立正确的世界观、价值观，在大是大非的原则性问题上，始终保持清醒的头脑，丝毫不能有所含糊。所谓原则，通常是指一个人说话和行事时所要依据的标准

---

① 黄金祺：《外交外事知识和技能》，150 页。
② 胡锦涛：《牢固树立社会主义荣辱观》，载《求是》，2006（9）。
③ 《列宁选集》，3 版，第 3 卷，579～580 页，北京，人民出版社，1995。

与法则。在外交场合，要求外交人员坚持原则，实际上就是要求其言行举止必须恪守一定之规。从政治上讲，这种“一定之规”主要涉及如下几点：

其一，在原则问题上绝对不能退让。对外交人员来说，维护国家主权与领土完整，维护本国政府的合法地位，反对外来势力干涉本国内政，在国际交往中坚持平等互利、和平共处等，都是重大的原则性问题。在这些重要的原则性问题上，外交人员绝对不能够掉以轻心、得过且过、马马虎虎，更不允许拿原则去跟别人做交易。在涉及国家权益的原则性问题上，外交人员必须有理有节、据理力争。既要区别对象、讲究策略，又要坚持原则、寸步不让。

其二，警惕和抵制敌对势力所推行的不良图谋。“堡垒最容易从内部被攻破”，外交人员对这一条历史经验务必牢记。外交人员往往身居要害、重权在握，因而非常容易成为境外敌对势力争取、拉拢的主要目标。当前，国际交往讲究的是超意识形态合作。在外交场合，外交人员所面对的绝大多数交往对象自然是真正的朋友。但也不能够否认，难免会有某些居心不良的敌对分子混迹于其中。他们总是想方设法对外交人员进行分化、瓦解和策反，以达到自己不可告人的目的。正因为如此，江泽民同志才会一再告诫本国的外交人员：在对外交往中，必须有高度的政治警惕性，必须有高度的思想水平。

其三，自觉地做到洁身自好、拒腐防变。外交工作的特殊性质，使得外交人员通常直接置身于国际斗争的最前哨。经常面对着灯红酒绿的花花世界，并且往往有机会独自执行任务的外交人员，必须做到洁身自好、独善其身。在外交活动中，外交人员要始终保持敏锐的洞察力，从思想上高度重视拒腐的问题。对于敌对势力的阴谋诡计、种种花招，都要认真地加以提防。面对小恩小惠、金钱收买、物质引诱、封官许愿、色情勾引、暴力威胁，以及利用文化交流和意识形态宣传所进行的潜移默化，外交人员都必须真正做到拒腐蚀，永不沾，必须慎独，必须洁身自好。

3. 执行政策

坚决执行本国的外交政策，忠实地服从上级的命令，在外交工作中严格执行有关的请示、报告制度，既是外交人员的天职，也是各国外交工作得以顺利进行的重要保证。

外交政策，是各国参与外交活动的大政方针，同时也是各国政府实现其外交目标的有力武器。因此，外交人员无论何时何地都必须义无反顾地执行本国的外交政策。在这一问题上，外交人员根本不存在任何讨价还价的余地。

在外交实践中，外交人员要忠实执行本国的外交政策，具体来讲应当注意好如下几点：

其一，学习好外交政策。外交工作，从总体上来讲，其政策性极强，而且事事涉及国际影响和国家声誉。为了真正地做好外交工作，每一位外交人员无论其职位高低，都要本着对国家高度负责的精神，学习并领会本国的外交政策。没有对本国外交政策的系统学习与深入领会，在外交活动中对其加以贯彻执行无疑将难以实现。学习本国外交政策时，外交人员应当注意：一是要全面而系统，二是要善于抓住实质，三是要联系自己的工作实际。

其二，掌握好外交政策。各国的外交政策，都必须贯彻于本国的外交实践之中。在一切外交场合，外交人员都必须严格按照本国的外交政策办事。作为一名外交人员，必须善于准确地掌握外交政策。在外交活动中，绝对不允许带有任何主观随意性，不能够以个人感情替代外交政策，不可以在贯彻执行本国的外交政策时离谱、出格。外交人员对于本国的外交政策要力争做到运用自如，并且得心应手。

其三，执行好国内政策。一个国家的总政策，从宏观上讲．都是由国内政策和外交政策两大部分组成的。一般而言，各国的外交政策实际上都是其国内政策的自然延续。二者之间，往往相互影响。因此，外交人员在学习、掌握本国外交政策的同时，也必须充分地了解、执行本国的国内政策。在这一方面如果做得不好，那么在外交活动中将难以正确地宣传好自己，而且还往往有可能直接导致外交政策的执行出现偏差。

其四，认真地服从领导。由于外交工作事关大局，所以外交人员在参与外交活动时，授权通常是十分有限的。在符合外交政策的前提下，外交人员当然可以大胆创新，勇于探索。与此同时，又必须及时地向上级机关进行必要的请示、报告。涉及国内外重大问题时，外交人员绝对不能够自作主张、各行其是、信口开河，而是必须服从领导、统一口径，在思想上、行动上与本国政府保持高度的一致。

4. 保守机密

世界各国的外交人员，都被严格地要求保守国家秘密，认真地执行本国有关的保密法规，时时处处守口如瓶。这主要是因为，在外交场合里，保密实际上是与国家安全、国家利益直接联系在一起的。在外交界，有一句流传甚广的行话，叫作“外交即秘密”。此话虽然未必科学，但却充分地道出了保密之于外交工作的重要性。

从情报科学的角度来看，所谓秘密，实质上就是情报，就是希望有所隐蔽、不让外人知晓的内部信息。要求外交人员保密，主要就是要其注意防止泄密，并且进行反泄密。外交人员只有在保密方面真正做到万无一失，才有助于完成好自己的重要使命。

在目前情况下，外交人员要做到保守机密，主要应当从下述两个方面着手：

一方面，必须具有良好的保密意识和保密习惯。随着科学技术的日益进步，人们的国际交往正在变得越来越频繁。与此同时，窃密的手段也已变得越来越巧妙，往往令人防不胜防。在外交活动中，外交人员解放思想是必要的，但这并不意味着自己可以在保守国家机密的问题上表现得麻木不仁。在思想上，绝对不能放松保密这根弦，必须从维护国家安全、国家利益的高度来重视涉外保密工作。

更为重要的是，外交人员还需要养成良好的保密习惯，认真做好下述几点：一是不得对外介绍己方对外保密的政策、措施、策略、军事设施、统计数据、关键性工艺、独有产品配方和其他保密事项，也不得对外出示上述有关材料；二是不得擅自准许外籍人士进入本国的控制开放区和非开放区；三是不得随意携带机密文件出国，或者前去会晤、陪同外籍人士；四是不得使用明码电报，或者其他公用电子媒介收复涉密信息；五是不准在公共场合或外籍人士的房间内讨论己方的内部事宜。

另一方面，必须坚持内外有别，防止泄露内部秘密。外交人员在外交场合里，理当多交朋友、广结善缘。不过，在自己的思想上、行动上，外交人员都必须谨记：朋友归朋友，秘密归秘密。内外应当有别，内外必须有别。在外交活动中，对待外国友人应当尽量提供帮助，但这并不等于对对方必须无条件地有求必应。不能够对方想要什么，就给他什么；想看什么，就给他看什么；想去哪里，就让他去哪里。外交人员还必须注意，在涉外交谈中，对于事关国家机密之事理当守口如瓶，绝对不允许内事外扬、和盘托出、口无遮拦、有问必答。

为了更好地保守机密，通常要求外交人员在参与重要的外交活动之前，必须在这一方面有准备、有预案、有检查、有对策，以严防失密事件的发生。

5. 服从组织

进行外交工作，必须时刻服从组织，这一点是外交人员在外交实践中永远不能够忘记的。在任何情况下，离开了组织的领导，离开了全体外交人员的上下一心、齐心协力，外交工作便难以取得长足的进展。

要求外交人员在外交工作中服从组织，通常具有其特定的含义。具体来讲，以下几点要求尤为重要：一是外交人员所从事的外交工作，必须有组织、有领导；二是外交人员所从事的外交工作，必须在组织的领导、监督之下进行；三是外交人员所遇到的重要情况、重要问题以及所参加的重要活动，必须依照组织的要求和相关的规定进行。四是外交人员临时遇到重要问题，一定要及时向组织请示或汇报。

要求外交人员进行外交活动时服从组织，就不允许其随便自行其是。参与外交活动时，外交人员必须服从组织安排，一切行动听从组织的指挥。在外交场合里，绝对容不得任何外交人员自以为是、独断专行。即使要开拓新的外交局面，或者在对外交往中独辟蹊径，外交人员也必须以大局为重，服从于组织的统一部署。应当说明的是，要求外交人员所要服从的组织，从大的方面来讲，指的是其本国政府，或者是其执政党；从小的方面来讲，则是指外交人员参与外交活动时所在的外交集体。在谈及外交人员依靠组织时，除此之外的其他任何组织，都是不能予以考虑的。

要求外交人员进行外交活动时服从组织，还规定不允许其与外国机构或外籍人士私自进行交往。在外交场合里，外交人员必须坚持公私有别。在与外国机构和外籍人士打交道时，必须坚持公事公办，而绝对不允许利用自己的职权与工作关系，从中假公济私、损公肥私、化公为私。外交人员假如为了营私谋利而背着组织与外国机构、外籍人士私自进行交往，甚至为此不惜牺牲国家利益，不仅有违自己的职业道德，而且还会因卖身求荣而为人们所痛斥，并将受到本国法律的严惩。

二、外交人员的业务规范

业务规范，是对外交人员业务行为具体规范的简称，亦即在业务方面对于外交人员的基本要求。遵守业务规范，是外交人员成功而顺利地履行其职责的基本保证。

外交人员所应遵守的业务行为规范，通常应当包括尽职尽责、廉洁奉公、遵纪守法、协同对外等项主要内容。

1. 尽职尽责

外交人员在自己的工作岗位上，必须努力做到爱岗敬业、忠于职守、钻研业务、尽职尽责，全心全意地做好本职工作。

按照《说文解字》的释义：尽心曰忠。由此可见，对外交人员而言，忠于祖国，就是尽心尽力地为祖国服务；忠于职守，则是在具体的工作岗位上尽心尽力而为。具体来讲，外交人员要真正做到恪尽职守，最重要的是要做好以下几点：

其一，积极钻研业务。外交人员理当努力精通业务。要从事好外交工作，没有良好的专业水准和广博的业务知识，外交人员往往便难司其职、难尽其责。在努力钻研业务知识的过程中，外交人员要注意：不但要“专”，而且还要“博”。除了精通专业知识之外，还要努力涉猎其他各个学科的知识，使自己真正变成一位“多面手”。

其二，坚守工作岗位。在日常工作中，外交人员不仅需要具有饱满的工作热情，干一行爱一行，而且需要在工作中勤勤恳恳、兢兢业业、埋头苦干、任劳任怨。至关重要的是，外交人员在处理日常事务时，一定要亲力亲为、保质保量。对自己的本职工作，既不允许玩忽职守、见异思迁，也不允许敷衍塞责、粗枝大叶。坚守工作岗位，是外交人员爱岗敬业精神的具体体现。做好本职工作，就是对国家的最大贡献。要做好这一条，外交人员就要认认真真地妥善处理好自己职责范围之内的一切事务，对其既不马虎，也不推诿。

其三，勇于承担责任。外交工作直接涉及国家的根本利益，所以外交人员在工作中必须提高自己的责任心、事业心，不仅要热爱自己的本职工作，而且还要敢于为其负责。外交人员对自己职责范围之内的事务，要认真、积极、主动、负责地进行办理，并且要敢于承担责任。只要于国于民有利，外交人员在工作岗位上就要锐意进取、不避矛盾、不畏艰险、大胆开拓、百折不挠。在任何情况下，外交人员都必须本着对国家、对人民高度负责的精神，想方设法去力争圆满地完成本职任务。不允许事不关己、高高挂起、明哲保身，不可以不求有功、但求无过。也不能因为害怕承担责任，而对自己本应开展的工作采取“推、拖、压”等不负责任的态度。

2. 廉洁奉公

在外交活动中，外交人员必须时刻不忘廉洁奉公。在任何情况下，外交人员都要自觉地做到艰苦朴素、勤俭节约、吃苦在前、享受在后。

外交人员要做到廉洁奉公，具体而言主要需要注意下列几个方面的问题：

其一，勤俭办事。“勤以补拙，俭以养德”，这句话无论在什么时候都是一条真理。外交人员因其工作特殊性所致，接触各类盛大的仪式、活动的机会比较多，并且见过许多大世面，但这绝对不能够成为自己摆阔气、讲排场、铺张浪费、大搞形式主义的一种借口。外交人员必须明白，用于外交活动中的所有财力、物力和人力，都来自祖国与人民。因此，要大力倡导外交人员在实际工作中勤俭办外交，努力少花钱、多办事、办实事。真正做到了这一点，不仅能够节约资金，有利于国家建设，而且还能培养外交人员廉洁奉公的作风，并且对外产生良好的影响。

其二，吃苦在前。客观地讲，外交工作是既光荣又艰苦的。一心指望在外交界扬名立万、贪图安逸、追求享乐的人，在实践中必将四处碰壁。作为国家和人民的公仆，外交人员必须做到“先天下之忧而忧，后天下之乐而乐”。在外交岗位上，应当永远不忘将祖国和人民的利益放在首位，而自己则只能吃苦在前、享受在后。要时时处处注意摆正自己的位置，坚持先人后己。实践证明：要做好外交工作，不准备吃苦不行，不坚持吃苦也不行。“艰难困苦，玉汝于成。”外交人员只有在外交工作中勇于吃苦耐劳，才有可能不辜负祖国和人民的厚望。

其三，毫不利己。外交人员在自己的工作岗位上，必须真正杜绝以权谋私的行为，彻底做到清正廉洁。要求外交人员清正廉洁、毫不利己，绝不是为了自欺欺人，而是要使其在外交场合里真正做到一身正气、两袖清风、洁身自好、公而忘私。在外交活动中，外交人员绝对不可以利用自己的工作之便贪赃枉法、索贿受贿、中饱私囊，不可以搞权钱交易。否则，不仅有损国格、人格，而且也为国法、政纪所不容。

3. 遵纪守法

对外交人员而言，自己在执行外交公务时，既要想方设法地完成任务，又必须增强法制观念，坚持遵纪守法。不论遇到什么情况，外交人员都一定要自觉自愿地遵守法律、遵守纪律。不懂得遵纪守法的人，是不配成为一名外交人员的。

要求外交人员在外交工作中严格地遵守法律、遵守纪律，是开展外交工作的一种客观需要，也是加强外交队伍建设的重要保证。在外交实践中，要求外交人员遵守法律与遵守纪律，二者缺一不可。离开了遵守法律，外交工作就无正常的秩序可言；离开了遵守纪律，外交工作就难以顺利地进行。

在外交实践中，要求外交人员遵纪守法，主要应当体现在以下两个基本方面：

一方面，外交人员首先要严格地遵守本国的法纪。外交人员身为公务员，而且是对外代表国家、代表政府的公职人员，一定要在遵守本国的法纪方面率先垂范。对外交人员来讲，法律代表着统治阶级的意志，是阶级专政的一种主要工具；外交纪律，则是外交人员的行为准则和外交人员执行外交政策的主要保证。外交人员在自己的工作岗位上，对于法律和纪律必须恪守不怠。

外交人员在参与对外活动时，对于本国的外交纪律尤其要高度重视，并且要无条件地加以遵守。周恩来曾经再三提醒中国的外交人员：外事工作，授权有限。一切有关政策的问题，都要请示报告。中央的指示、外交部的指示，一定要坚决执行。有意见可经过组织提出，但不能违背纪律。有什么问题一定要汇报。

外交人员平时一定要自觉地加强组织观念、加强纪律性，在各种环境中都要严守纪律。在外交活动中，外交人员的一切言行都要与本国政府保持一致，并且严格依照本国的外交政策行事。涉及国内外重大问题的对外表态，务必要与政府统一口径，绝对不准自作主张、信口开河。在本国外交政策允许的前提下，外交人员可以积极而主动地投身于外交活动之中。碰到新问题、新情况，应当认真地向上级反映或请示。总之，在外交活动中一切重大的问题，都要同上请示报告，而不允许自作聪明、自作主张。这是一条铁的外交纪律。

另一方面，外交人员还应当在外交活动中遵守外国的法律与国际法。外交人员常年活动于境外，对于交往对象国的法律制度与国际法制度务必要有一定程度的了解，并且本着“入国问禁”的原则，对其要自觉地加以遵守。

外交人员必须认识到，在境外活动时，遵守交往对象国的法律与国际法，实质上是对对方的一种尊重，同时也是自己更好地开展外交工作的需要。外交人员在境外活动时，如果不遵守当地国家的法律与国际法，而凭借自己所享有的外交特权与豁免为所欲为，无论其主观动机如何，客观上都会造成极坏的政治影响。

4. 协同对外

由于外交工作直接关系到国家的荣辱兴衰，因此各国都要求本国的外交人员在履行自己的使命时顾全大局、相互配合、彼此支持、协同对外。在任何情况下，外交人员只有协同对外，才能使本国的外交政策得到充分的贯彻落实。

要求外交人员在其工作岗位上协同对外，主要应当体现在以下几点上：

其一，顾全大局。在正常情况下，各国在其外交实践中都奉行统一的外交战略、外交策略与外交政策，以便更为有效地维护本国的国家利益。在外交活动中，外交人员在考虑和处理具体问题时，一定要符合本国的外交战略、外交策略和外交政策，并且有助于维护本国的国家利益。对外交人员来讲，这永远都是一个大局问题。外交人员不论遇到了什么情况，都必须以国家利益为重、以全局利益为重，并始终坚持顾全大局。为此目的，即使牺牲了某些局部利益和个人利益，也应当在所不惜。

其二，互相配合。随着外交范围的不断扩大，多层次、多渠道、多形式的外交工作得到了充分的开展。就一般意义来讲，外交工作早已不单单是某一个人、某一部门的事情，而是往往有赖于全体外交人员和各个外交部门之间的相互配合。在符合有关规定的前提下，外交人员在外交活动中要胸有全局、协调各方、互通情报、彼此配合，要具有团队精神与合作意识，与大家共同把任务完成好。每一名外交人员都必须意识到：在外交工作中，不仅要培养自己独当一面的能力，而且要培养与别人合作的能力。不懂得在工作中与别人进行合作的外交人员，往往是很难胜任其本职工作的。

其三，一致对外。外交人员在外交场合里，必须注意同心协力、一致对外。在贯彻执行本国的外交政策时，假如不能使本国的外交队伍保持步调一致，而是山头林立、各持己见、各行其是、如同散沙，不仅会形成内耗，而且会有损于本国的国际声誉。外交人员必须谨记：即便自己内部存在着矛盾，也应当维护大局、协调一致，以求共同对外。不允许外交人员将自己的内部矛盾暴露在外国人面前，更不允许就此问题向外国人通风报信，或者指望借助外国势力来压服自己人。那样做的话，既有损于国格、人格，也有违于外交人员的职业准则。

第三节　外交人员的选拔任用

外交人员的选拔任用，历来直接关系到一个国家外交的整体水准。因此，这一问题一向备受各国政府的重视。在世界各国，选拔任用外交人员大都已形成了一整套详尽的规章制度。

外交人员的选拔任用，是一个十分复杂的问题。一般而言，它不但涉及外交人员的自身条件，而且直接与本国的外交工作需要和外交人事制度密切相关。乔治·凯南曾就此指出："让我控制人事权，最后我就会控制政策。因为负责招聘、任用、辞退和提拔人员的部门能够迅即控制这个机构和我们外交政策的整个状况。"[①] 应当说，他的见解并不夸张。

一般来讲，选拔任用外交人员时，以下两大问题至关重要：一是外交人员的基本来源，二是外交人员的考录培训。外交人员的选拔与任用问题，最重要的就是这两点。

一、外交人员的来源

众所周知，世界各国对外交人员的自身素质都有很高的要求。鉴于外交工作的特殊

① 转引自［美］马丁·梅耶：《外交官》，151页。

性，不是随便每个人都可以直接参加外交工作的。成为一名合格的外交人员，既要符合其基本条件，又要通过正常的渠道。

在正常情况下，各国的外交队伍都有其固定的来源。在不同的历史时期里，各国外交队伍基本的来源构成往往不尽相同。不过在某一特定的历史时期内，各国外交队伍的基本来源则是相对稳定的。

各国政府对外交人员的基本来源，通常都给予高度的重视。因为它不仅关系到本国政府能否真正地选贤任能，而且直接影响到本国的外交战略、外交策略、外交政策能否得以有效地贯彻执行。

外交人员的来源，其实指的就是什么人可以成为外交人员的问题。按照常规，在一般情况下，各国的外交人员大体上来自外交院校毕业生、专业技术人才、政府官员、社会名流、王公贵族等。

1. 外交院校毕业生

世界上的许多国家，都设有以培养外交方面的专业人才为目标的外交学院。一般来说，各国的外交学院都有其明确的定位。通常，它们都会有别于其他的普通院校，主要对学生进行有关外交专业的定向培养。

各国外交学院所开设的主要课程，都详细地涉及外交活动的方方面面。除专业外语之外，许多外交学院的学生还被要求掌握外交理论、外交实务、外交礼仪、外交谈判、外交法规、外交通史以及国别外交、多边外交等必要的专业基础知识，从而奠定良好的专业功底。

各国的外交学院，通常都实行规范的学位教学。其正式的毕业生，一般至少拥有一个学士学位。当前，随着形势发展的需要，有不少外交学院的毕业生已经拥有两个学士学位，甚至拥有硕士学位或博士学位。

招收外交院校的应届毕业生加入本国的外交队伍，是不少国家的既定政策。有的国家在招收外交人员时，甚至还明确规定：主要招收本国外交院校的应届毕业生。还有一些国家，例如中国，在招收外交学院的学生时，为了确保优中选优，还规定可以单独提前录取。

各国之所以招收外交院校的应届毕业生加入本国的外交队伍，其主要原因有：

其一，专业对口。外交院校的毕业生进入外交队伍，自然名正言顺。他们大都功底扎实，精通外交方面的基础知识，并且经过系统的专业训练，可以说是“招之即来，来之能战”。

其二，可塑性强。作为初出茅庐者，外交院校的应届毕业生尽管存在经验较少、动手能力较差等不足之处，但却都具有较强的可塑性。他们善于学习、善于思考、善于接受新观点与新事物，而且不容易因循守旧、抱残守缺。

其三，年轻力壮。外交院校的应届毕业生通常风华正茂。一方面，他们年轻力壮，容易胜任大量繁重而琐碎的日常性外交事务。另一方面，他们来日方长，富有上进心，可以推进外交队伍的新陈代谢，确保其永远朝气蓬勃。

2. 专业技术人才

外交工作，往往会具体涉及种种艰深的专业技术问题。在当前社会分工日趋细致的背景下，这一特征正在变得越来越明显。古人云：“闻道有先后，术业有专攻。”正因为如此，各国的外交工作向来都离不开专业技术人才的积极参与。

一般而言，外交界所需要的专业技术人才既可以来自大专院校的应届毕业生，也可以直接从社会上进行招收。从总体上讲，外交界所需要的专业技术人才，可依据其工作性质分为以下三类：

其一，从事技术工作的专业人才。在外交工作中，有不少专门的技术性工作，只有专业人才才能够承担，让其他人从事这一类的工作，不仅勉为其难，而且还有可能耽误正事。

其二，担负专业职务的技术人才。在外交战线上，有一些专业职务，只有技术性人才才适合担任。“外行不能领导内行”这句话，放在这里讲未必是不正确的。在驻外使领馆及其他外交代表机构里担负一定专业职务的人，例如，驻外武官、商务参赞、文化参赞、科技参赞、贸易代表等，通常都是由懂行的专业技术人才担任的。

其三，承担咨询顾问工作的专家。各国在参与外交活动时，尤其是在参与重大外交活动时，不仅要集思广益、广开言路，而且要招揽贤才、不耻下问。在绝大多数情况下，各国的外交队伍里都有一些承担咨询顾问工作的专业性人才。每逢处理涉及专业知识的外交事务时，往往更是如此。平时在外交舞台上难得现身的政策顾问、法律顾问、谈判顾问、形象顾问、礼宾顾问等，都是此类专才的典型。通常，这些人还大都具有专家、学者、教授等另外一重身份。

3. 政府官员

在外交实践中，经常需要一些政府官员来直接从事外交工作。需要说明的是，虽然外交活动主要进行于各国政府之间，亦即外交活动的参加者大都具有政府官员身份，然而这并不等于说各级政府官员、各个政府部门的官员，全部都可以同外交人员画上等号。实际上，无论在何种时候，都有相当数量的政府官员从未直接参与过外交活动，更不用说让他们人人都去直接处理外交事务了。

上面所要说明的主要问题是：政府官员并非人人都会直接介入本国的外交活动，介入本国外交活动的政府官员与专门的外交人员之间往往也存在极大的差别。明确这一点，对外交人员乃至外交本身的界定，都具有重要的意义。

除以外交为专业的政府官员之外，在现实生活中，有可能成为外交人员的政府官员，大体上主要是如下三类人员：

第一类，因工作调动而进入外交部门者。与其他部门一样，外交部门的内外工作调动也是非常频繁的。在这种情况下，工作于其他部门的政府官员因调动之故而进入外交部门，往往不足为奇。因工作调动而进入外交部门的政府官员，一般又分为两种具体情况：一是因为职务升迁而进入外交部门者，二是因为工作需要而调入外交部门者。

第二类，因暂时借调而进入外交部门者。在某种情况下，外交部门由于工作的临时需要，往往会向其他政府部门暂时借调一些政府官员，以协助本部门更好地开展外交工作。一旦临时性的工作进行完毕之后，被暂时借调的其他部门的政府官员，通常大都应当返回自己原来所在的具体部门。

第三类，因临时任务而参与外交活动者。有些政府官员，其本职工作并非外交，但因为临时的需要，而被指派参加外交活动。一旦临时任务完成之后，这些政府官员通常便会恢复其本来的身份，而不会长时期地留在外交岗位上工作。在各国的外交队伍里，这种人都或多或少地存在着。

严格地讲，在上述三类与外交工作有涉的政府官员中，唯有第一类人员方可称之为外交人员。第二类和第三类人员，则是不应当被视为正式的外交人员的。确切地讲，他们实际上属于偶尔从事外交工作的政府官员。这种区分，在外交实践中是非常必要的。

4. 社会名流

在世界各国的外交队伍里，往往不乏社会名流的存在。社会名流，一般指的是社会各界的著名人士。社会名流在其功成名就之后进入本国的外交队伍，至少可以起到以下几方面的重要作用：

其一，发挥一技之长。社会名流，往往不仅在学术上颇有造诣，阅历上十分丰富，而且大都在某一领域内具有一技之长。社会名流进入外交队伍之后，通常都能够以自己的一技之长，直接地报效国家。

其二，增强凝聚能力。开展外交活动，无疑需要国内政局的稳定。社会名流平时在社会上具有一定的威望，并且往往是国内某种政治势力的代言人。社会名流介入本国外交活动本身，就是对本国政府的一种支持。这样做的一大好处，是可以调动国内的一切积极因素，增强国内各派别、各民族的凝聚力。

其三，扩大国际影响。有的社会名流，不但在国内闻名遐迩，在国际上也具有一定的知名度。他们参加本国外交队伍之后，在各种外交场合里，往往不仅会更受重视，而且还直接有助于扩大其本国外交活动的影响。必须承认的是，社会上的“名人效应”在外交领域内同样也是存在的。

其四，广交各界朋友。社会名流加入本国外交队伍之后，大都扮演着比较重要的角色。因其社会影响和个人魅力所致，社会名流在外交场合里往往会成为人们所关注的核心人物。与其他外交人员相比，他们在外交活动中更容易与外国人交朋友。在许多情况下，与各国社会名流交朋友，是人们求之不得的，即便国家领导人，往往也不例外。

参与外交活动的各国社会名流，具体而论可分为以下两类情况：

第一类，社会名流较长时期内参与外交活动。在绝大多数情况下，较长时期参与外交活动的社会名流，通常会担负一定的外交职务，甚至是本国较为重要的外交职务。在一定的时期内，外交工作将成为此类社会名流所要从事的主业。此种情况，说得明白一点，就是社会名流以其身份作为资格，成为专业的外交人员。

第二类，社会名流短暂时期内参与外交活动。在这种情况下，社会名流并不需要变成正式的外交人员和担负专门的外交职务。他们所要做的，主要是在本国的外交活动中，运用自己的特殊身份发挥影响。有的时候，甚至只要求他们在本国的外交队伍中“徒有其名”，而并不一定非要真正介入具体的外交事务。

5. 王公贵族

在选用外交人员，尤其是选用职高位显或权重一时的外交人员时，一些实行君主制政体的国家，大都会优先考虑王公贵族。这种状况，在近现代外交史上是非常普遍的。在实行君主制的国家里，情况则更是如此。

任用王公贵族作为本国的外交人员，对实行君主制政体的国家而言，主要具有以下几个方面的作用：

其一，有助于维护本国的君主制政体。在选用王公贵族作为外交人员对外代表国家时，不仅要求他们要获得统治者的高度信任，“忠于他们的制度更是必备的条件”①。由于自己的阶级利益所决定，作为外交人员，王公贵族在维护本国的国家利益时，往往会更加不遗余力。

其二，有助于贯彻执行本国的外交政策。在君主制国家里，尤其是在实行专制君主制的国家里，最高统治者通常最为信任的，就是与自己有着血缘关系与利害关系的王公贵族。在外交实践中，身为外交人员的王公贵族们往往可以凭借这一有利条件，去更好地开展外交工作。而在具体的外交工作中，由于他们所具有的特殊身份，社会各界往往会为他们提供许许多多的便利。

其三，有助于同外国建立起良好的关系。作为君主制国家最高统治者的嫡系，王公贵族们在参与外交活动时，往往会受到其交往对象国的重视。对他们来说，自己显赫的出身和高贵的爵位，都是其参与外交活动的最重要的资本。当王公贵族作为本国的外交代表介入外交活动时，他们往往更容易与交往对象建立起良好的关系。当他们与外国的宫廷或当政的家族拥有某种特殊的联系，例如，拥有血缘、姻亲关系时，他们通常更加容易与对方相互信赖，并且和睦相处。

王公贵族参与外交活动的具体情况，与社会名流基本相似。他们一部分人以外交工作作为自己的主业，另一部分人则只是偶尔参与一下外交活动。

二、外交人员的考录培训

进入外交队伍，成为一名外交人员，不但要具备一定的基本条件，而且通常还要经过专门的考试、考核，才能够被正式录用。即使成为一名正式的外交人员之后，为了使其在业务方面取得长足的进步，通常还要对其进行一些常规的业务培训。世界各国对外交人员的考录、培训都非常重视，而且大都形成了各自的一整套行之有效的规章制度。

对外交人员进行必要的考录、培训，既是为了确保本国外交队伍的质量，也是为了提高外交人员的业务水准。具体进行操作时，对不同类型的外交人员，往往会有着不同的要求。一般来讲，其重点问题主要包括分类、审查、考试、培训等。

1. 外交人员的分类

从总体上讲，外交人员必须进行一定的分类。当前的普遍做法，是将其分为职业外交人员与非职业外交人员两大类型。在外交实践中，二者所担负的具体职位和所从事的具体工作，往往不尽相同。对其所进行的考录、培训，因而也有所不同。

一般来讲，各国外交人员中的绝大多数，都属于职业外交人员。所谓职业外交人员，亦称职业外交官，指的是那些选择外交岗位作为自己的工作职业，以外交工作为自己的毕生事业，并且在外交实践中通过循序考核提升而担任各种外交职务的人。所谓外交官，指的其实就是这一部分人。

职业外交人员，是各国外交队伍中的骨干力量。正是因为有他们的存在，各国的外交事务平时才能得到有条不紊和及时的处理。在正常情况下，职业外交人员又有广义与狭义之分。狭义的职业外交人员，往往仅指就职于驻外外交代表机构的人员。而广义的职业外

① 杨公素：《外交理论与实践》，167页。

交人员，则将一切就职于外交机构，并且以外交为其自身职业者都包括在内。在国外通行的文官序列中，他们可被称为事务官。目前，人们所指的职业外交人员，通常指的是广义的职业外交人员。

在各国的外交队伍里，大都存在一定数量的非职业外交人员。非职业外交人员，往往又称为非职业外交官，他们一般是指因为工作需要而参与外交活动的政界人士。在绝大多数情况下，非职业外交人员多数都是政治家。在国外的文官序列中，他们属于所谓政务官。除此之外，其他各界人士也有可能成为非职业外交人员。

一般来讲，非职业外交人员并不一定详细地了解外交事务。对本国或外国的外交状况，他们也可能知之不多。但是，在外交实践中，他们可以被配备一套业务班子，任用职业外交人员为其进行工作。他们在参与重要的外交活动之前，通常都还需要提前进行一段时间的脱产学习或专业培训。

2. 外交人员的任职资格审查

无论人们承认与否，外交队伍在世界各国都不是人人可以自由地加入其中的。由于外交工作关系重大，所以各国政府都只会将其交付给自己最放心的人。

为了确保外交人员的质量，在其正式进入外交队伍之前，通常必须专门进行资格审查，即需要由有关部门对其是否具备外交人员的基本条件，进行一系列详尽而系统的检查与核对。

在一般情况下，对外交人员所进行的任职资格审查，至少包括下述四项重要内容：

其一，政治上可靠。在阶级社会里，外交人员所要维护的国家利益，主要是本国统治阶级的阶级利益。因此，各国的外交人员都不可能保持政治中立，也不可能非政治化、非党派化。实际上，各国政府对于本国的外交人员在政治上都有一定要求。在西方国家里，对外交人员的“政治审查一直存在，有时还正式宣布”①。

其二，有本国国籍。外交人员对外代表自己的国家，因此必须拥有本国国籍。只有符合这一条件，他们才更容易获得国家的信任。有不少的国家早已明文规定，外交人员一定要具有本国公民的身份。还有许多国家规定，外交人员的配偶必须也是本国公民。在美国，这一点甚至以立法的形式得到了确认。还有一些国家规定，一切外交人员未经本国政府批准，不得与外籍人士通婚。

其三，身体条件好。外交人员不仅必须能够吃苦耐劳，而且必须拥有健康的身体为其提供保证。在对外交人员进行选拔时，体格审查往往不可或缺。在一定情况下，都会要求有关人员专门前往指定医院进行体格检查。

其四，业务上达标。“要求外交官成为多头天才”②，是各国政府的普遍愿望。为了实现这一愿望，各国在选拔外交人员时，大都会对其进行专门的业务审查，以检验对方是否具有胜任外交工作的基本业务素养。在不少国家里，大都要求职业外交人员的最低学历应当为大学本科。目前，中国的高等院校毕业生在报考职业外交人员职位前，按规定还必须通过公务员任职资格考试，即所谓“逢进必考”。

---

① ［美］马丁・梅耶：《外交官》，162～163 页。

② ［英］埃里克・克拉克：《外交官生涯》，27 页。

3. 外交人员的考试

目前，各国的职业外交人员在正式进入本国的外交队伍之前，基本上都必须通过专门的业务考试，以测试其业务知识与业务能力，便于对其更好地进行量才使用。

在一般情况下，对希望成为职业外交人员者所进行的业务考试，大都以要求对方所具备的专门性知识为侧重点，并且要求其愈专愈好。对综合性知识的考试，大都只是有所涉及，但往往不做过高要求。

对希望成为职业外交人员者所进行的业务考试，一般都需要经过以下两个主要阶段：

考试的第一阶段为笔试。它的重点，是要对考试者基本知识的掌握、综合表达能力、逻辑思维能力、书面表达能力等，有一定程度的了解。通过第一阶段的考试，许多不符合要求者，便会自然地遭到淘汰。

考试的第二阶段为面试。对考试者进行面试，往往由专家、学者所组成的面试委员会负责进行。进行面试的主要目的，是为了对考试者的相貌、业务、才能、心理、素养与个性获得更客观、更全面的印象。进行面试时，考试者通常需要当场回答考官随机提出的一系列问题。在一问一答之际，考试者的知识功底、逻辑思维、表达能力、心理素质，乃至其社会阅历、个人气质与风度等，都会表现得淋漓尽致。

各国在选拔职业外交官时所进行的考试，在程序方面大都基本相似。在考试的具体过程中，各国通常都将考试的重点放在面试方面。在许多国家里，面试甚至会分为好几轮进行。

在选拔职业外交官时，首先通过业务考试来评估一下其综合能力，然后让合格者在外交实践中一边工作一边学习，这一做法称作英国模式。许多国家在选拔职业外交官时，采用的都是英国模式。

4. 外交人员的培训

置身于外交队伍之中者，无论其属于职业外交人员还是属于非职业外交人员，都会遇到一个“实践、认识、再实践、再认识”的问题。也就是说，他们都有一个需要不断地总结实践经验，不断地进行“充电”的问题。有鉴于此，各国对外交人员的培训工作都非常重视。有的国家，甚至规定在外交人员的整个外交生涯中，要不断地为其提供培训。

对外交人员所进行的培训，具体而言，主要分为两种形式：

形式之一，岗位培训。所谓岗位培训，即对于早已进入外交队伍者，分期分批地进行脱产培训。培训的重点内容，是要求其进行知识更新，并且对自己的实践经验有所总结。各国对于中、高级职业外交人员所进行的岗位培训，往往更加重视。有些国家的中、高级职业外交人员在升职前，按规定非得经过专门的岗位培训不可。

形式之二，岗前培训。所谓岗前培训，是指外交人员在其正式从事外交业务之前，首先必须经过较长时间的系统而正规的业务培训。这种选拔外交人员的具体做法，在外交界称作法国模式。运用法国模式培训外交人员的主要长处，是可以使其在正式介入外交活动之前，在业务知识方面奠定坚实的基础，并获得广博而专深的职业训练。在岗前培训的过程中，不合格者会不断地遭到淘汰。

第九章

外交理论

重点问题

- 外交理论的主要特点
- 外交理论的指导意义
- 西方外交理论的特征
- 苏联外交理论的特征
- 旧中国外交理论的特征
- 新中国外交理论的特征

在外交学研究中，外交理论通常受到特别的关注。外交理论，在此指的是人们从外交实践之中所概括出来的并在一定范围内普遍适用的有关外交的系统性的思想、主张、见解或结论。并非每一位外交活动的参与者均可提出自己一套完整的外交理论，但是他的外交实践却必然会受到某种外交理论的直接或间接的指导。从某种意义上讲，没有外交理论，就没有外交活动，因而也就不会有外交学的产生和发展。

严格意义上的外交理论产生于近代外交，并且在现代外交中获得进一步的发展。它不仅产生过许多不同的流派，而且还诞生过不少著名代表人物。在本章里，将择其要者加以介绍。本章所介绍的外交理论，都是近代外交制度基本形成之后所出现的，并将被划分为外国的外交理论与中国的外交理论两个部分。外国的外交理论，是外交理论最早的渊源，也是外国外交活动的指南。中国的外交理论，则既汲取了外国的外交理论的精华，又具有中国外交的明显特色。

列入本章的外交理论，均具有下述主要特点：

其一，对外交实践产生过一定影响。外交理论不仅来源于外交实践，而且反过来又必然指导外交实践，并接受外交实践的检验。未经外交实践检验过的外交理论，其合理与否难以辨别，而且没有多大的研究价值。

其二，其提出者多为各国的政要。高度集权化，是外交的基本特征之一。各国领导人不仅经常需要亲力亲为地处理本国外交大事，而且往往还需要亲自制定本国外交的大政方针，所以其中的不少人均提出了自己的外交理论。他们所提出的外交理论，必然会对本国的外交实践影响巨大。外交理论家，通常都是外交实践家，并且多为各国政要。此为外交所独具的特色之一。

其三，理论上自成一个体系。各国的外交理论家有的撰写过专著，有的发表过一些文章，有的则没有写过多少东西。但是，他们都极其重视理论与实践相结合，坚持在外交实践中贯彻本人的观点，并且使之成为一个体系。

需要指出的是，在从事外交学研究时，必须注意外交理论与外交学理论这二者之间的区别。前者以外交为对象，后者以外交学为对象，它们显然是不可混为一谈的。本章所研究的外交理论，自然指的是有关外交的理论，而不是有关外交学的理论。

第一节　外国的外交理论

外国的外交理论，涉及范围极其广泛。自从近代外交制度基本形成之后，各种各样的外交理论便纷纷在世界各国出现。从总体上来看，外国的外交理论既有是否付诸外交实践检验之别，又有其阶级性质之分。对于外交的形成、发展与变化，它们也起着不同的作用。

以下，将选择一些对外交的形成、发展与变化曾经产生过重大影响的外国的外交理论来略作介绍。

一、西方国家的外交理论

严格地讲，外交理论，尤其是较为完备的外交理论是在西方国家首先出现的。不可否认，这是西方国家对于外交的一大贡献。然而，由于西方国家在国际社会中所处的实际地位，它们的外交理论，特别是由其统治者所提出的外交理论，无一不明显地带有谋求本国霸权、控制或利用别国的企图。关于这一点，西方人自己也从不讳言。

1. 黎塞留的外交理论

在西方外交史上，黎塞留是一位非常著名的人物。有人称之为“法国外交之父”，有人则称之为“近代外交的奠基者”。在外交理论方面，黎塞留作出了巨大的贡献。

从1624年开始，到1642年为止，黎塞留以红衣主教的身份，担任法国首相达18年。在黎塞留执政时期，法国的君主专制得到了真正的巩固。在外交上，黎塞留采取巧妙的合纵连横的政策，使四邻处于软弱的地位。他的这种做法，不但为法国赢得了一个安全而有利的外部环境，而且为法国在路易十四时代称霸欧洲打下了基础。

黎塞留的一大特点，是善于利用大量文人为自己出谋划策，并且长于择善而从，为我所用。黎塞留的外交理论，集中地体现在他的代表作《政治遗嘱》一书之中。具体而言，他的以《政治遗嘱》一书为代表的外交理论主要包含下述一些内容：

其一，坚持国家至上。当黎塞留主政法国时，整个欧洲还处在中世纪末期，向近代社会的过渡刚刚开始。当时的法国与其他许多欧洲国家一样，由于受中世纪封建传统的影响，宗教的势力依旧十分强大，天主教会拥有至高无上的地位。不但王权受到教权的限制，而且外交也备受宗教的束缚。当时的外交，既要为宗教服务，又要为宗教所左右。

作为一名现实主义者，尽管黎塞留本人是一名红衣主教，但是为了更好地开展外交，提高法国的国际地位，他却勇于独树一帜，公开向教权挑战，敢于摆脱中世纪道德的枷锁，提倡国家至上。他曾经明确地表示过：法国的外交应当服务于国家，而不是服务于教会。

在提高国家的权威、坚持国家至上的过程中，黎塞留巧妙地采取了提高法王王权这一具体的形式，以抗衡敌对势力的挑战。黎塞留主张：在贬低贵族与教士阶层地位的同时，必须增强王权，让法国王室的威名远扬四方。1614 年，他明确地说过：国王是国家主权的公认代表，是上帝赋予他这样的权利。这样一来，他所遇到的现实阻力便大大减少了。

在黎塞留开展外交活动之际，国家概念被再三强调。“为了国家”逐步成为法国外交家努力从事外交活动的一大动力。用基辛格的话来讲：“黎塞留是现代国家制度之父。他提倡国家至上的概念，并为了法国的利益义无反顾地付诸实施。在他的倡导之下，这个观念取代中世纪的世界道德观成为法国国家政策的指导原则。”① 在法语里，第一个字母大写的普通名词仅有“国家”一个。这一点，即与黎塞留的影响有关。

其二，主张“国家利益高于一切”。在领导法国外交时，黎塞留除始终坚持国家至上外，还把他的这一观点进一步明确化、具体化，提出了他最为著名的主张：“国家利益高于一切”。以“国家利益高于一切”作为外交的行动准则，应当说是黎塞留的一大创新。

早在 16 世纪时，随着近代国家的形成，国家利益已经受到了人们的关注。意大利著名政治家马基雅弗利曾经提出过：外交活动应当为国家利益而尽力。英国驻法公使亨利·胡登甚至说过：所谓公使，就是被派遣到异国的善良男儿，是在那里为谋求本国利益而说谎的。

黎塞留不但重视国家利益，而且明言：在外交活动中必须谨记国家的利益高于一切。国家利益，应当被视为外交活动的国家理由。这既是他的“国家至上论”的必然发展，也是他在这一问题上的主要贡献之处。

黎塞留曾经劝告法王说：对那些以轻视国家法律和法令自傲的人民，应该采取严峻的态度，因为这样做就是为了国家利益。在外交活动中，他更是以自己的实际行动将此付诸实践：他虽然是一位天主教教徒，却反对信奉天主教的西班牙和奥地利，而和信奉新教的德意志各公国缔结同盟；他虽然是专制王权的拥护者和保护人，却又为了法国的国家利益而支持叛变的德意志各公国去反对他们的皇帝。

其三，认为外交活动可以采取一切方式。作为一名外交实践家，黎塞留认为：要取得外交活动的成功，就要善于选择适用的具体方式，并且需要讲究外交策略。基于“国家利益高于一切”的主张，黎塞留认为：在外交活动中，国家利益是支配一切的。国家利益对于外交而言，是一种价值，而且是最重要的价值。在国家利益的名义之下，一切外交方式都是好的，都是可以采用的，关键是要看现实是否有此需要。

在外交活动中，黎塞留十分务实。他曾表示：一名现实的外交家可以采用一切能够采用的手段，而不必介意它是“许可”的还是“不许可”的。他认为：“就国事而言，有权力便有权利，弱者仅能勉力顺应强者之意见。”② 如果在外交实践中甘愿受精神或道德的束缚，就永远不能够得到成功。在外交活动中，为了拯救法国，黎塞留的一切行动都以法国的国家利益为准绳。他最关心的，就是怎样去利用当时教会世界内部的分裂，去打击强

① ［美］亨利·基辛格：《大外交》，40 页，海口，海南出版社，1998。
② 转引自上书，45 页。

大的哈布斯堡家族，解除法国国土四面被包围的局面。

2. 卡利埃尔的外交理论

近代外交，一度被称为“法式外交”。这是因为，在相当长的历史时期内“法国对其演化的主导性影响和法语作为工作语言对拉丁语的逐渐取代”①。如果说黎塞留是“法式外交”奠基人的话，那么则可以说卡利埃尔为“法式外交”构建了理论基础。

作为外交理论家的卡利埃尔，主要活动于17世纪末18世纪初。他既是一名政治家、外交家，更是一名杰出的外交理论家。他在外交理论方面的代表作，是出版于1716年的《外交的艺术》一书。他的这部著作，不仅是最早面世的外交学专著之一，而且也是迄今为止影响最大的一部杰出的外交理论著作，有人甚至称之为学习西方外交最基本的教科书、一部有关外交的百科全书。

卡利埃尔外交理论的基本特色，是论证外交的必要性、合理性，并主要致力于构建一个较为完整的外交理论体系。具体而言，卡利埃尔的外交理论主要包括以下几个要点：

其一，外交行为的规范。在卡利埃尔之前，人们在研究外交时，往往只是对外交官及其具体活动予以关注。在卡利埃尔的研究中，外交行为则是其探讨的重点。

卡利埃尔认为，外交并非一种迫不得已的临时措施，而是一种常规而有效的、用以调节国与国之间基本关系的首要机制。他意识到：在国际社会里，既然存在着拥有不同国家利益的民族国家，那么它们彼此之间在追求其各自国家利益的过程中自然就会产生矛盾，甚至有时还会矛盾重重。但是，任何一个国家对其自身国家利益的追求都不可以肆无忌惮、为所欲为。

卡利埃尔强调：一个国家对其国家利益的追求，必须与人类社会的文明行为相适应。所谓外交，即由民族国家所组成的国际体系的一种必要的调节机制。它是一种以交换常驻使节为基本方式的交往体系，其基础是对国与国之间相互利益的承认。国与国在相互交往时，其彼此之间需要联络与信任。就这一意义而言，外交可为无政府状态下的国际社会提供和平与秩序；外交是一种文明行为。

在分析具体的外交行为时，卡利埃尔的观点主要有五：一是外交是文明国家应有的行为；二是外交行为应当是一种主权国家所应有的常规的国际行为；三是作为国际行为的外交应当而且必须予以规范；四是外交的目的并非欺骗对手，而是要建立交往双方之间的信任与友好关系；五是外交属于一种变数无穷的行为。

其二，外交谈判的价值。卡利埃尔认为：既然谈判是解决国家间冲突、避免国际战争的行之有效的途径，那么它理当成为外交的基本方式。后人“外交即谈判”的说法，往往与卡利埃尔的这一见解直接有关。

在《外交的艺术》一书中，卡利埃尔用了很大篇幅去探讨作为外交基本方式的谈判。他强调：谈判是使国家在国际交往中获得其利益的重要途径之一。他说：为了国家利益，必须坚持进行谈判。不论公开的谈判还是秘密的谈判，都要进行，而且要普遍地进行，甚至在谈判不能马上带来好处和多半无法预料结果时也要进行。

在总结谈判的基本方法时，卡利埃尔将其概括为以下两种：一是口头进行谈判；二是

① ［英］杰夫·贝里奇：《外交理论与实践》，112页。

书面文件谈判。前者被他视为谈判最常用的方式。

在分析谈判成功的基本条件时，卡利埃尔将其归纳为以下几点：一是条件成熟；二是经验丰富；三是充满智慧；四是巧用策略；五是处世低调；六是冷静谨慎；七是善于保密；八是适度让步。与此同时，卡利埃尔指出：任何外交谈判的参加者都要讲究信誉，并切忌满口谎言。作为一名使节出身的外交理论家，卡利埃尔的这一系列的真知灼见对后世影响深远。

其三，外交使节的定位。众所周知，现代常驻使节制度最早出现于 15 世纪中期的意大利，但它却是在 17、18 世纪由法国予以完善的。卡利埃尔以其理论研究，为现代常驻使节制度作出了极为重要的贡献。

首先，卡利埃尔重视外交官的选拔。他认为：一国外交的成功，在当时条件下往往有赖于正确而有效地选拔适合于其使命的外交使节。必须考察他们的个人品质、职业、学养、经验、能力，并兼顾他们所出使的国家与他们将要办理的主要事务。

其次，卡利埃尔对外交使节的主要职能进行了归纳。他认为：外交使节的主要职能有二：一是为本国事务进行协商；二是调查研究驻在国的情况。此外，外交使节的特殊职能，则是要谨防有损于本国国家利益与国家尊严的事件发生。

再次，卡利埃尔认同外交使节所享有的外交特权与豁免。他明确指出：所有驻外使节都应享有基本的外交特权与豁免。离开了这一基本保障制度，外交秩序将不复存在。但他又强调：外交使节绝对不可滥用自己的外交特权与豁免，不可违反有关的国际法。

最后，卡利埃尔重视外交礼仪的运用。卡利埃尔认为：外交礼仪是外交使节的基本工具，同时也是有关外交的程式性规则。每一名外交使节在执行其公务时，均须自觉地恪守相关的外交礼仪。在具体论述外交礼仪的操作时，卡利埃尔则力主所谓“法国优先”，即在进行礼宾排列时，法国均须位居第一。

3. 帕麦斯顿的外交理论

19 世纪，曾经被人们称为“英国的世纪”。在这个世纪里，英国在整个国际社会中举足轻重，发挥着重要的作用。在 19 世纪前半期的英国，有一个曾两任首相、三任外相，替大英帝国掌管外交事务达 36 年的人。他，就是帕麦斯顿。

帕麦斯顿，旧译巴麦尊，他在外交上的一大特点，就是积极维护大英帝国的国家利益，为达此目的，可以不避忌讳、无所不用。帕麦斯顿在外交理论方面，有不少独树一帜的见解，其主要之处有：

其一，利益高于原则。帕麦斯顿主政英国时，正值英国工业革命开始进行、英国资本主义迅猛发展之时。作为统治阶级的代言人，帕麦斯顿的全部外交活动始终如一地围绕着维护英国的国家利益，也就是英国资产阶级的利益来进行。在外交实践中，帕麦斯顿竭力争取并维护英国的利益。他积极地进行疯狂的海外殖民扩张，甚至不惜公然使用武力进行对外侵略，以图将英国建成一个“日不落帝国”。

在领导英国外交的过程里，帕麦斯顿无时无刻不以英国的国家利益为首。对于国家利益之于英国的极端重要性，帕麦斯顿曾经有过一段名言：“我们没有永久的朋友，我们也没有永久的敌人。只有我们的利益是永恒不变的，这些利益才是我们应当遵循和追求的。”①

---

① 转引自陈乐民主编：《西方外交思想史》，166 页。

帕麦斯顿公开表示，在外交上是应当讲原则的。然而，在任何情况下都要牢记，国家利益永远高于原则。为了维护国家利益，不论什么样的原则都是可以暂时被放弃的。

其二，炮舰外交论。在外交史上，帕麦斯顿是公认的英国炮舰外交政策的创始人。在外交实践中，帕麦斯顿推崇武力，认为外交在必要时应以武力为之开道。帕麦斯顿认为，在外交上，国家之间的利益是不可调和的，国际冲突也往往在所难免，因此，应当在重视外交的同时，充实英国的军事力量，建设一支世界一流的强大陆军和海军，永远凭借实力说话，这样才有助于真正地将大英帝国的势力与影响扩展到世界各地。

帕麦斯顿所奉行的炮舰外交政策，从根本上来看，是为其国内政策服务的。为了促进英国资本主义的发展，帕麦斯顿力主实行自由贸易和完全的经济自由。在对外贸易政策上，他奉行所谓"有灵感的行商"的原则。其主要含义是：商人们有货就要去卖。要使用强大的海军护卫本国的商品，使之安全地销往殖民地与远东国家。对此举予以阻挠、干涉或者破坏者，英国政府将不惜动用武力。

帕麦斯顿希望，英国能够成为又一个"罗马帝国"。他大言不惭地宣称：英国臣民类似古罗马帝国的公民，英国政府的强有力的手臂应当在世界的任何角落庇护和保卫英国的一切臣民。

其三，保卫文明论。推行赤裸裸的炮舰政策，自然会使大英帝国在弱小国家面前取得一定程度上的成功。然而"多行不义必自毙"，帕麦斯顿不仅因此而在国内外大受谴责，而且在实践中也深感阻力重重。所以，在推行炮舰政策的同时，他迫切地需要有一种理论来为自己自圆其说，使自己的侵略行径可以得到掩饰。

保卫文明论，就是帕麦斯顿为自己推行炮舰政策而提出来的一种自圆其说的外交理论。帕麦斯顿认为，在当时的世界上存在着两类国家，即所谓文明的国家与野蛮的国家。前者是那些和英国一样信仰基督教的白人国家；后者则是那些非基督教信仰的有色人种的亚非国家，例如，埃及、印度、中国等。

帕麦斯顿说：在外交上所适用的国际法，其实仅适用于文明国家。那些野蛮国家尽管拥有高度的古老文明，却是不适用于国际法的。不仅如此，野蛮国家通常还是文明的敌人。它们不但自己不会甘愿接受教化，而且还随时企图摧毁文明。为了保卫文明，就必须积极进取，征服野蛮国家，使野蛮国家里的人民获得教化。

显而易见，帕麦斯顿的保卫文明论，其实就是为其炮舰政策寻找一个合理的借口。他所唱的保卫文明的高调，主要是用以掩盖英帝国侵略、奴役广大弱小国家的事实。

4. 威尔逊的外交理论

进入 20 世纪之后，尤其是在第一次世界大战爆发之后，美国等新兴的帝国主义国家开始在国际外交舞台上崭露头角，并且开展了积极的外交活动。美国第 28 任总统威尔逊所提出的外交理论，就是美国当时所进行的外交活动的产物。

威尔逊的外交理论，对美国乃至当时整个世界的外交界都产生过重要的影响，有人因此将其称为"威尔逊主义"。威尔逊外交理论的主要内容，集中体现在他的著作《论国家》和他于 1918 年 1 月 8 日在美国国会所发表的被后人称为《十四点纲领》的著名演讲之中。具体来说，威尔逊的外交理论主要包括以下方面的内容：

其一，力主国家和世界民主化。在西方国家里，威尔逊被视为一名理想主义者，并被看成理想主义重要的代表人物。威尔逊外交理论的核心思想，是要促使国家和世界实现民主化。

在外交实践中，威尔逊曾经多次强调，国家之间的关系，一定要严格地遵守所谓“道德的要求”和“民主的原则”。依照威尔逊的看法，人的本性都是善良的。战争之所以在国家之间爆发，主要是因为其有利可图，所以才致使一些人的良知误入歧途。一旦人类的良知被唤醒，人与人之间的误解得以消除，世界便可以获得拯救。

威尔逊曾经表示：以往欧洲之所以战事不断，主要是因为欧洲各国外交具体运作之中的尔虞我诈和不受制约。消除这种陋习的主要方法之一，就是要在外交中推行民主原则，加速外交决策的民主进程。威尔逊坚持认为：和平有赖于民主的传播，国家应以与个人相同的伦理标准来评判，国家利益包括遵守一套普遍的法律。

为了证明自己言行一致，威尔逊在其外交实践中特别重视在下述几点上兑现自己的道德要求与民主原则：一是美国无意攫取别国领土；二是美国外交的主要手段是和平谈判而非使用武力；三是美国拒绝承认任何通过暴力而掌权的外国政府；四是美国在国际关系中将恪守信用并尊重道义。

其二，提倡和平外交。威尔逊认为，要在外交上真正地贯彻道德的要求与民主的原则，就必须废除秘密外交，并奉行和平外交。

在威尔逊著名的《十四点纲领》中，开宗明义的头一条，就是要求废除秘密外交，提倡公开外交。威尔逊认定，秘密外交既是战争的诱因，又是不民主的产物。在一般情况下，主权国家的根本利益应当说是和谐的，在和平问题上则更应当是如此。废除秘密外交，是贯彻民主原则的必然要求，同时也有助于消除战争的起因，维护世界和平。按照威尔逊的说法，自今之后，外交活动应当众公开进行，一切条约亦应正式向外界公布，不得再签订任何形式的秘密国际协定。但是，威尔逊又承认：“外交是应该公开的，但外交的具体讨论则是秘密的。”① 这表明，他所倡导的“公开外交”也是有其前提条件的。

在外交实践中，威尔逊基于他所恪守的道德要求，再三标榜他的和平主义思想，并且声称理想的外交应当是真正的和平外交。在美国参加第一次世界大战前，他曾提出过“没有胜利的和平”的口号。在美国正式参战后，他又宣称美国这样做主要是为了争取实现“光荣而公允的和平”。早在1913年12月，威尔逊首次公开发表外交见解时就说过：判断美国与他国之间的纠纷只有一个可能的标准，此标准即所谓“维护国际正义”。而此标准涉及两项因素，即美国本身的荣誉及美国对世界和平的义务。由此可见，威尔逊的和平外交，既要求外交活动的非暴力，又要求外交以维护和平为目标。威尔逊本人便公开说过：美国人民的作用，就在于将他们的权威与力量合理而有效地补充给各国，以此来保证全世界的和平与正义。

其三，推动建立国际联盟。对于建立国际组织、进行国际合作，威尔逊十分重视。《十四点纲领》之中的最后一条，就是要求创建国际联盟。第一次世界大战结束后，建立国际联盟曾经是威尔逊所致力的最大的外交目标。

威尔逊要求建立国际联盟的依据是，既往列强所推崇的“均势”或“欧洲平衡”的古老原则，其实是世界战争的最主要的根源。防止各国之间的战争，解决国际争端，需要另

① 转引自王福春等主编：《西方外交思想史》，201页，北京，北京大学出版社，2005。

辟新的途径。而在当时条件下，最有效的途径，便是进行国际合作，并且建立能够进行有效的国际合作的国际组织。他指出：国际组织一旦建立，将作为各国协商解决分歧的论坛和场所，并将加速世界民主进程。

威尔逊还认为，国家主权不应当是无限的。依靠狭隘的、极端的、民族主义的均势体系，是难以确保和平的。结盟，更不是一个好的办法。所有国家都应避免导致权力竞争的结盟。因此，必须以国际集体安全体系取而代之。国际联盟，就是其核心的组成部分。只要建立了国际联盟，世界便可以拥有长期的和平。

威尔逊的外交理论，在当时一问世就遭到了抨击。“在欧洲均势外交的沙场老将看来，威尔逊的这种外交政策根本是道德的观点，令人诧异，甚至显得虚伪。”① 究其实质，他只不过是运用自由资本主义时代的价值观来处理外交关系，以图建立有利于美国自身利益的世界秩序而已。

5. 杜鲁门的外交理论

1945 年 4 月 12 日，杜鲁门出任美国第 33 任总统。在他任职期间，美国已经成为资本主义世界的盟主，分别以美、苏为首的“北约”与“华约”两大集团的对峙局面发展得越来越明显，冷战开始出现。在当时特殊的背景之下，杜鲁门在领导美国外交的过程中，提出了一系列新的主张，并且形成了他的外交理论。

杜鲁门的外交理论，集中地体现在他于 1947 年 3 月 12 日向美国国会所正式提交的咨文之中。他的那篇咨文，被人称之为“杜鲁门主义”。在他下台之后所出版的《杜鲁门回忆录》里，对其外交理论亦多有解释与发挥。总的看来，杜鲁门的外交理论包括下列两个方面的基本内容：

其一，实行“遏制”苏联的外交战略。随着第二次世界大战的结束，美苏两国旧有的盟友关系逐步发生了变化。在国际舞台上，美苏两国之间的矛盾日益尖锐化。在这种形势下，为了维护美国的利益，争夺战后的实际霸权，杜鲁门及其谋士们制定了“遏制”苏联的外交战略。“遏制”苏联的外交战略的出笼及其推行，不仅标志着美苏关系发生了根本性的变化，而且也标志着冷战的开始。

杜鲁门推行的所谓“遏制”苏联的外交战略，从表面上看，似乎是要制止苏联势力的扩张，防止所谓“极权主义”威胁国际和平、威胁美国的安全，但其实质则是要公开与苏联进行对抗，并且争取战胜对方。

杜鲁门“遏制”战略的核心内容，是认定苏联为一个对外奉行扩张政策、对内推行苏维埃制度的具有可怕威胁的国家，并断定它对美国的利益和安全构成了最严重的威胁。所以美国必须拥有强大的军事力量，强大到足以抑制苏联，使其势力局限于目前它所在的地区，而不能进一步发展。

杜鲁门“遏制”战略的具体计划是：从地理上“遏制”苏联势力的扩张，将其堵截在本土和东欧范围之内；对欧洲、日本进行援助与扶持，以便使其受到美国的控制，成为与苏联对抗的基本力量；争夺发展中国家，扶持起亲美政权，推行美国的新殖民主义。

杜鲁门“遏制”战略的基本目标，是要以苏联及后来所形成的社会主义阵营为对手，

---

① ［美］亨利·基辛格：《大外交》，14 页。

以遏制国际共产主义的发展为原则，运用各种可以运用的方式扩大美国的势力范围，巩固和发展资本主义体系，推行西方的价值观，建立以美国为中心的国际新秩序。

为了实现“遏制”苏联的战略目标，杜鲁门主张两手并用。用他的话来说，就是应该首先通过经济和财政援助的途径去支持受到“苏联威胁”的“各国自由人民”。如果有必要的话，亦可运用政治或军事的手段。

杜鲁门遏制苏联的外交战略，实际上是一种积极而主动地向苏联发起进攻的战略。它的最终目标，是要感化自己的对手，从内部逐渐地促成苏联制度的改变。正因为如此，杜鲁门的后继者们都不同程度地对其加以继承。直至今日，尽管苏联早已解体，在美国还是有那么一些人依旧指望能够使这种战略再度显灵，去对付所谓“美国潜在的敌人”。

其二，进行世界性的扩张。对所谓“杜鲁门主义”，杜鲁门本人曾经做过一次解释：美国支持自由的人民抵抗武装的少数分子，或者外来压力的征服企图。杜鲁门的这一借口，颇有一些“替天行道”、“仗义执言”的味道。然而，作为有别于所谓理想主义者的前总统威尔逊的一名现实主义者，杜鲁门在外交实践中竭力将他的主张付诸行动，显然并非毫无功利之心。

杜鲁门本人就曾经说过：“杜鲁门主义”的提出，“是美国外交政策的转折点，它现在宣布，不论什么地方，不论直接或间接的侵略威胁了和平，都与美国的安全有关”①。这等于宣告：美国可以在世界上的任何地方耀武扬威。只要它可以找到借口，并且乐于这么去做，那就足够了。当时，一些美国的国会议员就指出：“杜鲁门主义”不仅是一份不宣而战的战争宣言，而且也是一种新的世界范围的“门罗主义”。

由此可知，积极进行世界性扩张，并且谋求世界霸权，是杜鲁门外交理论的基本宗旨。从他开始，美国外交的传统的中立主义倾向，彻底地发生了变化。

为了确保争夺世界霸权企图的成功，杜鲁门还精心构思了一系列的具体外交策略。首先，要在世界上尤其是在西欧造成对“极权主义扩张”的恐慌。其次，要应邀对那些所谓面临重大威胁的、对美国具有重要地缘政治意义的国家提供经济、军事援助，以求控制对方，再次，要促成西欧联合起来，以集团化直接抗衡苏联。最后，要充当西欧联合的主帅，既可以使西欧各国真正归顺美国，又可以进一步壮大美国战胜苏联的力量。

1949 年 1 月，杜鲁门在连任美国总统之后，提出了一项以所谓技术援助和开发落后地区为主要内容的“第四点计划”。其要点有四：一是利用经济、技术优势，通过给发展中国家一些援助，向其进行渗透，制止其民族解放运动的发展，排斥其他帝国主义势力；二是扩大美国的资本输出；三是从发展中国家获取廉价的资源和战略物资；四是迫使受援国接受美国的控制，进而将其纳入美国的全球战略体系。上述内容，后来均为其后继者所承袭，并逐步发展为战后美国与发展中国家关系的一种基本模式。

从总体上进行分析，可以说杜鲁门的外交理论是第二次世界大战之后美国称霸世界的一个蓝本。从某种程度上来说，它深刻地影响了战后的国际关系，促成了东西方两大阵营的对立和冷战的形成。

---

① ［美］杜鲁门：《杜鲁门回忆录》，第 2 卷，121 页，北京，生活·读书·新知三联书店，1974。

二、苏联的外交理论

苏联是世界上第一个社会主义国家。在它所存在的近70年里，对于人类社会的方方面面，都曾发挥着重大的影响。在外交理论方面，苏联也颇有建树，其外交理论主要起到过下列几个方面的作用：

其一，直接地指导苏联的外交实践。由于实行高度集权体制，苏联主要的外交理论均出自其国家领导人，因此它对苏联的外交实践必然发挥着直接的指导作用。

其二，深刻地影响过其他社会主义国家的外交理论与外交实践。苏联一度不但是其他社会主义国家的楷模，而且是社会主义阵营的领袖，因此其他社会主义国家的外交理论与外交实践，多多少少都曾受到苏联外交理论的极大影响。

其三，一定程度上作用于当代国际关系。无论是苏联还是其他社会主义国家，都是当代国际社会的重要成员。由于后者受到苏联外交理论的直接或间接的影响，因而等于苏联的外交理论在一定程度上影响了当代国际关系的发展、变化。

在苏联外交理论的具体发展历程中，列宁、勃列日涅夫和戈尔巴乔夫的外交理论，不仅影响甚大，而且各具一定的代表性。

1. 列宁的外交理论

列宁是苏联的缔造者、领导者，也是全世界无产阶级的伟大导师。在领导苏联外交的具体实践中，正是列宁使得无产阶级的外交理论在世界上占有了自己的一席之地，并且对外交理论的发展产生了一定的影响。所以，有人将列宁外交理论的提出及其所领导的苏联外交实践，称为现代外交新开端的一大标志。

列宁是一位勤于著述的人。在外交理论方面，他有过不少的创见。这方面的精华，大都已被收入人民出版社1995年第3版的四卷本《列宁选集》之内。具体来说，列宁的外交理论主要包含下述内容：

其一，提倡和平共处。和平共处，是列宁在领导十月革命取得胜利之后首先提出来的一个具有深远意义的重要观点。列宁所倡导的和平共处的核心思想，就是不同社会制度的国家需要和睦共处，需要相互发展关系。

列宁在1919年12月2日的《关于国际政策问题的决议草案》中写道："俄罗斯社会主义联邦苏维埃共和国希望同各国人民和平相处，把自己的全部力量用来进行国内建设"①。在这里，列宁已经将社会主义的苏俄愿意同"各国人民和平共处"的原因讲得一清二楚，即这样做主要是为了"把自己的全部力量用来进行国内建设"。

在当时本国遭受资本主义国家四面围困的情况下，提出不同社会制度的国家之间和平共处的思想，并非一厢情愿，而是具有其客观基础的。1921年3月，列宁根据当时国际形势的变化，敏锐地看到在国际上已经形成一种均势，虽然这是一种暂时的、不稳定的均势。这种均势表现在：各帝国主义强国虽然切齿痛恨苏维埃俄国，并且企图进攻和消灭苏维埃俄国，但它们还是放弃了这个念头。

后来，列宁领导下的苏俄政府进一步明确提出：在互利、平等和充分的无条件的相互

① 《列宁全集》，中文2版，第37卷，354页，北京，人民出版社，1986。

承认的基础上，愿意与资本主义各国实行经济合作。这便是和平共处思想的具体体现。没有和平共处政策，从某种意义上说，便难有苏联一国社会主义革命的胜利。

其二，废除秘密外交。十月革命取得胜利的第二天，苏维埃第二次代表大会便通过了由列宁亲自起草的本国外交的纲领性文件《和平法令》。在这一重要的外交纲领性文件中，列宁正式提出了废除秘密外交的原则。

列宁曾经指出："拿对外政策来说。在任何一个最民主的资产阶级国家中，对外政策都是不公开的。到处都是欺骗群众，而在民主的法国、瑞士、美国和英国，这种欺骗比其他国家更广泛百倍，巧妙百倍。苏维埃政权用革命手段揭露了对外政策的黑幕。"①

列宁认为，要制止战争，就要真心实意地热爱和平。与此同时，还必须反对一切秘密外交，实行各国人民对本国外交的民主监督。因此，《和平法令》宣布：废除秘密外交，立即着手公布地主资产阶级政府从 1917 年 2 月到 10 月 25 日所批准和缔结的全部秘密条约。此后，苏维埃政府言出必行，很快便陆续公布了 100 多个秘密条约。

列宁有关废除秘密外交的主张和行动，是一个伟大的革命创举。一方面，它充分揭穿了资产阶级外交的黑暗内幕；另一方面，它也为人民的、民主的、和平的外交设计了一种全新的模式。关于这一点，当时就有评论说："苏维埃政府公布秘密条约是揭发帝国主义者们的假面具，而苏维埃政府要求公开进行和平谈判是强迫……帝国主义者暴露其诡计。"②

其三，坚持民族平等。作为一位无产阶级革命导师，列宁在领导苏俄进行社会主义革命的过程里，始终都对世界上其他的被压迫民族给予了深刻的关怀。在他的外交理论中，民族平等是一项十分重要的内容。

首先，列宁认为，在帝国主义时代里，世界各民族是有所区别的。依照他的观点，"帝国主义的特点，正如我们所看到的那样，就是现在全世界已经划分为两部分，一部分是为数众多的被压迫民族，另一部分是少数几个拥有巨量财富和强大军事实力的压迫民族"③。基于他的有关两个民族的划分的见解，列宁主张苏维埃政府的外交活动必须坚持联合被压迫民族，坚决反对压迫民族。

其次，列宁认为，在国际事务中，各个民族应当一律平等。马克思主义者历来主张各个民族必须完全平等。在民族关系与民族交往中，对各个民族都必须友好相待、不分尊卑贵贱、不讲强弱大小。在夺取政权之后，列宁再三告诫本国的外交人员，既要团结、争取、联合世界上的一切被压迫民族，更要充分地尊重他们的民族感情。其中最重要的一点，就是必须对其平等相待。在列宁看来，做不到这一点，就不可能在国际斗争中真正地与广大被压迫民族同心协力。

最后，列宁认为，必须重视民族自决权问题。所谓民族自决权，指的是被压迫民族才拥有的一种权利。它"只是一种政治意义上的独立权，即在政治上从压迫民族自由分离的权利……它只是反对任何民族压迫的斗争的彻底表现"④。列宁所支持的被压迫民族的自决权，实质上就是要同帝国主义分离，就是要推翻帝国主义的统治，实现自己的民族独立。

---

① 《列宁全集》，中文 2 版，第 35 卷，248 页，北京，人民出版社，1985。

② ［苏］鲍爵姆金主编：《世界外交史》，第三分册，314 页，北京，五十年代出版社，1950。

③ 《列宁选集》，3 版，第 4 卷，275 页，北京，人民出版社，1995。

④ 《列宁选集》，3 版，第 2 卷，564 页。

其四，重视外交策略。在列宁领导苏俄外交的时候，他所面对的局面可以说是困难重重、危机四伏，帝国主义列强无时无刻不在想方设法企图灭亡苏俄。在这种严峻的局势下，列宁十分重视运用外交策略。他认为，要想在外交方面取得成功，就必须在外交策略上做到坚定性、原则性与灵活性的高度结合。

列宁特别强调外交人员学习外交策略的重要性。他曾说："一支军队不准备掌握敌人已经拥有或可能拥有的一切斗争武器、一切斗争手段和方法，谁都会认为这是愚蠢的甚至是犯罪的。"① 在具体运用外交策略时，列宁曾多次表示：不可以用原则去做交易，必须坚持自己的坚定性。只有不忘记原则性、坚定性，苏俄才能真正地保护本国人民和世界人民的独立。只有永远记住最终目的，只有从总的斗争的观点来评价每一个前进步骤和每一项个别的改革，才能够保证在前进的路上不致失足和不犯可耻的错误。

与此同时，列宁主张：在必要的时刻，为了捍卫无产阶级的根本利益，还必须在坚持坚定性、原则性的前提下，讲究外交策略的灵活性。也就是说，要学会将对于无产阶级革命的无限忠诚同实行必要的妥协和让步结合起来。在外交实践中，列宁认为：让步和妥协往往是为了减少阻力，是为避免危机的暂时退却。其结果，是最大限度地保全自己。

在外交上，列宁本人不仅重视妥协，而且还善于进行必要的妥协。他曾将妥协分为革命的妥协与叛卖性的妥协。在他看来，两者之间最大的区别，就在于是否从根本上有利于人民革命的事业。他就此打过一个通俗的比喻："一种人把钱和武器交给强盗，为的是要减少强盗所能加于的祸害和便于后来捕获、枪毙强盗；另一种人把钱和武器交给强盗，为的是要入伙分赃。"② 列宁认为，苏俄与德国在当时特殊条件下所签订的《布列斯特和约》，即属于一种革命的妥协，是有条件的、暂时的、必要的策略性让步。

2. 勃列日涅夫的外交理论

1964 年 10 月，勃列日涅夫在苏联上台执政。此后，他担任苏联主要领导人达 18 年之久。在勃列日涅夫统治苏联时期，苏联的国力进一步增强。美苏两极的对峙依然存在，但是具体呈现为苏攻、美守的基本态势。在勃列日涅夫的领导之下，苏联逐步走上了争夺世界霸权的道路。

从总体上来看，勃列日涅夫是一个理论方面建树不多的人。但是，作为当时苏联外交实践的概括和总结，勃列日涅夫的外交理论却一直为人们所关注，因为它是苏联外交理论的一个重要转折点。如果说列宁的外交理论是社会主义国家外交的正确指南的话，则可以将勃列日涅夫的外交理论称为苏联霸权主义行径的真实写照。

勃列日涅夫的外交理论，曾经被人们称作"勃列日涅夫主义"。它的基本内容，大致上分为下述两个方面：

其一，强化对社会主义国家的控制与干涉。勃列日涅夫外交战略的核心目标，主要是夺取世界霸权。为了确保这一目标的实现，他对如何更好地控制社会主义国家的问题非常重视。在表面上，勃列日涅夫多次强调：必须加强世界上所有社会主义国家的团结与合作。而其实质，则是要在争霸世界的过程中积极地壮大自己的力量。

---

① 《列宁选集》，3 版，第 4 卷，203 页。

② 同上书，148 页。

为了给苏联控制、干涉社会主义国家的做法寻找借口，勃列日涅夫煞费苦心地炮制了以“社会主义大家庭论”、“有限主权论”、“国际专政论”、“国际分工论”为主要内容的一整套理论。

所谓“社会主义大家庭论”，是视世界上所有的社会主义国家为一个大家庭。在这个“社会主义大家庭”里，各国之间的关系好比一个家庭里的成员之间的关系一样。按照勃列日涅夫的本意，既然社会主义各国应当组成一个大家庭，那么在这个大家庭里就必须存在一个拥有绝对权威、令行禁止的大家长，而这个大家长自然非由他所领导的苏联莫属。由此可见，这一理论的实质，就是要为苏联充当社会主义国家的领袖，并且控制、干涉其他社会主义国家内政找借口。

所谓“有限主权论”，是指在“社会主义大家庭”内，整个大家庭的所谓共同利益，其中主要是苏联一国的国家利益，永远至高无上，只有苏联的主权，才是“最高的主权”。其他各个社会主义国家的主权，相对而言则是有限的，则必须绝对服从于整个“社会主义大家庭”的共同利益。“社会主义大家庭”完全有权决定其各个成员的命运，其中包括它们的主权的命运。这一理论，是苏联干涉其他社会主义国家内政的主要借口。

所谓“国际专政论”，按照勃列日涅夫的解释是：当某一“社会主义大家庭”成员国国内所发生的问题致使整个“社会主义大家庭”的共同利益和安全受到威胁时，这一问题就已经不再仅仅是一个国家和人民的问题了，“社会主义大家庭”的其他成员完全有权对其采取行动，包括军事措施在内。也就是说，“社会主义大家庭”的存在，使一国的专政发展为国际专政，而国际专政则是保护“社会主义大家庭”的必要工具。显而易见，正是这一理论成了苏联出兵侵略捷克斯洛伐克的指导方针。

所谓“国际分工论”，则是指在“社会主义大家庭”里，每一个成员都应当有所分工。为了维护“社会主义大家庭”的共同利益，每一个成员都必须责无旁贷地服从“家长”的分工。实际上，“国际分工论”，是为苏联加速社会主义国家的经济一体化，从经济上盘剥、掠夺其他社会主义国家而服务的。

如上所言，“社会主义大家庭论”、“有限主权论”、“国际专政论”和“国际分工论”等，从其本质上来说，就是苏联要控制其他社会主义国家，要干涉其他社会主义国家，要奴役其他社会主义国家。勃列日涅夫所提出的这一套理论及其实践，既破坏了社会主义国家之间的关系，又毁坏了社会主义制度的名声。因此可以说，它在理论上是错误的，在实践中则是有害的。

其二，积极争夺世界的霸权。勃列日涅夫外交理论的一大特点，就是处处不忘替苏联争夺世界霸权着想。为了争夺世界霸权，勃列日涅夫在其外交理论上进行了全盘的规划。在他看来，苏联必须积极而又有步骤地同时在下述几方面动手：

首先，在缓和的幌子下同美国展开全面争夺。勃列日涅夫看到，热爱和平、反对战争，向来都是世界各国人民的共同心愿。因此他说：利用缓和，可以阻止美国势力的发展、扩张，并且使我们自己的力量获得增长。1969 年 3 月，他在“华约”组织的布达佩斯会议上正式提出了“欧洲缓和”的口号。当时他讲得十分明白：“欧洲缓和”，实质上就是不让美国在欧洲进一步发展，这一要求并不对苏联自己的发展构成多么大的实际障碍。在外交实践中，他积极与欧美各国进行谈判，签订裁减军备的协定。与此同时，却为苏联赢得了时间，加强了本国在欧洲的军事优势。

其次，大举向广大发展中国家进行扩张。勃列日涅夫认为，在美苏两国争霸世界的过程中，究竟最后鹿死谁手，关键取决于谁最终可以控制广大发展中国家。勃列日涅夫说过：亚、非、拉的民族主义国家，是战胜美国所必须利用的一种力量。不论从人力、物力还是从战略地位上来看，不重视亚、非、拉国家，到头来便会吃大亏。苏联是不想吃这个亏的。只要具体的策略与措施得力，苏联也不会吃这个亏。为此，勃列日涅夫在外交实践中向广大发展中国家进行全面的扩张，甚至发展到与美国和西方国家寸土必争的地步。在具体的扩张手法上，勃列日涅夫主要采取两手：一方面，是对发展中世界进行援助，尤其是提供经济援助和军事援助。另一方面，则是采用打“代理人战争”的方式，由苏联出钱出枪，而由其他国家出人去替苏联打仗。

最后，公开地对外输出革命。勃列日涅夫认为，各国无产阶级革命的成功，不仅需要其自身努力，而且有赖于国际无产阶级革命的支持与帮助。当一个国家的无产阶级革命力量比较弱小时，它对于外来的支持与帮助就尤为需要。因此，他公开主张：在必要的时候，苏联可以对别国的无产阶级革命给予任何形式的支持与帮助，其中武装的支持与帮助也应当被包括在内。勃列日涅夫不仅这么说了，而且实际上也这么做了。直接出兵阿富汗，就是他公开对外输出革命的一个样板。

勃列日涅夫关于争夺世界霸权的理论及其实践，在客观上加剧了当时世界的紧张局势，危害了世界和平。它对于苏联的国力也造成了巨大的损耗，并给苏联的解体留下了隐患。

3. 戈尔巴乔夫的外交理论

戈尔巴乔夫是苏联的最后一任领导人。在他执政的近七年里，苏联的外交发生了重大的变化，美苏关系有所缓和。在外交理论上，戈尔巴乔夫颇想有所建树。在他上台后不久，就提出要进行所谓“新思维”。1987 年 11 月，他还正式出版了自己外交理论的代表作《改革与新思维》一书。

就总体来看，戈尔巴乔夫的外交理论包括以下互相关联的两个方面：

其一，主张全人类的利益高于一切。在戈尔巴乔夫以前，苏联的外交活动一直都将阶级利益置于首位。可是戈尔巴乔夫却否认了这一点。戈尔巴乔夫认为，全人类的价值高于阶级的价值。更加准确地说，是人类的生存高于一切。这一观点，是其外交新思维的核心之所在。

在《改革与新思维》一书里，戈尔巴乔夫明确地指出：需要把全人类的利益置于当今时代的至高无上的地位。苏联在开展自己的外交活动时，必须充分而清醒地注意到这一点。

戈尔巴乔夫之所以认定全人类的利益高于一切，据他自己的解释，主要来源于他对当代世界的时代特征所进行的基本判断。在他看来，当代世界主要具有以下三个方面的时代特征：

一是当代世界正处于核武器的威胁之下。在所谓核时代里，人类的生命和一切文明成果都遭受着严重的威胁。一旦爆发核战争，既不会有胜利者，也不会有失败者。人类的生命与一切文明成果，都将因此而彻底毁灭。

二是当代世界已经形成为一个整体。虽然在当代世界上，各种社会制度、发展程度不同的国家在政治、经济、思想、文化等各个方面存在着矛盾和斗争，但不可否认的是，世界的相互联系与相互依存正在逐渐加深，整个世界已经联结成为一个整体。

三是当代世界的全球性问题日益突出。在当代人类社会取得巨大进步的同时，产生了一系列人类自身所难以解决的全球性问题，诸如能源短缺问题，不能指望仅靠哪一个国家加以解决，而是需要全世界所有国家的共同努力。

戈尔巴乔夫表示，只有正确地认识和理解世界，掌握好当代世界基本的时代特征，才能使苏联的外交活动取得真正的进展，才能建立起一种文明的国家关系。

其二，主张建立全新的文明的国家关系。在分析当代世界基本时代特征的基础上，戈尔巴乔夫呼吁美苏两国必须尽早消除对峙、加速和解，以便建立一种全新的、文明的国家关系。唯有如此，美苏两国才能够迎接挑战、共渡危难、共荣共存。

在1990年的苏共二十八大纲领性声明《走向人道的、民主的社会主义》中，戈尔巴乔夫的外交理论得到了进一步的归纳。他明确地提出：苏联的外交战略，应当以和平、合作、协作、进步和人道主义作为出发点，促进苏联内部改革的进程，促进保障国际稳定。这便是戈尔巴乔夫所倡导的全新的、文明的国家关系的主要目标。

为了建立这种全新的、文明的国家关系，戈尔巴乔夫认为：苏联人民必须具有外交新思维，必须更新自己有关外交的某些观点。

在战争与革命的问题上，戈尔巴乔夫认为，由于核战争的毁灭性后果，传统的战争概念已经过时。战争已不再可能成为达到政治、经济、意识形态等任何目的的手段，于是战争与革命之间的旧有的因果关系也不复存在了。

在军备竞赛和安全问题上，戈尔巴乔夫认为，在军备竞赛中谋求优势，如同希望打赢一场核战争一样，都是十分荒谬的。安全是普遍的，是不可分割的。实现安全的唯一道路，是谋求政治解决，是进行裁军。不考虑别国的安全，就不可能保障自身的安全。因此，国际安全结构应当遵循“利益平衡”的原则，照顾到每一个国家的合理的安全利益。

在两大体系对抗性和统一性的问题上，戈尔巴乔夫则认为，过去那种两个对立世界并存的格局已不复存在。意识形态可能是对立的，但意识形态的对立不应照搬到国家关系中来，人类生存与防止战争的利益将永远高于一切。

戈尔巴乔夫认为，为了解决战争的威胁问题和全球性问题，迫切需要人类超越阶级利益、民族利益和国家利益，以保护人类的共同利益。为此要从根本上确立与资本主义长期和平共处的关系，而不再视之为一种“阶级斗争的特殊形式和有效手段”。要消除与西方的冷战，创造真正的缓和局面，通过和平竞赛与和平竞争的方式而不是军事手段和战争手段，解决社会主义与资本主义之间的尖锐对立。

根据戈尔巴乔夫的看法，通过社会主义国家和资本主义国家之间的合作，国际关系将日趋人性化，并将最终导致一个没有战争、没有军备竞赛的世界，建立民主化的、人道主义化的、非意识形态化的国际关系新秩序。

戈尔巴乔夫的外交理论，从根本上来说，是当时苏联国力衰弱、需要进行战略收缩的客观产物。不可否认，它反映了当代外交中的某些客观现实，并具有某些合理的因素。然而，它过分地强调“全人类的利益高于一切”，根本否认阶级利益、民族利益和国家利益，则是十分有害的。戈尔巴乔夫的这一理论，致使苏联在复杂多变的国际局势中，不能够清醒而正确地处理阶级利益、民族利益、国家利益与全人类利益的关系，不能够有效地维护自己国家的根本利益。在他的领导下，当时的苏联为了追求缓和，完全地认同西方的观念，屈从于西方的压力，对西方无条件地放弃抵抗。最终，它不仅在外交上遭到了失败，而且致使自身完全解体。

第二节　中国的外交理论

中国的外交理论，是中国外交所处的特殊环境之下的产物。它一方面需要借鉴外国的外交理论，另一方面又必须能够真正地解决中国外交所面临的各种特有的问题。

外交理论，尤其是较为完备的外交理论，在中国的出现是较晚的。中国古代先贤有关外交的真知灼见虽有一定的参考价值，但它们与真正意义上的外交理论尚有一定的距离。直到19世纪中期清政府开始涉足外交事务后，中国的外交理论才开始出现。到了新中国成立后，才产生了科学而完备的外交理论。

从整体上进行评价，中国的外交理论皆以务实而著称。它们始终最关注的主要问题是：如何使中国走上富强之路；如何维护中国的独立与统一；如何防止外来势力对中国的干涉或侵略；如何使中国与世界上的其他国家平等而和睦地相处。

一、旧中国的外交理论

旧中国的真正意义上的外交，经历过清政府时期与中华民国时期两个发展阶段。在这两个不同的外交发展阶段上，各自出现过一位具有代表性的中国外交理论家，即李鸿章和孙中山。李鸿章的外交理论，是旧中国屈辱外交的真实写照。孙中山的外交理论，则为中国外交绘制了一幅较为理想的蓝图。遗憾的是，孙中山先生“出师未捷身先死”，他的外交理论在中华民国时期的外交实践中并未真正地得到广泛运用。

1. 李鸿章的外交理论

真正意义上的中国外交，是以第二次鸦片战争的结束作为开端的。当时的中国外交具有以下特点：慈禧太后大权独揽；清政府的外交主权逐渐丧失；列强企图彻底瓜分中国；清政府被迫按照西方模式办理外交事务。正是在此背景下，李鸿章成了当时中国外交界的第一人。自1870年起，李鸿章掌管清政府的外交大权达30年之久，成为那一时期任职时间最长的中国外交家。按照梁启超的说法：“李鸿章之外交术，在中国诚为第一流矣。”①

李鸿章在主管中国外交时，不仅亲自参与外交决策，而且还具体负责外交交涉。在此过程中，他逐渐形成了自己的外交理论。他的外交理论，集中地反映在后人所编订的《李文忠公全集》中。

李鸿章的外交理论，内容极其复杂，并且多有矛盾之处。从整体上来分析，它大致包括以下主要几点：

其一，自强求富。李鸿章掌管中国外交之际，国力衰弱，外敌压境，内患重重。在此背景下，李鸿章多次建议朝廷力开风气，破除故习，讲求制胜的实际。他认定：穷则变，

---

① 梁启超：《李鸿章传》，87页，北京，商务印书馆，2012。

变则通，通则久。如果再不变通，则战守者不足持，而和亦不可久。

李鸿章所主张的“变通”，主要内容是兴办新政，以求自强自立、强国富国。为此，他提出过几条重要措施：一是办洋务、办实业；二是整顿边防；三是慎办外交。由此可知，李鸿章之所以建议清王朝自强求富，主要是为了应对当时所难以应付的变局与强敌。

其二，保全和局。在外交政策上，李鸿章一向主张对外妥协。他认为：在外交大事上，不能够意气用事。大丈夫当忍则忍；不敌则求和，亦不失为良策。所以有不少研究者都认定，“李鸿章外交思想的核心是‘和’”①。

综观李鸿章的外交理论与实践，从头至尾都贯穿着一个“和”字。用他自己的话来讲，就是对外未可轻言战事，应以“羁縻”、“抚夷”为上，过去的主要问题是朝和夕战、每战必败，所以不可再战，而要力求中外相安。李鸿章主张“以和为上”的本意，是希望以少量让步换取时间，使大清国尽早走上自强求富之路，直至最后完全收回国家丧失的主权。然而在外交实践中，他的具体做法却表现得一无是处。

为了保全和局，李鸿章在外交实践中具体坚持两点：一是息事宁人，委曲求全，绝对不跟外国直接对立，更不准跟外国把关系闹僵。二是一再退让，甚至不惜放弃部分领土、钱财，只求维护暂时的和局即可。

其三，推崇诚信。李鸿章是程朱理学的忠实信徒。在为人处世方面，他不仅主张“言忠信，行笃敬”，而且认为以这一方针去处理中外关系，亦可使自己立于不败之地。在外交理论与外交实践中，李鸿章都力主对外国人老老实实、坦诚相见、将心比心，以换取对方的信任。从某种程度上，可以说推崇诚信是李鸿章外交理论的基础。

为了显示自己真心实意地推崇诚信，李鸿章主张在下列两个方面倍加注意：一是要信任外国人。他不但自己对外国人言听计从，而且还任用外国人担任清政府的重要职务。二是要守定和约。李鸿章坚决主张严守一切条约，即使其中存在丧权辱国的条款，也须遵守不怠、绝无更改。

其四，以夷制夷。在外交策略上，李鸿章办理外交的一大特点，就是主张以夷制夷。也就是说，他希望能够打好外国牌，利用外国彼此之间的矛盾，对其进行相互牵制，以求从中获益。

李鸿章所主张的以夷制夷，主要体现为两个重要的观点：其一，“师夷长技以制夷”。他主张学习外国的长处，然后以之去制胜对方。其二，以敌制敌。它的主要含义，就是要以毒攻毒，即利用列强在华利益上的纷争，挑起敌国之间的争斗。

李鸿章的外交理论，是当时清政府外交实践的具体产物。从主观上讲，李鸿章的确希望谋求中兴，巩固清政府的统治，减少中国外交的损失。但是在客观上，一方面由于他对列强缺乏深刻的认识，另一方面则由于他的阶级本性和世界观的限制，使得他的外交理论于事无补，骂名甚多。

2. 孙中山的外交理论

孙中山是中国民主主义革命运动的伟大先行者。正是在他的亲自领导下，中华民国才得以建立，清王朝才被推翻。在领导中国民主主义革命的长期过程中，孙中山不断地著书

---

① 何茂春：《中国外交通史》，483页。

立说，逐步完善了他的外交理论。

孙中山的外交理论，在他的许多重要著作里都得到了体现。他的有关外交的重要著作，在人民出版社 1965 年版的《孙中山选集》里多有收集。具体而言，孙中山的外交理论主要包括如下要点：

其一，在外交思想上坚持民族主义。孙中山是一位伟大的民族主义者。他所倡导的“三民主义”的核心，就是民族主义。孙中山认为：世界上有两种人，一种是占多数的受压迫者，是弱小民族；另一种则是占少数的压迫者，是列强。

基于这一基本认识，孙中山明确提出：在外交活动中，中华民国政府对于弱小民族，要予以扶持；对于世界上的列强，则一定要予以抵抗。去抵抗强权，才是顺天行道。他甚至进一步公开地提出：在外交上要联合世界上一切弱小民族，打倒帝国主义。唯有如此，才算是治国、平天下。

孙中山之所以在外交思想上坚持民族主义，主要是由于当时中华民族本身就是受人欺凌的弱小民族之一。孙中山认识到，在当时的客观条件下，中华民族在外交上坚持民族主义，既有利于对内号召推翻清王朝，并根除其残渣余孽，又有利于对外赢得理解、同情与支持。因此可以说，民族主义是孙中山外交理论的基础。

其二，在外交政策上力主各国平等。作为一名伟大的爱国主义者，孙中山对于旧中国在外交上所遭受的不平等待遇感到切肤之痛。每逢他出山主持政局时，都以废除自鸦片战争以来帝国主义列强所强加给中国的一系列不平等条约，摆脱中国在国际上所处的不平等地位，争取世界各国平等地对待中国，作为中国外交政策的基本主张。

1924 年 1 月 23 日，孙中山在他所提出的国民党政纲里完整地阐述了其外交政策的七项基本原则：一切不平等条约皆当取消，重订双方平等、互尊主权之条约；凡自愿放弃一切特权之国家，及愿废止破坏中国主权之条约者，中国皆将认为最惠国；中国与列强所订其他条约有损中国之利益者，须重新审订，务以不损害双方主权为原则；中国所借外债，当在使中国政治上、实业上不受损失之范围内，保证并偿还之；庚子赔款，当完全划作教育经费；中国境内不负责之政府所借不良用途之借款，中国人民不负偿还之责任；召集各省职业团体、社会团体，组织会议，筹备偿还外债之方法，以求脱离因困顿于债务而陷于国际的半殖民地之地位。①

孙中山所正式阐明的外交政策的上述原则，用一句话来说，就是谋求中国在外交上的平等地位，摆脱中国当时在外交上所处的不平等地位。

其三，在外交策略上提出联合苏俄。孙中山坚持鲜明的民族主义立场和不妥协的反对帝国主义列强的态度，使其深受帝国主义列强的记恨。所以，他领导创建了中华民国，却没有能够成为首任正式大总统。他所领导的多次起义，也因此受到帝国主义列强的干扰与破坏。

在艰苦的革命斗争中，孙中山逐渐认识到，要想使自己所领导的民族主义革命取得成功，就一定要寻求新的、现实的、能够平等待我的国际同盟军，结成反对帝国主义列强的统一战线。于是在他领导南方国民政府时，正式提出了联俄的外交新策略。

---

① 参见《孙中山选集》，528～529 页，北京，人民出版社，1965。

对外联俄，与对内联共、扶助农工，是孙中山为中国国民党及其所领导下的南方国民政府所制定的“三大政策”。他主张联俄，一是因为当时苏俄表示同情并承诺援助中国的统一和独立事业；二是因为此举有助于提高国民党和南方国民政府在国内外的地位；三是因为这样做可以使其更好地联共和扶助农工。实行“三大政策”之后，国民党与南方国民政府的事业果然有了长足的进展。

从整体上来讲，孙中山的外交理论是一种符合当时中国外交实践的正确理论。它不但为中国外交指明了正确的方向，而且为中国外交制定了切实可行的策略。然而，孙中山的外交理论在中华民国时期并未得到长期的运用。先是北洋军阀政府根本不买他的账，后是蒋介石所领导的具有“外国背景”① 的国民党政府名义上信奉他的外交理论，但在外交实践中却反其道而行之。因此说，孙中山的外交理论对于整个中华民国时期的中国外交并没有产生过多大的实际影响。

二、新中国的外交理论

1949年10月1日，中华人民共和国成立了。中华人民共和国成立之后，中国外交才真正地有所发展。在新中国外交的长期实践中，产生了新中国的外交理论。其中最为杰出的代表，就是毛泽东、周恩来、邓小平、江泽民、胡锦涛、习近平的外交理论。他们的外交理论，既同为一体，同为新中国外交实践经验的升华和新中国外交实践的指南，又各自具有其鲜明的特色。要对新中国的外交有所研究，就不能够对他们的外交理论熟视无睹。

1. 毛泽东的外交理论

毛泽东是新中国的缔造者和领导者，同时也是中国共产党第一代中央领导集体的核心。毛泽东的外交理论，不但是毛泽东思想的重要组成部分，而且是新中国外交实践的指导方针。无论过去还是将来，毛泽东的外交理论对于新中国外交都具有普遍的指导意义。

毛泽东的外交理论，既体现在他对新中国外交的领导过程中，也反映在他所撰写的一系列相关著述中。1994年，中央文献出版社曾专门编辑出版了《毛泽东外交文选》。毛泽东的外交理论，可谓体系严谨、博大精深。它的主要之点，表现在以下几个方面：

其一，坚持独立自主。独立自主，是毛泽东外交理论的精髓，也是他为新中国外交所规定的基调。在新中国诞生时，毛泽东便向全世界庄严宣告：中国人民从此站立起来了！毛泽东并非仅仅是口头上对此讲讲而已，他还专门提出了外交上的独立自主原则作为其重要保障。因为毛泽东早已清醒地认识到：新中国只有坚持外交上的独立自主，才能够确保中华民族在世界上真正站立起来。

在毛泽东看来，能否坚持独立自主，是新中国外交的头等要事。而要坚持独立自主，最重要的一点，就是“不允许任何外国及联合国干涉中国内政。因为中国是独立国家，中国境内之事，应由中国人民及人民的政府自己解决”②。

---

① 杨公素：《中华民国外交简史》，6页，北京，商务印书馆，1997。

② 《毛泽东外交文选》，78页，北京，中央文献出版社，1994。

坚持独立自主，并不意味着新中国要奉行自绝于世的孤立主义，因此毛泽东特别强调："为了和平和建设的利益，我们愿意和世界上一切国家，包括美国在内，建立友好关系。"① "我们是愿意按照平等原则同一切国家建立外交关系的"，但是其基本前提，是对方应当尊重中国，不干涉中国的内政。与此同时，我们也"应当采取有步骤地彻底地摧毁帝国主义在中国的控制权的方针"，"不承认国民党时代的任何外国外交机关和外交人员的合法地位，不承认国民党时代的一切卖国条约的继续存在，取消一切帝国主义在中国开办的宣传机关，立即统制对外贸易，改革海关制度"②，等等。

坚持独立自主的好处，是既可以捍卫国家的主权与独立，又有助于争取和平，发展经济。"对内采取和平、民主的方针，对外采取独立、友好的方针，这样就有可能在和平环境中发展……经济"③。在坚持独立自主的同时，对外国不但要友好相待，而且要虚心向对方学习。"我们的方针是，一切民族、一切国家的长处都要学，政治、经济、科学、技术、文学、艺术的一切真正好的东西都要学。但是，必须有分析有批判地学，不能盲目地学，不能一切照抄，机械搬运。"④ 否则，就难以坚持独立自主。

其二，建立统一战线。争取建立有利于自己的国际统一战线，是毛泽东外交理论的主要内容之一。无论在何种情况下，他始终都把这一问题放在自己的心上。

在毛泽东领导中国革命的整个过程中，他所面临的外部环境，一直都是敌强我弱。因此，他非常重视分化敌人，争取中间力量，团结朋友，结成最终孤立敌人的统一战线。在国内斗争中，他将统一战线与党的领导、武装斗争并列为战胜敌人的"三大法宝"。在外交斗争中，他也十分善于运用统一战线策略。

早在抗日战争时期，毛泽东就提出："共产党人在全世界的任务是动员各国人民组织国际统一战线，为着反对法西斯而斗争"，"在外交上，同英美及其他国家一切反对德意日法西斯统治者的人们联合起来，反对共同的敌人"⑤。在新中国成立前夕，他又明确表示，"在国外，联合世界上以平等待我的民族和各国人民，共同奋斗。这就是联合苏联，联合各人民民主国家，联合其他各国的无产阶级和广大人民，结成国际的统一战线"⑥，以对付以美国为首的帝国主义者。到了20世纪70年代初期，根据国际形势的新变化，毛泽东再次提出建立国际统一战线反对美苏两霸，尤其是反对苏联霸权主义者。

由此可见，在外交上组织国际统一战线，一直是毛泽东的基本主张。他先后提出过"中间地带"理论和"三个世界"理论，确认广大发展中国家始终都是国际统一战线的基本依靠力量。国际统一战线的主要敌人，可以根据国际形势的发展而有所变化，但是它的基本依靠力量却是始终不变的。

毛泽东曾多次指出，中国在外交方面要取得成绩，就一定要重视国际统一战线。对于国际统一战线，中国不仅应当积极参加，而且还应当大力推动其形成与发展。

---

① 《毛泽东外交文选》，246页。
② 同上书，80页
③ 同上书，243页。
④ 同上书，236页。
⑤ 同上书，32、33页。
⑥ 同上书，93页。

其三，划分“三个世界”。20 世纪 70 年代初期，中国所处的国际环境发生了重大的变化。中苏两国关系恶化，中美关系、中日关系却相继实现了正常化。在这一背景之下，毛泽东正式提出了“三个世界”的理论。这一新的理论的提出，实际上是与中国外交战略的调整同时进行的。

1974 年 2 月 22 日，毛泽东在与赞比亚总统卡翁达谈话时具体提出了“三个世界”的划分问题。他说：“我看美国、苏联是第一世界。中间派，日本、欧洲、澳大利亚、加拿大，是第二世界。咱们是第三世界。”“亚洲除了日本，都是第三世界。整个非洲都是第三世界，拉丁美洲也是第三世界。”① 毛泽东的这种划分，不但符合当时世界的客观现实，而且具有重要的现实意义。

在毛泽东所作的“三个世界”的划分里，他的国际统一战线理论再一次得到了具体运用。依照他的看法，属于第一世界的美苏两国，是霸权主义国家。它们之间的对立与冲突，是世界不稳定的根源。除了美国之外的其他发达国家属于第二世界。它们既有剥削、奴役其他弱小国家的一面，又有受美苏两国欺压的一面。因此，它们是反对霸权主义时可以利用和争取的力量。广大发展中国家，包括中国在内，则都属于第三世界。在整个世界范围之内，第三世界都是反对帝国主义、殖民主义、霸权主义斗争的决定性的力量。

毛泽东的“三个世界”理论，是毛泽东外交战略思想的直接体现。它的重要之点在于：一是突出了第三世界的作用；二是将中国定位为第三世界的一员。根据这一理论，中国明确地将加强与第三世界的合作作为自己外交政策的主要内容，中国与第三世界的合作关系因此而得以进一步蓬勃发展。

其四，反对霸权主义。在确定新中国外交的基本目标时，毛泽东始终如一地表达过这样一个思想：反对霸权主义，反对强权政治，必须与霸权主义和强权政治进行坚决的、毫不妥协的斗争。

毛泽东关于反对霸权主义的理论，是由以下两个互相关联的重要内容所构成的：

一方面，他主张中国必须坚决与霸权主义进行斗争。对形形色色的霸权主义表现，中国都必须予以反对。在他看来，帝国主义、殖民主义、大国主义、沙文主义，统统都是霸权主义。他曾经提出：“在国际上，我们反对大国主义”。因为“有大国主义的人，只顾本国的利益，不顾人家”②。在国际交往中，“大国、小国应该平等相待”；实际上，“国家大小只是形式”③。为了鼓舞世界人民的勇气，毛泽东还指出：帝国主义既是真老虎，又是纸老虎，“它们怕第三世界”。“要破除迷信，不要迷信那个什么帝国主义。”④

另一方面，他表示中国永远也不会称霸。在提出“三个世界”的理论时，毛泽东就明确地说过：中国是一个社会主义国家，同时又是一个发展中国家，所以中国属于第三世界。将中国实事求是地划归为发展中国家，并公开对外宣布中国属于第三世界，就等于和属于第一世界的霸权主义的超级大国划清了根本界限，就等于说中国永远不会去做超级大国，永远不会去称霸。由此可见，中国既反对别国去称霸，同时自己也不会去称霸，是同

① 《毛泽东外交文选》，600、601 页。

② 同上书，256 页。

③ 同上书，334 页。

④ 同上书，587、587～588 页。

一问题的两个不同的侧面。直至今日，中国外交依旧恪守这一点。

2. 周恩来的外交理论

在新中国外交史上，周恩来占据着一个异乎寻常的位置。他“在长达 26 年的时间中，以决策人、指挥者、实践家三位一体的身份，以异乎寻常的精力、才华和智慧，为新中国的外交事业做出了最全面、最杰出的贡献”①。

在长期领导新中国外交的过程中，周恩来形成了自己的外交理论。他的外交理论最为显著的特点，就是为新中国的外交实践服务。周恩来有关这一方面的重要著作，基本上都收录在中央文献出版社 1990 年所编辑出版的《周恩来外交文选》中。

从总体上来看，周恩来的外交理论，主要包括下述几个方面的内容：

其一，确立和平共处五项原则。作为当代外交基本准则的和平共处五项原则，不仅与新中国外交联系在一起，更是与周恩来的名字紧密相关。完整而准确地提出和平共处五项原则，将它作为新中国外交的指导方针，并且在外交实践中对其积极加以推广，可以说是周恩来对新中国外交所作的一项最重要的贡献。

众所周知，“外交的本质是用和平手段处理国际关系”②。新中国开国之初，争取和平，反对战争，就已经成为周恩来外交思想的基本点。1953 年底朝鲜停战，新中国摆脱了直接的战争威胁，并在国际社会上站稳了脚跟。与此同时，一些新兴的民族国家为了在两大阵营的对立之中求生存、求发展，也逐步产生和平中立的愿望。这样，在国际上终于出现了愿意实行不同制度国家之间和平共处的两种力量。这是和平共处五项原则提出的客观上的条件。

从主观上来说，列宁早在十月革命时期就提出过和平共处的思想，而毛泽东也对和平共处五项原则之中的一些重点作过表述。周恩来的最大贡献就在于，他创造性地将列宁和毛泽东的思想有机地结合在一起，在当时的客观条件下，不仅系统地提出了和平共处五项原则，而且还使之全面地应用于新中国外交实践，并使之在国际社会中获得了广泛的认同，逐渐成为当代外交的基本准则。

和平共处五项原则，成功地解决了不同社会制度的国家如何和睦相处的重大问题。解决这一问题，对于维护世界和平、反对战争，具有重大的意义。实践证明，和平共处五项原则不但适用于社会制度不同的国家之间，在社会制度相同的国家之间也是适用的。因此，它具有强大的生命力。

其二，提出求同存异原则。在国与国之间，由于彼此的国家利益不尽相同，所以在对待许多问题的具体看法上往往会存在一定的差异。有些时候，难免还会因此而直接产生矛盾或抵触。对于国与国之间的矛盾对立，周恩来不仅实事求是地敢于正视，而且还棋高一着地提出了求同存异的指导原则。

1954 年 8 月，在为英国工党代表团来访所召开的准备会议上，周恩来指出：“我们和英国是有同有不同的，我们的态度是求同而不求异。当然，不同的地方，双方都不能去掉，不能要求双方改变立场和放弃立场，那是违背和平共处五项原则的。”“总之，我们要

---

① 裴坚章主编：《研究周恩来——外交思想与实践》，1 页。
② 杨闯：《外交学》，4 页，北京，世界知识出版社，2010。

互相尊重，不扩大争论，扩大争论就会对立起来，那是不利的。”“我们要讲求实际，目的是为了推进中英关系，争取和平合作。”①

1955年4月，周恩来在万隆会议上又明确地表示：“中国代表团是来求同而不是来立异的。”“我们并不要求各人放弃自己的见解，因为这是实际存在的反映。但是不应该使它妨碍我们在主要问题上达成共同的协议。我们还应在共同的基础上来互相了解和重视彼此的不同见解。”② 此后，他还提出，求同存异原则对社会主义国家同样也是适用的。

周恩来所提出的求同存异原则，具体上又分为下述四个要点：一是正确地回答了社会制度不同的国家之间能否求同存异和求什么同、存什么异的问题；二是具体运用求同存异原则时必须根据不同对象和不同情况采取不同的做法；三是在求同存异时，要善于协调各方的不同意见，努力在复杂的矛盾中寻求一致，达到普遍满意的结果；四是必须讲究平等协商、互谅互让，在公平合理的基础上化异为同。

其三，制定社会主义国家外交工作的指导思想。在领导新中国外交的具体实践中，周恩来一向重视端正外交工作的指导思想问题。他指出：“我们的外交工作要绝对地接受无产阶级思想的领导，不能允许资产阶级和小资产阶级思想的侵蚀，当然更不能允许这些思想占据领导地位。我们的立场必须十分坚定，思想必须十分明确。”③

为了端正新中国外交工作的指导思想，周恩来还详尽而具体地对新中国的外交人员提出过如下几点基本要求：

一是坚持国际主义，反对狭隘民族主义。他曾说：新中国的外交人员必须确立国际主义思想，反对狭隘民族主义思想。我们应该有民族自信心，可是如果骄傲自大，那就是狭隘的民族主义了。大国思想，同样是要不得的。

二是坚持爱国主义，反对世界主义。在外交工作中，周恩来提出：一定要反对失去民族自信心的、投靠大国的所谓世界主义，并且大力倡导爱国主义。他还特意指出：“我们的爱国主义是社会主义和人民民主主义的爱国主义，不是资产阶级的沙文主义”，“不是狭隘的民族主义，而是在国际主义指导下的加强民族自信心的爱国主义”④。

三是坚持集体主义，反对个人主义。周恩来认为，外交工作是代表国家的，所以在外交工作中不允许有个人的打算。在外交工作中，一切都必须从集体出发。倘若从个人出发，就一定很危险。

四是坚持纪律性，反对自由主义。周恩来要求外交人员一定要坚持高度自觉的、无产阶级的纪律性，丝毫不容许自由主义存在。他特别强调：“外交是国家与国家的关系，外交工作的一切都必须注意事先请示、事后报告。”⑤

五是坚持民主集中制，反对官僚主义。周恩来认为，在外交工作中，既要讲究集中，又要发扬民主。光有集中，没有民主，就成为官僚主义了。只有提倡民主，才能克服官僚主义。

六是坚持勤俭朴素，反对铺张浪费。周恩来多次指出：在外交工作中，一定要提倡勤

---

① 《周恩来外交文选》，81、82页。

② 同上书，121、122页。

③ 同上书，54页。

④ 同上书，55页。

⑤ 同上书，56页。

俭朴素，不搞形式主义，反对铺张浪费。与别国攀比，铺张浪费，都是受了资产阶级思想的影响。

其四，明确开展外交活动的策略思想。在风云变幻的国际舞台上领导新中国开展外交活动时，周恩来十分重视外交策略。周恩来丰富的外交策略思想，是其外交理论不可缺少的重要组成部分之一。具体而言，周恩来的外交策略思想主要包括下列几个要点：

一是要正确地分析客观形势，如实地估量主观条件。在外交实践中，周恩来对此点十分重视。他认为，做到了这一点，就是在外交上做到了知己知彼；就能够既反对保守主义，又反对冒险主义。它不但是进行正确的外交决策的基础，而且是正确地执行外交决策的前提。一方面，周恩来主张必须充分认清国际形势。既要认清总的国际形势，又要认清有关地区的形势和主要国家的外交动向。做到了这一条，在外交工作中便能够掌握时机，因势利导，稳步前进。另一方面，周恩来还强调对自己的国力和影响外部世界的能力也要有正确的认识。勉强从事，就会因为力不从心而导致失败。对中国的国力，周恩来向来非常清醒。他从不过分地宣传中国的强大，也从不过高估计中国的对外影响。

二是要对外交对象具体分析，区别对待。在周恩来领导新中国外交时，世界各国对待新中国的态度不尽相同。新中国成立初期，新中国外交的一大课题，就是怎样根据各国的不同国情和它们对待新中国的不同态度，去和它们开展有效的外交活动。为此，周恩来曾提出过“三个区别”，即区别国家、区别政府和人民、区别同一政府里的不同人物。做到了周恩来所提出的“三个区别”，便会使外交工作受益良多。因为它有利于团结、争取一切愿意同新中国友好的国家和人士，有利于真正实现新中国当时所确定的广交友、少树敌、化敌为友、争取大多数、孤立极少数、为世界和平而共同奋斗的外交战略目标。

三是要在外交实践中坚持原则性与灵活性的有机结合。在外交实践中坚持原则性与灵活性的有机结合，是周恩来非常重要的一条外交策略思想，也是新中国外交的一个显著特点。在外交实践中坚持原则性与灵活性的有机结合，关键是要实事求是，一切从实际出发、从解决问题出发。一方面，要坚持原则的坚定性，即必须捍卫国家的主权与独立，必须维护中国人民与世界人民的根本利益。另一方面，又要注意策略的灵活性，即必须善于把握坚持原则的具体分寸，随机应变。简言之，就是要在外交实践中坚持原则而不教条，讲究灵活而不走样。

3. 邓小平的外交理论

邓小平是中国共产党第二代中央领导集体的核心。正是在他的卓越领导下，中国才成功地实行了改革开放。在领导中国改革开放的具体过程中，面对新的国际局势与中国外交的新问题，邓小平提出了自己的外交理论。邓小平有关外交方面的主要著作，基本上都已被汇集在人民出版社出版的三卷本《邓小平文选》之内。邓小平的外交理论有许多新的贡献，其中最重要的贡献，主要体现在如下几个方面：

其一，拟定“和平与发展”的两大目标。作为国家的主要领导人，邓小平在为中国外交掌舵时，自然必须清醒地分析当时的国际形势，然后据此拟定中国外交战略的基本目标。

从新中国成立直至改革开放之初，中国的主要领导人一直都把国际形势的基本特点概括为“战争与革命”。当时新中国的多项外交决策都是以此作为出发点的。但是到了 20 世纪 80 年代，这种认识已经与客观现实不符。邓小平通过对国际新形势进行具体而深刻的分析，科学地提出了“和平与发展”是当代世界两大主题的著名论断。

“把和平与发展定性为世界主题和时代特征，这是对当代世界形势和长期发展的根本判断，也是对我们所处时代的确切表述。”① 1985 年 3 月 4 日，邓小平在会见日本客人时明确地指出：“现在世界上真正大的问题，带全球性的战略问题，一个是和平问题，一个是经济问题或者说发展问题。和平问题是东西问题，发展问题是南北问题。概括起来，就是东西南北四个字。南北问题是核心问题。”②

邓小平关于“和平与发展”是当代世界两大主题的论断，具有十分重要的意义。首先，它发展了马克思主义的时代观。邓小平认为，我们所处的大的时代性质并没有改变，但是具体的时代阶段性却显然发生了变化。其次，它明确了当代世界的主流。正如邓小平所指出的那样，“和平与发展”是当代世界不可抗拒的主流。看待一切重大问题，把握时局的发展方向，都要明确这一点。再次，它提供了中国调整外交战略的依据。国际形势发生了变化，中国外交战略当然需要随之进行调整。最后，它指出了中国外交战略的基本目标。由于“和平与发展”是当代世界两大全球性问题，需要世界各国努力加以解决，所以它们显然也是中国外交战略的基本目标。

其二，提出“一国两制”的基本构想。在处理中国与其他国家之间的领土边界争端时，邓小平不仅始终坚持必须采取和平的方式，而且还创造性地提出了“一国两制”的基本构想。他认为：“一国两制”的构想，不仅适用于解决中国统一问题，同样也适用于解决其他一些有关领土边界的国际争端。

对于国际争端的解决，邓小平主张“要根据新情况、新问题，提出新办法”③。他说：“世界上有许多争端，总要找个解决问题的出路。我多年来一直在想，找个什么办法，不用战争手段而用和平方式，来解决这种问题。”④“假如能够采取合情合理的办法，就可以消除爆发点，稳定国际局势。”⑤

难能可贵的是，邓小平还为和平解决有关领土边界方面的国际争端，提出了一系列切实可行的具体办法。办法之一，是相互让步，即你让一点，我也让一点，这样对本国人民也能有一个交代。办法之二，是搁置争端，即先把争端放在一边，彼此积极发展往来，进行合作，增进了解与友谊。可能的话，还可以共同开发争议的地区。办法之三，是维持现状，即避免武装冲突，寻求和平解决的时机与方式。办法之四，是尊重历史和现实，即不吵架，不动武，而是进行和平协商。

“一国两制”，也是邓小平所提出的一种解决类似争端的重要办法。所谓“一国两制”，亦称“一个国家，两种制度”。它属于邓小平个人的首创，其基本内容是：在坚持一个中国即中华人民共和国的前提下，大陆实行社会主义制度；香港、澳门、台湾作为中华人民共和国不可分割的部分，可以成立特别行政区，保持其原有的资本主义制度和生活方式，并且长期不变。从本质上讲，“一国两制”也是一种和平共处，是和平共处五项原则的最

---

① 何方：《论和平与发展时代》，146 页，北京，世界知识出版社，2000。

② 《邓小平文选》，1 版，第 3 卷，105 页。

③ 同上书，87 页。

④ 同上书，49 页。

⑤ 同上书，68 页。

新发展。根据这一构想，香港问题、澳门问题均已获得了圆满的解决。

邓小平认为，“一国两制”的构想，也可以为解决其他一些有关领土边界的国际争端所适用。他说：“我们提出‘一个国家，两种制度’的构想，也考虑到解决国际争端应该采取什么办法。因为世界上这里那里有很多疙瘩，很难解开。我认为有些国际争端用这种办法解决是可能的。我们就是要找出一个能为各方所接受的方式，使问题得到解决。”①

其三，绘制“国际新秩序”的整体蓝图。邓小平既是一名杰出的外交家，又是一名伟大的战略家。他不仅拟定了“和平与发展”这两大中国的主要外交战略目标，而且一直在积极思考究竟应当以何种方式来实现这两大目标，并且使其成果得以确保。邓小平的思考结果是：应当建立有别于不公平、不合理的“国际旧秩序”的公平而合理的“国际新秩序”。

邓小平提出建立“国际新秩序”，主要的目的是要以之取代“国际旧秩序”。“国际旧秩序”的核心之点，就是霸权主义、强权政治。按照邓小平的看法：新的秩序就是要结束霸权主义。②“现在出现的新的霸权主义、强权政治，是不能长久维持的。少数国家垄断一切，这种形式过去多少年没有解决任何问题，今后也不能解决任何问题。”③ 所以必须将其完全抛弃。

邓小平所提出建立的“国际新秩序”，具有一定的现实性。邓小平一向重视实事求是。他之所以提出建立“国际新秩序”，一方面反映了广大发展中国家的迫切愿望，另一方面则在于世界多极化倾向的发展为其提供了一定的可行性。也就是说，建立“国际新秩序”并非只是一句口号，而是具有其实现的可能性的。

邓小平在绘制“国际新秩序”的蓝图时，特别强调它应当以和平共处五项原则为基础，以国际政治新秩序与国际经济新秩序为内容，以反对霸权主义和强权政治为目标。用他本人的话来说，就是现在需要建立国际经济新秩序，也需要建立国际政治新秩序。他的本意就是要结束霸权主义，切实实行和平共处五项原则。在这里面，邓小平特别重视“应当用和平共处五项原则作为指导国际关系的准则”④ 的问题。他所绘制的这幅“国际新秩序”的蓝图，应当说是严谨而科学的。

4. 江泽民同志的外交理论

自中国共产党十三届四中全会以来，以江泽民同志为核心的党的第三代中央领导集体在建设中国特色社会主义的伟大实践中，积累了治党治国治军的新的宝贵经验，创立了“三个代表”重要思想。“三个代表”重要思想坚持马克思主义的世界观和方法论，创造性地运用它们分析当今世界和中国的实际，为我们在新的时代条件下运用辩证唯物主义和历史唯物主义认识与把握社会发展规律、更好地推进中国社会主义事业作出了新的理论概括。⑤

“三个代表”重要思想，是中国共产党人和党的第三代中央领导集体集体智慧的结晶。作为党的第三代中央领导集体的核心，江泽民同志对“三个代表”重要思想的创立作出了

---

① 《邓小平文选》，1版，第3卷，68页。
② 参见《邓小平理论专题摘编》，289页，北京，人民出版社，1998。
③ 《邓小平文选》，1版，第3卷，360页。
④ 同上书，283页。
⑤ 参见胡锦涛：《在“三个代表”重要思想理论研讨会上的讲话》，5～6页，北京，人民出版社，2003。

卓越贡献。

当今世界正处于大变动的历史时期，世界的力量组合和利益格局正在发生新的深刻变化。面对国际局势的跌宕起伏，江泽民同志深刻洞察世界形势发展的总趋势，提出了一系列重要的外交思想，并形成了自己的外交理论。江泽民同志的外交理论“是‘三个代表’重要思想的组成部分，是对邓小平外交理论的继承和发展，对中国外交不断开创新局面有着重要的指导意义”①。有关江泽民同志外交理论的论述，大体上都收录在人民出版社2006年编辑出版的三卷本《江泽民文选》之中。

江泽民同志的外交理论，主要涉及以下几个基本点：

其一，确立了中国外交政策的宗旨。新中国成立后，一贯坚持独立自主的和平外交政策。但在很长的一段时间内，中国外交政策的宗旨一直都缺少权威的界定。在21世纪初，江泽民同志对此多有论述。在党的十六大报告中，他更是明确地阐述：“中国外交政策的宗旨，是维护世界和平，促进共同发展。”②

宗旨，通常指的是某一举措的主要目的或意图。外交政策的宗旨，在此是指外交政策的主要目的。江泽民同志将中国外交政策的主要目的规定为维护世界和平，促进共同发展，主要基于以下思考：

首先，出自对国际局势发展基本态势的判断。近期以来，传统或非传统的安全问题不断出现，由此而引发的国际争端与国际冲突此起彼伏，世界还很不安宁，人类正面临着许多严峻的挑战。

但是，判断国际局势，必须分清主流与支流、全局与局部。江泽民同志认为：就主流与全局而言，当今的国际局势仍是和平的因素大于战争的因素，稳定的因素大于动荡的因素。“总体和平、缓和、稳定，局部战乱、紧张、动荡，是当前和今后一个时期国际局势的基本态势。”③

其次，当今的时代主题未曾改变，虽然在当今世界上存在着多种影响和平与发展的不确定因素，但江泽民同志认为，和平与发展仍是人心所向、大势所趋。

江泽民同志指出：“当前国际形势总体上继续趋向缓和。和平与发展是当今时代的主题。”④“发展需要和平，和平离不开发展。”⑤ 他特别强调：“进入新世纪，和平与发展仍然是时代的主题。世界要和平，人民要合作，国家要发展，社会要进步，是时代的潮流。”⑥ 明确当今时代的主题，直接关乎中国国内外政策的正确决策，有助于中国在国内一心一意致力于经济建设，同时在国际上树立温和可亲的国际形象。

最后，意在推动建立国际新秩序。在国际交往中，世界和平的维护与共同发展的促进，需要世界各国齐心协力，并有赖于建立必要的保障机制。江泽民同志指出：“我们认为，维护世界和平、促进共同发展的正确途径是：顺应时代潮流和各国人民的意愿，因势

---

① 《“三个代表”重要思想外交理论学习纲要》，3页，北京，世界知识出版社，2004。

② 《江泽民文选》，第3卷，566页。

③ 同上书，520页。

④ 《江泽民文选》，第2卷，39页，北京，人民出版社，2006。

⑤ 《江泽民文选》，第1卷，242页。

⑥ 《江泽民文选》，第3卷，472页。

利导，积极推动建立公正合理的国际政治经济新秩序。”①

江泽民同志不仅继承发展了邓小平关于建立国际政治经济新秩序的基本主张，而且顺应了时代发展的客观要求，把这一主张具体化，并且积极在外交实践中推动国际政治经济新秩序的建立。他认为：建立国际政治经济新秩序，要从当今世界的实际情况出发，反映世界各国人民的普遍愿望和共同利益，体现历史发展和时代进步的要求。应该保障各国享有主权平等和内政不受干涉的权利，保障各国享有平等参与国际事务的权利，保障各国享有平等的发展权利特别是广大发展中国家的发展权利，保障各个民族和各种文明共同发展的权利。

江泽民同志明确指出：“根据历史经验和现实状况，我们主张在互相尊重主权和领土完整、互不侵犯、互不干涉内政、平等互利、和平共处等原则的基础上，建立和平、稳定、公正、合理的国际新秩序。……建立国际新秩序是长期的任务，中国人民将同各国人民一道，为此作出不懈的努力。”②

其二，提出了新的安全观。江泽民同志主政中国时期，所面对的是一个正在蓬勃发展的中国和一个需要和平与安全的世界。作为一名高屋建瓴的政治家，江泽民同志敏锐地注意到蓬勃发展中的中国必须重视自身的国家安全与国际安全，中国特色社会主义建设有赖于安全可靠、长期稳定的国际环境。而以军事联盟为基础，以加强军备为手段的旧安全观，已无助于保障国际社会的安全，更不可能营造世界的持久和平。

面对国内外新的形势，江泽民同志果断地提出了新安全观。他所倡导的新安全观，主张顺应冷战后世界发展的大趋势，从国家的根本利益与长远利益出发，以和平共处五项原则为基础，以经济安全为核心，兼顾政治、军事、文化等国家的多种安全利益，兼顾中国的国家安全与国际安全，努力运用综合手段维护国家的长治久安和创造安全可靠、长期稳定的国际和平环境，以期实现中华民族的全面振兴。

首先，从战略的高度来思考安全问题。江泽民同志主张，中国作为国际社会负责任的一员，应当积极地与世界各国一道探索维护世界和平与安全的新的有效途径。在他看来，中国的国家安全与国际安全息息相关。而新的安全观既应成为中国所倡导的国际政治经济新秩序的有机组成部分，又应与国际政治经济新秩序相辅相成。

江泽民同志对新安全观进行了科学而全面的阐述，他指出：“新安全观的核心，应该是互信、互利、平等、协作。各国互相尊重主权和领土完整、互不侵犯、互不干涉内政、平等互利、和平共处五项原则以及其他公认的国际关系准则，是维护和平的政治基础。互利合作、共同繁荣，是维护和平的经济保障。建立在平等基础上的对话、协商和谈判，是解决争端、维护和平的正确途径。只有建立新安全观和公正合理的国际新秩序，才能从根本上……使世界和平与国际安全得到保障。”③

其次，兼顾国际关系各个领域的综合安全。面对国际局势的新变化，江泽民同志敏锐地意识到：当代的安全问题早已不只是军事领域的局部问题，而是兼涉政治、经济、科技、文化等各个领域的综合性问题。因此，在外交场合思考安全问题时，必须站在综合安

① 《江泽民文选》，第3卷，473页。
② 《江泽民文选》，第1卷，243页。
③ 《江泽民文选》，第2卷，313页。

全的角度来进行理智的思维。

在政治安全上，江泽民同志一方面坚持中国必须维护自己的独立与主权，“决不屈服于任何外来压力”①，另一方面则又强调：“各国在安全上的相互依存不断加深，共同点在增多，任何国家都难以单独实现其安全目标。只有加强国际合作，才能有效应对全球安全挑战，实现普遍和持久的安全。”②

在经济安全上，江泽民同志认为，各国应当加强互利合作，以互利求发展，消除经济往来中的不平等现象和歧视政策，逐步缩小国与国之间尤其是发达国家与广大发展中国家之间的发展差距，谋求共同繁荣，这才是全球和地区安全的经济基础。他明确地指出：“安全必须是各国的普遍安全。国家无论大小、强弱、贫富，都有享受安全的平等权利。如果广大发展中国家得不到安全，整个世界也就不可能安宁”③。

在科技安全上，江泽民同志不仅制定了“科教兴国”的战略，反复强调邓小平“科学技术是第一生产力”的思想，而且明确主张应将科技发展纳入维护世界和平、促进共同繁荣的健康轨道。他认为：人类应更加安全合理地利用科技新成果，避免令其沦为涂炭人类的工具。国与国之间的科技合作，不应成为牟取暴利的手段或政治施压的工具。科技成果在军事领域的应用，首先应以维护人类安全为宗旨，而绝不应当以寻求军事优势为目的。

在文化安全上，江泽民同志则指出：中国共产党要始终代表中国先进文化的前进方向，牢牢把握中国先进文化的发展趋势和要求。“发展社会主义文化的根本任务，是培养一代又一代有理想、有道德、有文化、有纪律的公民。要坚持以科学的理论武装人，以正确的舆论引导人，以高尚的精神塑造人，以优秀的作品鼓舞人。”④ 与此同时，既要有意识地自觉抵制腐朽、反动、落后的文化垃圾，“也需要学习和吸收世界各国人民包括在资本主义制度下创造的优秀文明成果”⑤。

最后，兼顾中国的国家安全与国际安全。近年来，国家安全越来越呈现出国际化趋势。安全因素多样化、安全利益多元化、安全关系多边化、安全问题国际化，是当代每一个国家外部安全格局演化的基本趋势。因此，江泽民同志主张在处理安全问题时兼顾中国的国家安全与国际安全，树立普遍安全意识。

江泽民同志指出：“和平是世界人民的第一需要，没有和平，任何建设事业都无从谈起。”⑥ 而要和平、要发展，就必须维护世界各国的普遍安全，就必须按照民主、平等、公正、合理的原则处理国际事务。这是大势所趋、人心所向，符合历史发展的潮流。

江泽民同志认识到：后冷战时代中国的国家安全与国际安全之间存在着互相影响、互相制约的辩证关系。维护中国的国家安全与推动世界的和平与发展进而维护国际安全，本质上是同一问题的两个方面。他指出：“中国是国际大家庭的一员。中国离不开世界。中国的改革开放和现代化建设，需要一个长期的国际和平环境，需要同各国发展友好合作关

---

① 《江泽民文选》，第1卷，242页。
② 《江泽民文选》，第3卷，475页。
③ 《江泽民文选》，第2卷，313页。
④ 《江泽民文选》，第3卷，277页。
⑤ 《江泽民文选》，第1卷，124页。
⑥ 同上书，479页。

系。世界也需要中国。世界的和平与发展，需要中国的稳定和繁荣。”①

其三，坚持“和而不同”的外交理念。在构建当代中国外交新战略时，江泽民同志不仅勇于面对现实、迎新挑战，而且善于从古今中外一切伟大思想家那里汲取养分。2 500多年前，中国伟大思想家孔子曾经提出“君子和而不同”的思想，江泽民同志与时俱进地将其发展为“和而不同”的外交理念，并积极将其付诸当代中国的外交实践。

江泽民同志“和而不同”外交理念的基本之点是：维护世界的多样性，主张尊重世界上客观存在的差别；承认世界各国互相依存，坚持在国际交往中求同存异；倡导各个国家共同发展、共同繁荣。江泽民同志说：“和谐而又不千篇一律，不同而又不相互冲突。和谐以共生共长，不同以相辅相成。和而不同，是社会事物和社会关系发展的一条重要规律，也是人们处世行事应该遵循的准则，是人类各种文明协调发展的真谛。”“我们主张，世界各种文明、社会制度和发展模式应相互交流和相互借鉴，在竞争比较中取长补短，在求同存异中共同发展。”②

首先，维护世界的多样性。江泽民同志认为：世界是多样的，因此在对外交往中必须尊重世界的多样性。江泽民同志指出：世界的多样化，本质上在于各国文明的多样性。由于各国的历史背景、社会制度、发展水平、文化传统和价值观念不同，世界上不可能也不应该只有一种文明、一种社会制度、一种发展模式、一种价值观念。各国文明的多样性，是人类社会的基本特征，也是人类文明基本的动力。只有尊重世界的多样性，各个民族、各种文明才能和谐相处，相互学习，相互借鉴，相得益彰。

江泽民同志力主创造自主选择、求同存异的国际和谐局面。他说：世界约有200个国家与地区，无论社会制度、价值观念和发展程度，还是历史传统、宗教信仰和文化背景，都存在着差异。根据本国国情和自己的意愿选择社会制度和发展道路，是各国人民的主权，别人无权干涉。“每个国家和民族都有自己的特点和长处，大家只有彼此尊重、求同存异、和睦相处、互相促进，才能创造百花争妍、万紫千红的世界。没有多样化，就不成其为世界……不承认、不尊重世界多样性，企图建立清一色的一统天下，是必定要碰壁的。”③

其次，承认各国相互依存。在20世纪80年代，邓小平提出过“当今世界是一个开放的世界”的科学论断。进入20世纪90年代之后，江泽民同志进一步发展了邓小平的这一思想。他明确地指出：当今世界是多样性的世界，同时又是一个相互依存的世界。

江泽民同志认为：各国人民在自身的发展进程中创造了丰富多彩的文明。各种文明相互交流和借鉴，是人类进步的动力。各种文明和社会制度应该而且可以长期共存，在竞争比较中取长补短，在求同存异中共同发展。世界是丰富多彩的，不可能也不应该只有一种模式。

他指出：人类社会发展到今天，人们已愈来愈认识到大家生活在一个相互依存的世界里。目前的政治多极化、经济一体化、科技信息化，更是加速了世界各国的相互依存。“新世纪初期，世界各大力量和地区性强国或国家集团，将在相互交往的过程中，进一步彼此借重、相互牵制、竞争共处。”④

---

① 《江泽民文选》，第1卷，481页。

② 《江泽民文选》，第3卷，522、523页。

③ 《江泽民文选》，第1卷，480页。

④ 《江泽民文选》，第3卷，158页。

在作出当今世界是一个相互依存的世界的论断的同时，江泽民同志尤其强调下面两点：一方面，既然当今世界是一个相互依存的世界，那么中国就是世界的中国，中国就必须坚定不移地坚持对外开放的基本国策，顺应世界和人类进步事业的发展潮流。另一方面，在世界各国相互依存关系不断加深、各种文明相互碰撞的情况下，当代的中国需要以更为开阔的视野去认识世界，并力求让世界更多地了解中国。

最后，倡导各国共同发展。在外交实践中，江泽民同志始终坚持独立自主的和平外交政策。他不止一次地强调：不论国际风云如何变幻，中国都将始终不渝地执行独立自主的和平外交政策。与此同时，他还注意到中国所处的当今国际环境所发生的巨大变化，积极地倡导中国与国际社会、世界各国共同发展。

江泽民同志指出：世界发展的主体是各国人民，因此世界的管理必须由各国人民共同参与。

在党的十六大报告中阐述对外工作时，江泽民同志频频使用“共同”一词，他说：“我们主张顺应历史潮流，维护全人类的共同利益。”① 他还再三强调：和平与发展是各国人民的“共同愿望”，中国愿与各国“共同努力”、“共同推进”、“共同维护”和平与发展。在处理国际事务时，中国愿与其他国家“共同协商”，以争取“共同繁荣”与“共同发展”。这表明：中国外交已开始更多地关注中国与世界各国的“共同”之点，中国今后将更加主动地参与国际事务，更为积极地融入国际社会，更为负责任地承担自己的国际责任。

总而言之，强调中国与国际社会、世界各国“共同发展”，就是要真正视中国为国际社会中负责任的一员，并且要摆正中国与世界各国的位置；就是要使中国真正地融入国际社会，并且更好地被国际社会所接纳。

5. 胡锦涛同志的外交理论

自 2002 年 11 月起，胡锦涛同志全面主持中央工作。他提出了“科学发展观”，用以指导中国的国内外工作。在他的主导之下，中国外交不仅在实践中继续与时俱进，在理论上也多有创新。古人云：“不谋万世者，不足谋一时；不谋全局者，不足谋一域。”胡锦涛同志对此十分认可。在领导中国外交的过程中，他善于独立思考、集思广益，提出了一系列卓有创见的有关外交的新思想、新观点。他的外交理论深刻地影响着当代中国的外交实践。

胡锦涛同志有关外交理论的系统论述，主要集中于 2013 年中央文献出版社所编辑出版的他的文集《论构建社会主义和谐社会》以及近年来他所发表的一系列文章之中。具体而言，胡锦涛同志的外交理论主要有以下几项重要内容：

其一，倡导“以人为本”。倡导“以人为本”，是胡锦涛同志主导下的中国外交的鲜明特色之一。

自圭恰迪尼、黎塞留以来，各国外交无不强调国家利益至上。曾几何时，国家利益被视为各国外交的基本价值与唯一目标。因此，胡锦涛同志主导下的中国外交倡导“以人为本”，在外交理论上具有划时代的重要意义。

具体而言，胡锦涛同志所倡导的中国外交“以人为本”，意在明确中国外交的基本目

---

① 《江泽民文选》，第 3 卷，566 页。

标是为人民服务。2006 年 4 月 21 日，胡锦涛同志在美国耶鲁大学演讲时说："今天，我们坚持以人为本，就是要坚持发展为了人民、发展依靠人民、发展成果由人民共享，关注人的价值、权益和自由，关注人的生活质量、发展潜能和幸福指数，最终是为了实现人的全面发展。"① 他的话，是对"以人为本"的外交新理念的最好诠释。

胡锦涛同志倡导中国外交"以人为本"，有其深厚的国内与国际背景。其国内背景是，它是"科学发展观"的核心内容之一。2003 年 10 月，中国共产党十六届三中全会所通过的《中共中央关于完善社会主义市场经济体制若干问题的决定》指出："坚持以人为本，树立全面、协调、可持续的发展观，促进经济社会和人的全面发展。"② 同时，"以人为本"又与中国共产党和中国政府"立党为公、执政为民"的执政理念相呼应。其国际背景则是：随着经济全球化的不断深入和发展，国际社会越来越重视人的发展与进步。2000 年 9 月，世界各国领导人在联合国千年首脑会议上所通过的《联合国千年宣言》强调使每一个人实现发展权。联合国开发计划署每年所出版的《人类发展报告》，都详细描绘了世界各个地区的人民所面临的贫穷、灾祸等严峻形势，以此来呼吁世界各国更加关注人的生存、发展与进步。由此可见，"以人为本"理念的提出，符合当今时代发展的客观要求。

正因为如此，"以人为本"这一外交新目标、外交新价值已对中国外交产生了多方面的积极影响。

首先，中国外交的定位愈加"以人为本"。例如，以人文外交为新热点的中国外交制度的进一步完善，充分体现了新时期中国外交的与时俱进。公众与外交的良性互动关系，不仅增加了公众对本国外交政策的理解与支持，同时也提高了中国外交决策的科学性和透明度，符合当代外交发展的总体趋势。

其次，中国的外交实践强调"以人为本"。胡锦涛同志所倡导的中国外交"以人为本"，并未仅仅停留于口头宣传上，而是在具体的外交工作中认真地付诸实践。它集中表现在：一方面，中国近几年来逐步把更多的外交资源放到公民个人利益的保护上。另一方面，中国政府非常重视履行国际人权义务，以具体行动有力地反驳了某些西方国家贬低中国人权的言论。

其二，明确"和平发展"。在冷战时期，中国领导人曾将自己的国家定位为"发展中国家"。冷战结束后，尤其是进入 21 世纪以来，依然属于发展中国家一员的中国国力迅速发展、国际地位日益提高。这一新的时代背景，不仅令国际社会对未来中国的走向心存疑惑，而且也是中国领导人所必须优先思考的迫切问题。

面对这一当今中国外交定位的重要抉择，胡锦涛同志给出了自己冷静而理智的回答：和平地发展，即中国既要继续发展，更要以和平的发展道路作为自己的唯一选择。他明确指出："中国将坚定不移地高举和平、发展、合作的旗帜，坚定不移地走和平发展道路，坚定不移地奉行独立自主的和平外交政策，在和平共处五项原则的基础上同世界各国发展友好合作关系。"③

---

① 胡锦涛：《在美国耶鲁大学的演讲》，载《人民日报》，2006-04-23。

② 《中共中央关于完善社会主义市场经济体制若干问题的决定》，载《人民日报》，2003-10-22。

③ 胡锦涛：《努力建设持久和平、共同繁荣的和谐世界》，载《人民日报》，2005-09-16。

胡锦涛同志清醒地认识到："当前，国际形势继续深刻变化。和平、发展、合作成为时代的潮流。"① 因此，中国应该发展，中国只能发展。发展对中国而言才是硬道理。

胡锦涛同志多次重申："中国的发展，是和平的发展、开放的发展、合作的发展、和谐的发展。中国人民既通过争取和平的国际环境来发展自己，又通过自己的发展来促进世界和平。"② "中国将致力于同世界各国政治上和谐相处、经济上共同发展、文化上取长补短、安全上互信协作，继续为人类和平与发展的崇高事业作出贡献。"③

根据胡锦涛同志的系统阐述，中国的发展首先应当是和平发展。"和平稳定的环境是发展的重要前提。"④ 发展不是为了破坏和平，和平稳定的环境有助于中国的真正发展。"和平是人类社会实现发展目标的根本前提。"⑤ 中国以和平作为自己的发展道路，不仅有利于自身，而且还有利于国际社会与全人类。

中国的发展，其次应当是开放的发展。胡锦涛同志说："多样性是人类文明发展的重要源泉……中国文化历来崇尚海纳百川、有容乃大。"⑥ 所谓开放的发展，是指中国的发展也要坚持对外开放、有所包容。对外国的发展经验、发展模式，中国有必要与之相互借鉴。

中国的发展，再次应当是合作的发展。维护世界和平，需要国际合作。推动共同发展，需要国际合作。促进中国的发展，尤其需要国际合作。在经济全球化趋势日益明显的今天，各国相互依存不断加深。任何一个国家，包括中国在内，倘若不与其他国家和国际社会进行互利合作，就没有真正的发展可言。

中国的发展，最后应当是和谐的发展。对一国来说，其真正意义上的发展，应当是和谐的发展。所谓和谐发展，对一国而言，是指其全方位的、综合的、科学的发展；对国际社会而言，是指它与其他各国共同发展、和睦共处；对人类与自然界的彼此关系而言，则是指天人合一、彼此协调。

在明确中国"和平发展"道路的同时，胡锦涛同志并不否认中国应当"有所作为"。随着中国综合国力的不断提升，以胡锦涛同志为主要代表的中国共产党人意识到：中国在外交上的所作所为，必须与自己的实际地位相称；中国必须做一个负责任的国家。此即"有所作为"的具体含义。

在外交实践中，中国要做一个负责任的国家，一是要更全面地关注国际事务，二是要更积极地参与国际事务，三是要更理性地处理国际事务。在此方面，中国外交的成绩有目共睹。

其三，构建"和谐世界"。在胡锦涛同志的外交理论中，强调"和平发展"，意在明确中国的发展道路。在构思中国外交新战略时，胡锦涛同志则提出了"和谐世界"的崭新主张。他认为：面对当今形势复杂的世界，"我们制定政策、推进工作、处理问题，必须有世界眼光"⑦，中国与其他世界各国应该更加重视和谐，强调和谐，促进和谐。

---

①② 胡锦涛：《携手建设持久和平、共同繁荣的和谐世界》，载《人民日报》，2006-01-02。

③ 胡锦涛：《坚持和平发展　促进共同繁荣》，载《人民日报》，2006-11-18。

④ 胡锦涛：《推动共同发展　谋求和谐共赢》，载《人民日报》，2006-11-19。

⑤ 胡锦涛：《努力建设持久和平、共同繁荣的和谐世界》，载《人民日报》，2005-09-16。

⑥ 胡锦涛：《推动共同发展　谋求和谐共赢》，载《人民日报》，2006-11-19。

⑦ 胡锦涛：《论构建社会主义和谐社会》，11页，北京，中央文献出版社，2013。

2005 年 9 月 15 日，在庆祝联合国成立 60 周年首脑峰会上，胡锦涛同志向全世界提出了“和谐世界”的战略构想。他指出：“我们应该尊重各国自主选择社会制度和发展道路的权利”，“应该加强不同文明的对话和交流”，“应该以平等开放的精神，维护文明的多样性，促进国际关系民主化，协力构建各种文明兼容并蓄的和谐世界”①。

从具体结构上分析，胡锦涛同志所提出的“和谐世界”的中国外交的新战略应当包括以下三个层次：一是和谐社会。胡锦涛同志在党的十六届四中全会上提出在中国国内“构建社会主义和谐社会”，而构建“和谐世界”则是其构建“和谐社会”理论的进一步发展与必然的外部延伸。两者相互促进、相辅相成，共同构成了新时期中国的总体发展战略。二是和谐周边、和谐地区。营造和谐周边与和谐地区，是中国构建“和谐世界”外交战略的重要组成部分之一。目前，中国在新安全观的指导下，遵循着“与邻为善、以邻为伴”的周边外交方针，以“睦邻、安邻、富邻”为外交政策，与周边国家共同发展。同时，中国政府也非常重视和谐地区的建设。2006 年 6 月 15 日，胡锦涛同志在上海合作组织会议上指出：“我们应该全面加强合作，努力把本地区建设成为持久和平、共同繁荣的和谐地区。”② 在亚洲相互协作与信任措施会议成员国领导人第二次会议上，胡锦涛同志发表了题为《携手建设持久和平、共同繁荣的和谐亚洲》的重要讲话，提出了建设一个持久和平、共同繁荣的和谐亚洲的美好目标。三是和谐世界。当前，世界并不太平，传统安全与非传统安全等问题日益严重。世界各国人民都渴望和平、发展与合作，期盼国际关系民主化，而中国所倡导的构建“和谐世界”的新主张正是为了实现世界的持久和平与普遍繁荣。它关系到全人类的长远利益，因而符合世界发展大趋势。

构建“和谐世界”的中国外交新战略，对于开创中国外交新局面、促进新型国际关系的建立，具有深远的历史意义和重大的现实意义。

首先，构建“和谐世界”的外交新战略传承了前三代中国领导人有关和平外交的基本战略。新中国成立以来，中国始终坚持独立自主的和平外交政策与和平共处五项原则，一直为维护世界和平而进行着不懈的努力。实行改革开放以后，邓小平审时度势，提出和平与发展是时代的主题，并力主建立国际政治经济新秩序。此后，江泽民同志在党的十六大报告中具体提出了新世纪建立公正合理的国际政治经济新秩序的构想，胡锦涛同志所提出的构建“和谐世界”的外交新战略，与此前的中国三代领导人的外交战略一脉相承，充分地体现了中国人民愿与世界各国人民共同建设和平世界的美好愿望。

其次，构建“和谐世界”的外交新战略为建立国际新秩序开辟了道路。这体现于以下两个方面：一是构建“和谐世界”与建立国际新秩序具有内在的一致性，构建“和谐世界”强调均衡、合作、可持续发展，力求达到的是一种持久的和平，以实现世界各国共同繁荣。二是构建“和谐世界”为建立国际新秩序指明了最终方向。“和谐世界”的外交战略构想，代表了世界各国人民的共同愿望和根本利益，也代表了国际社会发展进步的方向。建立“和谐世界”是长远性的目标，而建立国际新秩序则属于具体的阶段性实践。因此，国际新秩序的建立，是为实现“和谐世界”这样一个全人类的最终目标而服务的。与

① 胡锦涛：《努力建设持久和平、共同繁荣的和谐世界》，载《人民日报》，2005-09-16。

② 胡锦涛：《共创上海合作组织更加美好的明天》，载《人民日报》，2006-06-16。

此同时，国际新秩序也将作为一种持久性的国际制度，具体发挥催化剂的作用，推动着“和谐世界”的建设。

最后，构建“和谐世界”外交新战略的提出标志着中国全球战略的进一步完善。“和谐世界”的外交战略构想，既带有浓厚的中国特色，又具有鲜明的时代特征。它不仅体现了中国人民爱好和平、追求和谐共存的美好愿望，同时也反映了世界发展和人类进步的普遍要求。努力推动建立“和谐世界”，已成为今后中国外交的基本战略。这一外交新战略的产生，不仅是对中国和平外交战略的升华与发展，同时也标志着中国作为一个负责任大国所肩负的国际责任感的增强。

总之，胡锦涛同志所倡导的构建“和谐世界”的外交新战略，是基于全人类的共同利益的。它既继承和发展了中国历来的和平外交战略，也符合建立国际新秩序的历史潮流。中国在这一崭新的外交战略的指导下，把和谐社会、和谐周边、和谐地区与“和谐世界”等几方面有机地结合在一起，以多边主义为舞台，已开展了各种有所作为的、卓有成效的外交实践。

6. 习近平同志的外交理论

2012年11月，习近平同志担任中共中央总书记。在坚持邓小平理论、“三个代表”重要思想、科学发展观的同时，他高举和平、发展、合作、共赢的旗帜，统筹国内国际两个大局、统筹发展安全两件大事，向世界宣示了实现中华民族伟大复兴的中国梦，并为此积极探索一条有中国特色的大国外交之路。在此过程中，他和他所代表的中央领导集体逐渐形成了自己的外交理论。

正所谓思维方式决定行为方式，习近平同志主张：大时代需要大格局，大格局需要大智慧，中国有必要展示自己的文化软实力。习近平同志的外交理论，就是要对当今中国与世界各国所面临的诸多国际问题进行中国的思考，发出中国的声音，提出中国的方案，贡献中国的智慧，探索中国的路径，明示中国的作用，展现中国的担当。简而言之，它是习近平同志和他所代表的中央领导集体有关治国理政思想的重要组成部分之一。具体来分析，习近平同志的外交理论主要包括如下几项内容：

其一，坚持和平发展。在中国国际地位不断上升的今天，中国向何处去，中国将奉行何种外交政策、走什么样的发展之路，越来越令世人关注。主政中国之后，习近平同志与时俱进地对其做出了自己的选择：坚持和平发展。这一点，具体表现在以下三个方面：

一是坚定不移地奉行独立自主的和平外交政策。主政中国之后，习近平同志意识到，当今世界是一个变革的世界，是一个新机遇新挑战层出不穷的世界，是一个国际体系和国际秩序深度调整的世界，是一个国际力量对比深刻变化并朝着有利于和平与发展方向变化的世界。我们最大的机遇就是自身不断发展壮大。① 因此，他明确地表示：“在长期实践中，我们提出和坚持了和平共处五项原则，确立和奉行了独立自主的和平外交政策，向世界作出了永远不称霸、永远不搞扩张的庄严承诺，强调中国始终是维护世界和平的坚定力量。这些我们必须始终不渝坚持下去，永远不能动摇。”② 换言之，习近平同志所强调的

---

① 参见《中央外事工作会议在京举行》，载《人民日报》，2014-11-30。

② 《习近平谈治国理政》，248页。

是：中国必须始终不渝地坚持把国家和民族发展放在自己力量的基点上。

众所周知，奉行独立自主的和平外交政策，是新中国历届领导人的传统，同时也充分地向世人展示了中国政府务实而理性的外交风格。离开了独立自主的和平外交政策，当代中国的和平发展显然不可能坚持下去。继续奉行独立自主的和平外交政策，无疑是习近平和他所代表的中央领导集体依据世界大势与中国国家利益所做出的重大战略抉择。

二是筑“梦”与共。毋庸置疑，各个主权国家所开展的外交活动，都明显地具有一定的外交目标。出任中共中央总书记之后，习近平同志立即向世人宣示了实现中华民族伟大复兴的中国梦。今日中国之外交目标，显然与习近平同志所宣示的中国梦密切相关。作为一名非常理智的政治家，习近平同志清楚地意识到：今日的中国离不开世界，当今的世界同样也离不开中国。因此，实现中华民族伟大复兴的中国梦，与维护世界的和平发展并行不悖。

一方面，习近平同志认为，实现中华民族伟大复兴的中国梦，并非中国与其他国家为敌，也不会有损于世界的和平、发展与稳定。这是因为：“中国梦是追求和平的梦。中国梦需要和平，只有和平才能实现梦想。”“中国人民珍惜和平，希望同世界各国一道共谋和平、共护和平、共享和平。”① 中国梦也是追求发展的梦，中国梦离不开发展。没有发展，和平便难以为继。

另一方面，习近平同志则力主中国与各国筑“梦”与共。他认为，中国梦既是“亚洲梦”、“亚太梦”的重要组成部分，也是世界各国人民所追求的美好梦想的重要组成部分。正如他所言，中国梦与中国人民追求美好生活的梦想是相连的，也是与各国人民追求和平与发展的美好梦想相通的。②

三是继续走和平发展之路。当前，随着中国综合国力与国际地位的不断提升，世界各国都对中国自身外交路径的选择异常关注。继续走和平发展之路，就是习近平同志就此问题所给出的明确答案。

习近平同志向世界郑重宣誓：“中国坚定不移走和平发展道路，既通过维护世界和平发展自己，又通过自身发展维护世界和平。走和平发展道路，是中国对国际社会关注中国发展走向的回应，更是中国人民对实现自身发展目标的自信和自觉。”③

习近平同志曾经指出：“实现中国梦，必须坚持和平发展。”④ 他明确主张：“中国走和平发展道路，其他国家也都要走和平发展道路，只有各国都走和平发展道路，各国才能共同发展，国与国才能和平共处。”⑤ 与此同时，他还进一步强调：“中国走和平发展道路，不是权宜之计，更不是外交辞令，而是从历史、现实、未来的客观判断中得出的结论，是思想自信和实践自觉的有机统一。和平发展道路对中国有利、对世界有利，我们想不出有任何理由不坚持这条被实践证明是走得通的道路。”⑥

---

① 习近平：《在中法建交五十周年纪念大会上的讲话》，载《人民日报》，2014-03-29。

② 参见《习近平会见21世纪理事会北京会议外方代表》，载《人民日报》，2013-11-03。

③ 《习近平谈治国理政》，265页。

④ 《习近平接受拉美三国媒体联合书面采访》，载《人民日报》，2013-06-01。

⑤ 《习近平谈治国理政》，249页。

⑥ 同上书，267页。

如上所述，习近平同志力主坚持走和平发展道路，符合新时期中国的外交政策与外交目的，同时也是中国特色大国外交的必由之路。

其二，倡导合作共赢。与世界各国如何相处，向来都是一国外交主持者所须直接面对的基本问题。对这一问题，习近平同志所做出的回答是：合作共赢。

一是合作共赢有利于实现中国梦。在阐述中国梦的具体内容时，习近平同志指出："中国梦要实现国家富强、民族复兴、人民幸福，是和平、发展、合作、共赢的梦，与……世界各国人民的美好梦想相通。"① 这是因为，从根本上来讲，"我们的事业是同世界各国合作共赢的事业"。

所谓共赢，亦称双赢、多赢，其基本含义是：有关各方在其国际交往中应加强协调与合作，努力实现彼此之间的利益兼顾，以求互利互惠、和衷共济、共荣共存，亦即赢者不全赢、输者不全输，合作互利、互利合作。由此可见，共赢既是国与国之间一种互利互惠的行为，也是国际合作的一种较好结局。它所带给参与国际合作各方的是互利互惠、共同发展，而非你死我活、两败俱伤。正因为如此，习近平同志所倡导的合作共赢，本质上就是主张中国与世界各国密切合作、携手发展、共同进步。它不仅有利于世界和平，而且有助于中国梦的实现，有助于中国所选择的和平发展道路矛盾与阻碍最小化，有助于以此为基础建立一种新型的国际关系，同时也是当今中国国家利益之所在。

二是力主智者求同、愚者求异。习近平同志认为，在今日之世界，文化具有多样性，各种文明都有其存在的价值。它们共同组成了万紫千红的人类共同文明的百花园，因此对每一种文化、每一种文明都理当予以尊重。

习近平同志强调，文明是多彩的，文明是平等的，文明是包容的。"世界是多向度发展的。"② "对待不同文明，我们需要比天空更宽阔的胸怀。" "我们应该推动不同文明相互尊重、和谐共处，让文明交流互鉴成为增进各国人民友谊的桥梁、推动人类社会进步的动力、维护和平的纽带。"③

习近平同志敏锐地意识到："当今世界，人类生活在不同文化、种族、肤色、宗教和不同社会制度所组成的世界里，各国人民形成了你中有我、我中有你的命运共同体。"④ 实践证明，在国际交往中，智者求同，愚者求异。为此，习近平同志主张：世界各国之间的交往，不仅需要知同明异、求同存异，而且必须"相互尊重，聚同化异，保持战略耐心"⑤，互利共赢，互惠共容。他明言："中国人自古就主张和而不同。我们希望，国与国之间、不同文明之间能够平等交流、相互借鉴、共同进步，各国人民都能够共享世界经济科技发展的成果，各国人民的意愿都能够得到尊重，各国能够齐心协力推动建设持久和平、共同繁荣的和谐世界。"⑥

---

① 《习近平谈治国理政》，279 页。

② 习近平：《在布鲁日欧洲学院的演讲》，载《人民日报》，2014-04-02。

③ 《习近平谈治国理政》，262 页。

④ 同上书，261 页。

⑤ 习近平：《努力构建中美新型大国关系——在第六轮中美战略与经济对话和第五轮中美人文交流高层磋商联合开幕式上的致辞》，载《人民日报》，2014-07-10。

⑥ 《习近平接受金砖国家媒体联合采访》，载《人民日报》，2013-03-20。

三是推进互联互通。习近平同志认为，目前，中国与世界的关系在发生深刻变化，中国同国际社会的互联互动已变得空前紧密，中国对世界的依靠、对国际事务的参与在不断加深，世界对中国的依靠、对中国的影响也在不断加深。为此，习近平同志不仅大力倡导合作共赢，而且还身体力行地积极提倡互联互通，并以后者作为前者的可操作路径之一。

互联互通，本是出自网络运营商的一个术语。它的含义是：两个或多个运营网络之间的连接。主持中国外交之后，习近平同志十分重视以合作共赢为核心的新型国际关系的构建。亚洲国家与亚太国家之间的互联互通，就是习近平同志所力推的中国外交的一种新尝试。

习近平同志本人的看法是：亚洲互联互通，亚太互联互通，实质上是对亚洲区域、亚太区域合作的优化，同时也是对相关国家之间伙伴关系的深化，它无疑有助于“亚洲梦”、“亚太梦”的实现。他明确地指出，我们要建设的互联互通，应该是基础设施、制度规章、人员交流三位一体，应该是政策沟通、设施联通、贸易畅通、资金融通、民心相通五大领域齐头并进。这是全方位、立体化、网络状的大联通，是生机勃勃、群策群力的开放系统。①

在当今中国波澜壮阔的外交实践中，习近平同志所提出的“丝绸之路经济带”、“21世纪海上丝绸之路”的战略构想，所推动开启的亚太自由贸易区建设进程等等，均与他所提倡的互联互通相辅相成、相得益彰。

其三，发挥负责任大国作用。欲使本国外交有所作为，首先有必要对本国的国际地位与国际作用具备清醒的认识。主持中国外交之后，习近平同志观大势、明大局、谋大事，强化中国外交的顶层设计与战略规划，对上述问题旗帜鲜明地做出了回答：发挥负责任大国作用。

一是中国必须有所担当。随着中国综合国力的持续提升，诸如中国谋求什么样的国际地位、中国将如何发挥自己的国际作用等问题，举世关注，不容中国领导者所回避。

一方面，习近平同志认为中国应当更为积极地发挥自己的影响与作用。他说：“中国是联合国安理会常任理事国，这不仅是权力，更是一份沉甸甸的责任。中国有这个担当。”② 而对今日世界各种各样的政治、经济、文化、科技、卫生、军事、人口、能源乃至环境等问题，习近平明确地表示，“中国梦是奉献世界的梦”③，中国理当有所作为、有所贡献，中国外交要具有鲜明的中国特色、中国风格、中国气派。

另一方面，习近平同志对于中国国际地位的上升与国际影响的扩大也直言不讳。他曾经强调，中国是个负责任国家，我们要努力把自己的事情办好，同时也要处理好中国和外部世界的关系，既争取更加有利的外部环境，也努力为世界和平与发展作出更大贡献。④

面对外界有关未来中国会不会扩张、会不会“国强必霸”的种种疑虑，习近平同志指出：作为一个负责任的大国，“中国的发展，是世界和平力量的壮大，是传递友谊的正能量，为……世界带来的是发展机遇而不是威胁”⑤。我们“不仅致力于中国自身发展，也

① 参见《习近平主持加强互联互通伙伴关系对话会并发表重要讲话》，载《人民日报》，2014-11-09。
② 《习近平谈治国理政》，250页。
③ 习近平：《在中法建交五十周年纪念大会上的讲话》，载《人民日报》，2014-03-29。
④ 参见《习近平同外国专家代表座谈时强调：中国是合作共赢倡导者践行者》，载《人民日报》，2012-12-06。
⑤ 习近平：《携手建设中国—东盟命运共同体——在印度尼西亚国会的演讲》，载《人民日报》，2013-10-04。

强调对世界的责任和贡献；不仅造福中国人民，而且造福世界人民。实现中国梦给世界带来的是和平，不是动荡；是机遇，不是威胁"①。"中国……向国际社会庄严承诺，中国将坚定不移走和平发展道路，永远不称霸，永远不搞扩张。"②

二是构建新型大国关系。在中国总体外交布局中，中国与美国、俄罗斯、欧盟等传统各大国以及区域性大国、发展中大国的关系，向来居于首要位置。既然中国确认了自身的大国地位，并且要更好地发挥其负责任大国作用，那么中国需要与其他大国构建新型的大国关系显然自不待言。换言之，中国与其他各大国之间若无一种全新的、正常的新型大国关系，中国的大国地位必将受到损害，中国所要发挥的负责任大国作用亦将受到一定程度的牵制。正因为如此，习近平同志认为中国有必要与其他大国构建崭新的大国关系。他强调，此种新型大国关系，需要有关国家共同努力构建，大国与大国之间理当相互尊重，合作共赢，造福两国人民和世界人民。③ 他还强调，有关国家应当保持战略耐心，善于聚同化异。"有差别才需要沟通和合作。我们……应该坚持从大处着眼，把握构建新型大国关系总目标。"④

与此同时，习近平同志还多次明确，中国不论坚持自己的和平发展之路，还是谋求构建新型大国关系，都不会损害自己的正当权益尤其不能有损于中国的国家利益。他宣告："任何外国不要指望我们会拿自己的核心利益做交易，不要指望我们会吞下损害我国主权、安全、发展利益的苦果。"⑤

其四，发出中国好声音。在当今之世界，中国要更好地发挥负责任大国的作用，完全有必要搞好对外传播工作，增进自己的美誉度与认同度，提升自己的话语权，贡献自己的正能量。在此方面，习近平的主张是：发出中国好声音。

自主持中国外交以来，习近平同志一向重视中国文化软实力的展示与对外传播工作。他主张，中国外交必须坚持传统价值。他亲自要求相关机构做好外宣方式的创新，要将中外的有关新观点、新符号、新表述融会贯通并为我所用，以求效益更佳地发出中国好声音、讲好中国故事、贡献中国智慧、优化中国形象。为此，习近平同志与他所代表的中央领导集体，积极地进行中国的思考、探索中国的路径，寻求更佳的中国国际认同，并勇于提出中国的方案。

具体而言，习近平同志不但大力提倡"新安全观"，倡导"人类命运共同体意识"，推动建立更为平等而均衡的国与国之间的"新的伙伴关系"，而且还在下列两个主要方面建树颇丰：

一是秉持"新义利观"。主持中国外交后，习近平同志以理性与务实的态度传承中国外交，在坚定不移地维护中国国家利益，包括海外利益尤其是国家核心利益的同时，他也在努力地兼顾其他相关国家的合理关切，并且不断地寻求扩大中国与世界各国利益的交汇

① 《习近平接受拉美三国媒体联合书面采访》，载《人民日报》，2013-06-01。

② 《习近平接受金砖国家媒体联合采访》，载《人民日报》，2013-03-20。

③ 参见《习近平同奥巴马总统共同会见记者》，载《人民日报》，2013-06-09。

④ 习近平：《努力构建中美新型大国关系——在第六轮中美战略与经济对话和第五轮中美人文交流高层磋商联合开幕式上的致辞》，载《人民日报》，2014-07-10。

⑤ 《习近平谈治国理政》，249页。

之点。

习近平同志意识到，广大发展中国家是中国走和平发展道路的真正同路人。作为世界上最大的发展中国家，中国有责任、有义务在重大国际问题上同广大发展中国家保持一致，并且将本国人民的利益与包括广大发展中国家在内的世界各国人民的利益真正地结合在一起。因此，他郑重地提出，在同包括周边国家在内的发展中国家进行正常交往时，中国必须坚定不移、责无旁贷地“坚持正确义利观”①。

简单而论，习近平同志所提出的“新义利观”的核心之点有三：第一，中国在同包括周边国家在内的发展中国家进行正常交往时，要在国家利益问题上聚同化异，特别是要为包括周边国家在内的发展中国家说话。第二，中国在处理自身所面临的种种国际问题时，必须义利兼顾、义利平衡、弘义融利。既要言利，也要言义，绝对不能见利忘义。第三，中国在处理同包括周边国家在内的发展中国家之间的国家利益时，既要在大是大非上把握原则，即维护和平发展、维护合作共赢、维护国家主权与国家安全；又要对对方讲信义、重情谊、扬正义、树道义，要在自己力所能及的范围内坚持义利并举，以义为先，绝不唯利是图、斤斤计较。

在具体的外交实践中，习近平同志言而有信，已将其“新义利观”广泛地落实在中国与包括周边国家在内的发展中国家的双边与多边交往之中。

二是提出“周边外交新理念”。目前，中国与 14 个国家直接陆地相接，隔海相望的邻国则有 6 个。不可否认，中国与各个周边国家之间的关系，是中国全方位外交的基础之所在。

2013 年 10 月 24 日，习近平同志在我国周边外交工作座谈会上正式提出：“我国周边外交的基本方针，就是坚持与邻为善、以邻为伴，坚持睦邻、安邻、富邻，突出体现亲、诚、惠、容的理念。”② 外交理念，一般指的是一国外交的指导思想。进而言之，它是指一国外交决策者在对本国外交进行宏观把握基础上所形成的、用以直接指导外交实践的基本观点。

习近平同志所提出的亲、诚、惠、容的“周边外交新理念”，是当前中国周边外交实践的指导方针。

具体进行分析，在习近平同志所提出的亲、诚、惠、容的“周边外交新理念”中：亲，所要求的是中国要对周边国家亲如一家、睦邻友好，指的是中国要与周边国家积极发展伙伴关系；诚，所要求的是中国对周边国家要以诚相待、取信对方，指的是中国对待周边国家要采取真正友好的态度；惠，所要求的是中国要对周边国家互惠互利、让利于人，指的是中国同周边国家经济交往要有来有往、厚往薄来；容，所要求的是中国要对周边国家宽厚包容、求同存异，指的则是中国面对周边国家应当展现更为博大、更加开放的大国胸怀。

倘若亲、诚、惠、容的“周边外交新理念”充分地得以落实，则中国与邻为善、以邻为伴的周边外交方针必将进一步地得以贯彻，中国在其各个周边国家乃至世界各国之中的国际认同度必将获得更大程度的提升。

---

① 《习近平谈治国理政》，299 页。

② 同上书，297 页。

主要参考书目

一、中文部分

1. 马克思恩格斯选集. 2 版. 1～4 卷. 北京：人民出版社，1995
2. 列宁选集. 3 版. 1～4 卷. 北京：人民出版社，1995
3. 毛泽东外交文选. 北京：中央文献出版社，1994
4. 周恩来外交文选. 北京：中央文献出版社，1990
5. 邓小平外交思想学习纲要. 北京：世界知识出版社，2000
6. “三个代表”重要思想外交理论学习纲要. 北京：世界知识出版社，2004
7. 科学发展观重要论述摘编. 北京：中央文献出版社，党建出版社，2008
8. 习近平谈治国理政. 北京：外文出版社，2014
9. 赵启正. 公共外交战略. 北京：学习出版社，2014
10. 国务院新闻办公室. 解读中国外交新理念. 北京：五洲传播出版社，2014
11. 张清敏. 中国外交. 北京：五洲传播出版社，2013
12. 张利华. 中国文化与外交. 北京：知识产权出版社，2013
13. 贾庆国. 公共外交. 北京：新华出版社，2012
14. 韩方明. 公共外交概论. 北京：北京大学出版社，2012
15. 郑启荣. 中国多边外交. 北京：世界知识出版社，2012
16. 赵可金. 当代中国外交制度的转型与定位. 北京：时事出版社，2012
17. 熊志勇等. 中国近现代外交资料选辑. 北京：世界知识出版社，2012
18. 赵可金. 外交学原理. 上海：上海教育出版社，2011
19. 杨闯. 外交学. 北京：世界知识出版社，2010
20. 何茂春. 经济外交学教程. 北京：世界知识出版社，2010
21. 杨公素等. 当代中国外交理论与实践. 北京：北京大学出版社，2009
22. 谢益显. 中国当代外交史（1949—2009）. 北京：中国青年出版社，2009
23. 陈志敏. 当代外交史. 北京：北京大学出版社，2008
24. 王逸舟. 中国外交新高地. 北京：中国社会科学出版社，2008

25. 吴建民. 外交案例. 北京：中国人民大学出版社，2007
26. 张历历. 外交决策. 北京：世界知识出版社，2007
27. 吴建民. 外交与国际关系. 北京：中国人民大学出版社，2006
28. 饶银华. 新中国外交思想概论. 北京：中央文献出版社，2006
29. 刘成. 和平学. 南京：南京出版社，2006
30. 钱其琛. 世界外交大辞典. 北京：世界知识出版社，2005
31. 李渤. 新编外交学. 天津：南开大学出版社，2005
32. 王福春等. 西方外交思想史. 北京：北京大学出版社，2005
33. 时新编. 李肇星在线谈外交. 北京：世界知识出版社，2004
34. 周银生. 经济外交. 北京：中国青年出版社，2004
35. 程大为. 商务外交. 北京：中国人民大学出版社，2004
36. 钱其琛. 外交十记. 北京：世界知识出版社，2003
37. 王逸舟. 全球政治与中国外交. 北京：世界知识出版社，2003
38. 楚树龙. 国际关系基本理论. 北京：清华大学出版社，2003
39. 金桂华. 话说外事调研. 北京：世界知识出版社，2003
40. 叶自成. 新中国外交思想. 北京：北京大学出版社，2001
41. 阎学通等. 国际关系研究实用方法. 北京：人民出版社，2001
42. 倪世雄等. 当代西方国际关系理论. 上海：复旦大学出版社，2001
43. 计翔翔等. 世界外交知识辞典. 杭州：杭州出版社，2001
44. 李滨. 国际体系研究. 南京：南京大学出版社，2000
45. 梁守德等. 国际政治学理论. 北京：北京大学出版社，2000
46. 曲星. 中国外交 50 年. 南京：江苏人民出版社，2000
47. 金正昆. 现代外交学概论. 北京：中国人民大学出版社，1999
48. 黄金祺. 外交外事知识和技能. 北京：世界知识出版社，1999
49. 李天民. 现代国际礼仪知识. 北京：世界知识出版社，1999
50. 鲁毅等. 新时期中国国际关系理论研究. 北京：时事出版社，1999
51. 谢益显. 当代中国外交思想史. 开封：河南大学出版社，1999
52. 石源华. 中国十大外交家. 上海：上海人民出版社，1999
53. 刘山等. 中国外交新论. 北京：世界知识出版社，1998
54. 阎学通. 中国崛起. 天津：天津人民出版社，1998
55. 科兰. 大使馆和外交官. 北京：世界知识出版社，1998
56. 王逸舟. 西方国际政治学. 上海：上海人民出版社，1998
57. 肖宪. 当代西方国际关系理论与实践. 昆明：云南大学出版社，1998
58. 张立平. 外国著名外交家列传. 北京：世界知识出版社，1998
59. 鲁毅等. 外交学概论. 北京：世界知识出版社，1997
60. 裴默农. 周恩来外交学. 北京：世界知识出版社，1997
61. 阎学通. 中国国家利益分析. 天津：天津人民出版社，1997
62. 冯绍雷. 制度变迁与对外关系. 上海：上海人民出版社，1997

63. 谢益显. 中国当代外交史. 北京：中国青年出版社，1997
64. 杨公素. 中华民国外交简史. 北京：商务印书馆，1997
65. 俞正梁. 当代国际关系学导论. 上海：复旦大学出版社，1996
66. 马保奉. 外交礼仪漫谈. 北京：中国铁道出版社，1996
67. 何茂春. 中国外交通史. 北京：中国社会科学出版社，1996
68. 李樵. 中国历代外交家列传. 北京：世界知识出版社，1996
69. 黄金祺. 概说外交. 北京：世界知识出版社，1995
70. 陈乐民. 西方外交思想史. 北京：中国社会科学出版社，1995
71. 张玉安等. 外交方略. 香港：中华书局（香港）有限公司，1994
72. 谢益显. 外交智慧与谋略. 郑州：河南人民出版社，1993
73. 王铁崖等. 国际法资料选编（续编）. 北京：法律出版社，1993
74. 杨公素. 外交理论与实践. 成都：四川大学出版社，1992
75. 周启朋等. 国外外交学. 北京：中国人民公安大学出版社，1990
76. 张季良. 国际关系学概论. 北京：世界知识出版社，1989
77. 张历历. 现代国际关系学. 重庆：重庆出版社，1989
78. 陈忠经. 国际战略问题. 北京：时事出版社，1988
79. 王铁崖等. 国际法资料选编. 北京：法律出版社，1986
80. 张亚中. 国际关系总论. 台北：扬智文化事业股份有限公司，2003
81. 李其泰. 外交学. 台北：正中书局，1980
82. 朱建民. 外交与外交关系. 台北：正中书局，1978
83. 刘达人. 外交科学概论. 上海：中华书局，1937
84. 杨振先. 外交学原理. 上海：商务印书馆，1935
85. 廖德珍. 外交学概论. 上海：大东书局，1930
86. [加] 罗纳德·基思. 周恩来的大外交. 北京：北京大学出版社，2013
87. [日] 川岛真. 中国近代外交的形成. 北京：北京大学出版社，2012
88. [英] 杰夫·贝里奇等. 外交理论. 北京：北京大学出版社，2006
89. [英] 杰弗里·托马斯. 政治哲学导论. 北京：中国人民大学出版社，2006
90. [美] 路易丝·戴蒙德等. 多轨外交. 北京：北京大学出版社，2006
91. [美] 汉斯·摩根索. 国家间政治. 北京：北京大学出版社，2006
92. [英] 杰夫·贝里奇. 外交理论与实践. 北京：北京大学出版社，2005
93. [印] 基尚·拉纳. 双边外交. 北京：北京大学出版社，2005
94. [美] 布里吉特·斯塔奇等. 外交谈判导论. 北京：北京大学出版社，2005
95. [美] 康威·汉得森. 国际关系. 海口：海南出版社，2004
96. [挪] 托布约尔·克努成. 国际关系理论史导论. 天津：天津人民出版社，2004
97. [英] 赫德利·布尔. 无政府社会. 北京：世界知识出版社，2003
98. [美] 约翰·鲁杰. 多边主义. 杭州：浙江人民出版社，2003
99. [美] 詹姆斯·代元. 国际关系理论批判. 杭州：浙江人民出版社，2003
100. [美] 肯尼思·汤普森. 国际关系中的思想流派. 北京：北京大学出版社，2003

101. ［美］肯尼思·汤普森. 国际思想大师. 北京：北京大学出版社，2003
102. ［美］约翰·麦克里兰. 西方政治思想史. 海口：海南出版社，2003
103. ［美］约瑟夫·奈等. 全球化世界的治理. 北京：世界知识出版社，2003
104. ［英］巴斯顿. 现代外交. 北京：世界知识出版社，2002
105. ［美］布鲁斯·拉西特等. 世界政治. 北京：华夏出版社，2001
106. ［美］亚历山大·温特. 国际政治的社会理论. 上海：上海人民出版社，2000
107. ［德］恩斯特奥托·岑皮尔. 变革中的世界政治. 上海：华东师范大学出版社，2000
108. ［日］星野昭吉. 全球政治学. 北京：新华出版社，2000
109. ［日］浦野起央. 国际关系理论导论. 北京：中国社会科学出版社，2000
110. ［美］亨利·基辛格. 大外交. 海口：海南出版社，1998
111. ［美］兹比格纽·布热津斯基. 大棋局. 上海：上海人民出版社，1998
112. ［美］塞缪尔·亨廷顿. 文明的冲突与世界秩序的重建. 北京：新华出版社，1998
113. ［英］詹宁斯等. 奥本海国际法. 北京：中国大百科全书出版社，1998
114. ［美］汉斯·摩根索. 国际纵横策论. 上海：上海译文出版社，1995
115. ［美］卡尔·多伊奇. 国际关系分析. 北京：世界知识出版社，1992
116. ［美］肯尼兹·沃尔兹. 国际政治理论. 北京：中国人民公安大学出版社，1992
117. ［美］埃尔默·普利施科. 首脑外交. 北京：世界知识出版社，1990
118. ［美］罗伯特·吉尔平. 国际关系政治经济学. 北京：经济科学出版社，1989
119. ［日］山本吉宣. 国际相互依存. 北京：经济日报出版社，1989
120. ［美］保罗·肯尼迪. 大国的兴衰. 北京：求实出版社，1988
121. ［美］马丁·梅耶. 外交官. 北京：世界知识出版社，1988
122. ［德］赫尔穆特·施密特. 西方的战略. 北京：新华出版社，1987
123. ［美］威廉·奥尔森. 国际关系的理论与实践. 北京：中国社会科学出版社，1987
124. ［美］詹姆斯·多尔蒂等. 争论中的国际关系理论. 北京：世界知识出版社，1987
125. ［英］埃里克·克拉克. 外交官生涯. 北京：世界知识出版社，1985
126. ［英］戈尔-布思主编. 萨道义外交实践指南. 上海：上海译文出版社，1984
127. ［英］杜威廉. 外交途径. 北京：新华出版社，1984
128. ［英］费尔萨姆. 外交手册. 北京：中国对外翻译出版公司，1984
129. ［苏］波将金. 外交史. 北京：三联书店，1979
130. ［英］哈罗德·尼科松. 外交学. 北京：世界知识出版社，1957

二、外文部分

1. Witold J. Henisz. *Corporate Diplomacy: Building Reputations and Relationships with External Stakeholders*. Austin: Greenleaf Publishing, 2014

2. Anthony Seldon, Daniel Collings, James Osen. *The Architecture of Diplomacy: The British Ambassador's Residence in Washington*. Paris: Flammarion, 2014

3. Matthias Maass. *Foreign Policies and Diplomacies in Asia: Changes in Practice, Concepts, and Thinking in a Rising Region*. Amsterdam: Amsterdam University Press, 2014

4. Vamik D. Volkan. *Psychoanalysis, International Relations, and Diplomacy: A Sourcebook on Large-group Psychology*. London: Karnac Books, 2014

5. Nicholas Griffin. *Ping-Pong Diplomacy: The Secret History Behind the Game that Changed the World*. New York: Scribner, 2014

6. R. P. Barston. *Modern Diplomacy*. London: Pearson Education, 2013

7. Tatjana Sehic. *Soft Power of Cultural Diplomacy*. Vindobona Verlag, 2013

8. Lucian M. Ashworth. *A History of International Thought: From the Origins of the Modern State to Academic International Relations*. London: Pearson Longman, 2013

9. Christian Whiton. *Smart Power: Between Diplomacy and War*. Dulles: Potomac Books Inc, 2013

10. Philip Seib. *Real-Time Diplomacy: Politics and Power in the Social Media Era*. London: Palgrave Macmillan, 2012

11. Shafiqul Islam, Lawrence E. Susskind. *Water Diplomacy: A Negotiated Approach to Managing Complex Water Networks*. Washington, DC: Resources for the Future Press, 2012

12. Pauline Kerr, Geoffrey Wiseman. *Diplomacy in a Globalizing World: Theories and Practices*. New York: Oxford University Press Inc., 2012

13. Joel Wuthnow. *Chinese Diplomacy and the UN Security Council: Beyond the Veto*. London: Routledge, 2012

14. James Pamment. *New Public Diplomacy in the 21st Century: A Comparative Study of Policy and Practice*. New York: Taylor & Francis Ltd, 2012

15. Geoffrey Pigman. *Contemporary Diplomacy*. Stafford: Polity Press, 2011

16. William A. Rugh. *The Practice of Public Diplomacy: Confronting Challenges Abroad*. London: Palgrave Macmillan, 2011

17. C. L. Lim, Margaret Liang (eds.). *Economic Diplomacy*. London: World Scientific Publications, 2011

18. Charles Chatterjee. *International Law and Diplomacy*. London: Routledge, 2011

19. John Lenczowski. *Full Spectrum Diplomacy and Grand Strategy: Reforming the Structure and Culture of U.S. Foreign Policy*. Lanham: Lexington Books, 2011

20. Denise Garcia. *Disarmament Diplomacy and Human Security*. London: Routledge, 2011

21. B. J. C. McKercher. *Routledge Handbook of Diplomacy and Statecraft*. Lon-

don：Routledge，2011

22. Kishan S. Rana. *21st Century Diplomacy：A Practitioner's Guide*. New York：Bloomsbury Academic，2011

23. Frederic P. Miller，Agnes F. Vandome. *Cultural Diplomacy*. Beau Bassin：Alphascript Publishing，2011

24. Simon Shen. *Multidimensional Diplomacy of Contemporary China*. Lanham：Lexington Books，2010

25. Joseph M. Siracusa. *Diplomacy：A Very Short Introduction*. New York：Oxford University Press，2010

26. Garrett Mattingly. *Renaissance Diplomacy*. New York：Cosimo Classics，2010

27. Joseph A. Conti. *Between Law and Diplomacy*. Stanford：Stanford Law and Politics，2010

28. Thomas Barclay. *Problems of International Practice and Diplomacy*. Nabu Press，2010

29. Keith Hamilton，Richard Langhorne. *The Practice of Diplomacy：Practice of Diplomacy*. London：Routledge，2010

30. Efraim Karsh，Michael Kerr，Rory Miller. *Conflict：Diplomacy and Society in Israeli-Lebanese Relations*. London：Routledge，2010

31. C. E. Jessica，Hecht Gienow. *Sound Diplomacy：Music and Emotions in Transatlantic Relations，1850—1920*. Chicago：University Of Chicago Press，2009

32. Yucheng Qin. *The Diplomacy of Nationalism：The Six Companies and China's Policy Toward Exclusion*. Hawai'i：University of Hawai'i Press，2009

33. Yitzhak Shichor. *Ethno Diplomacy：The Uyghur Hitch in Sino-Turkish Relations*. Hawai'i：East-West Center，2009

34. Tim Carlson. *Diplomacy*. Talon Books，2009

35. Nancy Snow，Philip M. Taylor. *Routledge Handbook of Public Diplomacy*. London：Routledge，2008

36. Harry W. Kopp，Charles A. Gillespie. *Career Diplomacy：Life and Work in the U. S. Foreign Service*. Washington：Georgetown University Press，2008

37. Douglas Johnston. *Faith Based Diplomacy Trumping Realpolitik*. New York：Oxford University Press，2008

38. Andrew F. Cooper（ed.），Brian Hocking. *Global Governance and Diplomacy：Worlds Apart?*. London：Palgrave Macmillan，2008

39. Rudolf Avenhaus，I. William Zartman. *Diplomacy Games：Formal Models and International Negotiations*. Berlin：Springer Verlag，2007

40. Bo Kjellen. *A New Diplomacy for Sustainable Development*. London：Routledge，2007

41. Felix Dodds. *NGO Diplomacy*. Massachusetts：The MIT Press，2007

42. Adam N. Stulberg. *Well-oiled Diplomacy*. New York: State University of New York Press, 2007

43. Jan Melissen. *The New Public Diplomacy: Soft Power in International Relations*. London: Palgrave Macmillan, 2007

44. Anne E. Sartori. *New Deterrence by Diplomacy*. Princeton: Princeton University Press, 2007

45. Mai'a K. Davis Cross. *The European Diplomatic Corps*. New York: Palgrave Macmillan, 2007

46. Stefano Guzzini, Anna Leander. *Constructivism and International Relations: Alexander Wendt and His Critics*. New York: Routledge, 2006

47. Robert C. Self. *America and the War Debt Controversy: The Economic Diplomacy of an Unspecial Relationship, 1917—45*. London: Routledge, 2006

48. Bernard J. Ficarra. *International Diplomacy and United States National Policies*. Lanham: Hamilton Books, 2006

49. Brendan Brown. *What Drives Global Capital Flows?: Myth, Speculation and Currency Diplomacy*. New York: Palgrave Macmillan, 2006

50. Keith L. Shimko. *International Relations: Perspectives and Controversies*. Boston: Houghton Mifflin, 2005

51. Edward A. Kolodziej. *Security and International Relations*. New York: Cambridge University Press, 2005

52. Michael C. Williams. *The Realist Tradition and the Limits of International Relations*. New York: Cambridge University Press, 2005

53. Michael G. Roskin, Nicholas O. Berry. *IR: The New World of International Relations*. Upper Saddle River: Pearson/Prentice Hall, 2005

54. Christer Jonnson, Martin Hall. *Essence of Diplomacy*. New York: Palgrave Macmillan, 2005

55. Robert A. Issak. *The Globalization Gap: How the Rich Get Richer and the Poor Get Left Further behind*. New Jersey: Pearson Education Inc, 2005

56. Alexander Gillespie. *Whaling Diplomacy: Defining Issues in International Environmental Law*. Northampton: E. Elgar Pub., 2005

57. Edwin De Leon. *Secret History of Confederate Diplomacy Abroad*. Lawrence: University Press of Kansas, 2005

58. Richard T. Arndt. *The First Resort of Kings: American Cultural Diplomacy in the Twentieth Century*. Dulles: Potomac Books, 2005

59. Anne E. Sartori. *Deterrence by Diplomacy*. Princeton: Princeton University Press, 2005

60. Chester L. Cooper. *In the Shadows of History: Fifty Years behind the Scenes of Cold War Diplomacy*. Amberst: Prometheus Books, 2005

61. Jayantha Dhanapala. *Multilateral Diplomacy and the NPT: An Insider's Account*. Geneva: UNIDIR, 2005

62. William A. Rugh. *American Encounters with Arabs: The "Soft Power" of U. S. Public Diplomacy in the Middle East*. Westpor't Conn.: Praeger Security International, 2005

63. David Chandler. *Constructing Global Civil Society: Morality and Power in International Relations*. New York: Palgrave Macmillan, 2004

64. Rose McDermott. *Political Psychology in International Relations*. Ann Arbor: The University of Michigan Press, 2004

65. Wilson P. Dizard. *Inventing Public Diplomacy: The Story of the U. S. Information Agency*. Boulder: Lynne Rienner Publishers, 2004

66. G. R. Berridge. *Diplomatic Classics: Selected Texts from Commynes to Vattel*. New York: Palgrave Macmillan, 2004

67. Barry Howard Steiner. *Collective Preventive Diplomacy: A Study in International Conflict Management*. Albany: State University of New York Press, 2004

68. Ralph G. Feltham. *Diplomatic Handbook*. Boston: Martinus Nijhoff Publishers, 2004

69. Newton R. Bowles. *The Diplomacy of Hope: The United Nations since the Cold War*. New York: Palgrave Macmillan, 2004

70. Hannah Slavik. *Intercultural Communication and Diplomacy*. Geneva: Diplo Foundation, 2004

71. Christer Jonsson. *Diplomacy. Volume I. Theory of Diplomacy*. London, Thousand Oaks: Sage Publications, 2004

72. Christer Jonsson. *Diplomacy. Volume II. History of Diplomacy*. London, Thousand Oaks: Sage Publications, 2004

73. Christer Jonsson. *Diplomacy. Volume III. Problems and Issues in Contemporary Diplomacy*. London, Thousand Oaks: Sage Publications, 2004

74. Ronald A. Walker. *Multilateral Conferences: Purposeful International Negotiation*. Basingstoke, Hampshire: Palgrave Macmillan, 2004

75. Harvey J. Langholtz. *The Psychology of Diplomacy*. Westport: Praeger Publishers, 2004

76. G. R. Berridge, Alan James. *A Dictionary of Diplomacy*. New York: Palgrave Macmillan, 2003

77. Nicholas Bayne, Stephen Woolcock. *The New Economic Diplomacy: Decision-making and Negotiation in International Economic Relations*. Aldershot: Ashgate, 2003

78. Shaun Riordan. *The New Diplomacy*. Cambridge: Polity Press, 2003

79. David Paull Nickles. *Under the Wire: How the Telegraph Changed Diplomacy*. Cambridge: Harvard University Press, 2003

80. Denis Benn. *Multilateral Diplomacy and the Economics of Change*. Kingston: Ian Randle Publishers, 2003

81. Hideo Sato. *Containing Conflict: Cases in Preventive Diplomacy*. Washington, DC: Brookings Institution Press, 2003

82. Norman Rich. *Great Power Diplomacy since 1914*. Boston: McGraw-Hill, 2003

83. Evan H. Potter. *Cyber-diplomacy: Managing Foreign Policy in the Twenty-first Century*. Montreal: McGill-Queen's University Press, 2002

84. Brian Hocking. *Foreign Ministries in the European Union: Integrating Diplomats*. Basingstoke, Hampshire: Palgrave Macmillan, 2002

85. Michael Fry, Erik Goldstein, Richard Langhorne. *Guide to International Relations and Diplomacy*. New York: Continuum International Publishing Group Ltd., 2002.

86. Rabindra Sen. *China and ASEAN: Diplomacy during the Cold War and after*. Howrah: Manuscript India, 2002

87. John Davies. *Second Track/Citizens' Diplomacy: Concepts and Techniques for Conflict Transformation*. Lanham: Rowman& Littlefield, 2002

88. Klaus Larres. *Churchill's Cold War: The Power of Personal Diplomacy*. New Haven: Yale University Press, 2002

89. Richard Shapcott. *Justice, Community, and Dialogue in International Relations*. New York: Cambridge University Press, 2001

90. Kenneth A. Schultz. *Democracy and Coercive Diplomacy*. New York: Cambridge University Press, 2001

91. Wilson Dizard, Jr.. *Digital Diplomacy: U.S. Foreign Policy in the Information Age*. Westport: Praeger, 2001

92. Ann Marie Clark. *Diplomacy of Conscience: Amnesty International and Changing Human Rights Norms*. Princeton, New Jersey: Princeton University Press, 2001

93. Roberr Grant McRae. *Human Security and the New Diplomacy: Protecting People, Promoting Peace*. Montreal: McGill-Queen's University Press, 2001

94. Jeremy Black. *British Diplomats and Diplomacy 1688—1800*. Exeter: University of Exeter Press, 2001

95. Qichen Qian. *Ten Episodes in China's Diplomacy*. New York: Palgrave Macmillan, 2000

96. Jan Melissen. *Public Diplomacy in the Foreign Policy of States*. New York: Palgrave Macmillian, 2000

97. Paul R. Viotti, Mark V. Kauppi. *International Relations Theory: Realism, Pluralism, Globalism, and beyond*. Boston: Allyn and Bacon, 1999.

98. M. A. Boisard, E. M. Chossudovsky. *Multilateral Diplomacy: The United Nations System at Geneva: A Working Guide*. Boston: Kluwer Law International, 1998

99. Surendra Bhandari, foreword by S. K. Verma. *World Trade Organization*

(WTO) *and Developing Countries: Diplomacy to Rules based System*. New Delhi: Deep & Deep, 1998

100. Richard Elliot Benedick. *Ozone Diplomacy: New Directions in Safeguarding the Planet*. Cambridge: Harvard University Press, 1998

101. Chas. W. Freeman, Jr.. *Arts of Power: Statecraft and Diplomacy*. Washington, DC: United States Institute of Peace Press, 1997

102. Oleg Aleksandrovich Rzheshevski. *War and Diplomacy: The Making of the Grand Alliance*. Amsterdam: Harwood Academic Publishers, 1996

103. Lawrence E. Susskind. *Environmental Diplomacy: Negotiating More Effective Global Agreements*. New York: Oxford University Press, 1994

104. Lawrence Timothy Woods. *Asia-Pacific Diplomacy: Nongovernmental Organizations and International Relations*. Vancouver: UBC Pr., 1993

105. *United States Public Diplomacy in China*. Washington, DC: Congressional Information Service Inc., 1990

106. Jongsuk Chay. *Culture and International Relations*. New York: Praeger Publishers, 1990

107. Gra'nt V. McClanahan, with a foreword by Sir Nicholas Henderson. *Diplomatic Immunity: Principles, Practices, Problems*. New York: St. Martin's Press, 1989

108. Jose Calvet De Magalhaes, translated by Bernardo Futscher Pereira. *The Pure Concept of Diplomacy*. New York: Greenwood Press, 1988

109. Ludwik Dembinski. *The Modern Law of Diplomacy: External Missions of States and International Organizations*. Boston: M. Nijhoff, 1988

110. R. G. Feltham. *Diplomatic Handbook*. New York: Longman, 1988

111. John E. Carroll. *International Environmental Diplomacy*. Cambridge: Cambridge Univ. Pr., 1988

112. Tran Van Dinh. *Communication and Diplomacy in a Changing World*. Norwood: Ablex Pub. Corp., 1987

113. C. McGhee George. *Diplomacy for the Future*. Lanham: University Press of America; Washington, DC: Institute for the Study of Diplomacy, 1987

114. David D. Newsom. *The Diplomacy of Human Rights*. Lanham: University Press of America; Washington, DC: Institute for the Study of Diplomacy, 1986

115. Natalie Kaufman Heveer (ed.). *Diplomacy in a Dangerous World: Protection for Diplomats under International Law*. Boulder: Westview Press. 1986

116. G. E. Do Nascimento e Silva. *Diplomacy in International Law*. Boulder: Westview Press, 1986

117. M. S. Daoudi, M. S. Dajani. *Economic Diplomacy: Embargo Leverage and World Politics*. Boulder: Westview Press, 1985

118. Allen C. Hansen. *USIA: Public Diplomacy in the Computer Age*. New York:

Praeger，1984

119. Norman A. Graham. *The United States and Multilateral Diplomacy*. New York：Oceana Publications，1984

120. Emiko Atimomo. *Law and Diplomacy in Commodity Economics*. London：Macmillan Press，1981

121. S. L. Roy. *Diplomacy*. New Delhi：Sterling Publishers Pvt. Ltd.，1980

122. G. V. G. Krishnamurty. *Modern Diplomacy：Dialectics and Dimensions*. New Delhi：Sagar Publications，1980

123. David Hyman Klein. *Anglo-American Diplomacy and the Pacific War：The Politics of Confrontation*. Ann Arbor：UMI，1977

第一版后记

1999 年 12 月，中国人民大学出版社曾出版了由中国人民大学国际政治系所组编、我所撰写的《现代外交学概论》。据了解，该书出版之后，曾被多所大专院校涉外专业选为教材，并被一些外事、外宣部门指定为业务参考书与进修必读书。

虽然在撰写《现代外交学概论》一书时，我个人尽了最大的努力，而该书出版后也得到了不少专家、学者的肯定，但它毕竟写作于 20 世纪 90 年代中期，受到一定的时间局限，并肯定存在许多需要补充与完善之处。

自 2002 年起，我即在自己进一步研究与广泛听取国内外专家、学者意见和建议的基础上，对《现代外交学概论》一书进行了全面而认真的修订，并将其更名为《外交学》。

值得庆幸的是，在本书的修订过程中，中国人民大学国际关系学院、教务处、科研处的领导给予了热情指导与大力支持，使本书先后被确定为“普通高等教育‘十五’国家级规划教材”、“北京高等教育精品教材”立项项目。中国人民大学出版社尤其是本书的责编郭晓明先生也给予了我很大的帮助。

尽管如此，本书仍有不少的疏漏与不足，恳请专家、学者与各位同行不吝赐教，不胜感谢！

作者

2004 年 3 月 28 日

第二版后记

进入21世纪以来，中国进一步地走向世界，世界亦在更加全面地接触并了解中国。在此背景下，中国外交凯歌频奏，中国的外交学研究更为繁荣、更加深入。

为了及时地反映中国外交学研究的新成果，并汲取国外外交学研究的新成就，自2006年6月以来，我对自己出版于2004年7月的《外交学》一书进行了又一次全面的修订。有幸的是，在此次修订过程中，我得到了许多国内外同行的支持。在2005年与2006年举行的全国外交学学科建设年会上，一些从事外交学研究的专家、学者、同行与外交界的前辈曾积极肯定了本书。与此同时，它又相继被评为2006年“北京高等教育精品教材”与“普通高等教育‘十一五’国家级规划教材”。

在此次修订过程中，除删改了一些明显的错字、错句外，我着重关注以下三个要点：

其一，吸收最新成果。对国内外有关外交学的一系列最新成果，我不仅给予高度重视，而且努力将其吸收进来。

其二，突出中国特色。本书是一部中国高等学校的教材，同时也是一部为中国学生所使用的大学教材。有鉴于此，我自始至终注意关注中国外交、体现中国特色，力求为建立有中国特色的外交学抛砖引玉。

其三，坚持正确标准。外交学不仅是一门与时俱进的科学，而且也是一门政治特色鲜明的科学，因此，在修订本书的过程中，我始终坚持政治标准与学术标准并重。

在本书的此次修订过程中，中国人民大学出版社的多位领导，特别是我的朋友郭晓明先生与本书责任编辑田淑香女士多次给予我具体指导；中国人民大学教务处的刘东风、蒋香仙两位老师对我多有帮助与督促，谨在此一并致谢。与此同时，对广大读者与支持过我的各位专家、学者亦再次表示我的谢意！

作者

2007年3月26日

第三版后记

迄今为止，我的《外交学（第二版）》已由中国人民大学出版社出版八年。在此期间，中国外交有了长足而伟大的发展，中国的外交学研究有了进一步的深入与丰厚的成果，我本人的学习、思考与研究也有了一系列的新收获。为此，我用了近一年的时间，对《外交学（第二版）》进行了新的修订。

现在呈现在广大读者面前的《外交学（第三版）》，除了增加部分内容，删除某些陈旧与过时的观点、资料，纠正明显的错字、错句、错误数据与标点符号外，主要有以下两个特色：

一方面，坚持与时俱进。对于近年来国内外一系列有关外交学研究的新材料、新观点、新理论，本次修订力求博采众长、兼容并包，努力使之体现时代特征。

另一方面，推广中国价值观。辩证法认为：共性体现于个性中，没有个性便没有共性可言。因此，本次修订在坚持国际视野的同时，着力强化中国立场、中国观点、中国价值、中国道路、中国蓝图等有关当代中国外交研究的成果，以着力推广中国价值观，并努力使之反映中国特色。

在本次修订中，中国人民大学出版社的郭晓明先生与本书责任编辑黄雨晨付出了认真、细心而辛勤的劳动；多位专家、学者与驻外大使也对其多有建言、指正，在此谨衷心地表达我的感谢！

对广大读者、同行以往对我的理解、帮助与支持，在此也一并致谢！

作者

2015年11月16日

图书在版编目（CIP）数据

外交学/金正昆著. —3 版. —北京：中国人民大学出版社，2016.1
新编 21 世纪政治学系列教材. 国际政治系列
ISBN 978-7-300-22365-0

Ⅰ.①外… Ⅱ.①金… Ⅲ.①外交学-教材 Ⅳ.①D80

中国版本图书馆 CIP 数据核字（2016）第 014992 号

普通高等教育“十一五”国家级规划教材
北京高等教育精品教材
新编 21 世纪政治学系列教材·国际政治系列
外交学（第三版）
金正昆 著
Waijiaoxue

出版发行	中国人民大学出版社		
社　　址	北京中关村大街 31 号	**邮政编码**	100080
电　　话	010－62511242（总编室）		010－62511770（质管部）
	010－82501766（自营网店）		010－62514148（明德书店）
	010－62511173（销售部）		010－62515275（盗版举报）
网　　址	http://www.crup.com.cn		
经　　销	新华书店		
印　　刷	运河(唐山)印务有限公司	**版　　次**	2004 年 7 月第 1 版
开　　本	787 mm×1092 mm　1/16		2016 年 1 月第 3 版
印　　张	17	**印　　次**	2025 年 12 月第 12 次印刷
字　　数	396 000	**定　　价**	40.00 元

教学支持说明

（教学课件）

中国人民大学出版社政治与公共管理出版分社秉承“出教材学术精品，育人文社科英才”的出版宗旨，多年来，出版了大批高质量的公共管理、教育学、政治学、政治理论公共课教材和学术著作。

我们为本教材制作了相应的 PPT 教学课件，任何一位采用本书作为授课教材的教师均可免费获得该课件。为了确保该课件仅为授课教师获得，烦请您填写如下材料，并将相关信息通过 E-mail 发送给我们，我们将在收到相关信息后通过 E-mail 给您发送该课件。欢迎您加入我们的 QQ 群（全国政管教师交流群，群号为 236159213），或登录我分社官方网站（www. crup. com. cn/gggl），注册成为 VIP 会员，以获得更好的服务。

我们的联系方式：

地址：（100872）北京市中关村大街甲 59 号文化大厦 1202 室

中国人民大学出版社政治与公共管理出版分社

电话：（010）82502724　62514775（传真）

E-mail：ggglcbfs@vip. 163. com

QQ 群：236159213

兹证明________大学/学院________院/系________专业________学年第________学期开设的________课程，采用中国人民大学出版社出版的________________（书名、作者）作为本课程教材。授课教师为________，授课班级共______个、学生______人。授课教师需要与本书配套的教学课件。

联 系 人：________________

通信地址：________________

邮　　编：________________

电　　话：________________

E-mail：________________

系/院主任：________（签字）

（系/院办公室章）

______年____月____日